COURS

THÉORIQUE ET PRATIQUE

DE

LANGUE LATINE.

AUTEURS CITÉS.

AD HER. Auctor ad Herennium.
CÆS. César.
CATUL. Catullus.
CIC. Cicero (M. Tullius).
COLUM. Columella.
CURT. Quintus Curtius.
EUT. Eutropius.
FLOR. Florus.
GELL. Aulus Gellius.
HOR. Horatius.
JUST. Justinus.
JUV. Juvenalis.

LIV. Titus Livius.
LUC. Lucanus.
NEP. Cornelius Nepos.
OV. Ovidius.
PERS. Persius.
P. S. Publius Syrus.
PHÆD. Phædrus.
PLAUT. Plautus.
PLIN. Plinius (Caius).
PLIN. J. Plinius Junior.
POM. MEL. Pomponius Mela.
QUINT. Quintilianus.

SALL. Sallustius.
SEN. Seneca.
SEN. T. Seneca Tragicus.
SUET. Suetonius.
TAC. Tacitus.
TER. Terentius.
TIB. Tibullus.
VAL. MAX. Valerius Maximus.
VARR. Varro.
VIRG. Virgilius.

COURS

THÉORIQUE ET PRATIQUE

DE

LANGUE LATINE,

Par C. DE BLIGNIÈRES.

Longum iter est per præcepta, breve
et efficax per exempla. SEN. *ep.* 6.

Prix : broché ou cartonné, 3 fr.
broché, par la poste, 3 fr. 5o c.

A PARIS,

CHEZ L'AUTEUR, RUE DE CLICHY, Nᵒ. 37,
CHAUSSÉE D'ANTIN.

ET CHEZ DELALAIN, LIBRAIRE,
RUE DES MATHURINS SAINT-JACQUES, Nᵒ. 5.

———

1825.

ERRATA.

Pag. 31, lig. 20, *ajoutez :* Déclinez de même *Iste* , *a* , *ud* , celui-là, celle-là, cela.

Pag. 34, *ajoutez à la note ce qui suit :*
Plusieurs mots en *us*, dérivés du grec et féminins dans cette langue, le sont aussi en latin ; tels sont : *diphtongus* , diphtongue ; *abyssus* , abîme ; *crystallus* , cristal ; *periodus*, période ; *methodus*, méthode , etc. , *Operæ*, manouvriers ; *custodiæ*, sentinelle ; *excubiæ* , *vigiliæ*, patrouille, guet, quoiqu'éveillant l'idée d'êtres mâles , sont du féminin. *Mancipium* , esclave, qui se dit d'un homme et d'une femme , et *scortum*, femme débauchée, sont du neutre.

Pag. 41 , lig. 7 , *ajoutez : sal* m. et n. fait aussi à l'ablatif *sale.*

Ibid. lig. 23. *Araris*, la Saône, qui fait à l'accusatif *Ararim*, fait à l'ablatif plutôt *Arare* qu'*Arari. Vectis* , levier, fait *vecti ; canalis*, canal, *canali ; strigilis* , frottoir, *strigili.*

Pag. 42, lig. 30 , *ajoutez :* le génitif pluriel des adjectifs et des participes en *ns* fait souvent, par syncope, *ûm* au lieu de *ium. Adolescentûm* pour *adolescentium* , *precantûm* pour *precantium.*

Pag. 111 , lig. 17, *A cette définition un peu vague du sujet,* « le sujet, c'est l'objet auquel on pense » *substituez celle-ci :* Le sujet, c'est l'objet qu'on affirme exister avec telle ou telle qualité ; il répond à la question QUI EST-CE QUI ?

Pag 124, lig. 24, dulcis est, *lisez :* dulce est.

Pag 127, lig. 6, Hæphestion, *lisez :* Hephæstion.

Pag. 134. lig. 34, Decem quondam annos, *lisez : Decem* quondam *annos.*

Ibid. lig. 35 , ab universâ Græciæ , *lisez :* ab universâ Græciâ.

Pag. 140 , lig. 26 , de 210 à 235, 243, 264, 346, *lisez :* 209—235 , 243 , 291 , 345.

Pag. 143 , lig. 13 , cum triginti millibus , *lisez :* cum triginta millibus.

Pag. 168 , dernière ligne. Triste, *lisez : Triste.*

Pag. 169, lig. 2. Dulce, *lisez : Dulce.*

Ibid. lig. 3 , Varium et mutabile, *lisez : Varium et mutabile.*

Pag. 185, lig. 15 (*Voyez* ch. XII, § 5.) *lisez :* (Voyez livre III, pag. 308.)

Pag. 193, lig. 13, *ejus* diei, *lisez : ejus diei.*

Pag. 200, lig. 26, fuit (344), *lisez :* fuit (288).

Pag. 205 , lig. 7, Barbarus hì , *lisez :* Barbarus hîc.

Pag. 267, lig. 22, quàm alienis (346), *lisez :* quàm alienis (345).

Pag. 281 , lig. 2, *antécédents* (73), *lisez :* antécédents (53).

Pag. 305, lig. 21, PLUT. *Mer. lisez :* PLUT. *Mar.*

Pag. 306, lig. 40, templumς, *lisez :* templo.

Pag. 307, lig. 4, τ‌ου, *lisez :* τοῦ.

Ibid lig. 31, ἀγαθός. *lisez :* ἀγαθός·

Pag. 308, lig. 1, παρά θἐοδὼρου, *lisez :* παρὰ Θεοδώρου.

Pag. 309, lig. 5, καλου, μενος, *lisez :* καλούμενος.

Ibid. lig. 14. *Cyrpæd, lisez : Cyr. pæd*

Ibid. lig. 16. Après quelques verbes, *lisez :* On trouve encore après quelques verbes.

A LA MÉMOIRE

DE

L'ABBÉ GAULTIER,

HOMMAGE

DE

RECONNAISSANCE.

Semper honore meo, semper celebrabere donis.
Virg.

Méthode de l'abbé GAULTIER *pour faire la construction.*

[Cet article devait terminer le volume , des raisons typographiques nous obligent à le placer ici.]

Nous croirions laisser une lacune dans un ouvrage du genre de celui-ci , si nous n'y faisions mention d'une méthode à laquelle il ne manque , pour être appréciée , que d'être plus et mieux connue.

Pour mettre en pratique cette méthode, il faut avoir une planche noire ou une feuille de papier rayée de lignes horizontales , et partagée par cinq lignes verticales , avec une marge à gauche. Les cinq colonnes formées par ces cinq lignes sont destinées à recevoir les mots de la phrase à construire.

La 1re. colonne reçoit le sujet , à quelque cas qu'il soit (pag. 141), et ses modifications.

La deuxième colonne reçoit le verbe , l'attribut , le sur-attribut, l'adverbe.

La troisième colonne reçoit le complément direct de l'attribut, et ses modifications.

La quatrième colonne reçoit le complément indirect de l'attribut, et ses modifications.

La cinquième colonne reçoit les termes circonstanciels de l'attribut exprimés par une préposition avec son complément, ou par une proposition entière (pag. 113.)

On met dans la marge les interjections, les vocatifs, les pronoms relatifs et les conjonctions.

Pour faire la construction d'une proposition simple, il ne s'agit que de placer chacun de ses mots dans la colonne qui lui est propre. Exem. I.

Pour faire la construction d'une proposition composée, il faut séparer par un trait les différens sujets, attributs, complémens , etc. qui s'y rencontrent, et suppléer dans chaque colonne les mots sous-entendus. Exem. VI.

Dans la construction des propositions complexes et des périodes , on aura soin de séparer par un trait chacune des propositions simples dont se compose la proposition complexe ou la période. Exem. VII et IX.

Séparer ainsi chacune des propositions dont se compose une proposition complexe ou une période, et en faire isolément la construction , c'est faire ce qu'on appelle la *construction grammaticale*. Dans la *construction logique* on place chaque proposition incidente dans la colonne où se trouve le mot qu'elle qualifie ou détermine , et dans la colonne des termes circonstanciels toute proposition subordonnée exprimant un terme circonstanciel de l'attribut. Exem. VIII et X.

Pour laisser subsister la diction de l'auteur, tout en plaçant chacun des mots de la proposition dans la colonne qui lui convient , au fur et à mesure qu'il se présente, il n'y a qu'une chose bien simple à faire, c'est de descendre d'une ligne

toutes les fois qu'on a à écrire un mot qui, dans la diction
de l'auteur, suit le mot qu'on vient d'écrire, et qui, dans la
construction, doit le précéder. Quand la phrase entière aura
été transcrite sur le tableau, si on lit les mots verticalement,
c'est-à-dire colonne par colonne en partant du sujet, on aura
la construction ; si, au contraire, on lit horizontalement,
c'est-à-dire ligne par ligne, on retrouvera le texte de l'auteur.
Le nombre plus ou moins grand de lignes qu'occupera la phrase
donnera la mesure exacte de son degré d'inversion, ce qu'on
voit par les exemples II, III, IV, V.

	Sujet.	Verbe.	Complém. direct.	Complém. indirect.	Terme circonst.
Ex. I.	Cæsar.	misit.	epistolam.	Trebonio.	per nuncium,
Ex. II.	Cæsar.		epistolam.	Trebonio.	per nuncium
		misit.			
Ex. III.	Cæsar.			Trebonio.	per nuncium
			epistolam		
		misit.			
Ex. IV.	Cæsar				per nuncium
				Trebonio	
			epistolam		
		misit.			
Ex. V.					Per nunçium
				Trebonio	
			epistolam		
		misit			
	Cæsar,				
Ex. VI.	illi	volebant	Gloriam ingentem,		
			divitias honestas		
	illi	volebant.			
Ex. VII.	tu.	Habes...	id		
	quod	tu...	petîsti.		
Ex. VIII.	tu...	Habes...	id quod tu petîsti.		

	Sujet.	Verbe.	Complém. direct.	Complém. indirect.	Terme circonst.
Ex. ix.	. . Præstantes viri.	nunquam. . . . . conati . . . . . essent,	*negotia* tanta		
quæ		pertinent,		ad. . . . . posteritatis . . memoriam	
ni	*illi.*	vidissent			*in* animo
	posteritatem.	. . . . pertinere posse.		ad se	
Ex. x.	. . Præstantes viri.	nunquam. . . . . conati . . . . . essent. . . .	*negotia* tanta . . . quæ ad posteritatis. memoriam pertinent,		ni animo vidissent posteritatem ad se pertinere posse.

AVANT-PROPOS.

Le désir d'être utile à mes élèves et de combler une lacune que j'ai cru voir dans l'enseignement de la langue latine m'a déterminé à mettre au jour cet ouvrage, fruit de l'expérience que j'ai été à portée d'acquérir. On n'y verra point, je l'espère, une nouvelle copie de la Grammaire latine de Lhomond. Je me suis proposé un autre but, et j'ai suivi une autre marche que cet estimable auteur. Son rudiment n'est qu'une méthode pour faire les thèmes ; je publie une grammaire dans laquelle les règles de la langue latine sont tirées de cette langue même ; il a pris et dû prendre le français pour base ; j'ai pris pour base le latin. Si la conformité seule du plan permettait de comparer des ouvrages qui diffèrent par le mérite de l'exécution, ce Cours de langue latine serait pour le latin ce qu'est pour le grec la Grammaire de M. Burnouf.

Je ferai, le plus succinctement possible, l'exposé du plan que j'ai suivi.

Pour entendre une langue, il faut connaître, 1°. quel est le sens attaché à chaque mot, c'est l'objet de la *nomenclature*; 2°. quelles sont les idées accessoires qu'ajoutent à la signification primitive des mots les formes déclinatives et conjugatives qu'on nomme *inflexions* ; 3°. quelles sont les raisons qui forcent les mots à prendre telle ou telle forme, telle ou telle place, c'est ce qu'enseignent la *syntaxe* et la *construction*. La division la plus naturelle d'une méthode pour apprendre la langue latine semble donc être celle-ci : *nomenclature — inflexions — syntaxe et construction :* c'est celle que, dans son Cours de latinité, a adoptée l'abbé Gaultier, savant modeste, véritable ami de l'enfance, qui consacra sa vie à l'amélioration de l'enseignement élémentaire, et dont je m'honore d'avoir été l'élève.

Une nomenclature complète aurait excédé les bornes que je me suis prescrites dans cet ouvrage. J'en ai fait l'objet d'un volume séparé que je me propose de publier sous le titre de *Racines latines avec leurs composés et leurs dérivés suivies d'un index.* J'y ai classé par familles tous les mots de la langue latine employés par les bons auteurs, mettant en gros caractères et en tête de chaque famille le mot primitif. Un exemple suffira pour donner une juste idée de ce travail et pour en faire apprécier l'importance.

AGER, *gri*, *m.*, champ, terre labourable, pays.

AG-ELLUS, *i*, *m.*, *diminutif*, petit champ.
AGR-ARIUS, *a*, *um*, qui concerne les champs.
AGR-ESTIS, *e*, champêtre, rustique.
SUB-AGR-ESTIS, *e*, qui sent le village, a des manières rustiques.
AGR-OSUS, *a*, *um*, riche en fonds de terre.
AGRI-COLA, *æ*, *m.* (*colo*), agriculteur, laboureur.
AGRI-CULTURA, *æ*, *f*, agriculture.
PER AGR-ARE, *actif*, parcourir, traverser en voyageant.
PER-AGR-ATIO, *onis*, *f.*, action de voyager, voyage.
PER-EGR- *è*, *adv.*, dans un pays étranger, en voyage.
PER-EGR-INUS, *a*, *um*, étranger, qui voyage ou demeure en pays étranger.
PER-EGR-INARI, *dép.*, voyager hors de son pays.
PER-EGR-INATIO, *onis*, *f.*, voyage en pays étranger.
PER-EGR-INATOR, *oris*, *m.* voyageur.
PER-EGR-INABUNDUS, *a*, *um*, qui voyage, court dans les pays étrangers.
PER-EGR-INITAS, *atis*, *f.*, condition d'étranger, manières étrangères.

Un index, dans lequel sont rangés alphabétiquement tous les composés et dérivés disséminés sous les primitifs, termine l'ouvrage et le rend propre à servir de dictionnaire dans les premières classes.

J'ai extrait de cette nomenclature, selon le conseil qu'a bien voulu m'en donner M. l'abbé Nicolle, la partie la plus intéressante, les racines, qu'à l'exemple de l'abbé Gaultier j'ai classées par ordre de déclinaisons et de conjugaisons, et qui avec les inflexions forment la première partie de ce volume. On apprend les racines grecques, pourquoi n'apprendrait-on pas les racines latines ?

J'ai, d'après l'abbé Gaultier, distingué dans le verbe trois élémens : le *radical*, la *caractéristique* et la *désinence personnelle.* Le *radical* varie dans tous les verbes, mais il est constant dans chacun, puisque c'est lui qui donne la signification ; la *caractéristique* distingue les temps les uns des autres, et est constante dans tous les verbes réguliers d'une même conjugaison ; enfin les *désinences personnelles*, qui indiquent les personnes, sont les mêmes dans tous les verbes des quatre conjugaisons, et à presque tous leurs temps.

Les noms, les verbes, les invariables ou mots qui ne sont point susceptibles des formes déclinatives ou conjugatives, forment la matière des trois premiers, livres de la première partie. Un quatrième livre, qu'il n'est point nécessaire d'avoir vu pour passer à la syntaxe, traite de la formation des composés et des dérivés.

La syntaxe est divisée en quatre livres : le premier contient la syntaxe générale, celle dont les lois sont, à un petit nombre d'exceptions près, communes à toutes les langues. La syntaxe de concordance et la syntaxe de dépendance forment les deux sections de ce livre. Après avoir montré la dépendance des mots entre eux, je fais voir la dépendance des propositions entre elles.

Le second livre contient les règles de syntaxe plus particulièrement propres à la langue latine. Le premier chapitre est un supplément à la première section du premier livre. Le deuxième chapitre est un tableau complet des divers emplois de chacun des six cas.

Le troisième livre, destiné aux élèves plus avancés, traite des figures de syntaxe. Le chapitre des hellénismes a été fait *ex professo;* on espère n'y avoir rien omis d'essentiel : c'est un travail qui a coûté beaucoup de recherches, et qu'il me serait permis de louer parce qu'il n'est pas mon ouvrage.

Le quatrième livre est un appendix sur la manière de rendre en latin les principaux gallicismes, et dispensera de l'acquisition d'une méthode pour faire les thèmes latins.

Je commence par citer l'exemple; c'est un fait que j'explique et dont la règle n'est que la conséquence. Cette marche est certainement la plus naturelle, car les langues n'ont pas été faites après les grammaires ; on a parlé et le grammairien est venu ensuite réunir les analogies et faire une règle de l'usage qu'il a trouvé établi.

Les règles sont suivies d'exercices formant un cours de versions véritablement graduées, parce qu'on n'y trouve jamais appliquées que les règles qu'on connaît déjà. Les exemples qui composent ces exercices ont été puisés aux bonnes sources, et pourront donner aux élèves le goût de la belle latinité. Presque tous offrent quelque chose d'instructif et d'intéressant, et sont remarquables soit à cause de la pensée, soit à cause de l'expression. Mon choix est tombé, autant qu'il a été possible, sur ces traits saillans qu'on est bien aise de trouver, et qu'on a le désir de retenir, et sur ces pensées religieuses et morales qui abondent dans les écrits de Cicéron.

Puissent ces précieuses semences porter d'heureux fruits ! Une bonne maxime confiée à la mémoire de l'enfant peut un jour inspirer à l'homme fait une bonne action. Que pour récompense de mes veilles, il me soit permis de me livrer à cette douce espérance !

Parmi les bons ouvrages que j'ai consultés et qui m'ont servi à rendre le mien moins imparfait, je citerai la méthode latine de l'abbé Gaultier, la Grammaire latine de Port-Royal, les Principes de grammaire générale par M. Silvestre de Sacy, et surtout la Grammaire latine-allemande de Broëder.

COURS

THÉORIQUE ET PRATIQUE

DE

LANGUE LATINE.

PREMIÈRE PARTIE.
NOMENCLATURE ET INFLEXIONS.

La Nomenclature est la connaissance des mots.

Les mots sont ou primitifs, comme, *currere*, courir; *gratus*, reconnaissant; ou dérivés, comme, *cursor*, coureur; *gratè*, avec reconnaissance; ou composés, comme, *concurrere*, courir ensemble; *ingratus*, ingrat.

On appelle primitif, radical ou racine tout mot qui en forme d'autres : *currere* et *gratus* sont des mots radicaux.

La langue latine a environ deux mille radicaux.

On distingue ordinairement dans la langue latine neuf sortes de mots, savoir : le Substantif, l'Adjectif, le Pronom, le Verbe, le Participe, la Préposition, l'Adverbe, la Conjonction, l'Interjection.

Ces neuf sortes de mots peuvent se réduire à trois grandes classes :

1°. Les *Noms* comprenant le substantif, l'adjectif et le pronom ; ce sera l'objet du premier livre.

2°. Les *Verbes*, qui feront le sujet du deuxième livre.

3°. Les *Invariables*, savoir : la Préposition, l'Adverbe, la Conjonction et l'Interjection ; matière du troisième livre.

Le Participe, qui tient tout à la fois de la nature du nom et de celle du verbe, n'a point été regardé comme une espèce particulière de mot, mais comme un mode du verbe.

On entend par INFLEXIONS les formes variables qui expriment des idées accessoires de genre, de nombre, de cas, dans les noms ; de nombre, de personne, de temps, dans les verbes.

Chaque paradigme sera suivi d'une liste de mots radicaux, parmi lesquels on pourra choisir des noms à décliner et des verbes à conjuguer.

Le quatrième livre traitera de la formation des composés et des dérivés.

LIVRE PREMIER.

NOMS.

Le substantif, l'adjectif, le pronom et le participe sont susceptibles de genres, de nombres et de cas.

La langue latine, outre le masculin et le féminin, admet un troisième genre appelé neutre qui comprend tous les noms qui ne sont ni masculins ni féminins.

Le latin, comme le français, a deux nombres, le singulier et le pluriel.

Les noms reçoivent en latin différentes terminaisons suivant la manière dont ils sont employés dans le discours. Ces terminaisons s'appellent *cas*.

On compte six cas, savoir : le *Nominatif*, le *Génitif*, le *Datif*, l'*Accusatif*, le *Vocatif*, l'*Ablatif*.

Décliner un nom, c'est le faire passer par ses douze formes, ou par ses six cas du singulier et par ses six cas du pluriel.

Il y a en latin cinq déclinaisons, c'est-à-dire, cinq manières différentes de décliner les noms. On les distingue par la terminaison du génitif. Dans la première déclinaison, il est terminé en Æ ; dans la seconde en I ; dans la troisième en IS ; dans la quatrième en US ; dans la cinquième en EI.

Tout nom est formé de deux éléments : le *radical*, et la *terminaison*. Le radical se trouve dans le génitif en retranchant la terminaison. Tous les cas, excepté le nominatif et le vocatif du singulier, se forment du génitif : ainsi, lorsqu'un nom reçoit un accroissement de syllabes au génitif, il le conserve à tous les cas qui en dérivent. *Liber* fait au génitif *libri*, *homo* fait *hominis*; les radicaux *libr* et *homin* se représenteront à chaque cas, excepté au nominatif et au vocatif du singulier.

L'article, les prépositions, la disposition des mots dans la phrase indiquent dans la langue française, où les noms ne varient pas, les rapports que les latins marquent par les différentes désinences du même mot.

CHAPITRE PREMIER. Déclinaison des substantifs.

§ 1. *Substantifs de la première déclinaison.*

Cette déclinaison comprend des noms masculins ou féminins dont le génitif singulier est terminé en æ, et le génitif pluriel en ARUM.

	Singulier.			Nom féminin.		Pluriel.	
N.	Ros	A	*la*	rose.	Ros	Æ	*les* roses.
G.	Ros	Æ	*de la* rose.	Ros	ARUM	*des* roses.
D.	Ros	Æ	*à la* rose.	Ros	IS	*aux* roses.
Ac.	Ros	AM	*la* rose.	Ros	AS	*les* roses.
V.	Ros	A	ó rose.	Ros	Æ	ó roses.
Ab.	Ros	à	*de la* rose.	Ros	IS	*des* roses.

Substantifs radicaux de la première déclinaison.

Le signe * indique les mots qu'on ne peut décliner ou conjuguer qu'après avoir vu les suppléments aux deux premiers livres. Le signe † précède les mots hors d'usage, mais qui en forment d'autres fort usités.

Féminins.

Academia, æ, *académie, gymnase.*
Ærumna, *affliction, peine.*
Ala, *aile d'oiseau, d'armée.*
Alea, *jeu de dés, hasard.*
Alga, *algue (plante marine).*
Amphora, *vase à deux anses.*
Amygdala, *amandier, amande.*
Anchora, *ancre de navire.*
Ancilla, *servante, suivante.*
Ansa, *anse, manche.*
Aqua, *eau.*
Aquila, *aigle.*
Ara, *autel.*

Arca, æ, *coffre, cassette.*
Area, *aire d'une grange, tout lieu vide.*
Arena, *sable, rivage, arène.*
Argilla, *argile, terre à potier.*
Arista, *barbe de l'épi, épi.*
Ascia, *hache, doloire.*
Aula, *cour.*
Aurea, *têtière de cheval.*
Avena, *avoine, chalumeau.*
Bacca, *baie; tout menu fruit.*
Barba, *barbe.*
Bellua, *bête féroce, brute.*
Bestia, *bête féroce; bête.*

Bractea, æ, *lame de métal.*
Bruma, *solstice d'hiver, hiver.*
Bucca, *creux de joue, joue.*
Bulla, *bulle, bouteille d'eau.*
Calumnia, *calomnie.*
Camera, *voûte, chambre.*
Canna, *canne, roseau, flûte.*
Capsa, *coffre, tablette, sac où les écoliers mettent leurs livres.*
Carina, *carène, navire.*
Catena, *chaîne, fers, menottes.*
Caterva, *troupe de soldats, foule.*
Causa, *cause, prétexte, procès.*
Cavilla, *plaisanterie, chicane.*
Cella, *cellier, office.*
Cera, *cire.*
Charta, *papier, écrit, lettre.*
Cista, *panier, corbeille, boîte.*
Cithara, *luth, harpe.*
Cochlea, *limaçon, escargot.*
Cœna, *repas du soir, souper.*
Coma, *chevelure, crinière.*
Comœdia, *comédie.*
Concha, *conque, coquille.*
Copula, *lien, union, courroie.*
Corona, *couronne, assemblée.*
Cortina, *chaudière, trépied.*
Costa, *côte (partie du corps).*
Coxa, *cuisse, hanche.*
Crepida, *sandale, pantoufle.*
Creta, *craie.*
Crista, *crête, huppe, panache.*
Crusta, *croûte, enduit, crépi.*
Culpa, *faute, offense, délit.*
Cura, *soin, peine, sollicitude.*
Curia, *curie, sénat, barreau.*
Cymba, *bateau, nacelle.*
Epistola, *épître, lettre.*
Esca, *aliment, appât.*
Faba, *fève (légume).*
Fabula, *ce qui se dit, fiction, fable, pièce de théâtre.*
Fama, *renommée, bruit, réputation.*
Femina, *femme, femelle.*
Fenestra, *fenêtre, créneau.*
Fera, *bête sauvage.*

Fibula, æ, *agrafe, boucle.*
Fistula, *chalumeau, canal.*
Flamma, *flamme, feu.*
Forma, *forme, figure, beauté.*
Formica, *fourmi.*
Funda, *fronde, tramail, filet.*
Furca, *fourche, potence.*
Galea, *casque.*
Gemma, *pierre précieuse, bourgeon de la vigne, perle.*
Gleba, *motte de terre, glèbe.*
Gloria, *gloire, renom.*
Gula, *gosier, gourmandise.*
Gutta, *goutte.*
Hasta, *lance, pique, enseigne.*
Hedera, *lierre (arbrisseau).*
Herba, *herbe, gazon.*
Historia, *histoire.*
Hora, *heure, saison, temps.*
Industria, *industrie, adresse.*
Insula, *île.*
Ira, *colère, ressentiment.*
Janua, *porte.*
Juba, *crinière.*
Lachryma, *larme.*
Lagena, *bouteille.*
Lana, *laine.*
Lancea, *lance, pique.*
Larva, *spectre, fantôme.*
Libra, *livre, poids, balance.*
Lima, *lime.*
Linea, *fil, corde, ligne, limite.*
Lingua, *langue.*
Lira, *sillon.*
Luna, *lune.*
Lympha, *eau (poétique).*
Lyra, *lyre.*
Machina, *machine, artifice.*
Macula, *tache, note.*
Mala, *joue, mâchoire.*
Mamma, *mamelle.*
Margarita, *perle.*
Massa, *masse, bloc.*
Materia, *matière, sujet.*
Matuta, *l'aurore (poétique).*
Menda, *faute, tort.*
Mensa, *table où l'on mange.*
Meta, *borne, fin.*
Mola, *meule, gâteau au sel.*
Mora, *retard, délai.*

Mulcta *et* multa, æ, *amende.*
Musa, *muse, air.*
Musca, *mouche.*
Nausea, *nausée.*
Nebula, *brouillard.*
Norma, *règle, modèle.*
Noverca, *belle-mère, marâtre.*
Nympha, *nymphe, divinité.*
Occa, *herse de laboureur.*
Ocrea, *botte.*
Olea, *olivier, olive.*
Olla, *pot, marmite.*
Ora, *bord, borne, rivage.*
Ostrea, *huître.*
Palæstra, *lutte, gymnase.*
Palea, *paille, chaume.*
Palma, *paume (de la main),
   palmier, datte, palme.*
Papula, *pustule, bube.*
Parma, *bouclier ovale de cuir.*
Patera, *coupe, tasse.*
Patina, *plat.*
Pausa, *pause.*
Penna, *grande plume, aile.*
Penula, *manteau, casaque.*
Pera, *sac, besace.*
Perna, *jambon.*
Persona, *masque, personnage.*
Pertica, *perche (mesure d'ar-
   penteur).*
Petra, *pierre, roche.*
Pharetra, *carquois.*
Pila, *balle à jouer.*
Pila, *grand mortier, pilier.*
Pinna, *grosse plume d'oiseau,
   aigrette, nageoire, créneau
   de muraille.*
Pituita, *pituite.*
Plaga, *plaie, blessure, fléau.*
Planta, *plante.*
Pluma, *plume, poil follet.*
Pœna, *peine, châtiment.*
Popina, *taverne, cabaret.*
Porta, *porte.*
Præda, *proie, butin.*
Prora, *proue.*
Pruina, *gelée blanche, neige.*
Pugna, *bataille, combat.*
Purpura, *pourpre.*
Pyra, *bûcher.*

Rana, æ, *grenouille.*
Rapa, *rave, (plante).*
Rheda, *calèche, litière.*
Rima, *fente, crevasse.*
Ripa, *rive, bord.*
Rixa, *débat, querelle.*
Rosa, *rose, rosier.*
Rota, *roue.*
Ruga, *ride.*
Sagina, *nourriture qui en-
   graisse, embonpoint.*
Sagitta, *flèche, trait.*
Satyra, *satyre.*
Scala, *échelle, escalier.*
Scena, *ombrage d'un bois,
   ramée, scène, partie d'un
   théâtre.*
Schola, *école.*
Scintilla, *étincelle.*
Semita, *sentier, trace, sillon.*
Sera, *serrure, cadenas.*
Serra, *scie.*   [*maux.*
Seta, *soie, poil de certains ani-*
Sica, *poignard.*
Silva, *forêt.*
Spelunca, *antre, caverne.*
Spica, *épi.*
Spina, *épine, pointe, dard.*
Spuma, *écume.*
Squama, *écaille.*
Stella, *étoile.*
Stilla, *goutte qui tombe.*
Stipula, *paille, chaume.*
Taberna, *échoppe, cabaret.*
Tabula, *ais, planche.*
Tæda *et* teda, *pin, sapin;
   torche; (poétique) noces.*
Tænia, *bande, ruban.*
Terebra, *tarière.*
Terra, *terre, contrée.*
Tessera, *pièce de rapport, dé à
   jouer, mot du guet.*   [*quille.*
Testa, *vase de terre cuite, co-*
Tibia, *os de la jambe, flûte.*
Toga, *robe longue, paix.*
Tragœdia, *tragédie.*
Trutina, *balance, trébuchet,
   jugement.*
Tuba, *trompette.*
Tunica, *tunique.*

Turba, æ, *trouble, bruit, foule.*
Turma, *escadron.*
Ulula, *hibou, chouette.*
Umbra, *ombre, ombrage.*
Uncia, *once.*
Unda, *onde, flot, foule.*
Urna, *urne, cruche, vase.*
Uva, *raisin, grappe de raisin, vigne, vin.*
Vagina, *gaîne, étui.* [*génit.*
Vena, *veine, source, mine,*

Verbena, æ, *verveine.*
Vesica, *vessie, cloche.*
Via, *voie, route, voyage, moyen.* [*ferme.*
Villa, *maison de campagne,*
Viola, *violette.*
Vipera, *vipère.*
Virga, *verge, baguette.*
Vita, *vie.*
Vitta, *bandelette.*
Zona, *ceinture, zone.*

Masculins.

Pirata, æ, *pirate, corsaire.*
Poeta, *poëte.*
Propheta, *prophète.*

Verna, æ, *esclave né dans la maison de son maître.*

Féminins qui ne s'emploient qu'au pluriel.

Cunæ, arum, *berceau, langes.*
Epulæ, *mets, nourriture, repas.*
Feriæ, *jours de repos, fêtes.*
Minæ, *menaces, créneaux de muraille.*
Nugæ, *badineries, sornettes.*

Palpebræ, arum, *paupières.*
Scopæ, *balai.*
Tenebræ, *ténèbres, nuit.*
Tricæ, *cheveux, bagatelles.*
Valvæ, *battants de porte ou de fenêtre.*

§ II. *Substantifs de la deuxième déclinaison.*

Cette déclinaison comprend des noms masculins, féminins et neutres dont le génitif singulier est terminé en I et le génitif pluriel en ORUM.

Nom masculin terminé au nominatif en US.

	Singulier.				Pluriel.		
N.	Domin	us	*le seigneur.*	Domin	I	*les*	*seigneurs.*
G.	Domin	I	*du seigneur.*	Domin	ORUM	*des*	*seigneurs.*
D.	Domin	o	*au seigneur.*	Domin	IS	*aux*	*seigneurs.*
Ac.	Domin	UM	*le seigneur.*	Domin	OS	*les*	*seigneurs.*
V.	Domin	E	*ô seigneur.*	Domin	I	*ô*	*seigneurs.*
Ab.	Domin	o	*du seigneur.*	Domin	IS	*des*	*seigneurs.*

Substantifs radicaux de la deuxième déclinaison qui se déclinent sur Dominus.

Masculins.

Abacus, i, *table, buffet.*
Acervus, *monceau, tas.*
Angelus, *ange.*

Alveus, i, *lit d'une rivière, conduit, ruche.*
Angulus, *angle, coin.*

Animus, i, *âme, esprit, courage.*
Annulus, *anneau, bague.*
Annus, *an, année.*
Armus, *épaule (des animaux).*
Autumnus, *automne.*
Avus, *aïeul.*
Bacchus, *Bacchus, vin, vigne.*
Bajulus, *porte-faix.*
Barrus, *éléphant.*
Bombus, *bourdonnement.*
Bulbus, *bulbe, ognon.*
Caballus, *mauvais cheval.*
Cachinnus, *ris immodéré.*
Calamus, *roseau, flûte, flèche,*
   plume à écrire, tuyau de blé.
Calathus, *panier, coupe.*
Camelus, *chameau.*
Caminus, *fournaise, fourneau,*
   cheminée.
Campus, *champ, plaine, arène.*
Carduus, *chardon.*
Carrus, *chariot.*
Catinus, *plat, petit bassin.*
Chorus, *chœur.*
Cibus, *aliment, mets.*
Cincinnus, *boucle de cheveux.*
Circus, *tour, cercle, cirque.*
Cirrus, *boucle de cheveux,*
   frange.
Clavus, *clou, cheville, nœud*
   des arbres, gouvernail.
Clivus, *colline, tertre, pente.*
Clypeus, *bouclier rond et creux.*
Contus, *longue perche, aviron*
   pour conduire un vaisseau,
   ou pour sonder.
Crocus, *safran.*
Cumulus, *monceau, tas.*
Cuneus, *coin.*
Curcullus, *cornet de papier.*
Cyathus, *coupe, tasse.*
Cygnus ou Cycnus, *cygne.*
Digitus, *doigt.*
Dolus, *dol, mauvaise foi, ruse.*
Dominus, *maître, seigneur,*
   monsieur.
Dumus, *buisson.*
Equus, *cheval.*   [*l'est.*
Eurus, *Eurus, le vent d'est,*
Famulus, *serviteur.*

*Filius, i, *fils.*
Fiscus, *panier à argent, fisc.*
Floccus, *flocon, un rien.*
Focus, *foyer, âtre, maison.*
Fucus, *bourdon, guêpe, fard,*
   déguisement.
Fumus, *fumée.*
Fundus, *fond, fonds de terre.*
Fungus, *champignon.*
Furnus, *four, fournaise.*
Gallus, *coq.*
Gladius, *épée, glaive.*
Globus, *boule, globe, foule.*
Gyrus, *tour, rond, cercle.*
Hædus, *bouc, chevreau.*
Hamus, *hameçon, croc.*
Hariolus, *devin.*   [*soir.*
Hesperus, *Vesper, l'étoile du*
Hinnus, *mulet, mule.*
Hircus, *bouc (animal).*
Hortus, *jardin.*
Humerus, *épaule (de l'homme).*
*Jocus, *jeu, raillerie.*
Juncus, *jonc.*
Lacertus, *partie du bras depuis*
   le coude jusqu'au poignet,
   nerf, force; lézard.
Lanius, *boucher.*
Laqueus, *lacet, piège, fraude.*
Lectus, *lit.*
Limbus, *bord, frange.*
Limus, *limon, boue.*
*Locus, *lieu, rang, naissance,*
   occasion.
Lucus, *bois sacré.*
Lychnus, *lampe.*   [*cien.*
Magus, *mage, docteur, magi-*
Malleus, *marteau, maillet.*
Mendicus, *mendiant.*
Modus, *manière, moyen, me-*
   sure, borne.
Morbus, *maladie.*
Mucus, *morve.*
Mundus, *monde, univers.*
Murus, *mur, rempart.*
Muscus, *mousse.*   [*boyau.*
Nervus, *nerf, force, corde à*
Nidus, *nid.*   [*nuée.*
Nimbus, *pluie soudaine, orage,*
Nodus, *nœud, difficulté.*

Numerus, i, *nombre, cadence.*
Nummus, *pièce de monnaie, écu.*
Oculus, *œil, bourgeon de vigne.*
Pagus, *village, hameau.*
Palus, *poteau, pieu.*
Pampinus, *pampre.*
Pannus, *drap, étoffe.*
Pilus, *poil.*
Populus, *peuple, foule.* [lat.
Pugnus, *poing, poignée, pugi-*
Pullus, *petit d'un animal, pou-lain.*   [raisin.
Racemus, *grappe ou grain de*
Radius, *rayon, rais de roue, baguette.*
Ramus, *rameau.*
Remus, *rame, aviron.*   [cusé.
Reus, *défenseur en justice, ac-*
Rhonchus, *ronflement.*
Rivus, *ruisseau, canal.*
Rogus, *bûcher.*
Rubus, *buisson.*
Saccus, *sac, bourse,*
Scopulus, *rocher, écueil.*
Servus, *esclave, serviteur.*
Somnus, *sommeil, songe.*

Sonus, i, *son, bruit, ton.*
Stimulus, *aiguillon, pointe.*
Stomachus, *estomac, colère, chagrin.*
Succus, *suc, sève, chyle.*
Sulcus, *sillon, raie, ride.*
Surculus, *rejeton, greffe.*
Susurrus, *murmure des feuil-les, des ruisseaux.*
Talus, *talon, osselet, dé.*
Terminus, *terme, borne, fin.*
Tornus, *tour, machine.*
Torus, *lit (poétique).*
Triumphus, *triomphe.*
Truncus, *tronc d'arbre.*
Tumulus, *éminence, tombeau.*
Turdus, *grive, (oiseau.)*
Tyrannus, *roi, monarque, ty-ran.*
Urceus, *cruche, vase.*
Uterus, *ventre.*
Vallus, *pal, pieu, rempart.*
Ventus, *vent, trouble, rumeur.*
Vicus, *quartier d'une ville, bourg.*
Villus, *poil de bête.*

Ne s'emploient qu'au pluriel.

Cancelli, orum, *barreaux, ba-lustrade.*

Lumbi, orum, *reins, dos.*

Féminins.

Æsculus, i, *sorte de chêne.*
Alnus, *aune (arbre).*
Alvus, *ventre, intestins.*
Arbutus, *arbousier (arbre).*
Biblus, *papyrus (arbre d'É-gyte), livre.*
* Carbasus, *lin très-fin, voile de navire.*
Cedrus, *cèdre (arbre).*
Cerasus, *cerisier (arbre).*
Citrus, *citronnier (arbre).*
Cornus, *cornouiller (arbre).*
Corylus, *coudrier (arbre).*
Cupressus, *cyprès (arbre).*
Fagus, *hêtre (arbre).*

Ficus, i, *figuier (arbre), figue.*
Fraxinus, *frêne (arbre).*
Humus, *terre, sol.*
Laurus, *laurier (arbre).*
Malus, *pommier (arbre).*
Morus, *mûrier (arbre).*
Myrtus, *myrte (arbrisseau).*
Pinus, *pin (arbre).*
Pirus, *poirier (arbre).*
Populus, *peuplier (arbre).*
Prunus, *prunier (arbre).*
Sambucus, *sureau (arbre).*
Ulmus, *orme, ormeau (arbre).*
Vannus, *van à vanner,*

Nom masculin de la deuxième déclinaison dont le nominatif et le vocatif singuliers sont terminés en er.

		Singulier.				Pluriel.	
N.	Puer		*l'*	*enfant.*	Puer	ɪ	*les enfants.*
G.	Puer	ɪ	*de l'*	*enfant.*	Puer	ᴏʀᴜᴍ	*des enfants.*
D.	Puer	ᴏ	*à l'*	*enfant.*	Puer	ɪs	*aux enfants.*
Ac.	Puer	ᴜᴍ	*l'*	*enfant.*	Puer	ᴏs	*les enfants.*
V.	Puer		*ô*	*enfant.*	Puer	ɪ	*ô enfants.*
Ab.	Puer	ᴏ	*de l'*	*enfant.*	Puer	ɪs	*des enfants.*

Substantifs radicaux de la seconde déclinaison qui se déclinent sur Puer (1).

Ager , agri , *champ, terre labourable.*
Aper, pri , *sanglier.*
Auster, tri , *le vent du midi.*
Cöluber , bri , *couleuvre, serpent.*
Culter, tri , *couteau.*
Faber, bri , *tout ouvrier qui*
emploie le marteau.
Gener, eri , *gendre.*
Liber , bri , *livre.*
Puer, eri, *enfant, jeune garçon, petit laquais.*
Socer, eri , *beau-père.*
Vir , iri , *homme fait, mâle (2).*

Nom neutre de la deuxième déclinaison.

Nominatif, accusatif et vocatif terminés au singulier en *um*, et au pluriel en *a.*

		Singulier.				Pluriel.	
N.	Templ	ᴜᴍ	*le*	*temple.*	Templ	ᴀ	*les temples.*
G.	Templ	ɪ	*du*	*temple.*	Templ	ᴏʀᴜᴍ	*des temples.*
D.	Templ	ᴏ	*au*	*temple.*	Templ	ɪs	*aux temples.*
Ac.	Templ	ᴜᴍ	*le*	*temple.*	Templ	ᴀ	*les temples.*
V.	Templ	ᴜᴍ	*ô*	*temple.*	Templ	ᴀ	*ô temples.*
Ab.	Templ	ᴏ	*du*	*temple.*	Templ	ɪs	*des temples.*

Substantifs radicaux neutres qui se déclinent sur Templum.

Ævum , i , *âge, vie.*
Allium , *ail (plante).*
Argentum , *argent (métal).*
Armentum , *troupeau de gros bétail.*
Arvum , *terre labourée, champ.*
Astrum , *astre, constellation.*
Aurum , i , *or (métal).*
* Auxilium , *aide , secours.*
* Balneum, *bain, salle de bains.*
Balsamum , *baume.*
Basium , *baiser.*
Bellum , *guerre.*
Brachium , *bras.*

(1) Quelques noms en *er* conservent au génitif et aux autres cas l'ɛ devant le *r*, comme *puer, socer* ; ɢᴇɴ. *pueri, soceri.* D'autres rejettent l'ɛ par contraction, comme *ager, culter, liber* ; ɢᴇɴ. *agri, cultri, libri.*

(2) *Vir* et ses composés *lævir, duumvir,* etc., sont les seuls noms de cette déclinaison qui se terminent en *ir.*

* Calamistrum , i , *fer à frisèr.*
Castrum, *fort , forteresse.*
Cerebrum, *cerveau, cervelle.*
Cilium, *cil (poil des paupières).*
* Cœlum, *ciel , air , climat.*
Cœnum, *boue, fange.*
Collum, *cou.*
Corium, *cuir , peau.*
Cribrum, *crible, tamis.*
Cuprum , *cuivre (métal).*
Damnum, *dommage, tort.*
Dolium, *barrique , tonneau , muid.*
Emporium , *foire , marché.*
Exemplum , *exemple, modèle.*
Fanum, *temple.*
Fascinum, *charme, maléfice.*
Fastigium, *faîte, hauteur, fin.*
Fatum, *destin, sort.*
Fenum , *foin.*
Ferrum , *fer (métal).*
,Flagrum , *fouet dont on châtiait les esclaves.*
Folium , *feuille.*
Forum , *marché, place publique , barreau.*
Frenum ,*frein.*
Fretum, *détroit, bras de mer.*
Frumentum, *blé, froment.*
Frustum , *morceau, pièce.*
Granum, *grain, graine.*
Graphium , *poinçon , burin , pinceau.* [mie.
Gymnasium, *gymnase, acadé-*
Gypsum, *plâtre.*
Hordeum, *orge, grain.*
Horreum, *grenier, grange.*
Jugulum, *gorge, gosier.*
Jugum , *joug , esclavage , sommet.*
Labium *et* labrum , *lèvre, bord de quoi que ce soit.*
Lethum , *mort.*
Licium, *trame, fil de la trame.*
Lignum, *bois.*
Lilium , *lis.*
Linum , *lin.*

Lolium , i , *ivraie.*
Lorum , *courroie, rênes, câble.*
Lucrum, *gain, profit.*
Lustrum , *sacrifice expiatoire après une revue ou un dénombrement ; lustre, espace de cinq ans* (1).
Luteum, *guède, pastel, (plante).*
Lutum , *boue, fange.*
Membrum, *membre, partie.*
Metallum, *métal.*
Minium , *vermillon.*
Monstrum, *monstre, prodige.*
Mustum, *moût, vin doux.*
Negotium, *affaire, charge, travail, négoce.*
Nitrum, *nitre, sorte de salpêtre.*
Oppidum, *ville, fort , place fermée.*
Obsonium , *provision de mets , bonne chère.*
Ostium, *porte, embouchure.*
Ostrum, *pourpre, couleur de pourpre.*
Otium, *oisiveté, repos, loisir.*
Ovum , *œuf.*
Pabulum , *pâture , fourrage.*
Pallium , *manteau grec.*
Paludamentum , *cotte d'armes.*
Pastinum, *houe (instrument d'agriculture.)*
Pilum , *pilon, javelot.*
Plaustrum , *char, chariot.*
Plumbum , *plomb (métal).*
Pomum, *toute sorte de fruits d'arbre.* [terre.
Prædium, *héritage, fonds de*
Prælium, *bataille, combat.*
Præmium, *profit, prix, salaire.*
Pratum, *pré, prairie.*
Pretium, *prix, récompense.*
Probrum, *crime honteux, infamie.*
Prodigium , *prodige.*
Rostrum , *bec d'oiseau , éperon de navire.*
Sabulum, *sable, sablon.*

(1) Le dénombrement se faisait d'abord de cinq ans en cinq ans.

Sagum, i, *saie*, *hoqueton*.
Sarmentum, *sarment*, *pampre*.
Saxum, *pierre*, *rocher*.
Scamnum, *marche-pied*, *banc*.
Sceptrum, *sceptre*, *royauté*.
Scortum, *cuir*, *peau*, *femme débauchée*.
Scutum, *écu*, *bouclier long*.
Seculum, *siècle*.
Sevum *et* sebum, *suif*.
Signum, *signe*, *signal*, *présage*, *prodige*, *statue*, *étendard*.
Solum, *sol*, *terre*.
Spatium, *lice*, *espace*, *grandeur*, *loisir*.
Spolium, *dépouille*, *butin*.
Stadium, *stade*, *espace de cent vingt pas géométriques*.
Stagnum, *étang*.
Stannum, *étain* (*métal*).

Stuprum, i, *action de corrompre une fille ou une veuve*.
Suffragium, *suffrage*.
Temetum, *vin*.
Tergum, *dos*.
Theatrum, *théâtre*, *spectacle*.
Tignum, *poutre*, *solive*.
Tympanum, *tambour*.
Velum, *voile*, *tenture*, *voile de navire*.
Venenum, *venin*, *poison*, *teinture*, *philtre*.
Venum, *vente*. [*proverbe*.
Verbum, *mot*, *terme*, *verbe*,
Vestigium, *trace*, *vestige*, *piste*.
Vexillum, *étendard*, *drapeau*,
Vinum, *vin*. [*blâme*.
Vitium, *défaut*, *faute*, *vice*,
Vitrum, *verre brut*.

Ne s'emploient qu'au pluriel.

Arma, orum, *armes*.
Elementa, *éléments*, *rudiments*.
Evangelia, *sacrifices en action de grâce pour de bonnes nouvelles*.

Fraga, orum, *fraises* (*fruit*).
Lamenta, *lamentations*.
Veterina, *bêtes de somme, de trait*.

Masculins ou neutres.

Acinus *et* Acinum, i, *grain ou pepin*.
Baculus *et* Baculum, *bâton à s'appuyer*. [*cée*.
Caduceus *et* Caduceum, *caducée*.
Callus *et* Callum, *cal, durillon*.
Cubitus *et* Cubitum, *coude, coudée*.

Modius *et* Modium, *mesure, boisseau*.
Nasus *et* Nasum, *nez*.
Pileus *et* Pilcum, *bonnet*.
Puteus *et* Puteum, *puits*.
Sibilus *et* Sibilum, *sifflement*.
Viscus *et* Viscum, *glu*.

Féminins ou neutres.

Buxus *et* Buxum, *buis*.

Papyrus *et* Papyrum, *arbrisseau d'Égypte*.

Neutres terminés en *us* au nominatif.

Pelagus, i, *la pleine mer*.
Virus, *toute humeur visqueuse, poison, teinture*.

Vulgus, i, *vulgaire*, *populace*, *multitude*. (*Il est aussi masculin.*)

§ III. *Substantifs de la troisième déclinaison.*

Cette déclinaison comprend des noms masculins,
féminins et neutres, dont le génitif singulier est terminé
en is et le génitif pluriel en um ou en ium. Exemples :

	Singulier.			Nom masculin.		Pluriel.	
N.	Sermo		*le discours.*	Sermon	es	*les discours.*	
G.	Sermon	is	*du discours.*	Sermon	um	*des discours.*	
D.	Sermon	i	*au discours.*	Sermon	ibus	*aux discours.*	
Ac.	Sermon	em	*le discours.*	Sermon	es	*les discours.*	
V.	Sermo		*ó discours.*	Sermon	es	*ó discours.*	
Ab.	Semon	e	*du discours.*	Sermon	ibus	*des discours.*	

Nom féminin.

N.	Av	is	*l' oiseau.*	Av	es	*les oiseaux.*
G.	Av	is	*de l' oiseau.*	Av	ium	*des oiseaux.*
D.	Av	i	*à l' oiseau.*	Av	ibus	*aux oiseaux.*
Ac.	Av	em	*l' oiseau.*	Av	es	*les oiseaux.*
V.	Av	is	*ó oiseau.*	Av	es	*ó oiseaux.*
Ab.	Av	e	*de l' oiseau.*	Av	ibus	*des oiseaux.*

Nom neutre.

N.	Corpus		*le corps.*	Corpor	a	*les corps.*
G.	Corpor	is	*du corps.*	Corpor	um	*des corps.*
D.	Corpor	i	*au corps.*	Corpor	ibus	*aux corps.*
Ac.	Corpus		*le corps.*	Corpor	a	*les corps.*
V.	Corpus		*ó corps.*	Corpor	a	*ó corps.*
Ab.	Corpor	e.	*du corps.*	Corpor	ibus	*des corps.*

Autre nom neutre.

N.	Cubile		*le lit.*	Cubil	ia	*les lits.*
G.	Cubil	is	*du lit.*	Cubil	ium	*des lits.*
D.	Cubil	i	*au lit.*	Cubil	ibus	*aux lits.*
Ac.	Cubile		*le lit.*	Cubil	ia	*les lits.*
V.	Cubile		*ó lit.*	Cubil	ia	*ó lits.*
Ab.	Cubil	i	*du lit.*	Cubil	ibus	*des lits.*

Les noms de cette déclinaison sont *parisyllabiques* ou
imparisyllabiques. Les parisyllabiques ont au génitif le
même nombre de syllabes qu'au nominatif; les imparisyllabiques ont plus de syllabes au génitif qu'au nominatif. *Avis* et *cubile* sont parisyllabiques, *corpus* et *sermo*
sont imparisyllabiques.

Substantifs radicaux de la troisième déclinaison (1).

a, atis.

* Aroma , ătis , n. *aromate , parfum.*
* Drachma , n. , *drachme, monnaie attique valant 17 cent. de notre monnaie.*
* Stigma , n. , *flétrissure faite avec un fer chaud.*

e, is.

Mare , n. , *mer.*
Rete , n. , *rets , filet , piége.*

o, onis.

Aquilo , ōnis , m. *aquilon, bise.*
Carbo , m. *charbon.*
Caupo , m. *cabaretier.*
Harpago , m. *croc, harpon.*
Helluo , m. *glouton, débauché.*
Histrio , m. *comédien, histrion.*
Latro , m. *voleur, brigand.*
Leno , m. *marchand d'esclaves, corrupteur de la jeunesse.*
Leo , m. *lion.*
Mucro , m. *pointe, épée.*
Pavo , m. *paon.*
Petaso , m. *jambon.* [rant.
Præco , m. *crieur public, hé-*
Pulmo , m. *poumon.*
Religio , f. *religion, piété.*
Seditio , f. *sédition, émeute.*
Sermo , m. *langage, discours, conversation.*
Spado , m. *eunuque.*
Stolo , m. *rejeton inutile.*
Tiro , m. *nouveau soldat, apprenti (2).*

Exception.

Car o , nis , f. *chair des animaux et des fruits.*

o, inis.

Arundo , ĭnis , f. *roseau, flûte.*
Caligo , f. *obscurité, ténèbres.*
Cardo , m. *gond, pôle, climat.*
Cartilago , f. *cartilage.*
Formido , f. *peur, crainte.*
Fuligo , f. *suie, noir de fumée.*
Grando , f. *grêle.* [sonne.
Homo , c. *homme, femme, per-*
Imago , f. *image, représentation.*
Margo , f. *bord.* [thode.
Ordo , m. *ordre, suite, mé-*
Propago , f. *provin de vigne, race, lignée.*
Turbo , m. *tourbillon, toupie.*
Virgo , f. *vierge, jeune fille.*

c, cis.

Halec , n. *et* halex , f. ēcis , *hareng ; sorte de sauce.*

c, ctis.

Lac, ctis, n. *(sans pluriel), lait.*

l, lis.

* Sal , ālis , n *et* m. *sel, raillerie, agrément.*
* Sol , ōlis , m. *soleil.*

Exceptions.

Fel , fellis , n. *fiel.*
Mel , mellis , n. *miel.*

(1) Afin de présenter le tableau complet des diverses terminaisons de cette déclinaison au nominatif et au génitif, nous avons été obligés d'insérer dans cette liste quelques noms propres, quelques mots qui ne sont pas racines , et enfin quelques adjectifs.

(2) Les noms de peuples terminés en o, ont onis, bref : *Macedo , onis; Saxo , onis.*

an, anis.

Titan, ānis, m. *Titan, fils du Ciel et de la Terre; (poét.) le soleil.*

Exception.

Pan, ānos, m. *Pan, dieu des bergers.*

en, inis.

Agm en, ĭnis, n. *troupe en marche.*
Bitumen, n. *bitume.*
Cacumen, n. *sommet, faîte.*
Carmen, n. *vers, poésie, poëme.*
Crimen, n. *accusation, crime.*
Examen, n. *essaim d'abeilles; examen.*
Fulmen, n. *foudre, feu du ciel.*
Germen, n. *germe, semence.*
Gluten, n. *colle, glu.*
Gramen, n. *gazon, verdure.*
Limen, n. *seuil d'une porte, entrée.*
Nomen, n. *nom, renom, dette.*
Omen, n. *présage, augure.*
Semen, n. *semence, race.*
Stramen, n. *paille, chaume, litière.*

en, enis.

Lien *et* splen, ēnis, m. *rate.*
Ren, m. *reins.*

in, inis.

* Delphin, īnis, m. *dauphin (poisson).*

on, onis.

* Agon, ōnis, m. *jeu public.*
* Canon, ŏnis, m. *règle, mesure, ordre.*

on, ontis.

* Horizon, ontis, m. *horizon.*

* Xenophon, ontis, m. *Xénophon (1).*

ar, aris.

Jubar, ăris, n. *éclat des astres, clarté.*
Pulvinar, āris, n. *oreiller.*

Exceptions.

Far, farris, n. *fleur de farine.*
Hep ar, ătis, n. *foie.*

er, eris.

Acer, ĕris, n. *érable (arbre).*
Aër, m. (*s. pl.*) *air, vent.*
Æther, m. (*s. pl.*) *l'air le plus pur, le ciel.* [pierres.
Agger, m. *amas de terre ou de*
Anser, m. *oié, oison.*
Asser, m. *ais, soliveau (plus usité au pluriel.)*
* Carcer, m. *prison.*
Later, m. *brique, tuile.*
Mulier, f. *femme.*
Papaver, n. *pavot.*
Passer, m. *moineau, passereau.*
Piper, m. *poivre.*
Tuber, n. *bosse, tumeur.*
Uber, *mamelle, pis, abondance.*
Ver, n. *printems.*
Verber, n. (2) *fouet, verges.*
Vesper, m. *soir.*

er, ris.

Frat er, ris, m. *frère, allié.*
Imber, m. *grande pluie, eau de pluie.*
Mater, f. *mère.*
Pater, m. *père.*
Uter, m. *outre.*
Venter, m. *ventre.*

Exceptions.

Iter, ĭtĭnĕris, n. *voyage.*
Jupiter, Jŏvis, m. *le souverain des dieux.*

---

(1) Les noms en *in* et en *on* sont tous des mots grecs.
(2) On ne trouve de ce nom au singulier que le génitif *verberis*, et l'ablatif *verbere;* le pluriel a tous ses cas.

or, oris.

Arbor *et* Arbos, ŏris , f. *arbre.*
Color *et* Colos, ōris, m. *couleur.*
Cruor, m. *sang qui coule d'une blessure , ou déjà caillé.*
Honor *et* Honos , m. *honneur.*
Labor *et* Labos, m. *peine, travail.*
Lepor *et* Lepos , m. *agrément , grâce.*
Marmor, n. *marbre.*
Odor, m. *odeur, pressentiment.*
Olor, m. *cygne.*
Prætor, m. *préteur.*
Rumor, m. *rumeur, bruit.*
Sopor, m. *sommeil profond.*
Soror, f. *sœur.*
Uxor, f. *épouse.*
Vapor, m. *vapeur, fumée.*

Exception.

Cor, cordis , n. *cœur.*

ur, uris.

Fur, fūris, m. *voleur de nuit, valet.* [*la farine.*
* Furfur, ŭris, n. *son, reste de*
Guttur , ŭris, n. *gosier, gorge.*
Murmur, ŭris, n. *murmure.*
Sulphur, ŭris, n. *soufre.*
Vultur, ŭris , m. *vautour.*

ur, oris.

Eb ur, ŏris, n. *ivoire.*
Femur, n. *cuisse.*
Robur , n. *rouvre, sorte de chêne , force.*
Jec ur, ŏris *et* ĭnŏris, n. *foie.*

as, atis.

Æst as , ātis, f. *l'été.*
Calamitas, f. *calamité, malheur.*
Voluptas, f. *volupté, plaisir.*

as, antis.

Adam as, antis, m. *diamant* (1).
Gigas , m. *géant.*

as, adis.

Hebdom as , ădis, f. *semaine.*
Lamp as, ădis, f. *flambeau, lampe* (2).
Vas, ădis, m. *caution, répondant.*

Exceptions.

As , assis, m. *as , livre romaine , sou.*
Mas , măris, m. *mâle, viril.*
* Vas, āsis, n. *vase, vaisseau.*

es, is.

* Æd es *ou* Ædis, is, f. *temple.*
Clades, f. *désastre.*
Crates, f. *claie.*
Fames , f. *faim, famine.*
Fid es, is, f. *et* fides , ium , pl. *instrument de musique à cordes.* [*ruption.*
Lues, f. *contagion, peste , cor-*
Moles , f. *masse énorme, môle , difficulté.*
Nubes , f. *nuage , nue.*
Palumbes , c. *pigeon ramier.*
Proles , f. *race , lignée, enfant.*
Pubes , f. *jeunesse.*
Rupes , f. *roche, rocher.*
Sepes, f. *haie.* [*corruption.*
Tabes , f. *liquéfaction , pus ,*
Vates , c. *prophète , devin , poëte.*

es , edis.

Hær es , ēdis, c. *héritier.*
Merc es , f. *prix, récompense.*
Pes, pĕdis, m. *pied.*
Præs, prædis, c. *caution , répondant.*

es, etis.

Abi es, ĕtis, f. *sapin.*

(1) Masculins grecs.
(2) Féminins grecs.

Ari es, ĕtis, m. *bélier.*
Pari es, ĕtis, m. *mur, muraille.*
Qui es, ētis, f. *repos, sommeil.*
Seg es, ĕtis, f. *blé non coupé,*
  moisson.

es, idis.

Obs es, ĭdis, m. *ôtage.*
Præses, m. *celui qui préside.*

es, itis.

Cesp es, ĭtis, m. *gazon.* [*rade.*
Comes, c. *compagnon, cama-*
Gurges, m. *gouffre, abîme.*
Hospes, c. *hôte, qui loge ou est*
  logé.
Limes, m. *sentier, limite.*
Miles, m. *soldat.*
Veles, m. *vélite.*

Exceptions.

Des, bessis, m. *les deux tiers de*
  la livre romaine.
Æs, æris, m. *cuivre, airain.*
Cer es, ĕris, f. *Cérès, déesse des*
  blés.

is, is.

Amn is, is, m. *fleuve, rivière.*
Amussis, f. *cordeau, ligne.*
Anguis, c. *serpent, couleuvr.*
Apis *et* apes, f. *abeille.*
Auris, f. *oreille.*
Avis, f. *oiseau.*   [*planche.*
Axis, m. *essieu, pôle, ais,*
Canis, c. *chien, chienne.*
Cannabis, f. *chanvre.*
Civis, c. *citoyen.*
Classis, f. *classe, rang, flotte.*
Clavis, f. *clef.*
Collis, m. *colline, coteau.*
Corbis, f. *corbeille.*
Crinis, m. *cheveu, poil, crin.*

Cutis, is, f. *cuir, peau.*
Ensis, m. *épée.*
Fascis, m. *faisceau, charge.*
Febris, f. *fièvre.*
Finis, m. f. *fin, terme, cause.*
Follis, m. *soufflet.*
Funis, m. *câble, corde.*
Fustis, m. *bâton à battre les*
  criminels.
Hostis, c. *étranger, ennemi.*
Ignis, m. *feu.*
Mensis, m. *mois.*
* Navis, f. *navire.*
Orbis, m. *cercle, roue, multi-*
  tude, univers.
Ovis, f. *brebis.*
* Panis, m. *pain.*
Pellis, f. *peau.*
Pestis, f. *désastre, fléau, peste.*
Piscis, m. *poisson.*
Postis, m. *poteau, porte.*
Ratis, f. *radeau, navire.*
* Securis, f. *hache, cognée.*
Sentis, m. *buisson épineux.*
* Sitis, f. *soif, avidité, ardeur.*
Sodalis, m. *compagnon.*
* Sordis, f. (1) *saleté, ordure.*
Testis, f. *témoin.*
* Turris, f. *tour.*
* Tussis, f. *toux.*
Unguis, f. *ongle.*
Vallis, f. *vallée.*
Vermis, m. *ver, vermisseau.*
* Vestis, f. *vêtement, habit.*
Vis, vis, f. (2) *force, violence,*
  propriété, abondance.
Vitis, f. *vigne, cep.*

is, idis.

Cusp is, ĭdis, f. *pointe, trident.*
Lapis, f. *pierre, borne, mille.*
Pyramis, f. *pyramide.*
Pixis, f. *boîte.*
* Tigr is, ĭdis *et* is, f. *tigre.*

---

(1) On ne trouve de ce nom au singulier que le génitif, l'accusatif et l'ablatif. Le pluriel est plus usité et a tous les cas.

(2) Ce nom n'a que quatre cas au singulier, *vis, is, im, i.* Le pluriel *vires* a tous les cas.

is , itis.

Lis, lītis, f. *procès, débat.*

is, eris.

Cin is, ĕris, m. *cendre.*
Pulvis, m. f. *poussière.*

Exceptions.

Sangu is, ĭnis, m. *sang.*
Gl is, īris, m. *loir (animal.)*

os , oris.

Fl os, ōris, m. *fleur.*
*Mos, m. *coutume, usage, com-
plaisance.*
* Os, n. *bouche, langage, visage.*
* Ros, m. *rosée.*

os , otis.

C os , ōtis, f. *rocher, caillou,
pierre à aiguiser.*
Dos, f. *dot, avantage, qualité.*
Nepos, m. *petit-fils, débauché.*

os, ois.

* Her os, ois, m. *héros.*
Exceptions.

* B os, ŏvis, c: *bœuf, vache.*
Cust os, ōdis, m. *garde, gardien.*
Os, ossis, n. *os, ossement.*

aus, audis.

Frau s, dis, f. *fraude, tromperie.*
Laus, f. *louange, gloire, mérite.*

us, eris.

Ac us, ĕris, n. *paille.*
Fœdus, n. *alliance, traité.*
Funus, n. *funérailles, trépas.*
Genus, n. *race, espèce, sorte.*
Glŏmus, n. *pelote, peloton.*
Latus, n. *côté, flanc.*
Munus, n. *don, charge, devoir.*
Olus, n. *légume.*   [ploi.
Onus, n. *charge, fardeau, em-
Opus, n. *ouvrage, travail, art.*
Pondus, n. *poids, fardeau.*
Rudus, n. *décombres, plâtras.*
Scelus, n. *crime.*
Sidus, n. *constellation, astre.*

Ulcus, n. *ulcère.*
Venus, f. *Vénus, amour, beauté.*
Viscus, n. *entrailles.* (Le plu-
riel *viscera* est plus en usage.)
Vulnus, n. *plaie, blessure.*

us, oris.

Corp us, ŏris, n. *corps.*
Fœnus, n. *usure.*
Frigus, n. *froid, frais.*
Lepus, m. *lièvre.*
Littus, n. *rivage de la mer.*
Nemus, n. *bois, forêt.*
Pecus, n. *troupeau, bétail, bre-
bis; sot.*   [rage.
Pectus, n. *poitrine, cœur, cou-
Pignus, n. *gage, preuve, signe.*
Stercus, n. *fumier, ordures.*
Tempus , n. *temps , saison ,
occasion.*

us, udis.

Pal us, ūdis, f. *marais.*
* Pec us, ŭdis, f. *toute bête qui
paît et se laisse conduire.*

us , utis.

Sal us, ūtis, f. *salut.*
Virtus, f. *vertu, courage.*

us , uris.

Cr us , ūris , n. *jambe.*
* Jus, n. *droit, équité, justice.*
* Jus, n. *jus, sauce.*
* Mus, m. *rat, souris.*
* Pus, n. *pus.*
* Rus, n. *campagne, champ.*
Tellus, f. *terre, sol, pays.*
* Thus, n. *encens.*

us , uis.

Grus, ŭis, f. *grue.*
Sus, c. *porc, cochon.*
Exceptions.

Pessin us, untis, f. *Pessinonte,
ville.*
Trip us, ŏdis, m. *trépied.*

bs, bis.

Chal ybs, ybis, m. *acier, épée.*

1*

Pl ebs, ēbis, f. *populace, menu peuple.*
Tr abs, ăbis, f. *poutre, vaisseau.*
Ur bs, bis, f. *ville, Rome.*

Exception.

Cœl ebs, ĭbis, c. *célibataire.*

ms, mis.

Hiems, hiĕmis, f. *hiver, orage.*

ls, ltis.

Pul s, tis, f. *bouillie, purée.*

ns, ntis.

Clien s, tis, c. *client.*
Dens, m. *dent, croc.*   [*gine.*
Fons, m. *fontaine, source, ori-*
Frons, f. *front, hardiesse.*
Gens, f. *nation, famille, espèce.*
Lens, f. *lentille.*   [*mémoire.*
Mens, f. *âme, esprit, dessein,*
Mons, m. *mont, montagne.*
Pons, m. *pont.*

ns, ndis.

Fron s, dis, f. *feuille d'arbre,*
    feuillage.
Glans, f. *gland.*
Lens, f. *lente, œuf de vermine.*

rs, rtis.

* Ar s., tis, f. *art, science, arti-*
    fice.
* Fors, f. *hasard, sort, fortune.*
Mars, m. *Mars, guerre.*
Mors, f. *mort, trépas.*
* Pars, f. *partie, portion, côté.*
Sors, f. *sort, état, sang.*

Exceptions.

Concor s, dis, *qui vit en bonne union ; et les autres composés de cor en cors ; discor s, dis, discordant ; vecor s, dis, pervers.*

ps, pis.

* D aps, ăpis, f. *mets, viande.*
* Ops, ŏpis, f. *pouvoir, aide.*

St ips, ĭpis, f. *la plus petite monnaie des Romains.*
Stir ps, pis, f. m. *tronc d'arbre, souche, race.*

Exception.

Gry ps, phis, m. *gryphon.*

eps, ipis.

* Ad eps, ĭpis, m. f. *graisse, embonpoint.*   [*prince.*
Princeps, c. *le premier, le*

eps, ipitis.

Anc eps, ĭpitis, *douteux ;* biceps, *à deux têtes, et autres adjectifs dérivés de* caput.

Exception.

Auc eps, ŭpis, m. *oiseleur.*

ut, itis.

Cap ut, ĭtis, n. *tête, chef, origine, chapitre.*

ax, acis.

F ax, ăcis, f. *flambeau, torche.*
Forn ax, ācis, f. *fournaise, fourneau.*
P ax, ācis, f. *paix, calme.*

Exception.

Astyan ax, actis, m. *fils d'Andromaque.*

ex, icis.

Ap ex, ĭcis, m. *crête d'oiseau, aigrette, cime, faîte.*
Carex, f. *glaïeul, jonc pointu.*
Caudex, m. *tronc d'arbre, souche.*
Codex, m. *tronc d'arbre, tablette enduite de cire, registre, livre relié à notre manière.*
Cortex, m. f. *écorce.*
Frutex, m. *arbrisseau, branchage.*
Ilex, f. *yeuse ou chêne-vert.*
Index, m. *délateur, signe, table.*
Murex, m. *pourpre.*
Pulex, m. *puce (insecte).*

Ramex , m. *branche d'arbre coupée.*
Silex, m. f. *caillou.*
Sorex , m. *souris.*
Vindex, c. *vengeur, vengeresse.*

ex , ecis.

* F ex, ēcis, f. *lie, marc.*
Prex, *inusité;* prec i , em, e et prec es , um , f. *prières.*
* Nex, ĕcis , f. *mort violente.*
Verv ex , ēcis , m. *mouton.*

ex , egis.

Gr ex, ĕgis , m. *troupeau, compagnie.*
L ex , ēgis , f. *loi, condition.*
R ex, ēgis , m. *roi.*

Exceptions.

Rem ex, ĭgis, m. *rameur, forçat.*
Senex., senis, m. *vieillard.*
* Supel lex, ectilis, f. *meuble.*

ix , icis.

Cerv ix , īcis , f. *chignon du cou, cou, tête.*
Cicatr ix , īcis, f. *cicatrice.*
Fil ix , ĭcis, f. *fougère.*
Forn ix , ĭcis, m. *voûte ; mauvais lieu.*
L ix , īcis, f. *cendre du foyer, lessive.*
P ix , ĭcis , f. *poix.*
Rad ix , īcis, f. *racine, rave.*
Sal ix , ĭcis, f. *saule.*

Exceptions.

N ix, īvis, f. *neige.*
Str ix, ĭgis, f. *spectre, fantôme.*

ox, ocis.

V ox, ōcis , f. *voix, mot.*
Atrox , ōcis , *atroce ;* ferox , ōcis , *féroce ;* vel ox , ōcis , *prompt à la course.* (*Adjectifs.*)

Exceptions.

N ox, octis , f. *nuit.*
Allobr ox, ŏgis, m. *Allobroge.*

ux, ucis.

Cr ux , ŭcis, f. *croix, gibet, peine.*
* Fau x , cis, f. *gorge, gosier.*
L ux , ūcis, f. *lumière, jour.*
N ux , ūcis, f. *noyer, noix.*

Exceptions.

Conj ux , ŭgis, c. *époux, épouse.*
Frux, *inusité;* frug is, i, em, e, et frug es , um , f. *biens ou fruits de la terre.*

yx , ycis.

Bomb yx , ycis, m. *ver à soie.*

yx , ygis.

Cocc yx , ygis , m. *coucou, oiseau.*
Phr yx, ygis, c. *Phrygien.*

yx, ychis.

On yx , ychis , m. *ongle ;* f. *onyx (pierre precieuse.)*

lx, lcis.

* Cal x., cis, f. *chaux.*
Falx, f. *faux, serpe, coutelas.*

nx, ncis.

Lan x , cis, f. *bassin, plat, assiette.*
Lynx , m. *lynx (animal).*

Exceptions.

Phalan x, gis , f. *phalange.*
Sphinx, f. *sphinx.*

rx, rcis.

* Ar x , cis, f. *hauteur, forteresse.*
* Merx, f. *marchandise.*

§ IV. *Substantifs de la quatrième déclinaison.*

Cette déclinaison comprend des noms masculins et féminins dont le génitif singulier est terminé en US, et le génitif pluriel en UUM. Elle comprend aussi des neutres en U qui ne sont déclinables qu'au pluriel.

	Singulier.		Nom féminin.		Pluriel.	
N.	Man	US	*la* main.	Man	US	*les* mains.
G.	Man	ûs	*de la* main.	Man	UUM	*des* mains.
D.	Man	UI	*à la* main.	Man	IBUS	*aux* mains.
Ac.	Man	UM	*la* main	Man	US	*les* mains.
V.	Man	US	*ô* main.	Man	US	*ô* mains.
Ab.	Man	U	*de la* main.	Man	IBUS	*des* mains.

Substantifs radicaux de la quatrième déclinaison.

Masculins.

Æstus, ûs, *chaleur, flux et reflux, passion violente.*
* Arcus, *arc.*
* Artus, uum, *(sans singulier) les membres du corps.*
Astus, *ruse, fourberie.*
Cestus, *ceinture, ceste.*
Fastus, *faste, fierté.*
Fluctus, *flot, vague, trouble.*
Fœtus, *portée des animaux.*
Fructus, *fruit, gain, profit, production.*

* Lacus, ûs, *lac, bassin.*
Luxus, *(sans pluriel) luxe, luxure.*
Metus, *(sans pluriel) crainte.*
* Portus, *port de mer, asile.*
Ritus, *cérémonie, usage.*
Ructus, *rot, rapport.*
Singultus, *sanglot, hoquet.*
Sinus, *sein, refuge, golfe, pli, détour.*
Tumultus, *tumulte, trouble.*
Vultus, *visage.*

Féminins.

Acus, ûs, *aiguille, poinçon.*
Anus, *vieille femme.* [mille.
* Domus, ûs, *et* i, *maison, fa-*

* Quercus, ûs, *chêne.*
* Tribus, *tribu.*

Nom neutre de la quatrième déclinaison.

	Singulier.				Pluriel.	
N.	Corn	U	*la* corne.	Corn	UA	*les* cornes.
G.	Corn	U	*de la* corne.	Corn	UUM	*des* cornes.
D.	Corn	U	*à la* corne.	Corn	IBUS	*aux* cornes.
Ac.	Corn	U	*la* corne.	Corn	UA	*les* cornes
V.	Corn	U	*ô* corne.	Corn	UA	*ô* cornes.
Ab.	Corn	U	*de la* corne.	Corn	IBUS	*des* cornes.

Substantifs radicaux neutres de la quatrième déclinaison.

Cornu, *corne, arc, cornet, trompe, clairon; aile d'armée.*
Genu, *genou.*

Gelu, *gelée, glace (sans plur.)*
* Veru, *broche, dard.*

§ V. *Substantifs de la cinquième déclinaison.*

Tous les noms de cette déclinaison ont le génitif singulier en EI. Ils sont du féminin, excepté *dies* qui est des deux genres.

	Singulier.			Pluriel.		
N.	Di	ES	*le jour.*	Di	ES	*les jours.*
G.	Di	EI	*du jour.*	Di	ERUM	*des jours.*
D.	Di	EI	*au jour.*	Di	EBUS	*aux jours.*
Ac.	Di	EM	*le jour.*	Di	ES	*les jours.*
V.	Di	ES	*ô jour.*	Di	ES	*ô jours.*
Ab.	Di	E	*du jour.*	Di	EBUS	*des jours.*

Substantifs radicaux de la cinquième déclinaison.

Féminins.

Acies, ei, *tranchant ou pointe, vue pénétrante, armée en bataille.*
Caries, *carie, pouriture.*
Fides, *foi, fidélité, confiance.*
Glacies, *glace, glaçon.*
Pernicies, *perte, ruine, calamité.*
Rabies, *rage, fureur.*
Res, *chose, affaire, fait, exploit, patrimoine.*
Sanies, *sang corrompu.* [rence.
Species, *forme, image, appa-*
Spes, *espérance, espoir.*

Le génitif, le datif et l'ablatif pluriel de cette déclinaison ne sont guère usités que dans les noms *dies* et *res.*

§ VI. *Tableau des désinences des cinq déclinaisons.*

Singulier.

	1re.	2e.		3e.	4e.		5e.	Articles.
N.	A	US, ER, UM			US,	U	ES	*le, la*
G.	Æ	I		IS	ÛS,	U	EI	*de, du, de la,*
D.	Æ	O		I	UI,	U	EI	*à, au. à la,*
Ac.	AM	UM		EM	UM,	U	EM	*le, la.*
V.	A	E, ER, UM			US,	U	ES	
Ab.	À	O		E.	U		E	*de, du, dela.*

Pluriel.

	1re.	2e.		3e.	4e.		5e.	Articles.
N.	Æ	I,	A	ES, A, IA	US,	UA	ES	*les*
G.	ARUM	ORUM		UM, IUM	UUM		ERUM	*des*
D.	IS	IS		IBUS	IBUS		EBUS	*aux*
Ac.	AS	OS,	A	ES, A, IA	US,	UA	ES	*les*
V.	Æ	I,	A	ES, A, IA	US,	UA	ES	
Ab.	IS	IS		IBUS	IBUS		EBUS	*des.*

REMARQUE. Dans toutes les déclinaisons, les datifs et ablatifs pluriels sont semblables Il en est de même des vocatifs et nominatifs pluriels.

Dans les noms neutres, le nominatif, l'accusatif et le

vocatif, tant du singulier que du pluriel, sont toujours semblables, et ces trois cas au pluriel sont terminés en A.

CHAPITRE II. DÉCLINAISON DES ADJECTIFS.

§ 1er. *Première et seconde déclinaisons.*

Adjectifs terminés en US pour le masculin, en A pour le féminin, en UM pour le neutre ; et qui se déclinent comme *dominus, rosa, templum.*

BONUS, BONA, BONUM, *Bon.*

Singulier.

N.	*m.* Bon	US	*f.* Bon	A	*n.* Bon	UM
G.	Bon	I	Bon	Æ	Bon	I
D.	Bon	O	Bon	Æ	Bon	O
Ac.	Bon	UM	Bon	AM	Bon	UM
V.	Bon	E	Bon	A	Bon	UM
Ab.	Bon	O	Bon	A	Bon	O

Pluriel.

N.	Bon	I	Bon	Æ	Bon	A
G.	Bon	ORUM	Bon	ARUM	Bon	ORUM
D.	Bon	IS	Bon	IS	Bon	IS
Ac.	Bon	OS	Bon	AS	Bon	A
V.	Bon	I	Bon	Æ	Bon	A
Ab.	Bon	IS	Bon	IS	Bon	IS

Adjectifs radicaux qui se déclinent sur Bonus, a, um.

Acerbus, a, um, *âpre, prématuré.*

Æmulus, *égal, pareil, rival.*

Æquus, *uni, égal, juste.*

Albus, *blanc, favorable.*

Altus, *haut, profond.*

Amarus, *amer, fâcheux.*

Amœnus, *agréable à la vue.*

Apricus, *exposé au soleil et à l'abri du vent.*

Aptus, *propre, convenable.*

Arctus, *étroit, serré.*

Arduus, *escarpé, difficile.*

Assus, *rôti.*

Austerus, *dur, austère.*

Balbus, *bègue.*

Barbarus, *étranger, barbare.*

Blandus, *caressant, flatteur.*

Bonus, *bon, vertueux ; propice.*

Brutus, a, um, *brute, insensible.*

Cæcus, *aveugle, obscur.*

Cæruleus *et* cærulus, *de couleur bleue, de mer.*

Cæterus, *le reste, ce qui reste.*

Calvus, *chauve.*

Canus, *qui a les cheveux blancs.*

Carus *et* charus, *cher.*

Castus, *chaste, intègre.*

Cavus, *creux, profond.*

Certus, *certain, informé, déterminé à.*

Clarus, *clair, illustre.*

Claudus, *boiteux.*

Commodus, *commode, utile.*

Continuus, *continu, continuel.*

Coruscus, *qui se balance, brillant.*

Crassus, *gros, épais, fertile.*

Creperus, a, um, *douteux.*
Crispus, *crépu, ondé.*
Crudus, *encore sanglant, cru, prématuré, dur.*
Cunctus, *tout entier.*
Curtus, *court.*
Curvus, *courbé, voûté.*
Densus, *épais, fréquent.*
Dignus, *digne, capable.*
Dirus, *cruel, affreux, sinistre.*
Dubius, *douteux, difficile.*
Durus, *dur, sans art, sévère.*
Ebrius, *ivre.*
Exiguus, *petit, exigu.*
Facetus, *enjoué, facétieux.*
Facundus, *éloquent.*
Fatuus, *fat, sot, fade.*
Faustus, *heureux.*
Fecundus, *fécond.*
Fessus, *fatigué.*
Festus, *de fête, heureux.*
Firmus, *ferme, fort, constant.*
Flaccus, *qui a les oreilles pendantes.*
Flavus, *jaune, blond.*
Fœdus, *sale, honteux, horrible.*
Fuscus, *sombre, noirâtre.*
Geminus, *jumeau, double.*
Gnarus, *qui sait, connaît.*
Gratus, *agréable, reconnaissant.*
Hibernus, *d'hiver.*
Hispidus, *velu, hérissé, âpre.*
Idoneus, *propre, convenable.*
Invitus, *qui fait à regret.*
Jejunus, *à jeun.*
Jucundus, *agréable, aimable.*
Lætus, *joyeux, abondant.*
Lævus, *qui est à gauche, maladroit.*
Largus, *copieux, riche, pro-* [digue.
Lascivus, *folâtre, lascif.*
Lassus, *las.*
Latus, *large, étendu.*
Laxus, *large, lâche.*
Lentus, *flexible, lent, calme.*
Limpidus, *limpide.*
Limus, *oblique, de travers.*
Lippus, *chassieux.*
Longus, *long, éloigné.*

Lubricus, a, um, *glissant, difficile, incertain.*
Luscus, *borgne.*
Magnus, *grand, puissant, diffi-* [cile.
Malus, *mauvais, méchant.*
Mancus, *manchot.*
Manifestus, *manifeste, clair.*
Maturus, *mûr, prompt.*
Medius, *qui est au milieu.*
Mirus, *admirable.*
Multus, *nombreux, beaucoup de.*
Mundus, *net, propre.*
Mutilus, *mutilé.*
Mutus, *muet.*
Mutuus, *mutuel, prêté, em-* [prunté.
Navus, gnavus, *actif, vigilant.*
Nimius, *trop grand.*
Novus, *nouveau, neuf.*
Nudus, *nu, découvert.*
Obesus, *gros, gras.*
Obliquus, *oblique, détourné.*
Obscurus, *obscur, inconnu.*
Occultus, *caché, secret.*
Opacus, *ombragé, touffu.*
Opimus, *gras, fertile.*
Orbus, *qui a perdu ses enfants, orphelin, privé d'une chose qu'il chérissait.*
Parcus, *économe, modique.*
Parvus, *petit.*
† Perperus, *impertinent, stupide.*
Perpetuus, *perpétuel, continu.*
Physicus, *physique, naturel.*
Pius, *pieux.*
Planus, *plain, uni, clair.*
Placidus, *paisible, calme.*
Plenus, *plein.*
Pravus, *difforme, mauvais, per-* [vers.
Priscus, *ancien.*
Privus, *qui appartient à chacun en particulier, propre.*
Probus, *honnête.*
Procerus, *haut, long.*
Pronus, *qui va en pente, porté à.*
Properus, *qui va vite, prompt.*
Proprius, *propre, convenable.*
Publicus, *public, commun.*
Pullus, *de couleur brune.*
Purus, *pur, net, innocent.*

Quantus, a, um, *combien grand, quel.*
Rarus, *peu épais, semé çà et là, rare.*
Raucus, *enroué, rauque.*
Rufus *et* russus, *roux.*
Rutilus, *éclatant comme l'or.*
Sævus, *cruel, violent.*
Sagus, *qui a des pressentimens.*
Sanus, *sain, de bon sens.*
Saucius, *blessé, malade.*
Secundus, *second, favorable.*
Sedulus, *soigneux, empressé.*
Serenus, *serein, calme.*
Serius, *sérieux, grave.*
Serus, *tardif, du soir, long.*
Severus, *grave, sévère, cruel.*
Siccus, *sec, altéré.*
Simus, *camus.*
Situs, *situé, fondé, enterré.*
Sobrius, *sobre, frugal.*
Socius, *de société, commun.*
Solidus, *massif, solide, ferme.*
Sollicitus, *agité, inquiet.*

Solus, a, um, *seul, solitaire.*
Spissus, *condensé, épais.*
Spurcus, *sale, impur.*
Strenuus, *courageux, prompt.*
Stultus, *sot, insensé.*
Superbus, *superbe, fier, injuste.*
Supinus, *renversé, couché sur le dos, négligent.*
Surdus, *sourd.*
Tantus, *si grand.*
Tardus, *lent, tardif, lourd.*
Torvus, *qui regarde de travers, affreux.*
Tranquillus, *calme, tranquille.*
Trepidus, *qui court en tumulte, alarmé.*
Uncus, *crochu.*
Vanus, *vide, vain, faux.*
Varius, *de diverses couleurs, différent, changeant.*
Varus, *cagneux.*
Vastus, *vaste, étendu, désert.*
Viduus, *privé, vide.*

Adjectifs qui ne s'emploient qu'au pluriel.

Pauci, æ, a, *peu, en petit nombre.*
Plerique, ræque, raque, *la plu-* [*part.*

Singuli, æ, a, *chacun en particulier.*

Adjectifs terminés en ER *pour le masculin, en* A *pour le féminin, en* UM *pour le neutre, et qui se déclinent comme* puer, rosa, templum (1).

NIGER, GRA, UM, *Noir.*

Singulier.

N.	m. Niger	f. Nigr	A	n. Nigr	UM
G.	Nigr I	Nigr	Æ	Nigr	I
D.	Nigr O	Nigr	Æ	Nigr	O
Ac.	Nigr UM	Nigr	AM	Nigr	UM
V.	Niger	Nigr	A	Nigr	UM
Ab.	Nigr O	Nigr	A	Nigr	O

(1) Quelques adjectifs en er conservent l'e du nominatif masculin aux autres cas et aux autres genres, comme *liber, libera, liberum,* libre, gén. *liberi, liberæ, liberi;* d'autres adjectifs perdent partout cet *e* comme *niger, nigra, nigrum;* etc. Le mot *dexter,* droit, est employé des deux manières : on dit *dextera* et *dextra, dexterum* et *dextrum.*

Pluriel.

N.	Nigr	I	Nigr	Æ	Nigr	A	
G.	Nigr	ORUM	Nigr	ARUM	Nigr	ORUM	
D.	Nigr	IS	Nigr	IS	Nigr	IS	
Ac.	Nigr	OS	Nigr	AS	Nigr	A	
V.	Nigr	I	Nigr	Æ	Nigr	A	
Ab.	Nigr	IS	Nigr	IS	Nigr	IS	

Adjectifs radicaux qui se déclinent sur Niger, nigra, nigrum.

Adjectifs qui conservent l'*e* du nominatif masculin à tous les genres et à tous les cas.

Asper, era, um, *dur, difficile.* Miser, era, um, *malheureux.*
Dexter, *droit, propice, adroit.* Prosper, *prospère.*
Lacer, *tronqué, mutilé.* Tener, *tendre, délicat.*
Liber, *libre, franc, ouvert.*

Adjectifs qui, à tous les genres et à tous les cas, perdent l'*e* du nominatif masculin.

Creber, bra, um, *fréquenté,* Æger, gra, um, *malade, triste.*
    réitéré, pressé. Integer, *entier, non souillé.*
Glaber, *sans poil, pelé.* Niger, *noir, obscur, méchant.*
Ruber, *rouge, roux.* Piger, *paresseux, lent, lourd.*
Macer, cra, um, *maigre, mince.* Ater, tra, um, *noir, sombre,*
Pulcher, *beau, excellent.*   *funeste.*
Sacer, *sacré, consacré; exé-* Sinister, *gauche, favorable.*
    crable. Teter, *noir, infect, hideux.*
Vafer, fra, um, *fin, rusé.*

Un seul adjectif se termine en *ur* au nominatif masculin.

Satur, a, um, *soul, rassasié.*

OBSERVATION. Les neuf adjectifs suivants de trois terminaisons, au nominatif, font pour les trois genres au génitif *ius* et au datif *i.*

Unus, a, um, *un.* Alius, a, um, *autre.*
Ullus, *aucun.* Alter, era, um, *l'autre.*
Nullus, *nul.* Uter, tra, um, *lequel des deux.*
Solus, *seul.* Neuter, *ni l'un ni l'autre.*
Totus, *tout.*

Génitif, *unius, ullius, nullius,* etc. Datif, *uni, ulli, nulli,* etc. Les autres cas sont tous réguliers.

Dans les composés de *uter,* savoir : *alteruter,* l'un ou l'autre ; *uterque,* l'un et l'autre ; *utercumque,* qui des deux que ce soit, on décline seulement *uter,* et on ajoute à chaque cas *alter, que, cumque.* Ex. : *alterutrius, alterutri,* etc. ; *utriusque, utrique,* etc. ; *utriuscumque, utricumque,* etc.

2

Duo, deux, se décline de la manière suivante :

N.	*m.* Duo,	*f.* duæ,	*n.* duo.
G.	Duorum,	duarum,	duorum.
D.	Duobus,	duabus,	duobus.
Ac.	Duos *ou* duo,	duas,	duo.
Ab.	Duobus,	duabus,	duobus.

Ainsi se décline *Ambo*, *bæ*, *bo*, tous les deux.

§ 11. *Troisième déclinaison.*

Adjectifs qui n'ont au nominatif qu'une seule terminaison pour les trois genres. Exemple :

Prudens, *Prudent.*

	Singulier.		Pluriel.	
			masc. et fem.	neutre.
N.	Prudens	⎫	Prudent es	Prudent ia.
G.	Prudent is	⎬ *pour les 3 genres.*	Prudent ium	⎫ *pour les 3 genres.*
D.	Prudent i	⎭	Prudent ibus	⎬
Ac.	Prudent em *m.* et *f.* Prudens. *n.*		Prudent es	Prudent ia.
V.	Prudens	⎫ *pour les 3 genres.*	Prudent es	Prudent ia.
Ab.	Prudent e *ou* i	⎭	Prudent ibus *pour les 3 genres.*	

Adjectifs radicaux de la troisième déclinaison qui se déclinent sur Prudens.

Atro x, cis, *atroce.*

Cicur, is, *privé, apprivoisé.*

Clemen.s, tis, *clément, doux.*

Div es, itis, *riche.*

Feli x, cis, *heureux.* [*breux.*

Frequen s, tis, *fréquent, nom-*

Hebe s, tis, *émoussé, débile, hébété.*

Par, is, *égal, pareil, juste.*

Pauper, is, *pauvre, indigent.*

Perni x, cis, *vite, léger.*

Plu s, ris, (*au pluriel*) plures, es, a, *plus, plusieurs, un plus grand nombre de.*

† Po s, tis, *qui peut.*

Proca x, cis, *insolent, petulant.*

Pruden s, tis, *prudent, pré- voyant, habile dans.*

Recen s, tis, *récent, nouveau.*

Repen s, tis, *subit, soudain.*

Son s, tis, *coupable, accusé.*

Sosp es, itis, *sain et sauf.*

Tru x, cis, *affreux, hagard, féroce.*

Velo x, cis, *vite, vif, prompt.*

Vet us, eris, *vieux, ancien.*

Vigil, is, *qui veille.*

Adjectifs qui ont au nominatif deux terminaisons, l'une pour le masculin et le féminin, l'autre pour le neutre Exemple :

FORTIS , E , *Courageux.*

Singulier.		Pluriel.	
Masc. et fém.	Neutre.	Masc. et fém.	Neutre.
N. Fort IS	Fort E	Fort ES	Fort IA
G. Fort IS } *pour les 3 genres.*		Fort IUM } *pour les 3 genres.*	
D. Fort I		Fort IBUS	
Ac. Fort EM	Fort E	Fort ES	Fort IA
V. Fort IS	Fort E	Fort ES	Fort IA
Ab. Fort I *pour les 3 genres.*		Fort IBUS *pour les 3 genres.*	

Adjectifs radicaux de la troisième déclinaison qui se déclinent sur Fortis.

Brevis, e, *court, bref, petit.*
Comis, *poli, affable.*
Debilis, *débile, faible.*
Dulcis, *doux, agréable, cher.*
Exilis, *menu, mince, grêle.*
Gracilis, *grêle, effilé.*
Grandis, *grand, ample.*
Gravis, *pesant, grave, dangereux, sévère, important.*
Hilaris, *gai, joyeux.*
Incolumis, *sain et sauf, entier.*
Immanis, *inhumain, énorme.*
Inanis, *vide, vain, frivole.*
Juvenis, *jeune.*
Lævis, *poli, sans poil, mou.* [ble,
Lenis, *doux au toucher, agréa-*
Levis, *léger, agile, de peu de valeur, inconstant.*

Mitis, e, *doux, calme, mûr.*
Mollis, *mou, doux, flexible.*
Omnis, *tout, chaque.*
Pinguis, *gras, fertile, grossier.*
Qualis, *quel, que.*
Rudis, *brut, sans art, ignorant.*
Segnis, *lent, paresseux, stérile.*
Similis, *semblable, pareil.*
Sterilis, *stérile.*
Suavis, *doux, suave, agréable.*
Sublimis, *haut, sublime, fier.*
Subtilis, *délié, fin, subtil.*
Talis, *tel, pareil.*
Tenuis, *fin, délié, léger, petit.*
Tristis, *triste, funeste, sévère.*
Turpis, *laid, sale, honteux.*
Vilis, *à bas prix, vil.*

Adjectifs qui ont au nominatif trois terminaisons, er pour le masculin, is pour le féminin, e pour le neutre.

Ces adjectifs n'ont ces trois terminaisons qu'au nominatif et au vocatif du singulier. Aux autres cas, ils se déclinent comme les adjectifs de deux terminaisons, c'est-à-dire comme *fortis, e.* Il faut observer que l'*e* du nominatif se retranche toujours, excepté dans *celer.* Exemple : *N. Acer, acris, acre,* vif. *G. Acris. D. Acri. Ac. Acrem, acre. V Acer, acris, acre. Ab. Acri.*

Adjectifs radicaux de la troisième déclinaison qui ont trois terminaisons au nominatif.

Acer acris, e, *aigre, rude, vail-* Celeber, bris, e, *fréquenté, cé-*
  lant, pénétrant.   *lèbre, illustre.*   [actif.
Alacer, cris, e, *dispos, vif, gai.* Celer is, e, *vif, prompt, ardent,*

CHAPITRE III. Formation des Comparatifs et Superlatifs dans les adjectifs.

Du positif se forment le comparatif et le superlatif.

Le comparatif se forme du cas du positif terminé en *i*, auquel on ajoute *or* pour le masculin et le féminin, et *us* pour le neutre. Exemples . *Dignus* , (*digni*), *dignior, dignius* , plus digne , *utilis*, (*utili*), *utilior* , *utilius* , plus utile. Les comparatifs se déclinent sur la troisième déclinaison (1).

Le superlatif se forme du cas du positif terminé en *is*, auquel on ajoute *simus* pour le masculin , *sima* pour le féminin, *simum* pour le neutre. Exemples : *Dignus* (*dignis*), *dignissimus* , *a* , *um*, le plus digne , très-digne ; *utilis* , *utilissimus* , *a* , *um*, le plus utile , très - utile. Les superlatifs se déclinent pour le masculin et le neutre sur la seconde déclinaison , pour le féminin sur la première.

REMARQUES. I. Les adjectifs terminés en *er* forment leur superlatif en ajoutant *rimus* à la terminaison du nominatif. Exemples : *Creber, creberrimus* , fréquent ; *pulcher, pulcherrimus,* beau ; *acer, acerrimus,* vif ; *celeber, celeberrimus,* célèbre; *pauper, pauperrimus,* pauvre. *Vetus,* ancien et *nuperus,* récent, font aussi *veterrimus* et *nuperrimus.*

II. Quelques adjectifs ont le superlatif en *illimus.* Ce sont : *facilis,* facile; *difficilis,* difficile; *gracilis,* grêle ; *humilis,* humble; *similis,* semblable; *dissimilis* , dissemblable. Superlatif : *facilli-mus* , *difficillimus, gracillimus,* etc.

III. Les adjectifs qui se terminent en *dicus, ficus* et *volus* ont au comparatif *entior,* et au superlatif *entissimus,* comme : *male-dicus,* médisant , *maledicentior* , *maledicentissimus* ; *beneficus* ,

____

(1) *Sing. N.* Utilior, utilius. *G.* Utilioris. *D.* Utiliori. *Ac.* Utiliorem, utilius. *V.* Utilior, utilius. *Ab.* Utiliore *ou* utiliori. *Plur. N.* Utiliores, utiliora. *G.* Utiliorum. *D.* Utilioribus. *Ac.* Utiliores , utiliora, *V.* Utiliores, utiliora, *Ab.* Utilioribus.

bienfaisant, *beneficentior*, *beneficentissimus* ; *benevolus*, bien-veillant, *benevolentior*, *benevolentissimus*. De même : *magnificus*, magnifique ; *munificus*, libéral ; *honorificus*, honorable ; *male-volus*, malveillant (1).

IV. Les adjectifs qui ont une voyelle avant *us* ne changent pas de terminaison. On rend alors le comparatif par *magis*, et le superlatif par *maximè*. Exemples : *idoneus*, propre à , *magis idoneus*, *maximè idoneus* ; *pius*, pieux, *magis pius*, *maximè pius* ; *perspicuus*, évident, *magis perspicuus*, *maximè perspicuus*. De même : *Dubius*, douteux ; *contrarius*, contraire ; *propitius*, propice ; *necessarius*, nécessaire ; *arduus*, élevé ; *assiduus*, assidu. Cependant quelques adjectifs en *uus* suivent la règle ordinaire : *assiduior*, *assiduissimus* ; *strenuior*, *strenuissimus*.

V. Les adjectifs suivans forment leurs comparatifs et super-latifs très-irrégulièrement. *Bonus*, bon, *melior*, *optimus* ; *malus*, méchant , *pejor*, *pessimus* ; *magnus*, grand , *major*, *maximus* ; *parvus*, petit , *minor*, *minimus* ; *multi*, nombreux , en grande quantité, *plures*, *plurimi*. *Nequam* , méchant, fait *nequior*, *nequissimus*.

CHAPITRE IV. Déclinaison des pronoms.

§ 1. *Pronoms personnels.*

Première personne.			Seconde personne.		
Singulier.			Singulier.		
N.	Ego	*Je* ou *moi.*	*N.*	Tu	*tu* ou *toi.*
G.	Meî	*de moi.*	*G.*	Tuî	*de toi.*
D.	Mihi	*à moi.*	*D.*	Tibi	*à toi.*
G.	Me	*moi.*	*Ac.*	Te	*toi.*
	Point de vocatif.		*V.*	Tu	*ô toi.*
Ab.	Me	*de moi.*	*Ab.*	Te	*de toi.*
Pluriel.			Pluriel.		
N.	Nos	*nous.*	*N.*	Vos	*vous.*
G.	Nostrûm ou nostrî	*de nous.*	*G.*	Vestrûm ou vestrî	*de vous.*
D.	Nobis	*à nous.*	*D.*	Vobis	*à vous.*
Ac.	Nos	*nous.*	*Ac.*	Vos	*vous.*
	Point de vocatif.		*V.*	Vos	*ô vous.*
Ab.	Nobis	*de nous.*	*Ab.*	Vobis	*de vous.*

(1) Ces comparatifs et superlatifs dérivent du participe présent , *maledicens* , *benevolens*, *malevolens*. *Benefaciens* a été changé en *beneficens*, altération qu'on retrouve encore dans *beneficentia*, *magnificentia*, etc. On voit, d'après cette observation, que ces adjectifs , qui semblent si irréguliers, rentrent dans la règle générale.

Troisième personne.

Le pronom de troisième personne *sui* est de tout genre et de tout nombre. Il n'a point de nominatif.

G. Sui, *de soi, de lui-même, d'elle-même, d'eux-mêmes, d'elles-mêmes.*
D. Sibi, *à soi, à lui-même, à elle-même, à eux-mêmes, à elles-mêmes.*
Ac. Se, *soi, lui-même, elle-même, eux-mêmes, elles-mêmes.*
Ab. Se, *de soi, de lui-même, d'elle-même, d'eux-mêmes, d'elles-mêmes* (1).

§ II. *Pronoms possessifs.*

	Singulier.			Pluriel.		
	masc.	fém.	neutre.	masc.	fém.	neutre.
N.	Meus,	mea,	meum,	Mei,	meæ,	mea.
	mon, ma, mon, le mien, la mienne, le mien.			*mes, les miens, les miennes, les miens.*		
G.	Mei,	meæ,	mei.	Meorum,	mearum,	meorum.
D.	Meo,	meæ,	meo.	Meis, *de tout genre.*		
Ac.	Meum,	meam,	meum.	Meos,	meas,	mea.
V.	Mî,	mea,	meum.	Mei,	meæ,	mea.
Ab.	Meo,	meâ,	meo.	Meis, *de tout genre.*		

Ainsi se déclinent :

Tuus, a, um, *ton, ta, le tien, la tienne.*

Suus, a, um, *son, sa, le sien, la sienne.*

Cujus, a, um, *à qui.*

Ces trois pronoms n'ont point de vocatif.

Cujus ne s'emploie guère qu'au nominatif et à l'accusatif.

	Singulier.			Pluriel.		
	masc.	fém.	neutre.	masc.	fém.	neutre.
N.	Noster,	nostra,	nostrum.	Nostri,	nostræ,	nostra.
	notre, la nôtre, le nôtre.			*nos, les nôtres.*		
G.	Nostri,	nostræ,	nostri.	Nostrorum,	nostrarum,	nostrorum.
D.	Nostro,	nostræ,	nostro.	Nostris *de tout genre.*		
Ac.	Nostrum,	nostram,	nostrum.	Nostros,	nostras,	nostra.
V.	Noster,	nostra,	nostrum.	Nostri,	nostræ,	nostra.
Ab.	Nostro,	nostrâ,	nostro.	Nostris *de tout genre.*		

Ainsi se décline,

Vester, a, um, *votre, le vôtre, la vôtre, le vôtre.* Il n'a pas de vocatif.

---

(1) On ajoute quelquefois aux pronoms personnels la syllabe *met, egomet, tibimet, semet, nosmet, vosmet;* on ajoute *te* à *tu, tute.* On ajoute quelquefois *pte* à l'ablatif singulier des pronoms possessifs, comme, *meopte, tuopte, suopte, meâpte, nostrâpte.* Le pronom *sui* se redouble à l'accusatif et à l'ablatif, *sese.*

§ III. *Pronoms démonstratifs.*

Hic, Hæc, Hoc.

Singulier.			Pluriel.		
masc.	fém.	neutre.	masc.	fém.	neutre.
N. Hic,	hæc,	hoc.	Hi,	hæ,	hæc.

celui-ci, ce, cette, celle-ci , cela. — ceux-ci, ces, celles, celles-ci , ces choses.

G. Hujus } de tout genre. — Horum, harum, horum.
D. Huic } — His *de tout genre.*
Ac. Hunc, hanc, hoc. — Hos, has, hæc.
Il n'a pas de vocatif. — *Il n'a pas de vocatif.*
Ab. Hoc , hâc , hoc. — His *de tout genre* (1).

Ille , Illa , Illud.

Singulier.			Pluriel.		
masc.	fém.	neu.	masc.	fém.	neutre.
N. Ille,	illa ,	illud.	Illi ,	illæ ,	illa.

celui-là, celle-là , cela. — ceux-là, celles-là, ces choses-là.

G. Illius } de tout genre. — Illorum, illarum , illorum.
D. Illi } — Illis *de tout genre.*
Ac. Illum, illam, illud. — Illos, illas , illa.
Ab. Illo , illâ , illo. — Illis *de tout genre.*

Ipse, Ipsa, Ipsum.

Singulier.			Pluriel.		
masc.	fém.	neutre.	masc.	fém.	neutre.
N. Ipse ,	ipsa,	ipsum.	Ipsi,	ipsæ,	ipsa.

moi-même, toi-même, lui-même, elle-même , même. — eux-mêmes , elles-mêmes , eux-mêmes.

G. Ipsius } de tout genre. — Ipsorum, ipsarum , ipsorum.
D. Ipsi } — Ipsis *de tout genre.*
Ac. Ipsum , ipsam , ipsum. — Ipsos, ipsas, ipsa.
Ab. Ipso, ipsâ, ipso. — Ipsis *de tout genre.*

Is, Ea, Id.

Singulier.			Pluriel.		
masc.	fém.	neut.	masc.	fém.	neutre.
N. Is,	ea,	id.	Ii ou ei,	eæ,	ea.

Il, lui, elle, cela. — Ils , eux, elles , ces choses.

G. Ejus } de tout genre. — Eorum, earum, eorum.
D. Ei } — Iis ou eis *de tout genre.*
Ac. Eum, eam, id. — Eos, eas, ea.
Ab. Eo , eâ, eo. — Iis ou eis *de tout genre.*

(1) On ajoute quelquefois aux pronoms *hic, hæc, hoc,* la syllabe *ce,* et dans l'interrogation et au singulier seulement *cine: hicce, hæcce , hocce, hujusce,* etc. ; *hiccine, hæccine, hoccine, hujuscine,* etc.

IDEM, EADEM, IDEM.

	Singulier.			Pluriel.	
	masc.	fém.	neutre.	masc.	fém.	neutre.
N.	Idem,	eadem,	idem.	Iidem,	eadem,	eadem.
	le même, la même, le même.			*les mêmes.*		
G.	Ejusdem			Eorumdem,	earumdem,	eorumdem.
D.	Eidem	*de tout genre.*		Eisdem *ou* iisdem *de tout genre.*		
Ac.	Eumdum,	eamdem,	idem.	Eosdem,	easdem,	eadem.
Ab.	Eodem,	eadem,	eodem.	Eisdem *ou* iisdem *de tout genre.*		

§ IV. *Pronom relatif.*

QUI, QUÆ, QUOD.

	Singulier.			Pluriel.	
	masc.	fém.	neutre.	masc.	fém.	neutre.
N.	Qui,	quæ,	quod.	Qui,	quæ,	quæ.
	qui, laquelle, lequel.			*Qui, lesquelles, lesquels.*		
G.	Cujus			Quorum,	quarum,	quorum.
D.	Cui	*de tout genre.*		Quibus *et* queis *de tout genre.*		
Ac.	Quem,	quam,	quod.	Quos,	quas,	quæ.
Ab.	Quo,	quâ,	quo.	Quibus *et* queis *de tout genre.*		

§ V. *Pronom interrogatif.*

QUIS, QUÆ, QUID *ou* QUOD.

	Singulier.			Pluriel.	
	masc.	fém.	neutre.	masc.	fem.	neutre.
N.	Quis, quæ, quid, *(employé subt.)*			Qui,	quæ,	quæ.
	quod *(employé adject.)*			qui,	quelles,	quels?
	qui, quel, quelle, quoi ?					
G.	Cujus			Quorum, quarum, quorum.		
D.	Cui	*de tout genre.*		Quibus *de tout genre.*		
Ac.	Quem,	quam,	quid *et* quod.	Quos, quas, quæ.		
Ab.	Quo,	quâ,	quo.	Quibus *de tout genre.*		

§ VI. *Composés de* Qui *et de* Quis.

Dans les composés de *qui* et de *quis*, on ne décline que
le pronom ; la syllabe ou les syllabes qui le précèdent ou
le suivent restent invariables. Tous ces pronoms, excepté
quicunque, ont le double neutre *quid* et *quod.*

N. Quicunque, quæcunque, quodcunque , *quiconque. G.*
Cujuscunque. *D.* Cuicunque, etc.

N. Quidam , quædam , quoddam *et* quiddam, *un certain.*
G. Cujusdam. *D.* Cuidam , etc.

N. Quilibet, quælibet , quodlibet *et* quidlibet , *qui que ce
soit. G.* Cujuslibet. *D.* Cuilibet , etc.

N. Quivis, quævis, quodvis *et* quidvis , *quiconque, qui que
ce soit, quoi que ce soit. G.* Cujusvis. *D.* Cuivis, etc.

N. Quisnam, quænam, quodnam *et* quidnam , *quel, quelle,
quelle chose. G.* Cujusnam. *D.* Cuinam, etc.

N. Quispiam , quæpiam , quodpiam *et* quidpiam , *quelqu'un,
quelqu'une, quelque chose.* G. Cujuspiam. *D* Cuipiam, etc.

N. Quisquam , quæquam , quodquam *et* quidquam , *quelqu'un,
quelqu'une, quelque chose.* G. Cujusquam. *D.* Cuiquam , etc.

N. Quisque , quæque , quodque *et* quidque , *chacun, chacune , chaque chose.* Cujusque. *D.* Cuique, etc.

Quis se double. *Sing.* *N.* Quisquis, quidquid , *quiconque,
qui que ce soit , tout ce qui.* *D.* Cuicui. *Ab.* Quoquo. *Plur. Ac.*
Quosquos. *Ab.* Quibusquibus. (Ce pronom n'a point d'autres
cas.)

Les deux pronoms suivans ont le nominatif féminin du singulier et les cas du pluriel en *a.*

N. Aliquis, aliqua, aliquod *ou* aliquid , *quelque , quelqu'une, quelque chose.* G. Alicujus. *D.* Alicui , etc.

N. Ecquis , ecqua , ecquod *et* ecquid , *quel , quelle , quoi.*
G. Eccujus. *D.* Eccui , etc.

Unus se joint à *quisque* , les deux noms se déclinent.

N.   Unusquisque , unaquæque , unumquodque.
      Chacun ,   chacune ,   chaque chose.
G.   Uniuscujusque.
D.   Unicuique.
Ac. Unumquemque, unamquamque, unumquodque.
Ab. Unoquoque ,   unâquâque ,   unoquoque.

<hr>

SUPPLÉMENT AU PREMIER LIVRE.

GENRES.

Le genre des substantifs est décidé par l'autorité de l'usage ;
il serait impossible d'établir des règles uniformes et constantes
pour le déterminer dans tous les cas(1). Cependant on peut obser-

(1) La terminaison des noms en fait connaître le genre dans quatre déclinaisons.

Tous les noms de la première déclinaison terminés en *a* sont féminins. Il
n'y a d'exceptés que les noms qui désignent des êtres mâles, comme : *auriga*,
cocher ; *scriba*, secrétaire.

Tous les noms de la deuxième déclinaison terminés en *us* et en *er* sont
masculins. On excepte les noms d'arbres en *us* et quelques autres mots,
voyez page 8. Trois mots en *us* sont neutres , voyez même page. Tous
les mots en *um* sont neutres.

Les noms de la quatrième déclinaison sont masculins. Voyez les exceptions page 20. Ajoutez-y *idus* , les ides; *porticus*, le portique; et les
noms de femmes , *nurus*, bru; *socrus*, belle-mère.

Tous les noms de la cinquième déclinaison sont féminins. *Dies* est masculin et féminin au singulier, et plus ordinairement masculin au pluriel.

L'usage , mieux que des règles soumises à beaucoup d'exceptions, appren-

ver en général que les noms q i conviennent aux êtres mâles
seuls sont du masculin. Exem.les : *Cato*, Caton ; *pater*, père ;
leo, lion ; et que ceux qui conviennent aux êtres femelles seuls
sont du féminin. Exemples : *Lucretia*, Lucrèce ; *mater*, mère ;
leœna, lionne.

Les noms de peuples et de vents sont du masculin, comme
presque tous les noms de fleuves et de montagnes. Les noms de
provinces, d'îles, de vaisseaux, sont du féminin, ainsi que la
plupart des noms de villes et d'arbres. Les exceptions sont en
très-petit nombre.

Sont neutres :

1°. Les indéclinables. Exemples : *nihil*, rien ; *fas*, ce qui est
permis, le droit ; *gummi*, la gomme.

2°. Les infinitifs, lorsqu'ils sont employés substantivement.
Exemples : *scire tuum*, ton savoir.

Il y a des noms qu'on appelle *communs*, *épicènes* et *douteux*.

Les noms *communs* ont une même terminaison invariable
pour le mâle, comme pour la femelle. Exemples :

Adolescens, tis, *adolescent, jeune homme, jeune fille.*
Bos, bovis, *bœuf, vache.*
Canis, is, *chien, chienne.*
Civis, is, *citoyen, citoyenne.*
Comes, itis, *compagnon, compagne.*
Conjux, ugis, *l'époux, l'épouse.*
Custos, odis, *celui ou celle qui garde.*
Dux, ucis, *conducteur, conductrice.*
Familiaris, is, *ami ou amie intime.*
Hospes, itis, *celui ou celle qui loge, est logé ou logée.*
Infans, tis, *enfant.*
Index, icis, *délateur, délatrice, celui ou celle qui montre.*
Interpres, etis, *interprète, truchement.*
Judex, icis, *juge.*
Juvenis, is, *jeune homme, jeune fille.*
Municeps, icipis, *citoyen, citoyenne d'une ville municipale.*
Opifex, icis, *ouvrier, ouvrière.*
Parens, tis, *le père ou la mère.*
Patruelis, is, *enfant de l'oncle paternel.*
Princeps, ipis, *prince ou princesse.*
Sacerdos, otis, *prêtre, prêtresse.*
Sus, suis, *porc, truie.*
Testis, is, *témoin.*
Vates, is, *devin, devineresse.*
Vindex, icis, *vengeur, vengeresse.*

On appelle *épicènes* les mots qui sous un même genre comprennent les deux sexes. Tels sont :

Anas, atis, f. *canard, cane.*
Cornix, icis, f. *corneille.*
Corvus, i, m. *corbeau.*
Elephas, antis, m. *éléphant.*
Feles *ou* felis, is, f. *chat, chatte.*
Hirundo, inis, f. *hirondelle.*
Lepus, oris, m. *lièvre.*
Luscinia, æ, f. *rossignol.*

dra le genre des noms de la troisième déclinaison. On peut remarquer
néanmoins, 1°. que les noms terminés en *or*, gén. *oris*, sont masculins ;
excepté ceux qui désignent des êtres femelles, tels que *uxor, soror*, et de
plus *arbor* qui sont du féminin ; *ador*, fleur de farine ; *marmor*, marbre ;
æquor, plaine, qui sont du neutre ; 2°. que les mots en e, en a, en *men*,
en *t*, en *ar*, comme : *mare, aroma, limen, caput, pulvinar* ; et les noms
en *us*, gén. *eris, oris, uris*, comme : *vulnus, corpus, crus*, sont neutres. Excepté *mus* et *lepus*, qui sont masculins ; *tellus*, qui est féminin.
Voyez page 17.

Milvus, i, m. *milan.*
Mustela, æ, f. *belette.*
Passer, eris, m. *moineau.*

Pavo, onis, m. *paon.*
Vulpes, pis, f. *renard.*

Tous ces noms, soit masculins, soit féminins, conservent toujours leur même terminaison et leur même genre, soit qu'ils désignent des êtres mâles ou des êtres femelles.

D'autres noms d'animaux ont pour chaque sexe une terminaison propre. Exemples :

Agnus, 1, m. *agneau.*
Asinus, i, m *âne.*
Caper, pri. m. *bouc.*
Cervus, i, m. *cerf.*
Columbus, i, m. *pigeon mâle.*

Agna, æ, f. *jeune brebis.*
Asina, æ, f. *ânesse.*
Capra, æ, f. *chèvre.*
Cerva, æ, f. *biche.*
Columba, æ, f. *se dit du mâle et de la femelle.*

Equus, i, m. *cheval.*
Lupus, i, m *loup.*
Mulus, i, m. *mulet.*
Porcus, i, m. *porc.*
Vitulus, i, m. *veau.*

Equa, æ, f. *jument.*
Lupá, æ, f. *louve.*
Mula, æ, f. *mule.*
Porca, æ, f. *truie.*
Vitula, æ, f. *génisse.*

D'autres ont pour chaque genre un mot différent. Exemples :

Taurus, i, m. *taureau, bœuf.*
Aries, etis, m. *bélier.*

Vacca, æ, f. *vache.*
Ovis, is, f. *brebis.*

Les noms *douteux* sont ceux dont le genre n'a pas été déterminé.

L'usage ayant été douteux d'abord, on n'a rien établi de certain à leur égard. Tels sont :

Adeps, ipis, m. f. *graisse.*
Calx, lcis, m. f. *talon.*
Dies, ei, m. f. *jour.*
Finis, is, m. f. *fin.*
Scrobs, bis, m. f. *fosse pour planter les arbres.*
Specus, ûs, m. f. *antre, caverne.*

Stirps, stirpis, m. f. *tronc d'arbre.*
Torquis, is, m. f. *collier.*
Silex, icis, m. f. *caillou.*
Cortex, icis, m. f. *écorce.*
Pumex, icis, m. f. *pierre ponce.*
Phaselus, i, m. f. *chaloupe.*
Sal, alis, m. n. *sel.*

} Plus souvent masc.

La terminaison des adjectifs fait connaître le genre auquel les substantifs appartiennent.

Il y a des noms qui changent de genre au pluriel.
Voici un tableau de ces noms :

Avernus, i, m. *l'Averne.*
Carbasus, i, f. *une voile.*
Cœlum, i, n. *le ciel.*
Delicium, ii. n. *le délice.*
Epulum, i, n. *un banquet.*
Frenum, i, n. *frein, mors.*

Averna, orum, n. *les enfers.*
Carbasa, orum, n. *les voiles.*
Cœli, orum, m. *les cieux.*
Deliciæ, arum, f. *les délices.*
Epulæ, arum, f. *les banquets.*
Freni, m. *et* frena, n. orum, *les freins.*

Jocus, i, m. *la raillerie.*
Locus, i, m. *le lieu.*
Rastrum, i, n. *le râteau, le hoyau.*

Joci, m. *et* joca, n, orum, *les jeux.*
Loci, m. *et* loca, n. orum, *les lieux.*
Rastri, m. *et* rastra, n. orum, *les râteaux.*

Sibilus, i, m. *le sifflment.*	Sibila, orum, n. *les sifflemens.*
Supellex, ectilis, f. *le meuble.*	Supellectilia, ium, n. *les meubles.*
Tartarus, i, m. *le Tartare.*	Tartara, orum, n. *les enfers.*

Formation du féminin dans les substantifs.

Il y a beaucoup de substantifs masculins de la deuxième et de la troisième déclinaison dont on forme le féminin en changeant la finale.

Les noms de la deuxième déclinaison changent au féminin *us* en *a*.

Deus, *Dieu.*	Dea, *déesse.*
Famulus, *serviteur.*	Famula, *servante.*
Herus, *maître de la maison.*	Hera, *maîtresse de la maison.*
Mimus, *comédien.*	Mima, *comédienne.*
Mœchus, *adultère.*	Mœcha, *courtisane.*
Nuntius, *messager.*	Nuntia, *messagère.*
Parasitus, *parasite.*	Parasita, *écornifleuse.*
Privignus, *beau-fils.*	Privigna, *belle-fille.*
Pupus, *poupon.*	Pupa, *petite fille.*
Pusus, *petit garçon.*	Pusa, *petite fille.*

Les noms de la deuxième en *er*, changent l'*i* du génitif en *a*.

Adulter, eri, m. *homme adultère.*	Adultera, æ, f. *femme adultère.*
Arbiter, tri, m. *arbitre, juge, témoin.*	Arbitra, æ, f. *celle qui est prise pour arbitre.*
Magister, tri, m. *maître qui règle, enseigne.*	Magistra, æ, f. *maîtresse.*
Minister, tri, m. *ministre, serviteur.*	Ministra, æ, f. *servante.*

Les noms de la troisième, terminés en *tor*, changent cette terminaison en *trix*.

Adjutor, oris, m. *celui qui aide.*	Adjutrix, icis, f. *celle qui aide.*
Genitor, oris., m. *père.*	Genitrix, icis, f. *mère.*

NOMBRES.

Tous les noms ne s'emploient pas au singulier et au pluriel. Il en est qu'on appelle *défectueux*, parce qu'ils sont privés de l'un ou de l'autre nombre.

Les uns ne sont usités qu'au singulier, savoir :

1°. Les noms propres. Exemples : *Xerxes, Italia, Roma.*

2°. Les noms d'âge, de vertus, de vices, de métaux et plusieurs autres que l'usage apprendra. Exemples :

Pueritia, æ, f. *l'enfance.*	Argentum, i, n. *argent.*
Adolescentia, æ, f. *l'adolescence.*	Ferrum, i, n. *fer.*
Juventus, utis, f *la jeunesse.*	Sulphur, uris, n. *soufre.*
Senectus, utis, f. *la vieillesse.*	Humus, i, f. *terre.*
Sapientia, æ, f. *sagesse.*	Fames, is. f *faim.*
Justitia, æ, f. *justice.*	Sitis, is, f. *soif.*
Pietas, atis, f. *piété.*	Sanguis, inis, m. *sang.*
Ignavia, æ, f. *paresse.*	Nemo, inis, *nul*, *personne.*
Aurum, i, n. *or.*	Butyrum, i, n. *beurre.*

Les autres ne sont usités qu'au pluriel. Exemples :

Angustiæ, arum, f. *passage étroit, défilé, temps difficiles.*

Bigæ, trigæ, quadrigæ, arum, f. *char attelé de deux, de trois, de quatre chevaux de front.*

Brevia, ium, n. *bancs de sable, bas-fonds, gué.*

Clitellæ, arum, f. *bât d'un âne.*

Divitiæ, arum, f. *richesses.*

Induciæ, arum, f. *trève.*

Insidiæ, arum, f. *embûches.*

Liberi, orum. m. *les enfants.*

Proceres, um, m. *les grands d'un état.*

Majores, um, m. *les ancêtres.*

Natales, ium, m. *extraction, nais-sance.*

Nuptiæ, arum, f. *nôces, mariage.*

Præcordia, ium, n. *diaphragme* (1), et beaucoup d'autres que l'usage apprendra.

Quelques substantifs ont au pluriel une autre signification qu'au singulier. Tels sont :

Ædes. is, f. *temple.*

Ædes, ium, *maison.*

Auxilium, ii. n. *secours.*

Auxilia, orum, *troupes auxiliaires.*

Bonum, i, *le bien, avantage.*

Bona, orum, *biens, richesses.*

Carcer, eris, m. *prison.*

Carceres, um, *barrières d'où par-taient ceux qui faisaient des courses.*

Comitium, ii, n. *lieu où s'assemblaient les comices.*

Comitia, orum, *les comices, assem-blées du peuple.*

Castrum, i, n. *fort, citadelle.*

Castra, orum, *camp.*

Copia, æ, f. *abondance, permission.*

Copiæ, arum, *biens, richesses, troupes.*

Fascis, is, m. *faisceau, botte, fagot.*

Fasces, ium, *faisceaux de verges qu'on portait devant les magistrats ro-mains pour signe de leur dignité ; la dignité même.*

Faux, cis, f *gorge, gosier.*

Fauces, ium, *gorge, gosier ; pas, défilé.*

Finis, is, m. f. *fin, terme.*

Fines, ium, *confins, bornes.*

Fortuna, æ, f. *fortune, hasard.*

Fortunæ, arum, *biens, richesses.*

Furfur, uris, m. *son, ce qui reste de la farine.*

Furfures, um, *crasse qui tombe de la tête.*

Gratia, æ, f. *grâce, faveur, crédit.*

Gratiæ, arum, *actions de grâces.*

Habena, æ, f. *courroie, lanière.*

Habenæ, arum, *rênes, guides, gou-vernement.*

Hortus, i, m. *jardin.*

Horti, orum, *maison de plaisance.*

Littera, æ, f. *lettre, caractère de l'al-phabet.*

Litteræ, arum. *lettre, missive, belles-lettres, littérature.*

Opera, æ, f. *peine, travail, soin.*

Operæ, arum, *manœuvres, gens de journée.*

Ops (*inus. au nominatif.*), opis, f. *pouvoir, secours.*

Opes, um, *grands biens, richesses.*

Pars, tis, f. *partie, portion.*

Partes, ium, *charge, rôle, parti.*

Plaga, æ, f. *plage, climat, tapis.*

Plagæ, arum, *filets, rets.*

Sal, lis, m. et n. *sel, grâce, agrément.*

Sales, ium, *railleries, mots piquants.*

Tempus, oris, n. *temps, saison, cir-constance.*

Tempora, um, *les temps ; les tempes de la tête*

Vis, is, im, i, f. *force, violence.*

Vires, ium, *forces, puissances, troupes.*

(1) Quelques noms de villes sont pluriels : *Locri*, orum, Locres ; *Athenæ*, arum, Athènes.

DÉCLINAISONS.

§ 1er. *Observations sur les déclinaisons.*

PREMIÈRE DÉCLINAISON.

Outre les noms en *a*, la première déclinaison comprend quelques noms en *e, as* et *es*, dérivés du grec. Ces noms offrent au
singulier quelques terminaisons particulières.

Singulier.

N. f.	Epitome *l'abrégé. m.*	Æneas *Énée m.*	Cometes *la comète.*
G.	Epitomes,	Æneæ,	Cometæ,
D.	Epitome,	Æneæ,	Cometæ,
Ac.	Epitomen,	Æneam *ou* an,	Cometen,
V.	Epitome,	Ænea,	Comete,
Ab.	Epitome.	Æneâ.	Comete.

Ainsi se déclinent :

Crambe, es, f.	*le chou.*	Boreas, æ, m.	*Borée.*
Grammatice, f.	*la grammaire.*	Tiaras, m.	*la tiare.*
Ode, f.	*l'ode.*	Pyrites, æ, m.	*la pierre à fusil.*
Rhetorice, f.	*la rhétorique.*	Dynastes, m.	*le grand seigneur.*

Ces noms prennent au pluriel les terminaisons régulières de
la première déclinaison.

Anchisiades, fils d'Anchise; *Priamides*, fils de Priam, et autres
noms semblables ont quelquefois l'accusatif en *em. Anchisiadem,
Priamidem.*

Dans les poëtes, on trouve quelquefois le génitif en *ai*, par
exemple : *aulai, terrai, aquai* pour *aulæ, terræ, aquæ.* Le génitif
familias au lieu de *familiæ* s'emploie avec les noms *pater, mater, filius* et *filia*, comme *pater-familiâs*, un père de famille ;
mater-familiâs, une mère de famille ; *filius-familiâs*, le fils de
la maison.

Le génitif pluriel se contracte par syncope dans quelques
mots poétiques. Exemples : *Dardanidûm*, au lieu de *Dardanida-
rum ; Grajugenûm* au lieu de *Grajugenarum ; Cœlicolûm* au lieu
de *Cœlicolarum.*

Les noms suivans : *Dea*, déesse; *domina*, maîtresse; *filia*,
fille ; *anima*, âme; *equa*, cavale ; *asina*, ânesse; *famula*, servante; *liberta*, affranchie ; *mula*, mule ; *socia*, compagne; *serva*,
esclave, ont le plus souvent le datif et l'ablatif du pluriel en
abus. Par cette terminaison, on distingue ces noms des masculins *deus, dominus, filius*, etc., qui font au datif et à l'ablatif
du pluriel *diis, dominis, filiis*, etc.

DEUXIÈME DÉCLINAISON.

La seconde déclinaison comprend beaucoup de mots en *os :
on, eus* (monosyllabe), qui sont tous dérivés du grec, comme,

Delos, Délos, île; *Rhodos*, Rhodes, île; *lexicon*, le dictionnaire ; *Orpheus*, Orphée ; *Theseus*, Thésée.

Ces noms conservent quelques-unes de leurs terminaisons grecques.

Singulier.

N.	*f.* Delos,	*n.* Lexicon,	*m.* Orpheus,
G.	Deli,	Lexici,	Orphei *et* Orpheos.
D.	Delo,	Lexico,	Orpheo *et* Orphei.
Ac.	Delum *et* Delon,	Lexicon,	Orpheum, Orpheon *et* Orphea.
V.	Delos,	Lexicon,	Orpheu.
Ab.	Delo.	Lexico.	Orpheo.

Filius, le fils ; *Genius*, le génie, et tous les noms propres terminés en *ius*, comme, *Virgilius*, Virgile ; *Pompeius*, Pompée, ont le vocatif en *i* : *fili, geni, Virgili, Pompei.*

Agnus, l'agneau ; *chorus*, le chœur, ont le vocatif singulier semblable au nominatif.

Le génitif pluriel se contracte souvent par syncope. On dit *Deûm, sestertiûm, virûm, denûm* au lieu de *Deorum, sestertiorum, virorum, denorum.*

Deus, Dieu, se décline de la manière suivante :

	Singulier.	Pluriel.	
N.	Deus,	Dii, (par contract.)	Dî.
G.	Dei,	Deorum,	Deûm.
D.	Deo,	Diis,	Dîs.
Ac.	Deum,	Deos,	
V.	Deus,	Dii,	Dî.
Ab.	Deo.	Diis,	Dîs.

TROISIÈME DÉCLINAISON.

Noms tirés du grec.

Singulier.

N., *f.*	Phras is, *la phrase.*	*m.*	Heros, *le héros.*
G.	Phras is *ou* eos,		Hero is,
D.	Phras i,		Hero i,
Ac.	Phras im *ou* in,		Hero em *ou* a,
V.	Phras is,		Heros,
Ab.	Phras i.		Hero e.

Pluriel.

N.	Phras ĕs,	Hero ĕs,
G.	Phras eôn,	Hero um,
D.	Phras ibus,	Hero ibus,
Ac.	Phras ĕs,	Hero ĕs *ou* ăs,
V.	Phras ĕs,	Hero ĕs,
Ab.	Phras ibus.	Hero ibus.

Déclinez sur *Phrasis* les parisyllabiques grecs en *is* : *Poesis*, f. la poésie ; *hœresis*, f. l'hérésie ; *Genesis*, f. la Génèse.

Déclinez sur *Heros* les mots en *as*, comme *lampas*, *adis*, f. lampe ; *Arcas*, *adis*, m. l'Arcadien ; en *er*, comme *aer*, *aeris*, m. l'air ; *crater*, *eris*, m. la coupe ; en *or*, comme *Hector*, *oris*, nom d'homme ; *rhetor*, *oris*, m. le rhéteur ; en *yx*, comme *Phryx* *phrygis*, m. le phrygien ; en *o*, comme *Macedo*, *onis*, m. le macédonien ; en *on*, comme *Lacedæmon*, *onis*, f. Lacédémone ; *Amazon*, *onis*, f. l'amazone.

Les mots terminés en *as*, *adis* ; en *is*, *idis* ; en *ys*, *ydis*, ont avec la terminaison latine *is* la terminaison grecque *os* : *Pallas*, *adis* et *ados*, Pallas, déesse ; *Paris*, *idis* et *idos*, nom d'homme ; *Æneis*, *idis* et *idos*, f. l'Énéide ; *chlamys*, *ydis* et *ydos*, f. la casaque.

Parmi les imparisyllabiques en *is*, les uns, et particulièrement les féminins, font à l'accusatif *idem* ou *ida* : *tyrannis*, *idem* ou *ida*, f. la tyrannie ; *Amaryllis*, *idem* ou *ida*, nom de femme : d'autres et surtout les masculins font à l'accusatif *im* ou *in* : *Daphnim* ou *Daphnin*. Quelques-uns ont, outre l'accusatif en *im* et en *in*, l'accusatif en *idem* : *Parim*, *Parin*, *Paridem*, *Tigrim*, *Tigrin*, *Tigridem*, le Tigre, fleuve. *Isis*, *idis*, épouse d'Osiris, et *iris*, *idis*, f. l'arc-en-ciel font *Isim*, *irim*.

Les noms en *is*, *idis* perdent au vocatif le *s* du nominatif : *Pari*, *Daphni*, *Amarylli*, *Isi*, *iri*. *Pallas*, gén. *Pallantis*, nom d'homme, fait au vocatif *Palla* ; *Pallas*, gén. *Palladis*, déesse, fait au vocatif *Pallas*. Les noms propres en *es* font *es* ou *e*, *Socrates* et *Socrate*.

Pan, Pan, se décline ainsi : *N. Pan. G. Panos. D. Pani. Ac. Pana. V. Pan. Ab. Pane.*

Les formes grecques *os* et *a* ne sont guère usitées qu'en poésie ; la terminaison *as* est plus généralement employée.

Accusatif en im.

Se terminent à l'accusatif en *im*, les mots suivans :

Amussis, is, f *cordeau*, *ligne*.
Buris, is, f. *le manche d'une charrue*.
Cannabis, is, f. *chanvre*.
Pelvis, is, f. *bassin*.
Ravis, is, f *enrouement*.
Securis, is. f. *hache*.
Sitis, is, f. *soif*.
Tussis, is, f. *toux*.
Vis, is, f. *force*.

Et en général les noms propres et les noms grecs en *is*, qui ont le génitif semblable au nominatif, tels que *Albis*, l'Elbe ; *Tiberis*, le Tibre ; *Charybdis*, Charybde (gouffre) ; *Neapolis*, Naples.

Les noms suivans font plus souvent *im* que *em* :

Puppis, is. f. *pouppe*.
Restis, is, f. *corde*, *cordage*.
Turris, is, f. *tour*.

Les noms suivans font plus souvent *em* que *im* :

Aqualis, is, f. *pot à l'eau*.
Clavis, is. f. *clef*.
Febris, is, f *fièvre*.
Navis, is, f. *navire*.
Sementis, is, f. *semailles*.
Strigilis, is, f. *frottoir*.

Ablatif en i.

Ont l'ablatif singulier en *i* :

1º. Les neutres en *e*, *al*, *ar*, comme *mare*, *mari* ; *rete*, *reti* ; *vectigal*, *vectigali* (impôt, revenu) ; *calcar*, *calcari*, (éperon.)

Cependant les cinq mots suivans conservent l'*e* :

Bacchar, aris, n. *campanule ou gan-*   Hepar, atis, n. *foie.*
telée (sorte de plante).   Jubar, aris, n. *clarté, lumière.*
Far, arris, n. *fleur de farine.*   Nectar, aris, n. *nectar.*

2º. Les mots en *is* qui font à l'accusatif *im* ou *in*, comme *vis*, *vim*, *vi*, la force ; *Genesis*, *Genesin*, *Genesi*, la Genèse.

3º. Les adjectifs et noms de mois en *is* et en *er* comme *dulcis*, *dulci*, doux ; *celeber*, *celebri*, célèbre ; *aprilis*, *aprili*, avril ; *october*, *octobri*, octobre.

D'autres mots ont l'ablatif en *e* ou en *i*. Ce sont :

1o. Les adjectifs d'une seule terminaison, comme *felix*, *felice* et *felici*, heureux ; *diligens*, *diligente* et *diligenti*, diligent. Cependant les adjectifs suivans n'ont que l'ablatif en *e* :

Pauper, eris, *pauvre.*   Impos, otis, *qui ne possède pas.*
Pubes, eris, *en âge de puberté.*   Bipes, edis, *bipède.*
Sospes, itis, *sain et sauf.*   Quadrupes, edis, *quadrupède.*
Compos, otis, *qui est maître de.*

2º. Les mots qui ont l'accusatif en *em* ou en *im*, comme *navis*, *nave* et *navi*.

3º. Les comparatifs comme : *major*, *majore* et *majori*.

4º. *Rus* fait aussi *rure* et *ruri* ; il en est de même de *ignis* et de quelques autres mots dans lesquels l'ablatif en *e* est toutefois plus usité.

Nominatif pluriel en ia.

Au pluriel neutre se terminent en *ia* :

1º. Les neutres en *e*, *al* et *ar*, comme *mare*, *maria*, mer ; *tribunal*, *tribunalia*, tribunal ; *calcar*, *calcaria*, éperon.

2º. Tous les adjectifs de la troisième déclinaison, exemples : *recens*, *recentia*, nouveau ; *levis*, *levia*, léger ; *celeber*, *celebria*, célèbre, etc. Sont exceptés de cette règle : *vetus*, ancien, qui fait *vetera*, et tous les comparatifs : *Major*, *majora* ; *sanctior*, *sanctiora*.

Génitif pluriel en ium.

Au génitif pluriel se terminent en *ium* :

1º. Les neutres en *e*, *al* et *ar* et tous les adjectifs, exemples : *Cubile*, *cubilium*, lit ; *animal*, *animalium*, animal ; *calcar*, *calcarium*, éperon ; *utilis*, *utilium*, utile ; *audax*, *audacium*, audacieux. Sont exceptés de cette règle et ont par conséquent le génitif en *um* tous les comparatifs et les adjectifs suivans :

Celer, eris, *prompt.*   Supplex, icis, *suppliant.*
Degener, eris, *dégénéré.*   Vetus, eris, *vieux.*
Pauper, eris, *pauvre.*   Inops, opis, *pauvre.*
Uber, eris, *abondant.*   Juvenis, is, *jeune.*

Memor, oris, *qui se souvient.*
Immemor, oris, *qui ne se souvient pas.*
Vigil, ilis, *qui veille.*
Dives, itis, *riche.*
Pubes, eris, *en âge de puberté.*

Compos, otis, *qui est maître de.*
Impos, otis, *qui n'est pas maître de.*
Anceps, ipitis, *double.*
Præceps, ipitis, *qui se précipite.*
Particeps, ipis, *participant.*
Princeps, ipis, *le premier.*

Et les composés de *pes* et de *color*, comme *quadrupes*, *edis*, quadrupède ; *versicolor*, *oris*, qui change de couleur.

2°. Les mots parisyllabiques, tels que *nubes*, *nubis*, *nubium*, nuage ; *avis*, *avium*, oiseau ; *imber*, *imbris*, *imbrium*, grande pluie.

Néanmoins les mots suivans ont le génitif en *um* :

Vates, is, c. *devin.*
Canis, is, c. *chien.*
Panis, is, m. *pain.*
Pater, tris, m. *père.*

Mater, tris, f. *mère.*
Frater, tris, m. *frère, allié.*
Accipiter, tris, m. *épervier.*
Senex, is, m. *vieux.*

Les deux noms suivans font *ium* et *um* et plus souvent *um* :

Apis, is, f. *abeille.*

Volucris, is, f. *oiseau.*

3°. Les monosyllabes, comme : *mus*, *murium* ; *ars*, *artium*, *mons*, *montium*.

Cependant les mots suivans ont le génitif en *um* :

Crus, uris, n. *jambe.*
Dux, ucis, m. *chef.*
Flos, oris, m. *fleur.*
Fraus, audis, f. *fraude.*
Fur, uris, m. *voleur.*
Grex, egis, m. *troupeau.*
Grus, uis, f. *grue.*
Laus, dis, f. *louange.*
Lex, egis, f. *loi.*
Lynx, cis, m. *lynx.*

Mos, oris, m. *coutume.*
Pes, edis, m. *pied.*
Præs, dis, c. *caution.*
Phryx, gis, m. *phrygien.*
Ren, enis, m. *reins.*
Rex, egis, m. *roi.*
Splen, enis, m. *rate.*
Sus, uis, c. *porc.*
Thrax, cis, m. *Thrace.*
Vox, ocis, f. *voix.*

Datif et ablatif pluriels en ibus *ou en* is.

Les noms en *ma*, qui tous dérivent du grec, prennent au datif et à l'ablatif pluriels la double terminaison *ibus* et *is*, comme *poema*, poëme, *poematibus* et *poematis*. De même *dogma*, *atis*, dogme ; *emblema*, *atis*, emblême ; *epigramma*, *atis*, épigramme.

Nominatif et accusatif pluriels en eis *et en* is.

Les anciens terminaient souvent le nominatif et l'accusatif pluriels en *eis* (monosyllabe) ou ɪs long, comme : *omneis*, *monteis*, *naveis*, au lieu d'*omnes*, *montes*, *naves*; *Sardis* au lieu de *Sardes*.

Bos, *ovis*, c. bœuf, vache, se décline au pluriel de la manière suivante : N. Acc. V. *Boves*. G. *Boum*. D. Ab. *Bobus*.

Quatrième déclinaison.

Les noms suivans font au datif et à l'ablatif pluriels *ubus*; *arcus*, arc ; *partus*, enfantement ; *quercus*, chêne ; *lacus*, lac ; *artus*, les membres du corps ; *tribus*, tribu ; *specus*, caverne.

Datif et ablatif, *arcubus*, etc. *Portus*, port; *genu*, genou; *veru*, broche, font *ibus* et *ubus*, *portibus* et *portubus*, etc.

Le mot *domus*, maison, se décline tantôt d'après la seconde et la quatrième déclinaison tout à la fois, tantôt d'après l'une d'elles.

	Singulier.			Pluriel.
	2ᵉ. décl.	4ᵉ. décl.	2ᵉ. décl.	4ᵉ. décl.
N.	Domus.	Domus.		Domus.
G.	Domi.	Domûs.	Domorum.	Domuum.
	à la maison.	*De la maison.*		
D.	Domo.	Domui.		Domibus.
Ac.	Domum.	Domum.	Domos.	Domus.
V.		Domus.		Domus.
Ab.	Domo.			Domibus.

REMARQUE. La quatrième déclinaison est dérivée de la troisième. On n'a fait que retrancher l'*e* et l'*i*. Ainsi *fructus* est une contraction de *fructuis*, *fructum* de *fructuem*, *fructu* de *fructue*, *fructus*, au pluriel, de *fructues*. De là vient que la syllabe *us* au génitif singulier, au nominatif et à l'accusatif pluriels, est longue, parce qu'elle est contractée de deux syllabes.

§ II. *Des hétéroclites.*

Les *hétéroclites* sont des mots qui suivent deux déclinaisons. La terminaison du nominatif indique à quelle déclinaison chaque mot appartient. Exemples : *Aranea* et *araneus*, araignée; *vespera* et *vesper*, soir; *elephantus* et *elephas*, éléphant; *pavus* et *pavo*, paon; *venatio* et *venatus*, chasse; *ruma*, *æ*, et *rumen*, *inis*, mamelle, pis des animaux; *materia* et *materies*, matière; *luxuria* et *luxuries*, luxe; *paupertas* et *pauperies*, pauvreté; *cete*, *orum*, m, et *cete*, n, ind. les baleines (le sing. est *cetus*, *i*, m.) Il se trouve aussi de ces *hétéroclites* parmi les adjectifs. Exem. : *exanimus* et *exanimis*, mort; *imbecillus* et *imbecillis*, faible.

Quelques hétéroclites ont au nominatif la même terminaison : Exem. : *Hierosolyma*, *æ*, et *Hierosolyma*, *orum*, Jérusalem; *Mulciber*, *eri* ou *eris*, Vulcain; *OEdipus*, *i* ou *odis*, OEdipe; *ficus*, *i* et *ûs*, figuier.

Vas, *vasis*, vase, suit entièrement au pluriel la seconde déclinaison, *vasa*, *orum*, *is* : peut-être ce pluriel dérive-t-il d'un ancien nominatif *vasum*. *Jugerum*, arpent, a un double génitif, *jugeri* et *jugeris*; au pluriel il fait N. Acc. V. *jugera*. Gén. *jugerum*. D. Abl. *jugeribus* et *jugeris*.

Il y a des noms qui ont au nominatif deux terminaisons différentes, et qui cependant suivent la même déclinaison. Exem. : *grammatica* et *grammatice*, la grammaire; *musica* et *musice*, la musique; *mysta* et *mystes*, initié dans les mystères de quelque divinité; *Scytha* et *Scythes*, le Scythe; *cubitus* et *cubi—*

tum, coude, coudée; *honor* et *honos*, honneur; *feles* et *felis*, chat; *cupiditas* et *cupido*, désir ardent, passion; et une foule d'autres que l'usage fera connaître.

§ III. *Des défectueux.*

Outre les noms privés de l'un ou de l'autre nombre, il y a encore des noms qui ne sont pas usités à tous les cas.

1°. Quelques noms ne s'emploient qu'à un seul cas. Exem.: GÉN. *Dicis*, employé seulement dans cette expression, *dicis causâ* ou *gratiâ*, par forme de justice, par manière d'acquit. ACC. *Bilicem*, d'un double tissu; *trilicem*, d'un triple tissu. AB. *Jussu*, par l'ordre; *injussu*, sans l'ordre; *natu*, d'âge; *promptu*, employé seulement dans ces expressions, *habere in promptu*, avoir sous la main; *esse in promptu*, être sous la main, venir à l'esprit, être évident, et autres locutions semblables; *accitu*, mandement, ordre de venir; *pondo*, du poids d'une livre; *ambage*, détour, (le pluriel *ambages* a tous ses cas, moins le génitif.) ACC. *plur. Inficias* employé seulement dans cette expression *inficias ire* (suppléez *ad*), aller à l'encontre, nier.

2°. D'autres mots n'ont que deux cas. NOM. et ACC. Par exem.: les indéclinables tels que *cete*, les baleines; *instar*, la ressemblance; *nihil*, rien; *opus*, besoin; *fas*, ce qui est permis; *nefas*, ce qui ne l'est pas; etc. NOM. et VOC. *Glos*, belle-sœur. NOM. et ABL. *Fors*, *forte*, hasard, destin; *vesper*, *vespere*, le soir. GÉN. et ABL. *Tabi*, *tabo*, pus; *spontis*, *sponte*, de son propre mouvement; *impetis*, *impete*, impétuosité. DAT. et ABL. *nuptui*, *u*, action de marier une fille; *irrisui*, *u*, dérision. ACC. et ABL. *Vicem*, *vice*, alternative, vicissitude, sort. (Le pluriel *vices* a tous ses cas, excepté le génitif). Tous les supins en *um* et en *u*. Pluriel, NOM. et ACC. *Suppetiæ*, *as*, aide, secours. VOC. sing. et plur. *Macte*, *macti*, allons, courage.

3°. D'autres en ont trois: NOM. ACC. sing. ACC. plur. *dica*, *am*, *as*, procès. NOM. ACC. ABL. *vis*, *vim*, *vi*, force (le pluriel *vires* a tous ses cas). GÉN. DAT. ABL. *feminis*, *i*, *e*, cuisse. GÉN. ACC. ABL. *dapis*, *em*, *e*, mets; *sordis*, *em*, *e*, ordure. (Le pluriel *sordes* a tous ses cas).

4°. D'autres quatre, savoir, ceux dont le nominatif et le vocatif sont inusités. Exem.: *Ditionis*, *i*, *em*, *e*, domination; *frugis*, *i*, *em*, *e*, productions de la terre; *pecudis*, *i*, *em*, *e*, bête; *precis*, *i*, *em*, *e*, prière. NOM. et ABL. sing. NOM. et ACC. plur. *Asus*, *u*, ruse. NOM. GÉN. ACC. et ABL. *Virus*, *i*, *us*, *o*, poison. NOM. DAT. ACC. et ABL. plur. *Crates*, *gratibus*, actions de grâces.

5°. Plusieurs enfin en ont cinq: savoir ceux qui n'ont pas de génitif pluriel, tels que, *æs*, *æris*, airain; *fax*, *facis*, torche; *fel*, *fellis*, fiel; *lux*, *lucis*, lumière; *mel*, *mellis*, miel; *nex*, *cis*, mort violente; *os*, *oris*, bouche; *pax*, *acis*, paix; *pix*, *cis*, poix; *pus*, *uris*, pus; *rus*, *ris*, campagne; *sol*, *is*, soleil ; *thus* , *uris* , encens ; *ros* , *oris* , rosée ; *plebs* , *Lis*, populace ; *jus* , *uris* , droit, justice ; et ceux qui n'ont pas de vocatif sing. comme *nemo* , *inis* , personne ; *nullus* , *a* , *um* , aucun , etc.

§ IV. *Des noms composés.*

Quand un nom est composé de deux nominatifs , on les décline tous deux. *Respublica* , république, est composé de *res* chose, et de *publica*, publique. Ces deux noms se déclinent à la fois. *N. Respublica. G. Reipublicæ. Acc. Rempublicam. Abl. Republicâ.* On déclinera de même les deux mots dans *jusjurandum*, serment, formé de *jus* et de *jurandum* , littéralement, le droit devant être juré.

D'autres noms sont composés d'un nominatif et d'un autre cas : le nominatif seul se décline.

Exem. : *Senatus-consultum* , le décret du sénat , est composé de *consultum* , nominatif de la seconde déclinaison, et de *senatús* génitif de la quatrième. Le seul mot *consultum* se déclinera , et *senatús* ne changera pas de terminaison. On dira donc *senatús consulti, senatús-consulto* , etc. Il en sera de même de *pater-familias* , le père de famille; gén. *patris-familias* ; dat. *patri familias* , etc.

OBSERVATIONS SUR LE COMPARATIF ET LE SUPERLATIF.

Quelques adjectifs ont un double superlatif, savoir : *Exterus*, éloigné, *exterior*, *extremus* et *extimus* ; *inferus* , qui est en bas , inférieur, *inferior*, *infimus* et *imus* ; *posterus* , le suivant, *posterior*, le second, *postremus* et *postumus* , le dernier ; *superus*, qui est en haut, *superior*, *supremus* et *summus* ; *imbecillis* , faible, *imbecillior*, *imbecillissimus* et *imbecillimus* ; *maturus* , mûr , *maturior*, *maturissimus* et *maturrimus*.

Quelques adjectifs n'ont pas de positif, comme : *interior*, intérieur, *intimus* ; *citerior*, citérieur , *citimus* ; *ulterior*, ultérieur , *ultimus*, le dernier , le plus reculé ; *prior* et *primus* , le premier ; *propior*, plus proche, *proximus* ; *deterior*, pire , *deterrimus*, le plus mauvais ; *ocior*, plus léger à la course , *ocissimus*.

Quelques-uns n'ont pas de comparatif, comme : *inclytus* , célèbre, *inclytissimus* ; *invitus*, qui fait à regret, *invitissimus*; *meritus*, qui est digne, *meritissimus* ; *novus*, nouveau , *novissimus*, le plus nouvellement venu , le dernier ; *sacer*, sacré , *sacerrimus* ; *falsus*, faux , *falsissimus*, etc.

Quelques-uns n'ont pas de superlatif, comme : *adolescens* , jeune homme ou jeune fille ; *adolescentior*, plus jeune ; *juvenis* , jeune , *junior*; *senex*, vieux , *senior* ; *licens*, libre , *licentior* ; *longinquus*, éloigné, *longinquior* ; *proclivis*, enclin , pro-

clivior; *propinquus*, proche, *propinquior*; *ingens*, grand, *ingentior*; *satur*, rassasié, *saturior*, etc.

N'ont enfin ni comparatif ni superlatif :

1°. Les adjectifs suivans : *almus*, qui nourrit, bienfaisant ; *balbus*, bègue ; *claudus*, boiteux ; *egenus*, pauvre ; *mediocris*, médiocre ; *mutus*, muet ; *memor*, qui se souvient ; *præditus*, doué, et d'autres encore que l'usage apprendra.

2°. Les composés de *fero* et de *gero*, comme : *frugifer*, fructueux ; *corniger*, qui a des cornes.

3°. Les composés de *per* et de *præ* ; ces prépositions donnant à l'adjectif la force du superlatif ; *perdoctus*, très-savant ; *prædives*, fort riche.

4°. Les adjectifs qui, par leur nature, ne sont pas susceptibles de plus ou de moins. Exem. : *crastinus*, du lendemain ; *hesternus*, de la veille ; *paternus*, paternel ; *aureus*, d'or ; *argenteus*, d'argent ; *infinitus*, infini ; *innumerus*, innombrable ; *nullus*, aucun, etc.

5°. Les noms de nombre, *unus*, *duo*, *tres*, *secundus*, *bini*, etc., un, deux, trois, second, deux à la fois.

6°. Les participes en *dus*, *amandus*, devant être aimé ; *errabundus*, errant çà et là.

7°. Presque tous les adjectifs qui ont une voyelle avant *us* (Voyez page 29).

8°. Les adjectifs qui marquent le pays, *Atheniensis*, Athénien ; *Romanus*, Romain.

9°. Les adjectifs en *imus* et en *ivus*; *legitimus*, légitime ; *fugitivus*, fugitif.

LIVRE SECOND.

VERBES.

Il y a à considérer dans les verbes, le nombre, les personnes, les temps et les modes. En latin comme en français, les verbes ont deux nombres, le singulier et le pluriel ; trois personnes; trois temps principaux, le présent, le passé et le futur.

Les verbes latins ont cinq modes, trois personnels, c'est-à-dire qui admettent la distinction des personnes, l'indicatif, l'impératif, le subjonctif ; deux impersonnels, l'infinitif et le participe.

Le présent, l'imparfait, le plus-que-parfait, le futur et le futur passé de l'indicatif, le présent de l'impératif, le présent et le parfait du subjonctif correspondent aux mêmes temps français.

Les latins confondent les trois nuances de passé que nous exprimons par le passé défini, le passé indéfini, le passé antérieur ; leur parfait remplace ces trois temps. L'imparfait du subjonctif latin correspond tout à la fois à notre imparfait du subjonctif et à notre présent du conditionnel. Le plus-que-parfait du subjonctif latin correspond à notre plus-que-parfait du subjonctif et à notre passé du conditionnel.

Conjuguer c'est énoncer de suite les divers changemens que subit un verbe selon les nombres, les personnes, les temps et les modes.

Il y a en latin quatre conjugaisons, c'est-à-dire quatre manières différentes de conjuguer les verbes. La première conjugaison a l'infinitif terminé en *are* comme *amare*, aimer ; la seconde en *ere* long, comme *monere*, avertir ; la troisième en *ere* bref, comme *legere*, lire ; la quatrième en *ire*, comme *audire*, entendre.

Les onze temps des trois modes personnels se divisent en deux séries.

La première série comprend
Les trois présents,
Les deux imparfaits,
Le futur absolu.

La deuxième série comprend
Les deux parfaits,
Les deux plus-que-parfaits,
Le futur passé.

Tout verbe latin à un mode personnel est composé de trois éléments : le *radical*, la *caractéristique* et la *désinence personnelle*. Le radical représente une idée principale d'action ou d'état, la caractéristique indique le temps et le mode, la désinence personnelle fait connoître le nombre et la personne. Dans *monebamus*, nous avertissions, *mon*, radical, annonce l'action d'avertir, *eba* indique l'imparfait de l'indicatif, *mus* désigne la première personne du pluriel. On voit que la caractéristique est entre le radical et la désinence.

Le radical d'un verbe est ce qui reste de son infinitif quand on en a retranché *are, ere, ere, ire* : les radicaux des verbes *amare, monere, legere, audire*
　　sont :　　*am*,　　*mon*,　　*leg*,　　*aud*.

Le radical subit souvent au parfait une altération qui se conserve à tous les autres temps de la seconde série. *Linquere* fait au parfait *liqui;* dans tous les temps de la seconde série le radical sera *liqu.*

Chaque temps de la première série a , dans chaque conjugaison , une caractéristique qui lui est propre ; cette caractéristique varie quelquefois dans le même temps , elle se supprime à la première personne du présent de l'indicatif dans la première et dans la troisième conjugaison.

Les temps de la seconde série n'ont point une caractéristique uniforme dans tous les verbes d'une même conjugaison. *Amare* aimer, *stare* être debout , sont tous deux de la première conjugaison : le parfait du premier verbe est *amavi,* celui du second est *steti;* la caractéristique est donc dans l'un *av,* dans l'autre *et.* La caractéristique du parfait étant connue , on en forme celle des autres temps de la seconde série en ajoutant

era pour le plus-que-parf. de l'ind.	*am-avera,*	*st-etera.*
er pour le futur passé	*am-aver,*	*st-eter.*
eri pour le parfait du subjonctif	*am-averi,*	*st-eteri.*
isse pour le plus-que-parfait	*am-avisse,*	*st-etisse.*

Lorsque le parfait manque lui-même de caractéristique comme dans le verbe *legere,* les syllabes *era, er, eri, isse,* forment à elles seules les caractéristiques des temps dérivés du parfait.

Dans les temps des deux séries, le parfait de l'indicatif et le présent de l'impératif exceptés , les désinences personnelles sont :

Première pers. du sing. o *ou* M.	Première pers. du plur. MUS.
Deuxième pers. s	Deuxième pers. TIS.
Troisième pers. T	Troisième pers. NT.

Les désinences personnelles du parfait sont dans toutes les conjugaisons, *i, isti, it, imus, istis, erunt* ou *ère.*

Les désinences de l'impératif communes à tous les verbes sont : *to, mus, te* ou *tote, nto.*

Le premier de tous les verbes est le verbe substantif *esse,* être ; mais , comme c'est aussi le plus irrégulier de tous, nous n'en donnerons la conjugaison qu'après celle des verbes actifs et neutres.

CHAPITRE PREMIER. VERBES ACTIFS ET NEUTRES.

1re. conjugaison.	2e. conjugaison.	3e. conjugaison.	4e. conjugaison.
Elle a la 2e. personne du présent de l'indicatif terminée en *as* et l'infinitif terminé en *are.*	Elle a la 2e. personne du présent de l'indicatif terminée en *es* et l'infinitif terminé en *ere.*	Elle a la 2e. personne du présent de l'indicatif terminée en *is* et l'infinitif terminé en *ere.*	Elle a la 2e personne du présent de l'indicatif terminée en *is* et l'infinitif terminé en *ire.*

INDICATIF.

PRÉSENT.

Am .. o (1).	Mon e o	Lĕg .. o	Aud i o
Am a s	Mon e s	Leg i s	Aud i s
Am a t	Mon e t	Leg i t	Aud i t
Am a mus	Mon e mus	Leg i mus	Aud i mus
Am a tis	Mon e tis	Leg i tis	Aud i tis
Am a nt. (2)	Mon e nt.	Leg u nt.	Aud iu nt.

J'aime,	*J'avertis,*	*Je lis,*	*J'entends,*
Tu aimes,	*Tu avertis,*	*Tu lis,*	*Tu entends,*
Il aime ;	*Il avertit ;*	*Il lit ;*	*Il entend ;*
Nous aimons,	*Nous avertissons,*	*Nous lisons,*	*Nous entendons,*
Vous aimez,	*Vous avertissez,*	*Vous lisez,*	*Vous entendez,*
Ils aiment.	*Ils avertissent.*	*Ils lisent.*	*Ils entendent.*

IMPARFAIT.

Am aba m	Mon eba m	Lĕg eba m	Aud ieba m
Am aba s	Mon eba s	Leg eba s	Aud ieba s
Am aba t	Mon eba t	Leg eba t	Aud ieba t
Am aba mus	Mon eba mus	Leg eba mus	Aud ieba mus
Am aba tis	Mon eba tis	Leg eba tis	Aud ieba tis
Am aba nt.	Mon eba nt.	Leg eba nt.	Aud ieba nt.

J'aimais,	*J'avertissais,*	*Je lisais,*	*J'entendais,*
Tu aimais,	*Tu avertissais,*	*Tu lisais,*	*Tu entendais,*
Il aimait ;	*Il avertissait ;*	*Il lisait ;*	*Il entendait ;*
Nous aimions,	*Nous avertissions,*	*Nous lisions,*	*Nous entendions,*
Vous aimiez,	*Vous avertissiez,*	*Vous lisiez,*	*Vous entendiez,*
Ils aimaient.	*Ils avertissaient.*	*Ils lisaient.*	*Ils entendaient.*

(1) Les points indiquent que la caractéristique manque.

(2) En conjuguant on joindra à chaque personne du latin la personne correspondante du français ; on dira : *amo,* j'aime ; *amas,* tu aimes ; *amat,* il aime, etc. Si dans ces tableaux on a mis le français au-dessous et non à côté du latin, on ne l'a fait qu'afin de présenter en regard les quatre conjugaisons.

| 1re. conjugaison. | 2e. conjugaison. | 3e. conjugaison. | 4e. conjugaison. |

PARFAIT.

Am av i	Mon u i	Lĕg i	Aud iv i
Am av isti	Mon u isti	Leg isti	Aud iv isti
Am av it	Mon u it	Leg it	Aud iv it
Am av imus	Mon u imus	Leg imus	Aud iv imus
Am av istis	Mon u istis	Leg istis	Aud iv istis
Am av erunt	Mon u erunt	Leg erunt	Aud iv erunt
ou êre.	ou êre.	ou êre.	ou êre.

J'ai	J'ai	J'ai	J'ai
Tu as	Tu as	Tu as	Tu as
Il a	Il a	Il a	Il a
Ns. avons	Ns. avons	Nous avons	Ns. avons
Vs. avez	Vs. avez	Vous avez	Vs. avez
Ils ont	Ils ont	Ils ont	Ils ont
ou J'aimai,	ou J'avertis,	ou Je lus,	ou J'entendis,
Tu aimas,	Tu avertis	Tu lus,	Tu entendis,
Il aima ;	Il avertit ;	Il lut;	Il entendit ;
Ns. aimâmes,	Nous avertîmes,	Nous lûmes,	N. entendîmes,
Vs. aimâtes,	Vous avertîtes,	Vous lûtes,	Vs. entendîtes,
Ils aimèrent.	Ils avertirent.	Ils lurent.	Ils entendirent.
ou J'eus	ou J'eus	ou J'eus	ou J'eus
Tu eus	Tu eus	Tu eus	Tu eus
Il eut	Il eut	Il eut	Il eut
Nous eûmes	Ns. eûmes	Ns. eûmes	Nous eûmes
Vous eûtes	Vs. eûtes	Vs. eûtes	Vous eûtes
Ils eurent	Ils eurent	Ils eurent	Ils eurent

(colonne 1 : aimé. — colonne 2 : averti. — colonne 3 : lu. — colonne 4 : entendu.)

PLUS-QUE-PARFAIT.

Am avera m	Mon uera m	Lĕg era m	Aud ivera m
Am avera s	Mon uera s	Leg era s	Aud ivera s
Am avera t	Mon uera t	Leg era t	Aud ivera t
Am avera mus	Mon uera mus	Leg era mus	Aud ivera mus
Am avera tis	Mon uera tis	Leg era tis	Aud ivera tis
Am avera nt.	Mon uera nt.	Leg era nt.	Aud ivera nt.

J'avais	J'avais	J'avais	J'avais
Tu avais	Tu avais	Tu avais	Tu avais
Il avait	Il avait	Il avait	Il avait
Nous avions	Nous avions	Nous avions	Ns. avions
Vous aviez	Vous aviez	Vous aviez	Vs. aviez
Ils avaient	Ils avaient	Ils avaient	Ils avaient

(colonne 1 : aimé. — colonne 2 : averti. — colonne 3 : lu. — colonne 4 : entendu.)

FUTUR.

Am ab o	Mon eb o	Lĕg a m	Aud ia m
Am abi s	Mon ebi s	Leg e s	Aud ie s
Am abi t	Mon ebi t	Leg e t	Aud ie t
Am abi mus	Mon ebi mus	Leg e mus	Aud ie mus

1ʳᵉ. conjugaison.	2ᵉ. conjugaison.	3ᵉ. conjugaison.	4ᵉ. conjugaison
Am abi tis	Mon ebi tis	Leg e tis	Aud ie tis
Am abu nt.	Mon ebu nt.	Leg e nt.	Aud ie nt.

J'aimerai,	*J'avertirai,*	*Je lirai,*	*J'entendrai,*
Tu aimeras,	*Tu avertiras,*	*Tu liras,*	*Tu entendras,*
Il aimera ;	*Il avertira ;*	*Il lira ;*	*Il entendra ;*
Ns. aimerons,	*Ns. avertirons,*	*Nous lirons,*	*Nous entendrons,*
Vs. aimerez,	*Vs. avertirez,*	*Vous lirez,*	*Vs. entendrez,*
Ils aimeront.	*Ils avertiront.*	*Ils liront.*	*Ils entendront.*

FUTUR PASSÉ.

1ʳᵉ. conjugaison.	2ᵉ. conjugaison.	3ᵉ. conjugaison.	4ᵉ. conjugaison
Am aver o	Mon uer o	Lĕg er o	Aud iver o
Am averi s	Mon ueri s	Leg eri s	Aud iveri s
Am averi t	Mon ueri t	Leg eri t	Aud iveri t
Am averi mus	Mon ueri mus	Leg eri mus	Aud iveri mus
Am averi tis	Mon ueri tis	Leg eri tis	Aud iveri tis
Am averi nt.	Mon ueri nt.	Leg eri nt.	Aud iveri nt.

J'aurai	*J'aurai*	*J'aurai*	*J'aurai*
Tu auras	*Tu auras*	*Tu auras*	*Tu auras*
Il aura	*Il aura*	*Il aura*	*Il aura*
Ns. aurons	*Ns. aurons*	*Ns. aurons*	*Ns. aurons*
Vs. aurez	*Vs. aurez*	*Vs. aurez*	*V. aurez*
Ils auront	*Ils auront*	*Ils auront*	*Ils auront*

(marges : aimé. / averti. / lu. / entendu.)

IMPÉRATIF.

PRÉSENT.

1ʳᵉ. conjugaison.	2ᵉ. conjugaison.	3ᵉ. conjugaison.	4ᵉ. conjugaison
Am a *ou* ato	Mon e *ou* eto	Lĕg e *ou* ito	Aud i *ou* ito
Am a to (ille)	Mon e to (ille)	Leg i to (ille)	Aud i to (ille)
Am e mus	Mon ea mus	Leg a mus	Aud ia mus
Am a te, a tote	Mon e te, e tote	Leg i te, i tote	Aud i te, i tote
Am a nto.	Mon e nto.	Leg u nto.	Aud iu nto.

Aime,	*Avertis,*	*Lis,*	*Entends,*
Qu'il aime ;	*Qu'il avertisse ;*	*Qu'il lise;*	*Qu'il entende ;*
Aimons,	*Avertissons,*	*Lisons,*	*Entendons,*
Aimez,	*Avertissez,*	*Lisez,*	*Entendez,*
Qu'ils aiment.	*Qu'ils avertissent.*	*Qu'ils lisent.*	*Qu'ils entendent.*

SUBJONCTIF.

PRÉSENT.

1ʳᵉ. conjugaison.	2ᵉ. conjugaison.	3ᵉ. conjugaison.	4ᵉ. conjugaison
Am e m	Mon ea m	Lĕg a m	Aud ia m
Am e s	Mon ea s	Leg a s	Aud ia s
Am e t	Mon ea t	Leg a t	Aud ia t
Am e mus	Mon ea mus	Leg a mus	Aud ia mus
Am e tis	Mon ea tis	Leg a tis	Aud ia tis
Am e nt.	Mon ea nt.	Leg a nt.	Aud ia nt.

Que j'aime,	*Que j'avertisse,*	*Que je lise,*	*Que j'entende,*

1re. conjugaison.	2e. conjugaison.	3e. conjugaison	4e. conjugaison.
Que tu aimes,	*Que tu avertisses,*	*Que tu lises,*	*Que tu entendes,*
Qu'il aime,	*Qu'il avertisse;*	*Qu'il lise;*	*Qu'il entende;*
Que nous aimions,	*Que nous avertissions,*	*Que nous lisions,*	*Que nous entendions,*
Que vous aimiez,	*Q. v. avertissiez,*	*Que vous lisiez,*	*Q. v. entendiez,*
Qu'ils aiment.	*Qu'ils avertissent.*	*Qu'ils lisent.*	*Qu'ils entendent.*

IMPARFAIT.

Am are m	Mon ere m	Lĕg ere m	Aud ire m
Am are s	Mon ere s	Leg ere s	Aud ire s
Am are t	Mon ere t	Leg ere t	Aud ire t
Am are mus	Mon ere mus	Leg ere mus	Aud ire mus
Am are tis	Mon ere tis	Leg ere tis	Aud ire tis
Am are nt.	Mon ere nt.	Leg ere nt.	Aud ire nt.

Que j'aimasse,	*Que j'avertisse,*	*Que je lusse,*	*Que j'entendisse,*
Que tu aimasses,	*Que tu avertisses,*	*Que tu lusses,*	*Q. tu entendisses,*
Qu'il aimât;	*Qu'il avertît;*	*Qu'il lût;*	*Qu'il entendît;*
Que nous aimassions,	*Que nous avertissions,*	*Que ns. lussions,*	*Que nous entendissions,*
Que vous aimassiez,	*Que vous avertissiez.*	*Que vous lussiez,*	*Que vous entendissiez,*
Qu'ils aimassent.	*Qu'ils avertissent.*	*Qu'ils lussent.*	*Qu'ils entendissent.*

ou *J'aimerais,*	ou *J'avertirais,*	ou *Je lirais,*	ou *J'entendrais,*
Tu aimerais,	*Tu avertirais,*	*Tu lirais,*	*Tu entendrais,*
Il aimerait;	*Il avertirait;*	*Il lirait;*	*Il entendrait;*
Nous aimerions,	*Nous avertirions,*	*Nous lirions,*	*Nous entendrions,*
Vous aimeriez,	*Vous avertiriez,*	*Vous liriez,*	*Vous entendriez,*
Ils aimeraient.	*Ils avertiraient.*	*Ils liraient.*	*Ils entendraient.*

PARFAIT.

Am averi m	Mon ueri m	Lēg eri m	Aud iveri m
Am averi s	Mon ueri s	Leg eri s	Aud iveri s
Am averi t	Mon ueri t	Leg eri t	Aud iveri t
Am averi mus	Mon ueri mus	Leg eri mus	Aud iveri mus
Am averi tis	Mon ueri tis	Leg eri tis	Aud iveri tis
Am averi nt.	Mon ueri nt.	Leg eri nt.	Aud iveri nt.

Que j'aie	*Que j'aie*	*Que j'aie*	*Que j'aie*
Que tu aies	*Que tu aies*	*Que tu aies*	*Que tu aies*
Qu'il ait	*Qu'il ait*	*Qu'il ait*	*Qu'il ait*
Que ns. ayons	*Que ns. ayons*	*Que ns. ayons*	*Que ns. ayons*
Que vs. ayez	*Que vs. ayez*	*Que vs. ayez*	*Que vs. ayez*
Qu'ils aient	*Qu'il. aient*	*Qu'ils aient*	*Qu'ils aient*

(colonnes: *aimé.* / *averti.* / *lu.* / *entendu.*)

PLUS-QUE-PARFAIT.

Am avisse m	Mon uisse m	Lēg isse m	Aud ivisse m
Am avisse s	Mon uisse s	Leg isse s	Aud ivisse s
Am avisse t	Mon uisse t	Leg isse t	Aud ivisse t

1re. conjugaison.	2e. conjugaison.	3e. conjugaison.	4e. conjugaison.
Am avisse mus	Mon uisse mus	Leg isse mus	Aud ivisse mus
Am avisse tis	Mon uisse tis	Leg isse tis	Aud ivisse tis
Am avisse nt.	Mon uisse nt.	Leg isse nt.	Aud ivisse nt.

Que j'eusse	*Que j'eusse*	*Que j'eusse*	*Que j'eusse*
Que tu eusses	*Que tu eusses*	*Que tu eusses*	*Que tu eusses*
Qu'il eût	*Qu'il eût*	*Qu'il eût*	*Qu'il eût*
Que nous	*Que nous*	*Que nous*	*Que nous*
eussions *(aimé.)*	*eussions* *(averti.)*	*eussions* *(lu.)*	*eussions* *(entendu.)*
Que vs. eussiez	*Que vs. eussiez*	*Que vs. eussiez*	*Que vs. eussiez*
Qu'ils eussent	*Qu'ils eussent*	*Qu'ils eussent*	*Qu'ils eussent*
ou J'aurais	*ou J'aurais*	*ou J'aurais*	*ou J'aurais*
Tu aurais	*Tu aurais*	*Tu aurais*	*Tu aurais*
Il aurait	*Il aurait*	*Il aurait*	*Il aurait*
Ns. aurions *(aimé.)*	*Ns. aurions* *(averti.)*	*Ns. aurions* *(lu.)*	*Ns. aurions* *(entendu.)*
Vs. auriez	*Vs. auriez*	*Vs. auriez*	*Vs. auriez*
Ils auraient	*Ils auraient*	*Ils auraient*	*Ils auraient*

INFINITIF.

PRÉSENT.

Am are	Mon ĕre	Lĕg ĕre	Aud ire
aimer.	*avertir.*	*lire.*	*entendre.*

PARFAIT.

Am avisse	Mon uisse	Lēg isse	Aud ivisse
avoir aimé.	*avoir averti.*	*avoir lu.*	*avoir entendu.*

PARTICIPE.

PRÉSENT.

Am ans, ntis	Mon ens, ntis	Lĕg ens, ntis	Aud iens, ntis
aimant.	*avertissant.*	*lisant.*	*entendant.*

FUTUR.

Am aturus, a, um	Mon iturus, a, um	Lecturus, a, um	Auditurus, a, um
devant aimer.	*devant avertir.*	*devant lire.*	*devant entendre.*

SUPIN.

Am atum	Mon itum	Lectum	Aud itum
à aimer.	*à avertir.*	*à lire.*	*à entendre.*

GÉRONDIF.

Am andi	Mon endi	Lĕg endi	Aud iendi
Am ando	Mon endo	Leg endo	Aud iendo
Am andum	Mon endum	Leg endum	Aud iendum
à aimer	*d'avertir*	*de lire,*	*d'entendre,*
en aimant,	*en avertissant,*	*en lisant,*	*en entendant,*
à ou pour aimer.	*à ou pr. avertir.*	*à ou pour lire.*	*à ou pr. entendre.*

On regarde comme appartenant à la troisième conjugaison des verbes dont le présent de l'indicatif est en *io*, l'imparfait en *iebam*, le futur et le présent du subjonctif en *iam*, et l'infinitif en *ere*.

CAPERE.

INDICATIF. Présent.

Cap i o	*Je prends,*
Cap i s	*Tu prends,*
Cap i t	*Il prend ;*
Cap i mus	*Nous prenons,*
Cap i tis	*Vous prenez,*
Cap iu nt.	*Ils prennent.*

IMPARFAIT.

Cap ieba m	*Je prenais,*
Cap ieba s	*Tu prenais,* etc.

PARFAIT.

Cep i	*J'ai pris,*
Cep isti	*Tu as pris,* etc.

PLUS-QUE-PARFAIT.

Cep era m	*J'avais pris,*
Cep era s	*Tu avais pris,* etc.

FUTUR.

Cap ia m	*Je prendrai,*
Cap ie s	*Tu prendras,* etc.

FUTUR PASSÉ.

Cep er o	*J'aurai pris,*
Cep eri s	*Tu auras pris.*

IMPÉRATIF. Présent.

Cap e *ou* ito	*Prends,*
Cap ito (ille)	*Qu'il prenne,*
Cap ia mus	*Prenons,*
Cap ite *ou* itote	*Prenez,*
Cap iu nto	*Qu'ils prennent.*

SUBJONCTIF. Présent.

Cap ia m	*Que je prenne,*
Cap ia s	*Que tu prennes,* etc.

IMPARFAIT.

Cap ere m	*Que je prisse,* *ou je prendrais.*
Cap ere s	*Q. tu prisses,* etc.

PARFAIT.

Cep eri m	*Que j'aie pris,*
Cep eri s	*Que tu aies pris,* etc.

PLUS-QUE-PARFAIT.

Cep isse m	*Que j'eusse pris,* *ou J'aurais pris,*
Cep isse s	*Que tu eusses pris,* etc.

INFINITIF. Présent.

Cap ere	*Prendre.*

PARFAIT.

Cep isse	*Avoir pris.*

PARTICIPE. Présent.

Cap iens, ntis	*Prenant.*

FUTUR.

Capturus, a, um	*Devant prendre.*

SUPIN.

Cap tum	*A prendre.*

GÉRONDIF.

Cap iendi	*De prendre,*
Cap iendo	*En prenant,*
Cap iendum	*à ou pr. prendre.*

De la formation des temps.

Les temps sont ou primitifs ou dérivés. Les temps primitifs sont le présent et le parfait de l'indicatif, le présent de l'infinitif et le supin.

Du présent de l'indicatif se forment :

1°. *L'imparfait de l'indicatif* en changeant dans la première conjugaison *o* en *abam*, amo, am*abam*; dans la seconde conjugaison *eo* en *ebam*, moneo, mon*ebam*; dans les deux autres, *o* en *ebam*, lego, leg*ebam*; capio, capi*ebam*; audio, audi*ebam*.

2°. *Le futur de l'indicatif* en changeant dans la première conjugaison *o* en *abo*, amo, am*abo*; dans la seconde *eo* en *ebo*, moneo, mon*ebo*; dans les deux autres *o* en *am*, lego, leg*am*; capio, capi*am*; audio, audi*am*.

3°. *Le présent du subjonctif* en changeant dans la première conjugaison *o* en *em*, amo, am*em*; dans la seconde *eo* en *eam* moneo, mon*eam*; dans les deux autres *o* en *am*, lego, leg*am*; capio, capi*am*; audio, audi*am*.

4°. *Le participe présent* en changeant dans la première conjugaison *o* en *ans*, amo, am*ans*; dans la seconde *eo* en *ens*, moneo, mon*ens*; dans les deux autres *o* en *ens*, lego, leg*ens*; capio, capi*ens*; audio, audi*ens*.

5°. *Le gérondif* en changeant dans la première conjugaison *o* en *andi*, *ando*, *andum*, amo, am*andi*, am*ando*, am*andum*; dans la seconde *eo* en *endi*, *endo*, *endum*, moneo, mon*endi*, mon*endo*, mon*endum*; dans les deux autres *o* en *endi*, *endo*, *endum*, lego, leg*endi*, leg*endo*; leg*endum*; capio, capi*endi*, capi*endo*, capi*endum*; audio, audi*endi*, audi*endo*, audi*endum*.

Du parfait de l'indicatif se forment dans toutes les conjugaisons :

1°. *Le plus-que-parfait de l'indicatif* en changeant *i* en *eram*, amav*i*, amav*eram*; monu*i*, monu*eram*; legi, lege*ram*; cepi, cep*eram*; audiv*i*, audiv*eram*.

2°. *Le futur passé* en changeant *i* en *ero*, amav*i*, amav*ero*; monu*i*, monu*ero*; legi, leg*ero*; cepi, cep*ero*; audiv*i*, audiv*ero*.

3°. *Le parfait du subjonctif* en changeant *i* en *erim*, amav*i*, amav*erim*; monu*i*, monu*erim*; legi, leg*erim*; cepi, cep*erim*; audiv*i*, audiv*erim*.

4°. *Le plus-que-parfait du subjonctif* en changeant *i* en *issem*, amav*i*, amav*issem*; monu*i*, monu*issem*; legi, leg*issem*; cepi, cep*issem*; audiv*i*, audiv*issem*.

5°. *Le parfait de l'infinitif* en changeant *i* en *isse*, ama-

vi, amav*isse*; monu*i*, monu*isse*; leg*i*, leg*isse*; cep*i*, cep*isse*; audivi, audiv*isse*.

Du PRÉSENT DE L'INFINITIF se forment dans toutes les con-jugaisons :

1°. *Le présent de l'impératif* en ôtant *re*, amare, ama ; monere, monc; cape*re*, cape ; legere, lege ; audire, audi.

2°. *L'imparfait du subjonctif* en ajoutant *m*, amare, amarem ; monere, monerem ; legere, legerem ; capere, caperem ; audire, audirem.

Du SUPIN se forme dans toutes les conjugaisons :

Le participe futur actif en changeant *m* finale en *rus*, *ra*, *rum*, amatum, amatu*rus*, *ra*, *rum*, monitum, moni-turus, *ra*, *rum*; lectum, lectu*rus*, *ra*, *rum* ; captum, captu*rus*, *ra*, *rum*; auditum, auditu*rus*, *ra*, *rum*.

REMARQUES. 1°. On retranche quelquefois au parfait et aux temps dérivés du parfait la syllabe *ve* ou *vi*, ou seulement la lettre *v*. Au lieu de *amavisti*, *amavero*, *petiveram*, *quæsivis-sem*, *audivi*, *audivisse*, on peut dire *amasti*, *amáro*, *petieram*, *quæsiissem*, *audii*, *audiisse*. On ne retranche *vi* que devant *s*. Ce retranchement d'une lettre ou d'une syllabe s'appelle *syncope*.

2°. Les trois verbes *dicere*, *facere*, *ducere* font à l'impératif *dic*, *duc*, *fac*, au lieu de *dice*, *duce*, *face*, formes anciennes et primitives.

Verbes radicaux de la première conjugaison.

Réguliers.

Parfait *avi*, supin *atum*.

Æstim are, *estimer*.	Cogitare, *penser, projeter.*
Ambulare, *se promener*.	Cremare, *brûler, embraser.*
Arare, *labourer*.	Creare, *créer, élire*.
Auscultare, *écouter, entendre*.	Destinare, *destiner, projeter*.
Balare, *béler*.	Dicare, *dédier, consacrer*.
Beare, *rendre heureux*.	Dolare, *polir avec la doloire*.
Blaterare, *babiller*.	Dubitare, *douter, craindre*.
Cœlare, *graver, ciseler*.	Educare, *élever, nourrir*.
† Calare, *appeler, assembler*.	Ejulare, *se lamenter*.
Castigare, *châtier, polir*.	Errare, *errer, se tromper*.
Celare, *céler, cacher*.	Fatigare, *fatiguer*.
Certare, *disputer, combattre*.	Festinare, *se hâter*. [portunité.
Clamare, *crier, appeler*.	Flagitare, *demander avec im-*
† Clinare, *incliner*.	Flagrare, *brûler*.

Flare, *souffler.*
Forare, *trouer, percer.*
Fragrare, *exhaler une odeur.*
Friare, *mettre en pièces.*
+ Futare, *reprendre, réfuter.*
Gubernare, *conduire un vaisseau, gouverner.*
Gustare, *goûter, savourer.*
Habitare, *habiter.*
Halare, *rendre une odeur.*
Hiare, *bâiller, s'ouvrir.*
+ Iduare, *diviser, séparer.*
Inchoare, *commencer.*
Indagare, *suivre à la piste.*
Inquinare, *souiller, teindre.*
Invitare, *inviter, exciter.*
Irritare, *irriter, exciter.*
Jentare, *déjeuner.*
Jurare, *jurer, protester.*
Jurgare, *quereller, disputer.*
Labare, *chanceler.*
Latrare, *aboyer.*
Legare, *envoyer, députer.*
Libare, *faire des libations, goûter.*
Ligare, *lier, attacher.*
Litare, *faire un sacrifice agréable.*
Luxare, *déboîter, démettre.*
Mandare, *commander, donner charge, mander, reléguer, confier.*
Manare, *couler, se répandre.*
Meare, *couler, passer.*
Migrare, *émigrer.*
Monstrare, *montrer, enseigner.*
Mulgare, *divulguer, publier.*
Mutare, *changer.*
Nare, *nager.*
Narrare, *narrer, raconter.*
Negare, *nier, refuser.*
Optare, *opter, souhaiter.*
Orare, *prier, demander.*
Ornare, *orner, honorer.*
Palpare, *toucher, caresser.*
Parare, *apprêter, préparer.*
Patrare, *accomplir, exécuter.*
Peccare, *faire une faute, errer.*
+ Pellare, *appeler, nommer.*
+ Pilare, *voler.*
Placare, *apaiser, calmer.*
Plorare, *pleurer, déplorer.*

Portare, *porter, transporter.*
Postulare, *demander, solliciter.*
Propinare, *boire à la santé.*
Purgare, *nettoyer, disculper.*
Putare, *émonder, penser, croire.*
Rigare, *arroser, baigner.*
Rogare, *interroger, demander.*
Runcare, *sarcler.*
Screare, *tousser pour cracher.*
Sedare, *apaiser, calmer.*
Servare, *sauver, conserver, observer.*
+ Sipare, *jeter, répandre.*
Spirare, *souffler, aspirer.*
+ Staurare, *faire de nouveau.*
+ Stigare, *piquer, pousser.*
+ Stinare, *faire tenir debout.*
Stipare, *épaissir, boucher, environner.*
Strangulare, *étrangler.*
Sudare, *suer.*
Temerare, *violer, profaner.*
Temperare, *allier, tremper, adoucir, régler, s'abstenir.*
Tentare, *chercher à tâtons, tenter.*
Titillare, *chatouiller, émouvoir.*
Titubare, *chanceler, hésiter.*
Tolerare, *tolérer, entretenir.*
Tractare, *manier, traiter.*
Turbare, *troubler, agiter.*
Vacare, *être vide, exempt; vaquer.*
Vacillare, *vaciller, chanceler.*
Vapulare, *être battu.*
Vexare, *agiter, tourmenter.*
Vibrare, *brandir, darder.*
Violare, *violer, rompre.*
Vitare, *éviter.*
Vituperare, *blâmer, censurer.*
Vocare, *appeler, invoquer.*
Volare, *voler, courir.*
Vorare, *dévorer.*

Irréguliers.

Parfait *ui*, supin *itum.*

Crepare, *craquer, crever.*
Cubare, *se coucher, être alité, se mettre à table.*

Dom are, *dompter, soumettre.*
Ton are, *tonner.*
Vet are, *défendre, empêcher.*
Plic are, ui, itum, ou avi, atum,
   plier.   [*briller.*
Mic are, (*sans sup.*) *tressaillir*,

Parfait *ui*, supin *tum.*

Fric are, *frotter.*
Sec are, *couper, fendre.*

Parfait et supins divers.

Ju vare, vi, tum, *aider, secourir.*
Lavare, lavi, lautum, lotum et
   Javatum, *laver.*   [*boire.*
Pot are , avi , um et atum,
Dare , dedi, datum, *donner,
   dire, confier.*
Stare, steti, statum , *être debout,
   demeurer.*   [*puiser.*
† Autlare , (*sans parf. ni sup.*)

Verbes radicaux de la deuxième conjugaison.

Parfait *ui*, supin *itum.*

Calēre, *être chaud, enflammé,
   avoir chaud, s'agiter.*
Debēre, *devoir, être obligé.*
Dirihēre, *distribuer.*
Dolēre, *souffrir, sentir du mal.*
Habēre, *avoir, estimer.*
Latēre, *être caché, inconnu.*
Licēre, *être mis à prix.*
Merēre, *mériter, gagner, servir.*
Nocēre , *nuire.*
Olēre, *exhaler, avoir une odeur.*
Parēre, *paraître, obéir.*
Placēre, *plaire, être agréable.*
Præbēre, *fournir, montrer.*
Tacēre , *se taire après avoir
   parlé, taire.*
Terrēre, *effrayer, épouvanter.*
Valēre, *se porter bien, pouvoir,
   valoir.*
Carēre, ui, itum, ou cassus sum,
   cassum, *manquer.*

Parfait *ui*, sans supin.

† Acēre, *aigrir, être aigre.*
Arcēre, *chasser, repousser.*
Arēre, *être sec, desséché, avoir
   soif.*   [*resplendir.*
Candēre, *être blanc, embrasé,*
Egēre, *manquer de, être pauvre,
   privé, se passer.*

Frendēre , *grincer les dents,
   froisser* (1).
Horrēre, *se hérisser, frissonner,
   avoir horreur de.*
Humēre, *être humide, moite.*
Jacēre, *être couché, situé, mort.*
Languēre, *languir, être faible.*
Liquēre , *fondre.*
Madēre, *être trempé, mouillé.*
Marcēre, *être flétri, languissant,
   s'amollir.*
† Minēre, *exister, être dessus,
   pencher.*
Mucēre, *être moisi.*
Nitēre, *reluire, être poli.*
Pallēre, *pâlir, être pâle.*
Patēre, *être ouvert, étendu,
   exposé, clair.*
Putēre, *puer.*
Putrēre, *pourir, se corrompre.*
Rigēre, *être roide de froid, se
   hérisser.*   [*der.*
Scalēre , *soudre , couler, abon-*
Silēre, *garder le silence, être
   calme.*
Splendēre, *briller, éclater.*
Squalēre, *être sale, malpropre.*
Studēre, *s'attacher à, tâcher,
   étudier, favoriser.* [*surpris.*
Stupēre, *être engourdi, étonné,*
Tepēre, *être tiède, refroidi.*
Timēre, *craindre, appréhender.*

(1) On dit aussi : *Frendo, dui, fressum, ere* , de la troisième conjugaison.

Torpēre, *être engourdi, languissant.*
Tumēre, *être enflé, s'enorgueillir, être en colère.*
Vigēre, *être florissant, en vigueur.* [*reux.*
Virēre, *être vert, fort, vigou-*

Parfait *ui*, supins divers.

Cens ēre, ui, um, *penser, juger.*
Doc ēre, ui, tum, *enseigner, instruire.* [*mêler, troubler.*
Mi scēre, scui, xtum, *ou* stum;
Sor bēre, bui, ptum, *avaler, engloutir.*
Ten ēre, ui, tum, *tenir, posséder, retenir, défendre.*
To rrēre, rrui, stum, *rôtir, faire brûler.*

Parfait *vi*, supin *tum*.

Fo vēre, vi, tum, *échauffer, caresser, favoriser, entretenir.*
Mo vēre, vi, tum, *mouvoir, exciter.* [*ter fort.*
Vo vēre, vi, tum, *vouer, souhai-*
Ci ēre, vi, tum, *exciter, émouvoir.* [*dre garde.*
Ca vēre, vi, utum, *éviter, pren-*
Fa vēre, vi, utum, *favoriser, applaudir.* [*cer.*
Delē re, vi, tum, *détruire, effa-*
Flē re, vi, tum, *pleurer, déplorer.*
Nē re, vi, tum, *filer.* [*ruiner.*
†Olē re, vi, tum, *croître, perdre,*
† Plē re, vi, tum, *emplir, accomplir.* [*l'osier.*
Viē re, vi, tum, *lier avec de*
Pav ēre, i, (*sans sup.*) *avoir peur, craindre.*

Parfait *di*, supin *sum*.

Pran dēre, di, sum, *dîner.*
Vi dēre, di, sum, *voir, considérer.*
Poss idēre, edi, essum, *posséder.*
Se dēre, di, ssum, *être assis, s'asseoir, siéger, être oisif.*

Strid ēre, i, (*sans sup.*) *rendre un bruit perçant, siffler.*

Parfait à redoublement.

Mordēre, momordi, morsum, *mordre, piquer, critiquer.*
Pendēre, pependi, pensum, *pendre, être en suspens, dépendre.*
Spondēre, spopondi, sponsum, *répondre, promettre.*
Tondēre, totondi, tonsum, *tondre, raser.*

Parf. *si*, sup. *sum* et *tum*.

Ar dēre, si, sum, *brûler, briller, désirer vivement.*
Hæ rēre, si, sum, *être attaché, joint, s'arrêter, hésiter.*
Man ēre, si, sum, *demeurer, continuer, attendre, être réservé à.* [*mer.*
Mul cēre, si, sum, *caresser, cal-*
Ri dēre, si, sum, *rire.*
Sua dēre, si, sum, *conseiller, exhorter.*
Ter gēre, si, sum, *essuyer, corriger.*
Mul gere, si, xi, sum, ctum, *traire.*
Indul gere, si, sum, tum, *être indulgent, s'adonner, traiter doucement.*
Tor quēre, si, tum, *tordre, tourner, darder, entraîner, tourmenter.*
Ju bēre, ssi, ssum, *ordonner.*

Parfait *si*, sans supin.

Al gēre, si, *avoir grand froid, geler.*
Ful gēre, si, *briller, faire des éclairs, se distinguer.*
Tur gēre, si, *être enflé, être en colère.*
Ur gēre, si, *presser, pousser, serrer de près.*

Parfait *xi*, supin *ctum*.

Au gēre, xi, ctum, *augmenter, accroître.*

Lu gēre, xi, ctum, *pleurer la perte d'un objet chéri, s'affliger.*

Parfait *xi*, sans supin.

Fri gēre, xi, *frire, fricasser.*

Parfait *bui*, sans supin

Fer vēre, bui, *être échauffé, bouillir, être ému.*

Sans parfait ni supin.

Avēre, *désirer avec ardeur.*
Cluēre, *avoir de la réputation.*
Fœtēre *et* fetēre, *sentir mauvais.*
Livēre, *être livide, plombé, sécher de jalousie.*
Mœrēre, *être triste, affligé.*
Pollēre, *pouvoir beaucoup.*
Uvēre, *être moite, humide.*

Verbes radicaux de la troisième conjugaison.

VERBES EN O.

Parfaits formés du présent de l'indicatif en changeant *o* en *i*, supins divers.

Bib ĕre, , itum, *boire.*
† Can dĕre, di, sum, *brûler.*
Cu dĕre, di, sum, *battre, forger.*
E dĕre, di, sum, stum, *manger, ronger.* [*repousser.*
† Fen dĕre, di, nsum, *heurter.*
Man dĕre, di, sum, *manger.*
Prehen dĕre, *et* pren dĕre, di, sum, *prendre, saisir.*
Pan dĕre, di, sum, *et* passum, *ouvrir, étendre.*
Scan dĕre, di, sum, *grimper, gravir.*
Em ĕre, i, ptum, *acheter.*
Ic ĕre, i, tum, *frapper, battre.*
Le gĕre, gi, ctum, *cueillir, lire, choisir.*
Sol vĕre, vi, utum, *délier, payer.*
Vol vĕre, vi, utum, *rouler, tourner.* [*balayer.*
Ver rĕre, ri, sum, *traîner.*
Ver tĕre, ti, sum, *tourner, changer.*

Sans supin.

Lamb ĕre, i, *lécher.*
Scab ĕre, i, *gratter.*
Spall ĕre, i, *toucher d'un instrument à cordes.*
Strid ĕre, i, *et* strid ēre, ui, *rendre un bruit aigre et perçant.*

Parfait *didi*, supin *ditum.*

Vend ĕre, didi, itum, *vendre.*
Cred ĕre, *croire, confier.*
Perd ĕre, *perdre, et dix-sept autres composés de* dare.

Parfait *si*, supin *sum.*

Clau dĕre, *et* clu dĕre, si, sum, *fermer.*
Divi dĕre, *diviser.*
Læ dĕre, *blesser.*
Lu dĕre, *jouer.*
Mer gĕre, *plonger.*
Plau dĕre, *applaudir.*
Ra dĕre, *racler.*
Ro dĕre, *ronger.*

Spar gĕre , *répandre , arroser.*
Ter gĕre, *essuyer.*
Tru dĕre, *pousser, chasser.*
Va dĕre, *aller, marcher.*

Parf. *ssi* , sup. *ssum, stum.*

Cedĕre , cessi , cessum , *se retirer, céder.*
Premĕre, pressi, pressum, *presser, accabler, opprimer.*
Gerĕrĕ, gessi, gestum , *porter, faire, gouverner.*
Urĕre , ussi , ustum , *brûler, dessécher.*

Parfait *xi* , supin *ctum.*

Di cĕre, xi , ctum, *dire, appeler.*
Du cĕre, *conduire, juger.*
Cin gĕre, *ceindre.*
Jun gĕre, *joindre.*
Lin gĕre, *lécher, laper.*
Mun gĕre, *moucher.*
Plan gĕre, *frapper, pleurer.*
Tin gĕre, *tremper, teindre.*
Re gĕre, *gouverner, conduire.*
† Fli gĕre, *battre, heurter.*
Un gĕre, *oindre, frotter.*
Su gĕre, *sucer.*
Tra hĕre, *tirer, traîner, entraîner.*
Ve hĕre, *porter, traîner.*
Vi vĕre, *vivre.*

Parf. *xi* , *xui* , sup. *xum* , *ctum.*

Fi gĕre, xi , xum, *ficher, enfoncer.*
Fri gĕre, xi , xum, ctum , *frire.*
Fle ctere, xi , xum, *plier, fléchir.*
Ne ctĕre, xi , xui, xum, *nouer.*
Pe ctĕre, xi, xui, xum, ctitum, *peigner.*
Ple ctere, xi, xui, xum, *battre, punir.*

Parf. *rexi* , supin *rectum.*

Per gĕre, rexi, rectum, *aller, continuer.*
Sur gĕre, rexi, rectum , *se lever, croître.*

Parfait *inxi* , sup. *ictum.*

Fi ngĕre, nxi, ctum, *former feindre.*
Pi ngĕre, *peindre, orner.*
Stri ngĕre, *serrer étroitement, arracher.*

Parfait *xi* , sans supin.

An gĕre, xi , *étrangler, tourmenter.*
Clan gĕre, *faire retentir.*
Nin gĕre, *neiger.*

Parf. *psi* , supin *ptum.*

Nu bĕre, psi, ptum, *se voiler, prendre un mari.*
Scri bĕre , *écrire, composer.*
Car pĕre, *cueillir.*
Cle pĕre, *voler.*
Re pĕre et ser pĕre, *ramper.*
Scal pĕre, *graver, ciseler.*
Scul pĕre, *sculpter, ciseler.*
Com ĕre, *peigner, ajuster.*
Sum ĕre, *prendre.*
Tem nĕre, *mépriser.*

Parfait *vi* , supin *tum.*

Cre scĕre, vi, tum, *croître.*
No scĕre, *connaître, savoir.*
Quie scĕre, *se reposer, dormir.*
Sci scĕre, *savoir, ordonner.*
Sue scĕre, *avoir coutume.*
Arcess ĕre et access ĕre , ivi, itum, *mander, faire venir.*
Pet ĕre, ivi, itum, *demander, désirer, attaquer, aller vers.*
Quæ rĕre, sivi, situm, *chercher, interroger, acquérir.*
Sp ernĕre, revi, retum, *mépriser.*

Cernĕre, crevi, cretum, *voir,
juger, combattre.*
Sinĕre, sivi, situm, *permettre.*
Linĕre, livi *ou* lini, litum,
oindre.   [*piler.*
Terĕre, trivi, tritum, *broyer,*
Serĕre, sevi, satum, *planter,
semer.*   [*cher, abattre.*
Sternĕre, stravi, stratum, *jon-*
Pascĕre, pavi, pastum, *faire
paître.*

Parfait *ui*, supin *itum.*

Deps ĕre, ui, itum, *pétrir.*
Frem ĕre, *rugir, frémir.*
Gem ĕre, *gémir, retentir.*   [*tir.*
Strep ĕre, *faire du bruit, reten-*
Vom ĕre, *vomir.*

Parfait *ui*, supins divers.

Al ĕre, ui, itum *et* tum, *nour-
rir, élever.* [*surpasser, battre.*
† Cel lĕre, lui, sum, *mouvoir,*
Colĕre, colui, cultum, *cultiver,
adorer, honorer, habiter.*
Consul ĕre, lui, tum, *délibérer,
pourvoir à, consulter.*
Pens ĕre, ui, itum, sum *et* pis-
tum, *piler.*
Ser ĕre, ui, tum, *enchaîner.*
Tex ēre, ui, tum, *faire un tissu,
composer.*

Parfait *ui*, sans supin.

Stert ĕre, ui, *ronfler.*
Trem ĕre, *trembler, craindre.*

Parfaits et supins qui perdent *n*

Vincĕre, vici, victum, *vaincre.*
Findĕre, fidi, fissum, *fendre,
diviser.*
Fundĕre, fudi, fusum, *fondre
répandre, disperser.*
Scindĕre, scidi, scissum, *fendre,
partager, rompre.*

Frangĕre, fregi, fractum, *rompre, dompter, abattre, réprimer.*

Parfaits à redoublement.

Currĕre, cucurri, cursum, *cou-
rir.*   [*peser, estimer, payer.*
Pendĕre, pependi, pensum,
Poscĕre, poposci, poscitum, *demander.*
Tendĕre, tetendi, tentum, *ten-
sum, tendre.*
Fallĕre, fefelli, falsum, *tromper.*
Parcĕre, peperci, parci, par-
citum, parsum, *épargner,
pardonner.*
Discĕre, didici, discitum, *étudier, apprendre.*
Tundĕre, tutudi, tunsum *et* tu-
sum, *battre.*
Cadĕre, cecĭdi, casum, *tomber,
périr.*
Cædĕre, cecīdi, cæsum, *couper,
battre, graver.*
Canĕre, cecini, cantum, *chanter, célébrer, prédire.*
Pangĕre, panxi, pepigi, pactum,
*ficher, enfoncer, composer,
faire contracter.*
Pellĕre, pepuli, pulsum, *pousser, dissiper, battre.*
Pangere, pepugi, punxi, punc-
tum, *piquer.*
Tangĕre, tetigi, tactum, *toucher.*

Sans parfait ni supin.

Fatiscĕre, *s'entr'ouvrir, succom-
ber, dépérir.*
Furĕre, *être en fureur.*
Rudĕre, *rugir, braire.*
Vergĕre, *pencher vers.*

Parfaits et supins divers.

Agĕre, egi, actum, *conduire,
chasser, mouvoir, faire agir.*
†Cumbĕre, cubui, bitum, *se
coucher, être couché, se mettre à table.*

* Ferre, tuli, latum, *porter, souffrir.*
Tollĕre, sustuli, sublatum, *élever, ôter, emporter* (1).
Gignĕre, genui, genitum, *engendrer, produire.*
Metĕre, messui, messum, *cueillir, moissonner.*
Mittĕre, misi, missum, *envoyer.*
Ponĕre, posui, situm, *mettre, poser.*
Rumpĕre, rupi, ruptum, *rompre.*
Sidĕre, sedi *et* sidi, (sans sup.) *s'abattre, aller au fond, s'écrouler.* [*arrêter.*
Sistĕre, stiti, stitum, *retenir,*
Vellĕre, velli *et* vulsi, sum, *arracher, tirer.*

VERBES EN *UO.*

Parfait *ui*, supin *utum.*

Ac uĕre, ui, utum; *aiguiser, exciter, irriter.* [*cuser.*
Arg uĕre, *montrer, blâmer, ac-*
Ex uĕre, *accuser, dépouiller, quitter, déposer.*
Ind uĕre, *vêtir, se couvrir.*
Sp uĕre, *cracher, vomir.*
Stat uĕre, *établir, résoudre, ordonner.*
Stern uĕre, *éternuer.*
S uĕre, *coudre.*
Trib uĕre, *donner, accorder.*

Parfait *ui*, supin *uitum.*

Ruĕre, rui, ruitum, *renverser, tomber en ruine, se jeter sur.*

Parfait *ui*, supin *uxum.*

Fl uĕre, ui, uxum, *couler, passer, s'amollir.*

Parfait *ui*, sans supin.

L uĕre, ui, *payer, expier, laver, arroser.*
Met uĕre, *craindre.*
N uĕre, *faire signe de la tête.*

Parf. et sup. qui perdent *n.*

Linquĕre, liqui, lictum, *abandonner.*

Parfait *xi*, supin *ctum.*

Co quĕre, xi, ctum, *cuire, mûrir.*
† Stin guere, *éteindre.*
Stru ĕre, *bâtir.*

VERBES EN *IO.*

Parfaits et supins divers.

Capĕre, cepi, captum, *prendre, contenir.*
Facĕre, feci, factum, *faire.*
Jacĕre, jeci, jactum, *jeter.*
† La cĕre, xi, ctum, *faire tomber dans un piége.*
† Sp icĕre, exi, ectum, *voir.*
Fo dĕre, di, ssum, *fouir, percer.*
Fug ĕre, i, itum, *fuir, éviter.*
Rap ĕre, ui, tum, *ravir, entraîner.*
Cup ĕre, ivi, itum, *désirer.*

---

(1) *Tollo* avait autrefois pour parfait et pour supin *tolli, tetuli, tuli, latum. Tolli* et *tetuli* sont tombés en désuétude; *tuli* et *latum* ont changé de signification et ont été rapportés au verbe défectueux *fero* pour en compléter la conjugaison. On a pris pour parfait et pour supin de *tollo* le parfait et le supin de son composé *sustollo*, dont les autres temps sont peu usités. Il suit de là que *sustuli, sublatum* se trouvent être le parfait et le supin de trois verbes : *tollo, sustollo, suffero.*

Sap ĕre, ivi *ou* ui, *(sans sup.)* *avoir du goût, sentir, être sage.*

Parĕre, peperi, partum *et* pa-ritum, *enfanter, produire, acquérir.*

Qua tĕre, ssi, ssum, *secouer, renverser.*

Verbes radicaux de la quatrième conjugaison.

Réguliers.

Parfait *ivi*, supin *itum*.

Audire, *entendre, écouter.*
Condire, *assaisonner, confire, embaumer.*
Dormire, *dormir.*
† Futire, *répandre, publier.*
Gannire, *glapir, criailler.*
Garrire, *gazouiller, croasser, babiller.*
Glutire, *avaler, engloutir.*
Grunnire, *grogner.*
Mugire, *mugir, beugler.*
Nutrire, *nourrir, entretenir.*
Obedire, *obéir.*　　　　[*paver.*
Pavire, *battre pour aplanir,*
Pipire, *glousser.*
Polire, *polir, orner.*
Prurire, *démanger, avoir envie.*
Punire, *punir.*
Sarrire, *sarcler.*
Scire, *savoir.*　　　　[*tinter.*
Tinnire, *rendre un son aigu,*
Vagire, *crier comme les enfans au berceau.*

Parf. régulier, sup. irrégulier.

Sepelire, ivi, sepultum, *ensevelir.*

Irréguliers.

Parfa t *xi*, supin *ctum*.

San cire, xi, ctum, *ordonner, ratifier.*
Vin cire, *lier, garrotter.*
Ami cire, xi, cui, ctum, *couvrir, revêtir.*

Parf. *si*, sup. *sum, tum*.

Sen tire, si, sum, *sentir, être d'avis.*
Far cire, si, tum, *remplir, farcir.*
Ful cire, si, tum, *appuyer, étayer.*
Sar cire, si, tum, *raccommoder.*

Parfaits et supins divers.

Hau rire, si, stum, *puiser, tirer, vider, prendre, recevoir.*
† Per ire, ni, tum, *essayer, découvrir, apprendre.*
Sal ire, ii, tum, *sauter, bondir.*
Ven ire, i, tum, *venir, arriver.*

Sans parfait ni supin.

Ferire, *frapper, battre.*

CHAPITRE II. Verbe substantif *ESSE*.

INDICATIF.

PRÉSENT.

Sum	*Je suis,*
Es	*Tu es,*
Est	*Il est;*
Sumus	*Ns. sommes,*
Estis	*Vous êtes,*
Sunt	*Ils sont.*

IMPARFAIT.

Eram	*J'étais,*
Eras	*Tu étais,*
Erat	*Il était ;*
Eramus	*Nous étions,*
Eratis	*Vous étiez,*
Erant	*Ils étaient.*

PARFAIT.

Fui	*J'ai été,*
Fuisti	*Tu as été,*
Fuit	*Il a été ;*
Fuimus	*Ns. avons été,*
Fuistis	*Vs. avez été,*
Fuerunt ou fuêre	*Ils ont été.*

ou *Je fus, tu fus, il fut ; nous fûmes, vous fûtes, ils furent ; ou J'eus été, tu eus été, il eut été ; nous eûmes été, vous eûtes été, ils eurent été.*

PLUS-QUE-PARFAIT.

Fueram	*J'avais été,*
Fueras	*Tu avais été,*
Fuerat	*Il avait été ;*
Fueramus	*Nous avions été,*
Fueratis	*Vous aviez été,*
Fuerant	*Ils avaient été.*

FUTUR.

Ero	*Je serai,*
Eris	*Tu seras,*
Erit	*Il sera ;*
Erimus	*Nous serons,*
Eritis	*Vous serez,*
Erunt	*Ils seront.*

FUTUR PASSÉ.

Fuero	*J'aurai été,*
Fueris	*Tu auras été,*
Fuerit	*Il aura été ;*
Fuerimus	*Ns. aurons été,*
Fueritis	*Vs. aurez été,*
Fuerint	*Ils auront été.*

IMPÉRATIF.

PRÉSENT.

Es ou esto	*Sois,*
Esto (ille)	*Qu'il soit ;*
Simus	*Soyons,*
Esto ou estote	*Soyez,*
Sunto	*Qu'ils soient.*

SUBJONCTIF.

PRÉSENT.

Sim	*Que je sois,*
Sis	*Que tu sois,*
Sit	*Qu'il soit ;*
Simus	*Que nous soyons,*
Sitis	*Que vs. soyez,*
Sint	*Qu'ils soient.*

IMPARFAIT.

Essem	*Que je fusse,*
Esses	*Que tu fusses,*
Esset	*Qu'il fût ;*
Essemus	*Que ns. fussions,*
Essetis	*Que vs. fussiez,*
Essent	*Qu'ils fussent.*

ou *Je serais, tu serais, il serait ; nous serions, vous seriez, ils seraient.*

PARFAIT.

Fuerim	*Que j'aie été,*
Fueris	*Que tu aies été,*
Fuerit	*Qu'il ait été ;*
Fuerimus	*Q. n. ayons été,*

| Fueritis | *Que vous ayez été,* |
| Fuerint | *Qu'ils aient été.* |

PLUS-QUE-PARFAIT.

Fuissem	*Que j'eusse été,*
Fuisses	*Que tu eusses été,*
Fuisset	*Qu'il eût été ;*
Fuissemus	*Que nous eussions été,*
Fuissetis	*Que vous eussiez été,*
Fuissent	*Qu'ils eussent été.*

ou *J'aurais été, tu aurais été, il aurait été ; nous aurions été, vous auriez été, ils auraient été.*

INFINITIF.

PRÉSENT.

| Esse | *Être.* |

PARFAIT.

| Fuisse | *Avoir été.* |

PARTICIPE.

FUTUR.

Futurus, a, um *Devant être.*

Ainsi se conjuguent les composés de *sum*, *absum*, *desum*, etc.

Pour *possum* et *prosum*, voyez le supplément.

CHAPITRE III. Verbes passifs.

Les temps des verbes passifs sont ou simples ou composés.

Les temps simples se forment des temps correspondans de l'actif. La caractéristique reste la même, la désinence personnelle seule diffère.

A la première personne du singulier	*o* se change en *or*, *m* en *r*.
A la deuxième	*s*	*ris* ou *re.*
A la troisième	*t*	*tur.*
A la première personne du pluriel	*mus*	*mur.*
A la deuxième	*tis*	*mini.*
A la troisième	*nt*	*ntur.*

Les temps composés sont le parfait et les temps qui en dérivent ; ils se forment du participe passé et d'un temps du verbe *sum*.

Le participe passé se forme du supin actif en changeant *um* en *us*, *a*, *um* ; amat*um*, amat*us*, a, um ; lect*um*, lect*us*, a, um, etc.

1re. conjugaison.	2e. conjugaison.	3e. conjugaison.	4e. conjugaison.
Infinitif en *ari.*	Infinitif en *eri.*	Infinitif en *i.*	Infinitif en *iri.*

INDICATIF.

PRÉSENT.

Am .. or	Mon e or	Leg .. or	Aud i or
Am a ris, re	Mon e ris, re	Leg e ris, re	Aud i ris, re
Am a tur	Mon e tur	Leg i tur	Aud i tur
Am a mur	Mon e mur	Leg i mur	Aud i mur

1re. conjugaison.	2e. conjugaison.	3e. conjuguson.	4e. conjugaison.
Am a mini	Mon e mini	Leg i mini	Aud i mini
Am a ntur.	Mon e ntur.	Leg u ntur(1).	Aud iu ntur.
Je suis aimé, etc.	*Je suis averti*, etc.	*Je suis lu*, etc.	*Je suis entendu.*

IMPARFAIT.

Am aba r	Mon eba r	Leg eba r (2)	Aud ieba r
Am aba ris, re	Mon eba ris, re	Leg eba ris, re	Aud ieba ris, re
Am aba tur	Mon eba tur	Leg eba tur	Aud ieba tur
Am aba mur	Mon eba-mur	Leg eba mur	Aud ieba mur
Am aba mini	Mon eba mini	Leg eba mini	Aud ieba mini
Am aba ntur.	Mon eba ntur.	Leg eba ntur.	Aud iebantur.
J'étais aimé, etc.	*J'étais averti*, etc.	*J'étais lu*, etc.	*J'étais entendu.*

PARFAIT.

Amatus sum	Monitus sum	Lectus sum	Auditus sum
ou fui	*ou* fui	*ou* fui	*ou* fui
Amatus es	Monitus es	Lectus es	Auditus es
ou fuisti	*ou* fuisti	*ou* fuisti	*ou* fuisti
Amatus est	Monitus est	Lectus est	Auditus est
ou fuit	*ou* fuit	*ou* fuit	*ou* fuit
Amati sumus	Moniti sumus	Lecti sumus	Auditi sumus
ou fuimus	*ou* fuimus	*ou* fuimus	*ou* fuimus
Amati estis	Moniti estis	Lecti estis	Auditi estis
ou fuistis	*ou* fuistis	*ou* fuistis	*ou* fuistis
Amati sunt	Moniti sunt	Lecti sunt	Auditi sunt
ou fuerunt.	*ou* fuerunt.	*ou* fuerunt.	*ou* fuerunt.

J'ai été	*J'ai été*	*J'ai été*	*J'ai été*
Je fus *aimé.*	*Je fus* *averti.*	*Je fus* *lu.*	*Je fus* *entendu.*
J'eus été	*J'eus été*	*J'eus été*	*J'eus été*

PLUS-QUE-PARFAIT.

Amatus eram	Monitus eram	Lectus eram	Auditus eram
ou fueram	*ou* fueram	*ou* fueram	*ou* fueram
Amatus eras	Monitus eras	Lectus eras	Auditus eras
ou fueras	*ou* fueras	*ou* fueras	*ou* fueras
Amatus erat	Monitus erat	Lectus erat	Auditus erat
ou fuerat	*ou* fuerat	*ou* fuerat	*ou* fuerat
Amati eramus	Moniti eramus	Lecti eramus	Auditi eramus
ou fueramus	*ou* fueramus	*ou* fueramus	*ou* fueramus
Amati eratis	Moniti eratis	Lecti eratis	Auditi eratis
ou fueratis	*ou* fueratis	*ou* fueratis	*ou* fueratis
Amati erant	Moniti erant	Lecti erant	Auditi erant
ou fuerant.	*ou* fuerant.	*ou* fuerant.	*ou* fuerant.

J'avais été ai-mé, etc.	*J'avais été aver-ti*, etc.	*J'avais été lu*, etc.	*J'avais été enten-du*, etc.

FUTUR.

Am ab or	Mon eb or	Leg a r (3)	Aud ia r
Am abe ris, re	Mon ebe ris, re	Leg e ris, re	Aud ie ris, re

(1) Les verbes en *ior* font *iuntur*, *cap iuntur*, ils sont pris.
(2) Ceux en *ior* font *iebar*, *cap iebar*, j'étais pris.
(3) Ceux en *ior* font *iar*, *cap iar*, je serai pris.

1re. conjugaison.	2e. conjugaison.	3e. conjugaison.	4e. conjugaison.
Am abi tur	Mon ebi tur	Leg e tur	Aud ie tur
Am abi mur	Mon ebi mur	Leg e mur	Aud ie mur
Am abi mini	Mon ebi mini	Leg e mini	Aud ie mini
Am abu ntur.	Mon ebu ntur.	Leg e ntur.	Aud ie ntur.
Je serai aimé, etc.	*Je serai averti, etc.*	*Je serai lu, etc.*	*Je serai entendu, etc.*

FUTUR PASSÉ.

1re	2e	3e	4e
Amatus ero *ou* fuero	Monitus ero *ou* fuero	Lectus ero *ou* fuero	Auditus ero *ou* fuero
Amatus eris *ou* fueris	Monitus eris *ou* fueris	Lectus eris *ou* fueris	Auditus eris *ou* fueris
Amatus erit *ou* fuerit	Monitus erit *ou* fuerit	Lectus erit *ou* fuerit	Auditus erit *ou* fuerit
Amati erimus *ou* fuerimus	Moniti erimus *ou* fuerimus	Lecti erimus *ou* fuerimus	Auditi erimus *ou* fuerimus
Amati eritis *ou* fueritis	Moniti eritis *ou* fueritis	Lecti eritis *ou* fueritis	Auditi eritis *ou* fueritis
Amati erunt *ou* fuerint.	Moniti erunt *ou* fuerint.	Lecti erunt *ou* fuerint.	Auditi erunt *ou* fuerint.
J'aurai été aimé, etc.	*J'aurai été averti, etc.*	*J'aurai été lu, etc.*	*J'aurai été entendu, etc.*

IMPÉRATIF.

PRÉSENT.

1re	2e	3e	4e
Am a re *ou* ator	Mon e re *ou* etor	Leg ere *ou* itor	Aud i re *ou* itor
Am a tor (ille)	Mon e tor (ille)	Leg i tor (ille)	Aud i tor (ille)
Am e mur	Mon ea mur	Leg a mur (1)	Aud ia mur
Am a mini	Mon e mini	Leg i mini	Aud i mini
Am a ntor.	Mon e ntor.	Leg u ntor (2).	Aud ia ntor.
Sois aimé, etc.	*Sois averti, etc.*	*Sois lu, etc.*	*Sois entendu, etc.*

SUBJONCTIF.

PRÉSENT.

1re	2e	3e	4e
Am e r	Mon ea r	Leg a r (3)	Aud ia r
Am e ris, re	Mon ea ris, re	Leg a ris, re	Aud ia ris, re
Am e tur	Mon ea tur	Leg a tur	Aud ia tur
Am e mur	Mon ea mur	Leg a mur	Aud ia mur
Am e mini	Mon ea mini	Leg a mini	Aud ia mini
Am e ntur.	Mon ea ntur.	Leg a ntur.	Aud ia ntur.
Que je sois aimé, etc.	*Que je sois averti, etc.*	*Que je sois lu, etc.*	*Que je sois entendu, etc.*

IMPARFAIT.

1re	2e	3e	4e
Am are r	Mon ere r	Leg ere r	Aud ire r
Am are ris, re	Mon ere ris, re	Leg ere ris, re	Aud ire ris, re

(1) Ceux en *ior* font *iamur*, cap *iamur*, soyons pris.
(2) Ceux en *ior* font *iuntor*, cap *iuntor*, qu'ils soient **pris**.
(3) Ceux en *ior* font *iar*, cap *iar*, que je sois pris.

1re. conjugaison.	2e. conjugaison.	3e. conjugaison.	4e. conjugaison.
Am are tur	Mon ere tur	Leg ere tur	Aud ire tur
Am are mur	Mon ere mur	Leg ere mur	Aud ire mur
Am are mini	Mon ere mini	Leg ere mini	Aud ire mini
Am are ntur.	Mon ere ntur.	Leg ere ntur.	Aud ire ntur.

Que je fusse ai-mé, etc. ; ou je serais aimé, etc. — *Que je fusse aver-ti, etc.; ou je se-rais averti, etc.* — *Que je fusse lu, etc ; ou je serais lu, etc.* — *Que je fusse en-tendu, etc.; ou je serais entendu, etc.*

PARFAIT.

Amatus sim	Monitus sim	Lectus sim	Auditus sim
ou fuerim	*ou* fuerim	*ou* fuerim	*ou* fuerim
Amatus sis	Monitus sis	Lectus sis	Auditus sis
ou fueris	*ou* fueris	*ou* fueris	*ou* fueris
Amatus sit	Monitus sit	Lectus sit	Auditus sit
ou fuerit	*ou* fuerit	*ou* fuerit	*ou* fuerit.
Amati simus	Moniti simus	Lecti simus	Auditi simus
ou fuerimus	*ou* fuerimus	*ou* fuerimus	*ou* fuerimus
Amati sitis	Moniti sitis	Lecti sitis	Auditi sitis
ou fueritis	*ou* fueritis	*ou* fueritis	*ou* fueritis
Amati sint	Moniti sint	Lecti sint	Auditi sint
ou fuerint.	*ou* fuerint.	*ou* fuerint.	*ou* fuerint.

Que j'aie été ai-mé, etc. — *Que j'aie été aver-ti, etc.* — *Que j'aie été lu, etc.* — *Que j'aie été en-tendu, etc.*

PLUS-QUE-PARFAIT.

Amatus essem	Monitus essem	Lectus essem	Auditus essem
ou fuissem	*ou* fuissem	*ou* fuissem	*ou* fuissem
Amatus esses	Monitus esses	Lectus esses	Auditus esses
ou fuisses	*ou* fuisses	*ou* fuisses	*ou* fuisses
Amatus esset	Monitus esset	Lectus esset	Auditus esset
ou fuisset	*ou* fuisset	*ou* fuisset	*ou* fuisset
Amati essemus	Moniti essemus	Lecti essemus	Auditi essemus
ou fuissemus	*ou* fuissemus	*ou* fuissemus	*ou* fuissemus
Amati essetis	Moniti essetis	Lecti essetis	Auditi essetis
ou fuissetis	*ou* fuissetis	*ou* fuissetis	*ou* fuissetis
Amati essent	Moniti essent	Lecti essent	Auditi essent
ou fuissent.	*ou* fuissent.	*ou* fuissent.	*ou* fuissent.

Que j'eusse été ai-mé. ou j'aurais été aimé, etc. — *Que j'eusse été averti, ou j'aurais été averti, etc.* — *Que j'eusse été lu, ou j'aurais été lu, etc.* — *Que j'eusse été en-tendu, ou j'aurais été entendu, etc.*

INFINITIF.

PRÉSENT.

Am ari	Mon eri	Leg i	Aud iri
Être aimé.	*Être averti.*	*Être lu.*	*Être entendu.*

PARFAIT.

Amatum esse	Monitum esse	Lectum esse	Auditum esse
ou fuisse	*ou* fuisse	*ou* fuisse	*ou* fuisse
Avoir été aimé.	*Avoir été aver-ti.*	*Avoir été lu.*	*Avoir été en-tendu.*

1re. conjugaison.   2e. conjugaison.   3e. conjugaison.   4e. conjugaison.

PARTICIPE.

PASSÉ.

Amatus, a, um   Monitus, a, um   Lectus, a, um   Auditus, a, um
Aimé.   *Averti.*   *Lu.*   *Entendu.*

FUTUR (1).

Am, andus, a,   Mon endus, a,   Leg endus, a,   Aud iendus, a,
   um   um   um   um
Devant être aimé. *Devant être aver-* *Devant être lu.* *Devant être en-*
            ti.   *tendu.*

SUPIN (2).

Am atu   Mon itu   Lec tu   Aud itu
A être aimé.   *A être averti.*   *A être lu.*   *A être entendu.*

CHAPITRE IV. Conjugaisons composées.

Les participes futurs de l'actif et du passif, joints au verbe *sum*, forment deux séries, l'une active, l'autre passive, de temps composés, dont nous allons présenter le tableau.

§ 1. *Actif.*

INDICATIF.

PRÉSENT. . . . Lecturus sum, *je dois* ou *je vais lire,*
                Lecturus es, *tu dois* ou *tu vas lire,*
                Lecturus est, *il doit* ou *il va lire ;*
                Lecturi sumus, *nous devons* ou *nous allons lire,*
                Lecturi estis, *vous devez* ou *vous allez lire,*
                Lecturi sunt, *ils doivent* ou *ils vont lire.*
IMPARFAIT. . Lecturus eram, *je devais* ou *j'allais lire.*
PARFAIT. . . Lecturus fui, *j'ai dû lire.*
PLUSQUEPARF. Lecturus fueram, *j'avais dû lire.*
FUTUR. . . . Lecturus ero, *je devrai lire.*   } *rares.*
FUTUR PASSÉ. Lecturus fuero, *j'aurai dû lire.* }
                        Point d'impératif.

---

(1) Il se forme du présent de l'indicatif actif en changeant dans la première conjugaison *o* en *andus*, dans la deuxième *eo* en *endus ;* dans les deux autres *o* en *endus.*

(2) Il se forme du supin actif en retranchant *m* final.

SUBJONCTIF.

Présent. . . Lecturus sim , *que je doive lire.*
Imparfait. . Lecturus essem , *que je dusse* ou *je devrais lire.*
Parfait. . . Lecturus fuerim , *que j'aie dû lire.*
Plusqueparf. Lecturus fuissem, *que j'eusse dû* ou *j'aurais dû lire.*

INFINITIF.

Futur. . . . Lecturum esse , *devoir lire.*
Futur passé. Lecturum fuisse , *avoir dû lire.*

§ II. *Passif.*

INDICATIF.

Présent. . . Amandus sum , *je dois être aimé.*
            Amandi sumus, *nous devons être aimés.*
Imparfait. . Amandus eram , *je devais être aimé.*
Parfait. . . Amandus fui , *j'ai dû être aimé.*
Plusqueparf. Amandus fueram , *j'avais dû être aimé.*
Futur. . . . Amandus ero , *je devrai être aimé.*   ⎫ *rares.*
Futur passé. Amandus fuero , *j'aurai dû être aimé.* ⎭

                              Point d'impératif.

SUBJONCTIF.

Présent. . . Amandus sim , *que je doive* ou *je devrais être aimé.*
Imparfait. . Amandus essem , *que je dusse être aimé.*
Parfait. . . Amandus fuerim, *que j'aie dû être aimé.*
Plusqueparf. Amandus fuissem , *que j'eusse dû* ou *j'aurais dû être aimé.*

INFINITIF.

Futur. . . . Amandum esse (1), *devoir être aimé.*
Futur passé. Amandum fuisse , *avoir dû être aimé.*

Conjuguez de même amaturus sum , *je dois aimer ;* moniturus sum , *je dois avertir ;* auditurus sum , *je dois entendre ;* monendus sum , *je dois être averti ;* legendus sum , *je dois être lu ;* audiendus sum , *je dois être entendu.*

---

(1) L'infinitif passif a un autre futur qu'on forme du supin actif du verbe qu'on conjugue et de l'infinitif passif du verbe eo. On dit donc :

Amandum esse *ou* amatum iri, *devoir être aimé.*
Monendum esse *ou* monitum iri, *devoir être averti.*
Legendum esse *ou* lectum iri, *devoir être lu.*
Audiendum esse *ou* auditum iri, *devoir être entendu.*

CHAPITRE V. Verbes déponents.

Les verbes déponents sont des verbes qui, sous la forme passive, sont actifs ou neutres.

On connaîtra par la terminaison de l'infinitif à laquelle des conjugaisons passives ils appartiennent. Ainsi *imitari*, imiter, se conjugue sur la première ; *polliceri*, promettre, sur la seconde ; *uti*, se servir, sur la troisième ; *blandiri*, flatter, sur la quatrième (1).

1ʳᵉ. conjugaison.   2ᵉ. conjugaison.   3ᶜ. conjugaison.   4ᵉ. conjugaison.

INDICATIF.

PRÉSENT.

Imit .. or	Pollic e or	Ut .. or	Bland i or
Imit a ris, re.	Pollic e ris, re.	Ut e ris, re.	Bland i ris, re.
J'imite, etc.	*Je promets*, etc.	*Je me sers*, etc.	*Je flatte*, etc.

IMPARFAIT.

Imit aba r	Pollic eba r	Ut eba r (2)	Bland ieba r
Imit aba ris, re.	Pollic eba ris, re.	Ut eba ris, re.	Bland ieba ris, re.
J'imitais, etc.	*Je promettais*, etc.	*Je me servais*, etc.	*Je flattais*, etc.

PARFAIT.

Imitatus sum	Pollicitus sum	Usus sum	Blanditus sum
ou fui.	ou fui.	ou fui.	ou fui.
J'ai imité.	*J'ai promis.*	*Je me suis servi.*	*J'ai flatté.*

PLUS-QUE-PARFAIT.

Imitatus eram	Pollicitus eram	Usus eram	Blanditus eram
ou fueram.	ou fueram.	ou fueram	ou fueram.
J'avais imité.	*J'avais promis.*	*Je m'étais servi.*	*J'avais flatté.*

FUTUR.

Imit a bor	Pollic e bor	Ut a r (3)	Bland ia r
Imit abe ris, re.	Pollic ebe ris, re.	Ut e ris, re.	Bland ie ris, re.
J'imiterai.	*Je promettrai.*	*Je me servirai.*	*Je flatterai.*

(1) Les verbes déponents avaient dans l'origine la double signification active et passive. Le nom de *déponents* leur a été donné parce qu'ils ont quitté et pour ainsi dire *déposé* la signification passive pour ne garder que la signification active.

(2) Ceux en *ior* font *iebar*, *patiebar*.

(3) Ceux en *ior* font *iar*, *patiar*.

1re. conjugaison.   2e. conjugaison.   3e. conjugaison.   4e. conjugaison.

FUTUR PASSÉ.

Imitatus ero *ou* fuero.	Pollicitus ero *ou* fuero.	Usus ero *ou* fuero.	Blanditus ero *ou* fuero.
J'aurai imité.	*J'aurai promis.*	*Je me serai servi.*	*J'aurai flatté.*

IMPÉRATIF.

PRÉSENT.

Imit are, ator, Imit ator (ille).	Pollic ere, etor, Pollic etor (ille).	Ut ere, itor, Ut itor (ille).	Bland ire, itor, Bland itor (ille).
Imite.	*Promets.*	*Sers-toi.*	*Flatte.*

SUBJONCTIF.

PRÉSENT.

Imit e r Imit e ris, re.	Pollic ea r Pollic ea ris, re	Ut a r (1) Ut a ris, re.	Bland ia r Bland ia ris, re.
Que j'imite.	*Que je promette.*	*Que je me serve.*	*Que je flatte.*

IMPARFAIT.

Imit are r Imit are ris, re.	Pollic ere r Pollic ere ris, re.	Ut ere r Ut ere ris, re.	Bland ire r Bland ire ris, re.
Que j'imitasse ou j'imiterais.	*Que je promisse ou je promettrais.*	*Que je me servisse ou je me servirais.*	*Que je flattasse. ou je flatterais.*

PARFAIT.

Imitatus sim *ou* fuerim.	Pollicitus sim *ou* fuerim.	Usus sim *ou* fuerim.	Blanditus sim *ou* fuerim.
Que j'aie imité.	*Que j'aie promis.*	*Q. je me sois servi.*	*Que j'aie flatté.*

PLUS-QUE-PARFAIT.

Imitatus essem *ou* fuissem.	Pollicitus essem *ou* fuissem.	Usus essem *ou* fuissem.	Blanditus essem *ou* fuissem.
Que j'eusse imité ou j'aurais imité.	*Q. j'eusse promis ou j'aurais promis.*	*Que je me fusse servi ou je me serais servi.*	*Que j'eusse flatté ou j'aurais flatté.*

INFINITIF.

PRÉSENT.

Imit ari *Imiter.*	Pollic eri *Promettre.*	Ut i *Se servir.*	Bland iri *Flatter.*

PARFAIT.

Imitatum esse *ou* fuisse.	Pollicitum esse *ou* fuisse.	Usum esse *ou* fuisse.	Blanditum esse *ou* fuisse.
Avoir imité.	*Avoir promis.*	*S'être servi.*	*Avoir flatté.*

(1) Ceux en *ior* font *iar, patiar.*

1re. conjugaison.   2e. conjugaison.   3e. conjugaison.   4e. conjugaison.

PARTICIPE.

PRÉSENT.

Imit ans, antis | Pollic ens, entis | Ut ens, entis (1) | Bland iens, ientis
Imitant. | *Promettant.* | *Se servant.* | *Flattant.*

PASSÉ.

Imitatus, a, um | Pollicitus, a, um | Usus, a, um | Blanditus, a, um
Ayant imité. | *Ayant promis.* | *S'étant servi.* | *Ayant flatté.*

FUTUR ACTIF.

Imitaturus, a, um, | Polliciturus, a, um | Usurus, a, um, | Blanditurus, a, um
Devant imiter. | *Devant promettre.* | *Devant se servir.* | *Devant flatter.*

FUTUR PASSIF.

Imit andus, a, um | Pollic endus, a, um | Ut endus, a, um (2) | Bland iendus, a, um
Devant être imité. | *Dev. être promis.* | *De. être employé.* | *Devant être flatté.*

SUPIN.

Imitatum | Pollicitum | Usum | Blanditum
A imiter. | *A promettre.* | *A se servir.* | *A flatter.*
Imitatu | Pollicitu. | Usu | Blanditu
A être imité. | *A être promis.* | *A être employé.* | *A être flatté.*

GÉRONDIF.

Imit andi | Pollic endi | Ut endi (3) | Bland iendi
D'imiter. | *De promettre.* | *De se servir.* | *De flatter.*
Imit ando | Pollic endo | Ut endo | Bland iendo
En imitant. | *En promettant.* | *En se servant.* | *En flattant.*
Imit andum | Pollic endum | Ut endum | Bland iendum
A ou pr. imiter. | *A ou pr. promettre.* | *A ou pr. se servir.* | *A ou pour flatter.*

Verbes radicaux déponents.

Première conjugaison.

Adulari, atus sum, *aduler.*
Conari, *s'efforcer, tâcher.*
Cunctari, *temporiser, hésiter.*
* Fari, *parler, dire.*
Hortari, *exhorter, exciter.*
Luctari, *lutter, disputer.*

Meditari, *méditer, s'exercer à.*
Opinari, *juger, croire.*
Palari, *courir çà et là.*
Precari, *supplier, souhaiter.*
Procari, *demander en mariage,
    courtiser.*
Scrutari, *sonder, examiner.*
Solari, *consoler, apaiser.*

(1) Les verbes en ior font iens, patiens.
(2) Les verbes en ior font iendus, um, patiendus, a, um.
(3) Les verbes en ior font iendi, iendo, iendum, patiendi, do, dum.

Urinari, *faire le plongeon.*
Vagari, *être vagabond, aller çà et là.*
Venari, *chasser.*
Venerari, *révérer, honorer.*

Deuxième conjugaison.

Tueri, tuitus, *voir, défendre, protéger.*
Vereri, veritus, *craindre.*
Fateri, fassus, *avouer.*
Reri, ratus, *croire, penser.*
Mederi, (sans parf. ni sup.) *remédier, guérir.*

Troisième conjugaison.

Adipisci, adeptus, *acquérir.*
Frui, fruitus, *et* fructus, *jouir.*
Fungi, functus, *s'acquitter de.*
Labi, lapsus, *tomber, faillir, couler, se passer.*
Loqui, locutus, *parler, dire.*
Nancisci, nactus, *trouver, acquérir.*
Nasci, natus, *naître.*
Niti, nisus *et* nixus, *s'efforcer.*
Oblivisci, oblitus, *oublier.*

Pacisci, pactus, *traiter, convenir.*
Pasci, pastus, *paître.*
Queri, questus, *se plaindre, déplorer.*
Sequi, secutus, *suivre, poursuivre, rechercher.*
Ulcisci, ultus, *se venger, venger.*
Uti, usus, *user, se servir, traiter.*
Vesci, (sans parf. ni sup.) *se nourrir de.* [cher.
Gradi, ior, gressus, *aller, marcher.*
Mori, ior, mortuus, *mourir.*
Pati, ior, passus, *souffrir, permettre.*

Quatrième conjugaison.

Mentiri, itus, *mentir, contrefaire.*
Metiri, mensus, *mesurer.*
Moliri, itus, *bâtir, tâcher, machiner.* [cer.
Ordiri, orsus, *ourdir, commencer.*
Oriri, ortus, *naître, se lever.*
Potiri, itus, *posséder, s'emparer.*

OBSERVATIONS SUR LES PARTICIPES.

1°. Il y a des participes du présent, du passé, du futur.

Les verbes actifs et les verbes neutres ont deux participes : celui du présent, *monens*, avertissant ; *surgens*, se levant ; celui du futur, *moniturus*, devant avertir ; *surrecturus*, devant se lever.

Les verbes passifs ont aussi deux participes : celui du passé, *monitus*, averti ; celui du futur, *monendus*, devant être averti.

Les verbes déponents ont trois participes : les deux de l'actif : *imitans*, imitant ; *imitaturus*, devant imiter ; et celui du passé passif, mais avec la signification active, *imitatus*, ayant imité. Quelques-uns ont encore le participe du futur passif : *imitandus*, devant être imité ; celui-ci avec la signification passive.

2°. Les participes passés de quelques verbes déponents ont les deux significations active et passive : *adeptus*, qui a obtenu, qui est obtenu ; *comitatus*, qui est accompagné, qui a accompagné ; *pactus*, qui a convenu, qui est convenu, etc.

3°. Quelques déponents, et particulièrement ceux de la première conjugaison, ont un participe présent terminé en *bundus, gratulabundus*, qui félicite ; *meditabundus*, qui médite ; *mirabundus*, qui admire ; *moribundus*, qui se meurt, etc.

4°. Le participe futur des trois verbes *oriri*, *nasci*, *mori*, ne se forme pas d'un supin ; on dit par exception : *oriturus*, *nasciturus*, *moriturus*.

SUPPLÉMENT AU SECOND LIVRE.

VERBES IRRÉGULIERS et DÉFECTUEUX.

Parmi les verbes, il en est d'irréguliers et de défectueux. Les verbes irréguliers sont ceux dont la conjugaison n'est pas exactement conforme à l'une des quatre conjugaisons, soit actives, soit passives, déjà connues. Les verbes défectueux sont ceux qui ne se conjuguent qu'à certains temps et à certaines personnes.

Gaudeo, es, gavisus sum, gaudere, *se réjouir*.

Dans ce verbe, le parfait et tous les temps qui en dérivent sont des temps composés, les autres temps se conjuguent sur la seconde conjugaison.

INDICATIF.	PLUS-QUE-PARFAIT.
PRÉSENT.	Gavisus eram *ou* fueram , je m'étais réjoui, etc.
Gaudeo, *je me réjouis, etc.*	**FUTUR.**
IMPARFAIT.	Gaudebo, *je me réjouirai, etc.*
Gaudebam , *je me réjouissois , etc.*	**FUTUR PASSÉ.**
	Gavisus ero *ou* fuero, je me serai réjoui, etc.
PARFAIT.	**IMPÉRATIF.**
Gavisus sum *ou* fui, *je me suis réjoui, etc.*	Gaude *ou* gaudeto , *réjouis-toi, etc.*

SUBJONCTIF.

PRÉSENT.

Gaudeam, *que je me réjouisse, etc.*

IMPARFAIT.

Gauderem, *que je me réjouisse, etc.*

PARFAIT.

Gavisus sim *ou* fuerim, *que je me sois réjoui, etc.*

PLUS-QUE-PARFAIT.

Gavisus essem *ou* fuissem, *que je me fusse réjoui, etc.*

INFINITIF.

PRÉSENT.

Gaudēre, *se réjouir.*

PARFAIT.

Gavisum esse, *s'être réjoui.*

PARTICIPE.

PRÉSENT.

Gaudens, *se réjouissant.*

PASSÉ.

Gavĭsus, a, um, *s'étant réjoui.*

FUTUR.

Gavisurus, a, um, *devant se réjouir.*

SUPIN.

Gavisum, *se réjouir.*
Gavisu, *à se réjouir.*

GÉRONDIF.

Gaudendi, *de se réjouir.*
Gaudendo, *en se réjouissant.*
Gaudendum, *à ou pour se réjouir.*

Ainsi se conjuguent

Audeo, es, ausus sum, audēre, *oser.*
Soleo, es, solitus sum, solēre, *avoir coutume.*

Fido, is, fidi *ou* fisus sum, fidēre , *se fier (troisième conjugaison).*

Fero, fers, tuli, latum, ferre, *porter* (1).

INDICATIF.

PRÉSENT.

Fero, *je porte,*
Fers, *tu portes,*
Fert, *il porte ;*
Ferimus, *nous portons,*
Fertis, *vous portez,*
Ferunt, *ils portent.*

IMPARFAIT.

Ferebam, *je portais, etc.*

PARFAIT.

Tuli, *j'ai porté, etc.*

PLUS-QUE-PARFAIT.

Tuleram, *j'avais porté, etc.*

FUTUR.

Feram, *je porterai,*
Feres, *tu porteras, etc.*

FUTUR PASSÉ.

Tulero, *j'aurai porté, etc.*

IMPÉRATIF.

Fer *ou* ferto, *porte,*
Ferto (ille) *qu'il porte ;*
Feramus, *portons,*
Ferte *ou* fertote, *portez,*
Ferunto, *qu'ils portent.*

(1) Quædam verba mutantur, ut *fero*, in præterito. Quint. 1. 4. 29 Voyez page 63.

SUBJONCTIF.

PRÉSENT.

Feram, *que je porte, etc.*

IMPARFAIT.

Ferrem, *que je portasse, etc.*

PARFAIT.

Tulerim, *que j'aie porté, etc.*

PLUS-QUE-PARFAIT.

Tulissem, *que j'eusse porté, etc.*

INFINITIF.

PRÉSENT.

Ferre, *porter.*

PARFAIT.

Tulisse, *avoir porté.*

PARTICIPE.

PRÉSENT.

Ferens, entis, *portant.*

FUTUR.

Laturus, a, um, *devant porter.*

SUPIN.

Latum, *à porter.*

GÉRONDIF.

Ferendi, *de porter.*
Ferendo, *en portant.*
Ferendum, *à ou pour porter.*

Ainsi se conjuguent tous les composés de *Fero.*

Affero, affers, attuli, allatum, afferre, *apporter.*
Aufero, aufers, abstuli, ablatum, auferre; *emporter.*

Offero, offers, obtuli, oblatum, offerre, *offrir*, etc.(Voyez *Racines latines.*)

Passif. Feror, ferris, latus sum, ferri, *être porté.*

INDICATIF.

PRÉSENT.

Feror, *je suis porté,*
Ferris ou ferre, *tu es porté,*
Fertur, *il est porté;*
Ferimur, *nous sommes portés,*
Ferimini, *vous êtes portés,*
Feruntur, *ils sont portés.*

IMPARFAIT.

Ferebar, *j'étais porté, etc.*

PARFAIT.

Latus sum ou fui, *j'ai été porté.*

PLUS-QUE-PARFAIT.

Latus eram ou fueram, *j'avais été porté, etc.*

FUTUR.

Ferar, *je serai porté, etc.*

FUTUR PASSÉ.

Latus ero ou fuero, *j'aurai été porté, etc.*

IMPÉRATIF.

Ferre ou fertor, *sois porté,*
Fertor (ille), *qu'il soit porté;*
Feramur, *soyons portés,*
Ferimini, *soyez portés,*
Feruntor, *qu'ils soient portés.*

SUBJONCTIF.

PRÉSENT.

Ferar, *que je sois porté, etc.*

IMPARFAIT.

Ferrer, *que je fusse porté, etc.*

PARFAIT.

Latus sim ou fuerim, *que j'aie été porté, etc.*

PLUS-QUE-PARFAIT.

Latus essem ou fuissem, *que j'eusse été porté, etc.*

INFINITIF.	PARTICIPE.

INFINITIF.

PRÉSENT.

Ferri, *être porté.*

PARFAIT.

Latum esse *ou* fuisse, *avoir été porté.*

PARTICIPE.

FUTUR.

Ferendus, a, um, *devant être porté.*

SUPIN.

Latu, *à être porté.*

Volo, vis, volui, velle, *vouloir.*

INDICATIF.

PRÉSENT.

Volo, *je veux,*
Vis, *tu veux,*
Vult, *il veut ;*
Volumus, *nous voulons,*
Vultis, *vous voulez,*
Volunt, *ils veulent.*

IMPARFAIT.

Volebam, *je voulais, etc.*

PARFAIT.

Volui, *j'ai voulu, etc.*

PLUS-QUE-PARFAIT.

Volueram, *j'avais voulu, etc.*

FUTUR.

Volam, *je voudrai,*
Voles, *tu voudras, etc.*

FUTUR PASSÉ.

Voluero, *j'aurai voulu, etc.*
Il n'y a pas d'impératif.

SUBJONCTIF.

PRÉSENT.

Velim, *que je veuille, etc.*

IMPARFAIT.

Vellem, *je voudrais, etc.*

PARFAIT.

Voluerim, *que j'aie voulu, etc.*

PLUS-QUE-PARFAIT.

Voluissem, *que j'eusse voulu, etc.*

INFINITIF.

PRÉSENT.

Velle, *vouloir.*

PARFAIT.

Voluisse, *avoir voulu.*

PARTICIPE.

PRÉSENT.

Volens, tis, *voulant.*

De *non volo* on a fait *nolo,* je ne veux pas ; et de *magis volo* on a fait *malo,* j'aime mieux. Ces verbes se conjuguent sur *volo.*

Nolo, non vis, nolui, nolle, *ne vouloir pas.*

INDICATIF.

PRÉSENT.

Nolo, *je ne veux pas,*
Non vis, *tu ne veux pas,*
Non vult, *il ne veut pas ;*
Nolumus, *nous ne voulons pas,*
Non vultis, *vous ne voulez pas,*
Nolunt, *ils ne veulent pas.*

IMPARFAIT.

Nolebam, *je ne voulais pas, etc.*

PARFAIT.

Nolui, *je n'ai pas voulu, etc.*

PLUS-QUE-PARFAIT.

Nolueram, *je n'avais pas voulu, etc.*

FUTUR.

Nolam, *je ne voudrai pas,*
Noles, *tu ne voudras pas, etc.*

FUTUR PASSÉ.

Noluero, *je n'aurai pas voulu.*

IMPÉRATIF.

Noli ou nolito, *ne veuille pas,*
Nolito (ille), *qu'il ne veuille pas;*
Nolimus, *ne veuillons pas,*
Nolite ou nolitote, *ne veuillez
pas,*
Nolunto, *qu'ils ne veuillent pas.*

SUBJONCTIF.

PRÉSENT.

Nolim, *que je ne veuille pas,
etc.*

IMPARFAIT.

Nollem, *je ne voudrais pas, etc.*

PARFAIT.

Nolueram, *que je n'aie pas voulu, etc.*

PLUS-QUE-PARFAIT.

Noluissem, *je n'aurais pas voulu, etc.*

INFINITIF.

PRÉSENT.

Nolle, *ne vouloir pas.*

PARFAIT.

Noluisse, *n'avoir pas voulu.*

PARTICIPE.

PRÉSENT.

Nolens, tis, *ne voulant pas.*

Malo, mavis, malui, malle, *aimer mieux.*

INDICATIF.

PRÉSENT.

Malo, *j'aime mieux,*
Mavis, *tu aimes mieux,*
Mavult, *il aime mieux;*
Malumus, *nous aimons mieux,*
Mavultis, *vous aimez mieux,*
Malunt, *ils aiment mieux.*

IMPARFAIT.

Malebam, *j'aimais mieux, etc.*

PARFAIT.

Malui, *j'ai mieux aimé, etc.*

PLUS-QUE-PARFAIT.

Malueram, *j'avais mieux aimé, etc.*

FUTUR.

Malam, *j'aimerai mieux,*
Males, *tu aimeras mieux, etc.*

FUTUR PASSÉ.

Maluero, *j'aurai mieux aimé, etc.*

Il n'y a pas d'impératif.

SUBJONCTIF.

PRÉSENT.

Malim, *que j'aime mieux, etc.*

IMPARFAIT.

Mallem, *j'aimerais mieux, etc.*

PARFAIT.

Maluerim, *que j'aie mieux aimé, etc.*

PLUS-QUE-PARFAIT.

Maluissem, *j'aurais mieux aimé.*

INFINITIF.

PRÉSENT.

Malle, *aimer mieux.*

PARFAIT.

Maluisse, *avoir mieux aimé.*

Il n'y a pas de participe.

Fio, fis, factus sum, fieri, *devenir* ou *étre fait*, passif de Facere.

INDICATIF.

PRÉSENT.

Fio, *je deviens* ou *je suis fait,*
Fis, *tu deviens,*
Fit, *il devient;*
Fimus, *nous devenons,*
Fitis, *vous devenez,*
Fiunt, *ils deviennent.*

IMPARFAIT.

Fiebam, *je devenais, etc.*

PARFAIT.

Factus sum ou fui, *je suis devenu, etc.*

PLUS-QUE-PARFAIT.

Factus eram ou fueram, *j'étais devenu, etc.*

FUTUR.

Fiam, *je deviendrai.*
Fies, *tu deviendras, etc.*

FUTUR PASSÉ.

Factus ero, ou fuero, *je serai devenu, etc.*

IMPÉRATIF.

Fi, *deviens.*
Fite, fitote, *devenez.*

SUBJONCTIF.

PRÉSENT.

Fiam, *que je devienne, etc.*

IMPARFAIT.

Fierem, *que je devinsse, etc.*

PARFAIT.

Factus sim ou fuerim, *que je sois devenu, etc.*

PLUS-QUE-PARFAIT.

Factus essem ou fuissem *que je fusse devenu, etc.*

INFINITIF.

PRÉSENT.

Fieri, *devenir.*

PARFAIT.

Factum esse ou fuisse, *être devenu.*

PARTICIPE.

PASSÉ.

Factus, a, um; *devenu, étant devenu.*

FUTUR.

Faciendus, a, um, *devant être fait.*

SUPIN.

Factu, *à être fait.*

Eo, ivi ou ii, itum, ire, *aller.*

INDICATIF

PRÉSENT.

Eo, *je vais* ou *je vas,*
Is, *tu vas,*
It, *il va;*
Imus, *nous allons,*
Itis, *vous allez;*
Eunt, *ils vont.*

IMPARFAIT.

Ibam, *j'allais, etc.*

PARFAIT.

Ivi, *je suis allé, etc.*

PLUS-QUE-PARFAIT.

Iveram, *j'étais allé, etc.*

FUTUR.

Ibo, *j'irai, etc.*

FUTUR PASSÉ.

Ivero, *je serai allé, etc.*

IMPÉRATIF.

I ou ito, *va,*
Ito (ille), *qu'il aille ;*
Eamus , *allons,*
Ite ou itote , *allez,*
Eunto , *qu'ils aillent.*

SUBJONCTIF.

PRÉSENT.

Eam, *que j'aille, etc.*

IMPARFAIT.

Irem, *que j'allasse, etc.*

PARFAIT.

Iverim , *que je sois allé, etc.*

PLUS-QUE-PARFAIT.

Ivissem, *que je fusse allé, etc.*

INFINITIF.

PRÉSENT.

Ire, *aller.*

PARFAIT.

Ivisse, *être allé.*

PARTICIPE.

PRÉSENT.

Iens, euntis, *allant.*

FUTUR.

Iturus, a, um, *devant aller.*

SUPIN.

Itum , *à aller* ou *pour aller.*
Itu , *à être allé.*

GÉRONDIF.

Eundi , *d'aller.*
Eundo , *en allant.*
Eundum , *à* ou *pour aller.*

Ainsi se conjuguent les composés d'*ire, adire,* aller trouver ; *exire,* sortir, etc. (Voyez *Racines latines.*) (1).

Queo, quis , quivi , quire, *pouvoir.*

Ce verbe, qui se conjugue comme *eo,* n'a guère que les temps et les personnes qui sont ici.

INDICATIF.

PRÉSENT.

Queo, *je peux,*
Quis , *tu peux,*
Quit , *il peut ;*
Quimus, *nous pouvons,*
Quitis , *vous pouvez,*
Queunt, *ils peuvent.*

IMPARFAIT.

Quibam , *je pouvais.*

PARFAIT.

Quivi, *j'ai pu,*
Quivimus, *nous avons pu.*

PLUS-QUE-PARFAIT.

Quiveram , *j'avais pu.*

FUTUR.

Quibo , *je pourrai.*

FUTUR PASSÉ.

Quivero , *j'aurai pu.*

SUBJONCTIF.

PRÉSENT.

Queam , *que je puisse,*
Queas , *que tu puisses,*
Queat , *qu'il puisse ;*
Queamus , *que nous puissions ,*

(1, *Ambire,* aller autour, se conjugue sur *audio. Circumire* perd *m* avant un *i* seulement : *circumeo, circuis, circuimus, circuitis, circumeunt.* (Pelletier.)

Queatis, *que vous puissiez,*
Queant, *qu'ils puissent.*

IMPARFAIT.

Quirem, *que je pusse,*
Quiremus, *que nous pussions.*

PARFAIT.

Quiverim, *que j'aie pu.*
Quiverimus, *que nous ayons pu.*

PLUS-QUE-PARFAIT.

Quivissem , *que j'eusse pu.*
Quivissemus, *que nous eussions pu.*

Ainsi se conjugue *nequeo,
nequire,* ne pouvoir pas.

Verbes irréguliers composés de Sum.

Possum, potes, potui, posse, *pouvoir.*

INDICATIF.

PRÉSENT.

Possum, *je puis, je peux,*
Potes , *tu peux,*
Potest , *il peut;*
Possumus, *nous pouvons,*
Potestis , *vous pouvez,*
Possunt, *ils peuvent.*

IMPARFAIT.

Poteram , *je pouvais , etc.*

PARFAIT.

Potui, *j'ai pu, etc.*

PLUS-QUE-PARFAIT.

Potueram, *j'avais pu, etc.*

FUTUR.

Potero , *je pourrai, etc.*

FUTUR PASSÉ.

Potuero , *j'aurai pu, etc.*

SUBJONCTIF.

PRÉSENT.

Possim, *que je puisse, etc.*

IMPARFAIT.

Possem, *que je pusse, etc.*

PARFAIT.

Potuerim, *que j'aie pu, etc.*

PLUS-QUE-PARFAIT.

Potuissem, *que j'eusse pu, etc.*

INFINITIF.

PRÉSENT.

Posse , *pouvoir.*

PARFAIT.

Potuisse , *avoir pu,*

Prosum, prodes, profui, prodesse, *servir* (1).

INDICATIF.

PRÉSENT.

Prosum , *je sers,*
Prodes, *tu sers,*
Prodest , *il sert;*
Prosumus , *nous servons,*
Prodestis, *vous servez,*
Prosunt , *ils servent.*

IMPARFAIT.

Proderam , *je servais, etc.*

PARFAIT.

Profui , *j'ai servi.*

PLUS-QUE-PARFAIT.

Profueram , *j'avais servi, etc.*

____

(1) *Pro* se change en *prod* devant *e.*

FUTUR.

Prodero, *je servirai, etc.*

FUTUR PASSÉ.

Profuero, *j'aurai servi, etc.*

IMPÉRATIF.

Prodes, prodesto, *sers,*
Prodesto (ille) *qu'il serve ;*
Prosimus, *servons,*
Prodeste, tote, *servez,*
Prosunto, *qu'ils servent.*

SUBJONCTIF.

PRÉSENT.

Prosim, *que je serve, etc.*

IMPARFAIT.

Prodessem, *que je servisse, etc.*

PARFAIT.

Profuerim, *que j'aie servi, etc.*

PLUS-QUE-PARFAIT.

Profuissem, *que j'eusse servi.*

INFINITIF.

PRÉSENT.

Prodesse, *servir.*

PARFAIT.

Profuisse, *avoir servi.*

PARTICIPE.

FUTUR.

Profuturus, a, um, *devant
servir.*

Memini, meminisse, *se souvenir.*

INDICATIF.

PRÉSENT.

Memini, *je me souviens,*
Meministi, *tu te souviens,*
Meminit, *il se souvient ;*
Meminimus, *nous nous souve-
nons ,*
Meministis, *vous vous souvenez,*
Meminerunt *ou* êre, *ils se sou-
viennent.*

IMPARFAIT.

Memineram, *je me souvenais,
etc.*
Sans parfait ni plus-que-parfait.

FUTUR.

Meminero, *je me souviendrai,
etc.*
Sans futur passé.

IMPÉRATIF.

Memento, *souviens-toi.*
Memento (ille), *qu'il se sou-
vienne ;*
Mementote, *souvenez-vous.*

SUBJONCTIF.

PRÉSENT.

Meminerim, *que je me sou-
vienne, etc.*

IMPARFAIT.

Meminissem, *que je me sou-
vinsse, etc.*
Sans parfait ni plus-que-parfait.

INFINITIF.

PRÉSENT.

Meminisse, *se souvenir.*

Ainsi se conjuguent :

Cœpi, isse, *commencer.* Novi, isse, *connaître.* Odi, isse, *haïr.*

NOTA. Ce dernier verbe a un parfait et tous les temps qui en
dérivent. *Osus sum* ou *fui.* Les trois verbes *cœpi, novi, odi* n'ont
point d'impératif.

Cœpi et *odi* ont deux participes, le participe passé *cœptus, a, um ; osus, a, um ;* et le participe futur *cœpturus, a, um ; osurus, -a, um.* Le participe *osus*, ainsi que ses composés *exosus, perosus* a la signification active. *Cœptus* a la signification passive. Le premier signifie *qui a haï ;* le second, *qui est commencé. Osurus* et *cœpturus* sont tous deux actifs, *devant haïr, devant commencer.*

Aio, *je dis.*

INDICATIF.

PRÉSENT.

Aio, *je dis,*
Ais, *tu dis,*
Ait, *il dit ;*
Aiunt, *ils disent.*

IMPARFAIT.

Aiebam, *je disais,* etc.

PARFAIT.

Aisti, *tu as dit,*
Aistis, *vous avez dit.*

SUBJONCTIF.

PRÉSENT.

Aias, *que tu dises,*
Aiat, *qu'il dise ;*
Aiant, *qu'ils disent.*

PARTICIPE.

PRÉSENT.

Aiens, entis, *disant.*

Inquam, *dis-je.*

INDICATIF.

PRÉSENT.

Inquam *ou* inquio, *dis-je,*
Inquis, *dis-tu,*
Inquit, *dit-il ;*
Inquimus, *disons-nous,*
Inquitis, *dites-vous,*
Inquiunt, *disent-ils.*

IMPARFAIT.

Inquiebat, *disait-il,*
Inquiebant, *disaient-ils.*

PARFAIT.

Inquisti, *as-tu dit,*
Inquit, *a-t-il dit ;*
Inquistis, *avez-vous dit.*

FUTUR.

Inquies, *diras-tu,*
Inquiet, *dira-t-il.*

IMPÉRATIF.

Inque, ito, *dis.*

SUBJONCTIF.

Inquiat, *qu'il dise.*

AUTRES VERBES.

ESSE, *manger.* INDIC. PRÉSENT. Es, *tu manges.* Est, *il mange.* Estis, *vous mangez.* IMPÉRATIF. Es *ou* esto, *mange.* Este *ou* estote, *mangez.* SUBJ. IMPARF. Essem, *que je mangeasse ou je mangerais.* Esses, *etc.* INFIN. Esse, *manger.* (Les temps qui manquent ici se prennent de *edo, is, edi, esum, edere,* manger, de la troisième conjugaison. Ainsi se conjuguent *comesse, exesse.*

FORE, *devoir être.* SUBJ. IMPARF. Forem, es, et, ent, *que je fusse ou je serais,* etc. INFIN. Fore, *devoir être.*

DEFIT, *il manque.* INDIC. PRÉSENT. Defit, *il manque.* FUT. Defiet, *il manquera.* SUBJ PRÉSENT. Defiat, *qu'il manque.* IMPARF. Defieret, *il manquerait.* INFIN. Defieri, *manquer.*

INFIT, *il commence.*

AVERE, *être salué.* IMPÉR. Ave ou aveto, *sois salué.* Avete, tote, *soyez salués.*

SALVERE, *être en bonne santé.* IMPÉR. Salve ou salveto, *sois en bonne santé.* Salvete ou salvetote, *portez-vous bien.* FUTUR Salvebis, *vous vous porterez bien.*

FAXO, *je ferai.* INDIC. FUTUR. Faxo, is, it, imus, itis, int. *Je ferai, tu feras, il fera,* etc. SUBJ. PRÉSENT. Faxim, is, it, etc., *que je fasse, que tu fasses,* etc.

AUSIM, *que j'ose.* SUBJ. PRÉSENT. Ausim, is, it, int, *que j'ose ou j'oserais,* etc.

QUÆSO, *je vous prie.* INDIC. PRÉSENT. Quæso, *je vous prie.* Quæsumus, *nous vous prions.*

CEDO. IMPÉRATIF. *Donne, dis ; donnez, dites.*

Dari, être donné, et *fari,* parler, manquent de la première personne au présent de l'indicatif et au présent du subjonctif. On ne dit pas : *dor, der, for, fer.*

VERBES IMPERSONNELS.

On appelle vulgairement *impersonnels,* et il serait mieux de nommer *unipersonnels,* certains verbes qui ne s'emploient qu'à la troisième personne du singulier.

Les verbes impersonnels sont neutres ou passifs.

Conjugaison d'un impersonnel neutre.

INDICATIF.	IMPARFAIT.
PRÉSENT.	
Oportet, *il faut.*	Oporteret, *qu'il fallût, il faudrait.*
IMPARFAIT.	
Oportebat, *il fallait.*	PARFAIT.
PARFAIT.	
Oportuit, *il a fallu.*	Oportuerit, *qu'il ait fallu.*
PLUS-QUE-PARFAIT.	PLUS-QUE-PARFAIT.
Oportuerat, *il avait fallu.*	Oportuisset, *qu'il eût fallu, i aurait fallu.*
FUTUR.	
Oportebit, *il faudra.*	INFINITIF.
FUTUR PASSÉ.	PRÉSENT.
Oportuerit, *il aura fallu.*	Oportere, *falloir.*
SUBJONCTIF.	
PRÉSENT.	PARFAIT.
Oporteat, *qu'il faille.*	Oportuisse, *avoir fallu.*

Les verbes impersonnels n'ont ni impératif, ni gérondif, ni supin, ni participes.

Impersonnels de la première conjugaison. *Tonat*, il tonne ; *fulgurat*, il fait des éclairs ; *grandinat*, il grêle, etc.

Impersonnels de la deuxième conjugaison. *Decet*, il convient ; *libet*, il plaît ; *licet*, il est permis ; *liquet*, il est clair. (Ce dernier verbe n'a pas de parfait ; *libet* et *licet* en ont deux, *libuit* et *licuit*; *libitum est* et *licitum est*.)

Impersonnels de la troisième conjugaison. *Accidit, contingit*, il arrive ; *conducit*, il est avantageux ; *pluit*, il pleut ; *ningit*, il neige, etc.

Impersonnels de la quatrième conjugaison. *Evenit*, il arrive ; *expedit*, il est avantageux, etc

Interest, il importe, suit la conjugaison de *sum*. *Intererat*, *interfuit*. etc. *Refert*, il importe, suit la conjugaison de *fero*, *referebat*, etc

Certains verbes qui ne sont point impersonnels de leur nature s'emploient quelquefois comme tels : Ex. : *delectat*, *juvat*, il plaît ; *constat*, il est constant ; *præstat*, il vaut mieux ; *vacat*, on a le temps ; *apparet*, il est clair ; *convenit*, il convient ; *fit*, il se fait, il arrive.

Conjugaison d'un verbe impersonnel avec les pronoms me , *te , etc.*

INDICATIF.

PRÉSENT.

Me pœnitet, *je me repens,*
Te pœnitet, *tu te repens,*
Illum *ou* illam pœnitet, *il ou elle se repent ;*
Nos pœnitet, *nous nous repentons,*
Vos pœnitet, *vous vous repentez,*
Illos *ou* illas pœnitet, *ils ou elles se repentent.*

IMPARFAIT.

Me pœnitebat, *je me repentais.*

PARFAIT.

Me-pœnituit, *je me suis repenti*

PLUS-QUE-PARFAIT.

Me pœnituerat, *je m'étais repenti.*

FUTUR.

Me pœnitebit, *je me repentirai.*

FUTUR PASSÉ.

Me pœnituerit, *je me serai repenti.*

SUBJONCTIF.

PRÉSENT.

Me pœniteat, *que je me repente.*

IMPARFAIT.

Me pœniteret, *que je me repentisse.*

PARFAIT.

Me pœnituerit, *que je me sois repenti.*

PLUS-QUE-PARFAIT.

Me pœnituisset, *que je me fusse repenti.*

INFINITIF.

PRÉSENT.

Pœnitere, *se repentir.*

PARFAIT.

Pœnituisse, *s'être repenti.*

PARTICIPE.	GÉRONDIF.
FUTUR PASSIF.	Pœnitendi, *de se repentir.* Pœnitendo, *en se repentant.*
Pœnitendus, a, um, *dont on doit se repentir.*	Pœnitendum, *à ou pour se repentir.*

Ainsi se conjuguent :

Me pudet, *j'ai honte*; me piget, *je suis fâché*; me miseret, *qui fait au parfait* misertum est, *j'ai pitié*; me tædet, *je m'ennuie.*

Conjugaison d'un impersonnel passif.

Les impersonnels passifs sont des verbes neutres qui n'ont du passif que la troisième personne du singulier.

INDICATIF.

PRÉSENT.

Venitur, *on vient.*

IMPARFAIT.

Veniebatur, *on venait.*

PARFAIT.

Ventum est *ou* fuit, *on est venu*

PLUS-QUE-PARFAIT.

Ventum erat *ou* fuerat, *on était venu.*

FUTUR.

Venietur, *on viendra.*

FUTUR PASSÉ.

Ventum erit *ou* fuerit, *on sera venu.*

SUBJONCTIF.

PRÉSENT.

Veniatur, *qu'on vienne.*

IMPARFAIT.

Veniretur, *qu'on vînt.*

PARFAIT.

Ventum sit *ou* fuerit, *qu'on soit venu.*

PLUS-QUE-PARFAIT.

Ventum esset *ou* fuisset, *qu'on fût venu.*

Impersonnels passifs de la première conjugaison, *certatur*, on combat, on rivalise; de la deuxième, *siletur*, on se tait; de la troisième, *curritur*, on court; *vivitur*, on vit; de la quatrième, *itur*, on va, etc.

VERBES COMPOSÉS.

Les verbes composés se conjuguent ordinairement comme le simple dont ils sont formés. *Produco et abigo* sont de la troisième conjugaison comme leurs simples, *duco et ago*, et comme eux font au parfait *duxi, egi, produxi, abegi*; au supin *ductum, actum, productum, abactum.*

Les verbes qui, au parfait, redoublent la première syllabe ne conservent pas ce redoublement dans la plupart de leurs composés; *spondere*, parfait *spopondi, respondere*, parfait *respondi* (et non *respopondi*); *pendere*, parfait *pependi, dependere*, parfait *dependi* (et non *depependi*); *cœdere*, parfait *cecidi*, *i cidere*, parfait *incidi*; *tangere*, parfait *tetigi* ; *attingere*, parfait *attigi.* Cependant les verbes suivants conservent le redoublement; *præcurro, repango*, et les composés de *posco* et de *disco*. On dit donc : *præcucurri, repupugi, repoposci, addidici.*

Les composés de *sto* font au parfait *stiti* et au supin *stitum.* Ex. : *persto, perstiti, perstitum*, excepté *circumsto* qui, comme le simple, fait *steti, circumsteti,* supin *circumstitum.*

Les composés de *do* sont de la troisième conjugaison et font *didi, ditum.* Ex. : *trado, tradidi, traditum.* Quatre composés de *do* conservent la conjugaison et les temps primitifs du simple : *circumdo , pessundo, satisdo, venundo ; circumdedi , circumdatum ,* etc.

LIVRE TROISIÈME.

MOTS INVARIABLES.

CHAPITRE PREMIER. Prépositions.

Trente prépositions gouvernent l'accusatif.

Ad , *auprès de, vers , chez,* *pour, à.*
Adversùm , adversùs , *contre , vis-à-vis de.*
Ante , *devant, avant.*
Apud, *auprès de, chez.*
Circa , *aux environs de.*
Circum , *autour de.*
Cis, Citra, *deçà, en-deçà.*
Coutra, *contre, vis-à-vis de.*
Erga, *envers, à l'égard de.*
Extra , *hors, outre, excepté.*
Infra , *sous, au-dessous de.*
Inter, *entre, parmi.*
Intra, *au- dedans , dans l'espace de.*

Juxta , *auprès de, proche.*
Ob , *pour, devant, à cause de.*
Penès, *en la puissance de.*
Per , *par, au travers de, pendant.*
Pone , *après, derrière.*
Post , *après, depuis.*
Propè , *proche, auprès de.*
Præter , *excepté, au delà de.*
Propter, *pour, à cause de.*
Secundùm , *le long de , selon , après.*
Secus , *auprès, le long de.*
Supra , *sur, au-dessus de.*
Trans, Ultra, *au delà.*
Versùs, *vers, du côté de.*

Douze prépositions gouvernent l'ablatif.

A , ab , abs , *de, depuis, par.*
Absque , *sans.*
Clam , *à l'insu de.*
Coram, *devant, en présence de.*
Cum , *avec.*

De , *de, sur, touchant.*
E , ex , *de, par.*
Palam, *devant, en présence de.*
Præ , *devant, en comparaison de, à cause de.*

Pro, *pour, au lieu de, selon,* Sine, *sans.*
 devant.   Tenùs, *jusqu'à.*

Quatre prépositions gouvernent l'accusatif *ou* l'ablatif.

In, *dans, en, sur, contre.* Subter, *au-dessous de.*
Sub, *sous.*   Super, *sur, au-dessus de.*

CHAPITRE II. Adverbes.

Cras, *demain.*   Palàm, *en public, ouvertement.*
Ecce, En, *voici, voilà.* Penè, *presque, quasi.*
Ferè, *fermé, presque, à peu* Procul, *loin, au loin.*
 près.   Prorsùs, *tout droit, tout-à-fait.*
Frustrà, *en vain, inutilement.* Retro *par derrière, à reculons.*
Haud, *non pas, point.* Sæpè, *souvent.*
Heri, *hier.*   Satis, *assez.*
Indè, *de là, à cause de cela,* Semper, *toujours.*
 ensuite.   Sic, *ainsi, tellement.*
Ita, *ainsi, oui, si, tellement.* Simul, *en même temps.*
Jam, *déjà, maintenant, tantôt.* Tam, *autant, tellement.*
Mox, *bientôt, ensuite.* Tandem, *enfin.*
Ne, *ne... pas, non.*   Tum, Tunc, *alors.*
Nempè, *assurément, c'est-à-* Temerè, *témérairement, au*
 dire.   *hasard.*
Non, *non, ne... pas, ne...point.* Ultrò, *de plein gré, volontiers.*
Nunc, *maintenant.*   Usquè, *toujours, jusque.*
Olim, *autrefois, un jour.* Vix, *à peine, difficilement.*

Formation du comparatif et du superlatif dans quelques
adverbes.

Les adverbes dérivés des adjectifs ont les trois degrés de
signification. Le comparatif est en *iùs*, le superlatif en *issimè*.

Positif.	Comparatif.	Superlatif.
Doctè, *doctement,*	Doctiùs,	Doctissimè.
Citò, *vite,*	Citiùs,	Citissimè.
Breviter, *brièvement,*	Breviùs,	Brevissimè.

OBSERVATIONS. 1. La terminaison *rimus* se change pour
l'adverbe en *rimè : celerrimus, celerrimè ; miserrimus, miser-*
rimè.

2. La terminaison *illimus* se change pour l'adverbe en *illimè :*
facillimus, facillimè.

3. Les adverbes qui ont une voyelle devant *è* ou *ò*, comme :
piè, strenuè, necessariò ne changent point de terminaison : le
comparatif se rend par *magis*, le superlatif par *maximè, valdè*
ou *perquàm : magis piè, maximè piè.*

4. Quelques adverbes ont les trois degrés de signification,
quoiqu'ils ne soient pas dérivés d'un adjectif : *diù*, long-temps ;
diutiùs, diutissimè ; sæpè, souvent ; *sæpiùs, sæpissimè.*

5. Les adverbes suivants forment leur comparatif et leur superlatif très-irrégulièrement.

Positif.	Comparatif.	Superlatif.
Benè, *bien.*	Meliùs, *mieux.*	Optimè, *très-bien.*
Malè, *mal.*	Pejùs, *plus mal.*	Pessimè, *très-mal.*
Multùm, *beaucoup.*	Plus *plus.*	Plurimùm, *le plus.*
Parùm, *peu.*	Minùs, *moins.*	Minimùm, *le moins.*
Propè, *proche.*	Propiùs, *plus proche.*	Proximè, *très-proche.*

6. Les adverbes suivants n'ont pas de superlatif.

Serò, *tard.*	Seriùs, *plus tard.*
Satis, *assez.*	Satiùs, *mieux.*

Nuper, récemment, sans comparatif, fait au superlatif *nuperrimè*.

7. Les trois adverbes suivants n'ont pas de positif.

Ociùs, *plus vite.*	Ocissimè, *très-vite.*
Potiùs, *plutôt.*	Potissimè, potissimùm, *principalement.*
Magis, *plus.*	Maximè, *le plus.*

TABLEAU *des adverbes qui, au moyen de diverses terminaisons, expriment les divers rapports de lieu.*

Lieu où l'on est.	Lieu où l'on va.	Lieu d'où l'on vient.	Lieu par où l'on passe
Ubi, *où.*	Quò, *où.*	Undè, *d'où.*	Quà, *par où.*
Illc, *ici où je suis.*	Hùc, *ici où je suis.*	Hinc, *d'ici où je suis.*	Hùc, *par ici où je suis.*
Istìc, *là où tu es.*	Istùc, *là où tu es.*	Istinc, *de là où tu es.*	Istàc, *par là ou tu es.*
Illìc, *là où il est.*	Illùc, *là où il est.*	Illinc, *de là où il est.*	Illàc, *par là où il est.*
Ibi, *là, y.*	Eò, illò, *là, y.*	Indè, *de là, en.*	Eà, *par là, y.*
Alibi, *ailleurs.*	Aliò, *ailleurs.*	Aliundè, *d'autre part.*	Aliàs, *par un autre endroit.*
Alicubi, uspiam, *quelque part.*	Aliquò, *en quelque lieu.*	Alicundè, *de quelque endroit.*	Aliquà, *par quelque lieu.*
Ubicumque, ubivis, ubiubi, *en quelque lieu que ce soit.*	Quòcumque, quovis, quoquò, *en quelque lieu que ce soit.*	Undecumque, *de quelque endroit que ce soit.*	Quàcumque, *par quelque endroit que ce soit.*
Ibidem, *là, au même lieu.*	Eòdem, *au même lieu.*	Indidem, *du même lieu.*	Eàdem, *par le même lieu.*
Nusquàm, *nulle part.*	Nusquàm, *nulle part.*		
Foris, *dehors.*	Foràs, *dehors.*		
Intùs, *dedans.*	Intrò, *dedans.*	Intùs, *de dedans.*	

CHAPITRE III. Conjonctions

Ac, *et, que.*
An, Nùm, *ou, si.*
At, Ast, Sed, *mais.*
Aut, *ou, ou bien.*
Autem, *or, même, mais.*
Ceu, *comme.* *puisque*]
Cùm, Quum, *lorsque, quoique,*
Cur, *pourquoi.*
Dum, *tandis que, pourvu que.*
Enim, Nam, *car.*
Ergo, Igitur, *donc, ainsi.*
Et, *et.*

Ne, *de peur que.*
Porrò, *or ; adv. au loin, certes.*
Quandò, *quand ? lorsque.*
Quanquàm, *quoique.*
Que (*après un mot*), *et.*
Si, *si.*
Tamen, *cependant.*
Tanquàm, *comme, comme si.*
Ve (*après un mot*), *ou.*
Vel, *ou, ou bien, même.*
Ubi, *quand, lorsque.*
Ut, *afin que, dès que, comme.*

CHAPITRE IV. Interjections.

Ah ! heu ! eheu ! *ah ! hélas !*
Apage ! *loin, loin ! ôtez !*
Eia ! *allons, courage.*
Euge, *fort bien ! courage.*
Evax ! *bon !*
Hem ! hem ! *hé ! ah ! ah !*
Heus ! *hé ! holà !*
Hui ! *oh ! hà !*

O ! *oh ! ô ! oh ! holà !*
Papæ ! *ah !*
Proh ! *oh !*
Væ ! *malheur, malédiction !*
Age, agite (*impératif d'ago s'emploie comme interjection*) *allons, or çà, courage.*

LIVRE QUATRIÈME.

FORMATION DES COMPOSÉS et DES DÉRIVÉS.

Tous les mots de la langue latine peuvent se réduire à un petit nombre de familles. Chaque famille se compose d'un mot radical ou primitif, et de mots, soit composés, soit dérivés, dans lesquels le primitif se reproduit avec plus eu moins d'altération, en s'accroissant d'éléments accessoires qui en modifient la signification (1). Dans les composés, le primitif s'accroît, par le commencement, de noms ou de prépositions qu'on nomme *initiales. Tibicinium, parti-ceps, ab-jectus, con-clamare* sont des mots composés. Dans les dérivés, le primitif s'accroît, par la

____

(1) Voyez dans l'avant-propos *ager* et ses dérivés et composés.

fin, de différentes inflexions qu'on nomme *désinences* : telles sont pour les noms les désinences *ator*, *atrix*, *orius*, *osus*, etc. ; pour les verbes *itare*, *urire*, *escere*, etc. ; *adul-ator*, *adul-atrix*, *adulat-orius*, *anim-osus*; *cant-itare*, *es-urire*, *cal-escere*, sont des mots dérivés. Les initiales et désinences indiquant invariablement les mêmes idées accessoires, leur intelligence donne celle de tous les mots composés ou dérivés dont la racine est connue.

CHAPITRE PREMIER. De la composition.

§ 1. *Prépositions séparables.*

Ab, *de là, d'auprès.*

A, *ab*, *abs*, marquent une idée d'éloignement, de séparation et se changent en *au*, *as*.

A-vertere, *tirer d'auprès, détourner.*

Ab-ire, *s'en aller, s'éloigner d'auprès.*

Abs-trahere, *entraîner de là, séparer de.*

As-portare, *enlever, emporter.*

Au-ferre, *ôter, enlever.*

Ad, *auprès, proche, à, vers.*

Ad marque le terme, la tendance. Le *d* se change en la consonne du mot qui suit et se supprime devant une *s* suivie d'une consonne.

Ad ire, *aller à, auprès, vers.*

Af ferre, *apporter à. (p. ad-ferre)*

Ap-ponere, *placer proche. (p. ad-ponere)*

A-scendere, *monter, parvenir. (p. ad-scendere)*

Ante, *avant, auparavant, devant.*

Ante-ponere, *mettre en avant, préférer.*

Ante-cedere, *précéder, aller devant.*

Circum, *autour, alentour, auprès.*

Circum-currere, *courir tout autour, çà et là.*

Contrà, *contre, vis-à-vis, à l'opposite.*

Contrà marque l'opposition, la contrariété, la résistance, et se change en *contro* dans *controversari* et ses dérivés.

Contra-dicere, *contredire.*

Contro-versari, *être en différend.*

Cum, *avec.*

Cum se change en *com, con, col, cor, co* et exprime une idée de société, d'ensemble, de cumulation d'objets.

Com-milito, *compagnon d'armes.*
Com-bibere *boire ensemble.*
Con-certare, *se battre avec un autre.*

Col-lacrymare, *pleurer avec quelqu'un.*
Cor-ridere, *rire avec d'autres.*
Co-acervare, *mettre en tas.*

De, *du haut en bas, entièrement, contraire de.*

De a trois significations : 1°. il signifie *hors de*, *du haut en bas.*

De-ducere, *conduire hors de, tirer du haut en bas.*
De-jicere, *jeter en bas, faire tomber.*

De-spicere, *regarder du haut en bas, mépriser.*
De-ponere, *mettre bas, abaisser.*
De-ferre, *porter du haut en bas.*

2°. Il marque augmentation.

De-bellare, *vaincre entièrement.*

De-albare, *rendre tout-à-fait blanc.*

3°. Il indique la privation.

De-sperare, *désespérer, contraire d'espérer.*
De-bere, *devoir, contraire d'avoir.* (habere.)

De-decus, *déshonorer.*
De-cedere, *sortir.*
De-moliri, *démolir.*

E, ex, *dehors, pleinement, tout-à-fait.*

E, ex a deux significations : 1°. il exprime le mouvement de dedans en dehors, d'extraction, par opposition à *in*, qui exprime le mouvement de dehors en dedans. 2°. Il exprime l'action que l'on fait pleinement, tout-à-fait. *Ex* devant *f* se change en *ef*.

E-ducere, *mettre dehors, faire sortir.*
E-gredi, *aller dehors, partir.*
Ex-trahere, *tirer de, arracher.*
E-discere, *apprendre par cœur.*

E-loqui, *s'exprimer, s'énoncer noblement.*
Ef-fluere, *découler, couler au dehors.*
Ef-fari, *proférer.*

Extra, *hors de, au delà.*

Extra-neus, *qui est né au dehors, étranger.* (natus)

In, *dedans* ou *le contraire de.*

Cette initiale a deux sens différents : 1°. elle marque

une idée d'intériorité et quelquefois un rapport de tendance vers ou contre un objet. 2°. Elle exprime la négation. Elle se change en *im* devant les consonnes *b* , *m* , *p* , et en *il*, *ir*, devant *l*, *r*.

In-cidere, *tomber dedans.*
In ire, *aller dedans, entrer.*
Im-mergere, *plonger dedans.*
Ir-ruere, *se précipiter sur.*

Im-berbis, *imberbe.* (barba)
In-cautus, *imprudent.*
Il-lepidus, *qui n'est pas aimable.*

Inter, *entre*, *parmi*, *au milieu.*

Inter-venire, *survenir, venir à à la traverse.*

Inter-jicere, *jeter entre, interposer.*

Ob, *devant*, *en avant*, *en face*, *contre.*

Ob se change en *oc*, *of*, *op*, *os.*

Ob-ambulare, *se promener devant, autour.*
Ob-stare, *être un obstacle.*
Oc-currere, *accourir, venir au-devant.*

Of-ferre , *présenter devant, offrir.*
Op-ponere , *mettre devant, opposer.*
Os-tendere, *montrer.*

Per, *au travers* ou *beaucoup*, *entièrement*, *tout-à-fait.*

Per-agrare , *traverser, passer par.* [*fin.*
Per-agere, *conduire jusqu'à la*

Per-similis, *très-ressemblant.*
Per-facile, *très-facilement.*
Per-ficere, *faire entièrement.*

Post, *après.*

Post-ponere, *placer après un autre, estimer moins.*

Præ, *avant*, *d'avance*, ou *plus que tous.*

Præ-dicere, *dire par avance, prédire.*

Præ-altus, *plus haut que tous les autres.*

Præter, *au-delà*, *outre.*

Præter-ire, *passer outre, aller au delà.*

Præter-mittere, *laisser outre, omettre.*

Pro, *en devant*, *en avant*, ou *à la place de.*

Pro-cedere, *marcher en avant, s'avancer.*
Prod-ire, *aller en avant* (On a intercalé le *d* pour éviter le hiatus.)

Pro-consul , *proconsul, vice-consul.*
Pro-rex, *vice-roi.*
Pro magister, *sous-maître.*

Sine, *sans.*

Sine se change en *sim*, *sin*, *se*, *so.*

Sim-plex, *sans plis, simple.*
(sine plicâ)

Sin-cerus, *sans fard, sincère.*
(sine cerâ)

Se-curus, *qui est sans souci.*
(sine curâ)

So-cors, *sans cœur, lâche.* (sine corde)

Sub, *sous, dessous,* ou *presque, un peu.*

Sub-ire, *se mettre sous, subir.*

Sub-alpinus, *qui est sous les Alpes.*

Sub-agrestis, *un peu rustique.*

Sub-ater, *qui tire sur le noir.*

Sub se change en *suc*, *suf*, *sug*, *sup*, *sus*, *su.*

Suc-cumbere, *succomber, tomber.*

Suf-ferre, *souffrir, supporter.*

Sug-gerere, *suggérer, -substituer.*

Sup-plex, *suppliant.* (qui plicat sub)

Sus-tinere, *soutenir, endurer.*

Su-spicere, *regarder du bas en haut, admirer.*

Subter, *en dessous, par dessous.*

Subter-fluere, *couler par dessous.*

Subter-secare, *couper par dessous.*

Super, *dessus, par-dessus.*

Super-fluere, *couler par-dessus.*

Super-eminere, *s'élever au-dessus.*

Trans, *au delà, par delà, outre.*

Trans se change en *tran*, *tra.*

Trans-currere, *courir au delà, passer vite.*

Trans-ire, *passer outre.*

Tran-scribere, *écrire outre, transcrire.*

Tra-ducere, *faire passer au delà.*

§ 11. *Prépositions inséparables.*

Am, amb, *tout autour.*

Amb-ire *aller, tout autour.*

Am-putare, *couper tout autour, amputer.*

Dis, *de part et d'autre, çà et là.*

Dis marque le plus souvent séparation, division; quelquefois augmentation ; quelquefois opposition, négation. Il se change en *di*, *dif.*

Di-ducere, *mener de côté et d'autre.*

Dif-fundere, *répandre, verser çà et là.*

Dis-cernere, *discerner, démêler.*
Dif-ficilis, *difficile, contraire de facile.*

Intro, *dedans, au dedans.*

Intro-ire, *entrer dedans, s'introduire.*
Intro-ducere *introduire, amener dedans.*

Se, *à part*, *séparément.*

Se est une abréviation de *seorsùm.*

Se-ligere , *mettre à part, trier.* Se-cernere, *séparer, distinguer.*

Sus, *en haut.*

Sus est une abréviation de *sursùm.*

Sus-pendere, *attacher en haut, suspendre.*
Sus-tinere , *soutenir, supporter* (tenere).

Re, *en arrière*, *de nouveau; le contraire de.*

Re est une abréviation de *retrò.*

Re-fluere, *couler en arrière, refluer.*
Re-gredi , *revenir sur ses pas , retourner.*
Re-ædificare, *bâtir de nouveau , rebâtir.*
Re-fodere , *déterrer, contraire de fouir en terre.*

Re devant les voyelles se change souvent en *red.*

Red-ire, *retourner sur ses pas , revenir.*
Red-imere, *racheter* (emere).

Ve *marque privation.*

Ve vient de l'interjection *væ*, malheur à , et se prend
en mauvaise part.

Ve-cors, *sans cœur, pervers, insensé.*
Ve-sanus , *fou , malsain d'esprit.*

§ III. *Adverbes latins employés comme initiales.*

Plusieurs adverbes latins sont employés comme initiales.
Nous citerons ici les principaux.
Bis, qui signifie deux ou deux fois, se change presque toujours
en *bi.* Bi-pes , *qui a deux pieds, bipède;* bi-dens , *hoyau, instru-*
ment à deux fourches; brebis de deux ans.
Benè, *bien.* Bene-volentia, *bienveillance ;* bene-facere, *faire du*
bien.
Malè, *mal.* Male-suadus, *qui donne de mauvais conseils ;* male-
dicere, *médire.*
Ne, *non.* Ne-scius, *qui ne sait pas ;* ne-fandus, *dont on ne*

doit pas parler; ne-uter, *ni l'un ni l'autre;* ne-quire, *ne pouvoir pas.*

Porrò, *au loin;* por-tendere, *présager, prédire l'avenir;* porrigere, *tendre, étendre, allonger.*

Retro, *en arrière, à reculons;* retro-gradi, *aller en arrière, rétrograder.*

Satis, *assez;* satis-facere, *satisfaire.*

Semi, *pour* semis, *demi, moitié;* semi-vivus, *à moitié mort;* semi-deus, *demi-dieu;* sem-esus, *à demi-mangé.*

§ IV. *Initiales grecques transportées en latin.*

A marque la privation. A-mens, *sans esprit, insensé.*

Anti marque l'opposition. Anti-dotus, *antidote, contre-poison;* anti-podes, *antipodes* (peuples qui ont les pieds opposés, qui habitent un lieu de la terre diamétralement opposé).

Amphi, *autour.* Amphi-theatrum, *amphithéâtre.*

Archi, réveille une idée de commandement, de prééminence. Archi-pirata, *chef de corsaires;* archi-episcopus, *archevêque.*

Epi, *sur;* epi-gramma, *inscription sur, épigramme.*

Hemi, *moitié;* c'est le *semi* des latins. Hemi-cyclus, *chaises réunies en demi-cercle.*

Hyper, *sur;* c'est le *super* des latins. Hyper-bole, *exagération, hyperbole.*

Hypo, *sous;* c'est le *sub* des latins. Hypo-crita, *qui dissimule, hypocrite.*

Peri, *autour.* Peri-odus, *circuit;* peri-phrasis, *périphrase, circonlocution.*

Syn, *avec, ensemble.* Syn-taxis, *syntaxe* (τάσσω, *arranger*).

§ V. *Des altérations que subissent les primitifs dans la composition.*

A et Æ se changent en i : habeo, adhibeo; taceo, reticeo; fateor, confiteor; cado, incido; ago, exigo; tango, attingo; jacio, abjicio; capio, accipio; statuo, restituo; cædo, occido; lædo, allido; quæro, acquiro; sapiens, insipiens; æquus, iniquus.

A se change en e : arceo, coerceo; carpo, decerpo; scando, accendo; spargo, aspergo; patior, perpetior; gradior, aggredior; partior, impertior.

E se change en i : teneo, abstineo; lego, eligo; premo, comprimo, rego, dirigo.

CHAPITRE II. De la dérivation.

§ 1. *Désinences des substantifs.*

Ator, tor, sor, atrix, trix.

Ces désinences désignent celui ou celle qui a l'habitude de faire l'action.

Adul-ator, *flatteur.*   Adul-atrix, *flatteuse.*
Ul-tor, *vengeur.*   Ul-trix ; *vengeresse.*
Ton-sor, *barbier.*

Ces noms se forment d'un supin en changeant *um* en *or.*

Arius.

Cette désinence désigne celui qui exerce l'art, qui a soin de.

Argent-arius, *banquier, caissier.* Statu-arius, *statuaire.*

Men, mentum.

Ces deux terminaisons expriment l'effet d'une action.

Flu-men (res quæ fluit), *fleuve.*
Ali-mentum (res quæ alit), *aliment.*

Tio, sio, atio, etio, itio.

Ces désinences annoncent l'action et son effet ou son habitude.

Destruc-tio, *l'action de détruire.*   Adul-atio, *l'action de flatter.*
Ac-tio, *action.*   Expl-etio, *contentement.*
Confu-sio, *confusion.*   Trad-itio, *tradition.*

Ces noms se forment d'un supin en changeant *um* en *io.*

Itas, itia, ities, ia, or.

Ces désinences désignent la qualité en général, l'état des personnes et des choses.

Æqu-itas, *la qualité d'un homme*   Audac-ia, *audace.*
  juste, l'équité.   Terr-or, *terreur.*
Amic-itia, *amitié.*   Alb-or, *blancheur.*
Segn-ities, *paresse.*

Tudo.

Cette désinence exprime une manière d'être, en y ajoutant une idée de développement ou de mouvement prolongé.

Ægri-tudo, *tristesse.*   Beati-tudo, *béatitude, bonheur.*

Antia, entia.

Ces désinences expriment la qualité, la disposition habituelle de l'âme à une chose : ainsi *const-antia* est la disposition habituelle de l'âme à la constance.

Eleg-antia, *élégance.*   Am-entia, *folie.*

Tus.

Cette désinence marque une espèce particulière d'action ou son résultat ; elle désigne aussi un office ou une personne qui en est revêtue.

Æmula-tus, *émulation.*   Consula-tus, *consulat.*
Fremi-tus, *frémissement.*   Magistra-tus, *magistrat.*

. Parmi ces noms, ceux qui dérivent d'un verbe se forment du supin en changeant *um* en *us.*

Tura, sura.

Ces désinences expriment l'effet, le résultat de l'action ou du travail.

Cens-ura, *censure, l'effet de l'action de censurer.*
Cap-tura, *capture, prise.*

Ces désinences se forment d'un supin en changeant *um* en *ura.*

Arium, orium.

Ces désinences désignent la destination propre des choses, le lieu disposé, un moyen préparé pour tel dessein, pour tel objet.

Dormit-orium, *lieu où l'on dort.*   Avi-arium, *volière.*

Etum.

Cette désinence exprime le lieu où se trouvent réunis plusieurs objets de la même espèce.

Aln-etum, *aunaie, lieu planté d'aunes.*
Dum-etum, *lieu plein des buissons.*

Ficium.

Cette désinence, qui vient du verbe *facere*, désigne la façon, ce qui est fait.

Lani-ficium, *l'art d'apréter la laine.*
Ædi-ficium, *édifice, bâtiment.*

Diminutifs.

Ellus, ella ; illus, illa ; ulus, ula ; olus, ola ; culus, cula.

Ces désinences réveillent une idée de petitesse. Les mots qu'elles terminent sont appelés *diminutifs*.

Ag-ellus, *petit champ.*
Arc-ella, *petit coffre.*
Lap-illus, *petite pierre.*
Amic-ulus, *petit, tendre ami.*
Puer-ulus, *petit enfant.*
Cell-ula, *petit cellier.*
Alve-olus, *petit canal.*

Are-ola, *petite place, petite grange.*
Funi-culus, *petite corde.*
Navi-cula, *barque.*
Hom-unculus, *pauvre homme.*
Narrati-uncula, *court récit, historiette.*

Les diminutifs gardent le genre de leurs primitifs (1).

Noms patronymiques.
Ades, ides ; is, as.

Ces terminaisons sont celles des noms *patronymiques*. On nomme ainsi les noms propres donnés soit au fils ou à la fille, soit à toute une race, et tirés de celui qui en est le père. *Ades, ides* sont pour les noms masculins ; *is, as*, pour les noms féminins.

Anchisi-ades, æ, m. *Enée, fils d'Anchise.*

Inach-idæ, arum }
Inach-ides, um } *les Grecs, descendans d'Inachus.*

Priam-ides, æ, *fils de Priam.*
Dardan-ides, æ, *descendant de Dardanus, comme Enée, etc.*

Dardan-is, idis, *troyenne.*
Priame-is, idis, *fille de Priam, Cassandre.*
Abanti-as, adis, *Danaé, petite-fille d'Abas.*
Thesti-as, adis, *Althée, fille de Thestius.*

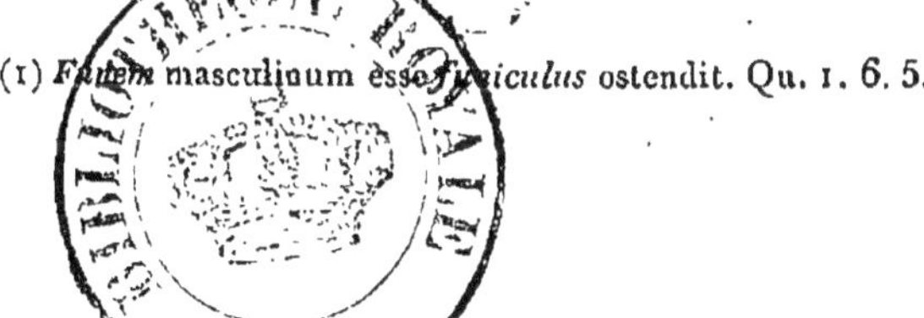

(1) *Fœtum masculinum esse fœniculus ostendit.* Qu. 1. 6. 5.

§ 11. *Désinences des adjectifs.*

Abilis, ibilis.

Ces désinences expriment ce qui est possible, ce qui est digne d'être ou propre à être fait, enfin l'aptitude passive.

Eff-abilis, *qui se peut dire.*
Am-abilis, *digne d'être aimé, aimable.*
Cred-ibilis, *qu'on peut croire, croyable.*

Ibilis se change en *ilis.*
Fac-ilis, *qui peut se faire, facile.*

Alis, ilis.

Ces désinences signifient ce qui concerne, ce qui tient à ou appartient à.

Leg-alis, *qui concerne la loi, légal.*
Puer-ilis, *qui sent l'enfant, puéril.*

Aris, arius, orius.

Ces désinences désignent ce qui a la forme d'une chose, ce qui la regarde, ce qui la concerne.

Angul-aris, *angulaire, fait en angle.*
Honor-arius, *honoraire, fait pour honorer.*
Adulat-orius, *qui concerne la flatterie.*

Anus, inus, ensis.

Ces désinences marquent le lieu, la patrie, l'origine.

Rom-anus, *Romain.*
Vic-inus, *voisin, du même canton,* (vicus).
Rhem-ensis, *Rhemois.*
For-ensis, *qui est du barreau.*

Estris, inus, atus.

Ces désinences désignent ce qui à la qualité de, la propriété de.

Silv-estris, *qui est des bois.*
Adamant-inus, *dur comme le diamant.*
Acut-atus, *aiguisé, aigu,* (acus).

Ivus, itius.

Ces désinences expriment ce qui va, ce qui tend à

Purgat-ivus, *ce qui tend à purger ou a la faculté de purger.*
Fict-itius, *fait par l'art, artificiel.*

Ax , osus , undus , idus.

Ces désinences expriment l'abondance , la plénitude , la force , l'excès.

Loqu-ax, *qui parle beaucoup.*
Anim-osus, *plein de courage.*
Verec-undus, *plein d'une crainte respectueuse.*
Luc-idus , *qui abonde en lumière, lumineux.*

Fer, ger.

Ces désinences , qui viennent des verbes *fero* , *gero* , signifient celui ou celle qui porte.

Luci-fer, *étoile du matin, qui porte la lumière.*
Armi-ger, *qui porte les armes, écuyer.*

Stus.

Cette désinence , qui vient de *sto* , marque stabilité habituelle.

Justus (in jure constans) *juste.*
Scele-stus (in scelere constans), *scélérat.*

Ficus.

Cette terminaison, qui vient de *facio*, signifie produire, causer.

Honori-ficus, *qui rapporte de l'honneur, honorable.*
Bene-ficus, *bienfaisant.*

Eus.

Cette désinence exprime la qualité , ce qui concerne.

Aure-us , *d'or , fait avec de l'or.*
Arbor-eus, *d'arbre, qui concerne les arbres.*

Comparatifs.

Ior, ius.

Terminaisons des comparatifs.

Fort-ior, fort-ius , *plus courageux.*

Superlatifs.

Issimus , errimus , illimus , imus , emus.

Terminaisons des superlatifs.

Sanct-issimus, *très-saint, le plus saint.*
Pulch-errimus , *très-beau , le plus beau.*

Max-imus, *très-grand.*   Fac-illimus, *très-facile, le plus*
Supr-emus, *très-haut.*   *facile.*

On peut encore citer parmi les désinences :
Cida *de* cædere, *tuer;* homi-cida, *homicide.*
Ceps *de* caput, *tête;* prin-ceps, *prince, le premier chef;* præ-ceps, *qui se précipite la tête en avant.*
Cola *de* colere, *cultiver;* agri-cola, *qui cultive les champs.*
Parus, pera *de* parere, *produire;* ovi-parus, *qui produit des* œufs ; puer-pera, *accouchée.*
Pes *de* pes, *pied;* soni-pes, *qui frappe du pied.*
Aster; cette désinence exprime le blâme. Philosoph-aster, *prétendu philosophe.*
Plex *de* plicare, *plier;* du-plex, *double;* sim-plex, *simple, qui n'est pas replié.*
Dicus *de* dicere, *dire;* male-dicus, *médisant.*
Gena *de* genitus, *engendré, né;* alieni-gena, *né dans un autre pays.*
Loquus *de* loqui, *parler;* vani-loquus, *diseur de riens.*
Logus *de* λόγος *discours;* epi-logus, *épilogue,* pro-logus, *prologue.*

§ III. *Désinences des verbes.*

Ascere, escere, iscere.

Ces désinences marquent un commencement d'action. Les verbes qu'elles terminent se nomment *inchoatifs* ou *inceptifs* des verbes *inchoare* et *incipere,* commencer. Les inchoatifs marquent aussi quelquefois la continuité ou l'accroissement de l'action. Ils se forment ordinairement de la seconde personne du présent de l'indicatif de leurs primitifs, comme de *labo, as, labascere;* de *caleo, es, calescere;* de *dormio, is, dormiscere;* ils n'ont ni parfait ni supin, et sont tous de la troisième conjugaison.

Vesper-ascit, *il commence à faire nuit.* (*de* vesper, *le soir*).
Matur-escere, *commencer à mûrir.* (*de* maturus).
Ard-escere, *commencer à brûler.*
Dorm-iscere, *commencer à dormir.*

Essere.

Cette terminaison exprime la perfection de l'action.

Fac-essere, *accomplir, exécuter.*
Cap-essere, *prendre avec empressement.*

Itare.

Les verbes terminés en *itare* expriment la fréquence de l'action, et sont nommés par cette raison *fréquentatifs*. Ils se forment du supin en changeant *um* en *itare*, et quelquefois en *are*. Exem. : *ductare* et *ductitare* de *ductum*. Le supin change *a* en *i* dans la formation de quelques fréquentatifs. *Clamatum* forme *clamito*. D'autres fréquentatifs se forment de la seconde personne du primitif comme *agito*, d'*agis*.

Cant-itare, *chanter souvent.*
Act-itare, *faire souvent.*

Dormit-are, *sommeiller, s'endormir souvent.*
Ag-itare, *agiter, faire souvent.*

Illare.

Cette désinence marque la diminution.

Cant - illare, *chanter à voix basse, fredonner.*
Sorb-illans, *qui avale à petits traits.*

Utire, icare.

Ces terminaisons expriment la disposition, la tendance.

Cæc-utire, *devenir aveugle*, (cæcus).
Alb-icare, *devenir blanc.*

Urire.

Cette terminaison exprime un désir ardent de faire quelque chose. Elle paraît avoir été formée du verbe *urere*, brûler. Les verbes ainsi terminés se nomment *désidératifs*, et se forment du supin de leurs primitifs en changeant *um* en *urio*.

Es-urire, *avoir un grand désir de manger, avoir faim.*
Cœnat-urire, *avoir grande envie de souper.*

Ficare.

Cette terminaison, prise du verbe *facere*, marque l'action de faire, de produire une chose.

Nidi-ficare, *faire son nid.*   Ædi-ficare, *élever un bâtiment.*

§ IV. *Désinences des adverbes.*

È, ter.

Ces désinences expriment la manière.

Acut-è, *subtilement.*   Arden-ter, *ardemment.*

O.

Cette désinence exprime la manière ou le temps.

Merit-ò, *avec raison.*   Ser-ò, *tard.*

Tim, atim.

Ces désinences expriment la quantité ou la manière.

Cumul-atim, *par tas.*   Pedeten-tim, *pas-à-pas, peu,*
Anser-atim, *à la manière des*   *lentement* (pede tentare).
oies.

Fariam.

Cette désinence marque la division.

Bi-fariam, *en deux parties.*   Multi-fariam, *en plusieurs fa-*
                                                     çons.

OBSERVATION. Les moyens que nous venons de développer né sont pas les seuls que les latins emploient pour multiplier les mots. Souvent, pour simplifier l'expression, ils réunissent plusieurs mots en un seul, en leur faisant subir plus ou moins d'altérations. Au lieu de *mater altera*, seconde mère, tante maternelle, ils ont dit *matertera*. *Auceps*, oiseleur, est pour *aves capiens*, qui prend les oiseaux.

Il est quelques mots qui appartiennent également à la composition et à la dérivation, tels sont : *im-pav-idus*, intrépide ; *ir-re-par-abilis*, irréparable.

§ V. *Désinences des noms et des adverbes de nombre.*

Imus, esimus, eni, iès.

Les désinences *imus*, *esimus* indiquent le nom de nombre ordinal. Exem. : *primus*, premier ; *millesimus*, millième. Il n'y a que sept nombres ordinaux qui ne prennent pas ces terminaisons : *secundus*, *tertius*, *quartus*, *quintus*, *sextus*, *octavus*, *nonus*.

La désinence *eni* ou *ni* indique le nom de nombre distributif. Exem. : *bini*, *terni*, *deni*, etc., deux à deux, chacun deux ou deux à chacun ; trois à trois, chacun trois ou trois à chacun, etc. *Singuli* est le seul nombre distributif qui ne soit pas terminé en *ni*.

La désinence *iès* désigne l'adverbe de nombre. *Quinquiès*, cinq fois ; *sexiès*, six fois. Les quatre premiers adverbes de nombre sont les seuls qui ne prennent pas la terminaison *iès*.

Les noms de nombre ordinaux et distributifs, et les adverbes de nombre se forment des noms de nombre cardinaux.

Tableau des noms et des adverbes de nombre.

Nota. Le tiret sépare, dans les nombres cardinaux, ce qu'on doit conserver de ce qu'on doit changer pour en former les ordinaux, les distributifs et les adverbes de nombre.

	Cardinaux.	Ordinaux.	Distributifs.	Adverbes de nombre.
1	Unus, a, um	Primus, a, um	Singuli, æ, a	Semel.
2	Duo, æ, o	Secundus	Bini	Bis.
3	Tres, tria	Tertius	Terni	Ter.
4	Quatuor	Quartus	Quaterni	Quater.
5	Quinqu-e	Quintus	Quini	— iès.
6	Sex	Sextus	Seni	— iès.
7	Sept-em	Septimus	— eni	— iès.
8	Oct-o	Octavus	— oni	— iès.
9	Nov-em	Nonus	— eni	— iès.
10	Dec-em	— imus	Deni	— iès.
11	Undec-im	— imus	Undeni	— iès.
12	Duodec-im	— imus	Duodeni	— iès.
13	Tredec-im	Tertius decimus (1)	Terni deni	— iès.
14	Quatuordec-im	Quartus decimus	Quaterni deni	— iès.
15	Quindec-im	Quintus decimus	Quini deni	— iès.
16	Sexdecim	Sextus decimus	Seni deni	Sedeciès.
17	Septemdec-im	Septimus decimus	Septeni deni	Deciès septiès.
18	Octodec-im	Octavus decimus	Octoni deni	Deciès octiès.
19	Novemdec-im	Nonus decimus	Noveni deni	Deciès noviès.
20	Viginti	Vicesimus	Viceni	Viciès.
21	Unus et vi-ginti	Vicesimus primus	Viceni singuli	Viciès semel.
	Viginti unus	Primus et vicesi-mus	Singuli et viceni.	Semel et viciès.

(1) *Ou* decimus et tertius, decimus et quartus, etc., *ou* decimus tertius, decimus quartus, etc.

Cardinaux.	Ordinaux.	Distributifs.	Adverbes de nombre.
30 Triginta	Tricesimus	Triceni	Triciès *ou* trigiès.
40 Quadrag-inta	— esimus	— eni	— iès.
50 Quinquag-inta	— esimus	— eni	— iès.
60 Sexag-inta	— esimus	— eni	— iès.
70 Septuag-inta	— esimus	— eni	— iès.
80 Octog-inta	— esimus	— eni	— iès.
90 Nonag-inta	— esimus	— eni	— iès.
100 Cent-um	— esimus	— eni	— iès.
101 Centum et unus	— esimus primus	— eni singuli	— iès semel.
110 Centum et decem	— esimus decimus	— eni deni	— iès deciès.
200 Ducent i, æ, a	— esimus	Duceni	— iès.
300 Trecent-i, æ, a	— esimus	Treceni	— iès.
400 Quadringent-i, æ, a	— esimus	Quadringeni	— iès.
500 Quingent-i, æ, a	— esimus	Quingeni	— iès.
600 Sexcent-i, æ, a	— esimus	— eni *ou* sexceni	— iès.
700 Septingent-i, æ, a	— esimus	Septingeni	— iès.
800 Octingent-i, æ, a	— esimus	Octingeni	— iès.
900 Nongent-i, æ, a	— esimus	Nongeni	Noningentiès.
1000 Mill-e	— esimus	— eni	— iès.
2000 Bis millia duo mille	Bis — esimus		

5000 quinquiès mille *ou* quinque millia ; 100,000 centiès mille *ou* centum millia *ou* centena millia ; 1,000,000 deciès centiès mille *ou* deciès centena millia ; 2,000,000 viciès centena millia *ou* viciès-centiès mille ; 4,500,000 quadragiès quinquiès centena millia.

Observations sur les noms de nombre.

I. On peut exprimer les nombres dont le second chiffre est un 8 ou un 9 par la dizaine immédiatement supérieure précédée de *duode* (*deme duo* ... ôtez deux ..) pour les nombres qui se terminent par 8, et de *unde* (*deme unum* ... ôtez un ...) pour les nombres qui se terminent par 9. *Duodeviginti*, dix-huit; *undeviginti*, dix-neuf; *duodetriginta*, vingt-huit ; *undetriginta*, vingt-neuf.

II. Dans les nombres au-dessous de cent, le plus petit nombre se place le premier en mettant *et* entre les deux nombres ou le dernier sans conjonction. *Unus et viginti*, *viginti unus*.

Dans les nombres au-dessus de cent, le nombre le plus fort précède toujours le plus faible ; on peut employer ou non la conjonction. *Centum unus*, *centum et unus*.

Pour les nombres ordinaux au-dessous du vingtième,

on place le plus grand nombre le premier avec la conjonction, ou le dernier sans conjonction. *Dec'mus et tertius, tertius decimus* (1).

Au-dessus du vingtième, le plus petit nombre se place le premier avec la conjonction, ou le dernier sans la conjonction. *Primus et vicesimus, vicesimus primus.*

Au-dessus du centième, on commence toujours par le nombre le plus grand avec ou sans *et. Trecentesimus nonagesimus quartus.*

III. Avec les noms qui ne s'emploient qu'au pluriel on se sert des noms de nombre distributifs au lieu des cardinaux. *Binæ litteræ*, deux lettres ; *bina castra*, deux camps.

IV. *Mille* indéclinable est un adjectif. *Mille homines.*

Il s'emploie substantivement, et répond à notre substantif millier. *Mille hominum.* Il est singulier.

Millia, pluriel, est un substantif, il se décline. *Millium, millibus. Millia hominum*, des milliers d'hommes.

Mille se précède des adverbes de nombre, *millia* des noms de nombre cardinaux. *Bis, ter, mille; duo, tria millia.*

V. Les latins emploient le nombre ordinal dans deux cas où nous employons abusivement le nombre cardinal. Louis dix-huit, *Ludovicus decimus octavus* ; l'an mil huit cent vingt-quatre, *annus millesimus octingentesimus vicesimus quartus.*

---

(1) Telle est la règle que donne Priscien et qu'il est plus sûr de suivre quoiqu'on trouve aussi dans les bons auteurs *decimus tertius*, *decimus quartus*, etc., ce qui peut venir de l'erreur des copistes qui ont exprimé ce qui était en chiffres comme ils l'ont voulu.

FIN DE LA PREMIÈRE PARTIE.

TABLE DE LA PREMIÈRE PARTIE.

COURS

THÉORIQUE ET PRATIQUE

DE

LANGUE LATINE.

SECONDE PARTIE
SYNTAXE.

INTRODUCTION (1).

§ 1er. *De la proposition.*

Il ne suffit pas de connaître le sens des mots et les différentes formes dont ils peuvent être revêtus ; il faut encore savoir comment ils s'emploient, quelles sont les règles qui déterminent le choix des formes sous lesquelles ils doivent paraître dans la proposition et la place qu'ils y doivent occuper. C'est ce qu'enseigne la *Syntaxe*.

La *proposition* est une réunion de mots qui énoncent un jugement. Toute proposition contient trois élémens : le *sujet*, c'est l'objet auquel on pense ; l'*attribut*, c'est la qualité qu'on aperçoit comme liée à cet objet ; le *verbe*, c'est le mot qui exprime la liaison de l'attribut avec le sujet. Dans cette proposition : *Dieu est éternel*, le mot *Dieu* exprime l'objet auquel on pense, c'est le sujet ; le mot *éternel* exprime la qualité qu'on aperçoit comme liée à cet objet, c'est l'attribut ; le mot *est* exprime la liaison de l'objet avec la qualité, la co-existence du sujet et de l'attribut, c'est le verbe.

(1) La doctrine exposée dans cette introduction a été puisée en grande partie dans les ouvrages de l'abbé Gaultier sur l'analyse logique, et dans les Principes de grammaire générale de M. Silvestre de Sacy.

Il n'y a, à proprement parler, qu'un verbe, c'est le verbe *être*. Tous les autres mots que nous appelons verbes ne sont autre chose que la combinaison du verbe *être* et d'un attribut : j'*enseigne* est pour je *suis enseignant*.

On nomme verbe *attributif* tout verbe qui renferme en lui-même le sens du verbe *être* et celui d'un attribut. Le verbe *être* qui n'exprime que l'idée pure et simple d'existence se nomme verbe *substantif* (1).

§ II. *Des modifications du sujet et de l'attribut.*

Il n'y a point de proposition sans un sujet et sans un attribut , mais il peut y en avoir sans modifications. Exem. : *César vainquit.* Le sujet *César* et le verbe attributif *vainquit* suffisent pour énoncer un jugement. Les mots que l'on pourrait ajouter à cette proposition pour expliquer qui était César, quelle armée il vainquit , quand , où et comment il la vainquit, seraient des modifications.

Un substantif est qualifié ou déterminé : 1°. Par un adjectif soit qualificatif, soit déterminatif : *Petite* étincelle. *Mes* livres. 2°. Par un participe : Ennemis *vaincus.* 3°. Par un autre substantif mis en rapport avec lui par *de* : Les richesses *de Crassus.* 4°. Par un autre substantif exprimant le même objet : *Rome* , *ville* éternelle; *Cicéron* , premier *orateur.* romain. (C'est ce qu'on nomme apposition.) 5°. Enfin, par une proposition que le pronom relatif lie avec ce substantif : Les biens *que donne la fortune.*

Les modifications des verbes sont le complément direct, le complément indirect, les termes circonstanciels, le sur-attribut.

Parmi les verbes attributifs, il en est qui renferment en eux-mêmes un sens complet, comme *dormir, naître ;* d'autres qui exigent un complément, comme *voir, acheter ;* car, pour la plénitude du sens il est nécessaire d'ajouter quelle est la chose qu'on voit , qu'on achète. Plusieurs verbes exigent même deux complémens. Tel est le verbe

---

(1) Le verbe *être* devient attributif lorsqu'il n'est joint à aucun attribut, et qu'il est synonyme d'exister : *Dieu est avant tous les siècles*, c'est-à-dire Dieu *existe*, *est existant* avant tous les siècles.

donner, qui suppose nécessairement une chose que l'on donne et une personne à qui l'on donne (1).

Si le complément est uni au verbe immédiatement, c'est-à-dire sans le secours d'une préposition, il se nomme *complément direct*, et le verbe qui admet cette sorte de complément se nomme *actif* ou *transitif*, parce qu'il présente le sujet agissant sur un objet qui est hors de lui. Dans cette phrase, *la vertu produit la gloire*, *la gloire* est le complément direct du verbe actif *produit*.

Si le complément est uni au verbe par le moyen d'une préposition, comme dans ces phrases : *j'obéis à Dieu, je viens de Rome*, il se nomme *complément indirect*.

Quelques verbes actifs admettent les deux sortes de compléments : *tendez la main aux malheureux*.

On nomme verbes *neutres* ou *intransitifs* les verbes qui n'admettent qu'un complément indirect, comme *obéir*, *venir*, et ceux qui, exprimant par eux-mêmes une action complète et absolue, n'ont besoin d'aucun complément, tels sont, *dormir, naître*.

Si le sujet ne fait pas l'action, mais la reçoit, la souffre, le verbe est *passif*, et son complément se précède des prépositions *de, par : Je suis aimé de Dieu, un jour est chassé par l'autre*.

Outre le complément direct et le complément indirect, qui sont ses deux plus importantes modifications, l'attribut peut être encore modifié par des *termes circonstantiels*, exprimant différentes circonstances de temps, de lieu, de manière, etc., et différant des complémens en ce que ceux-ci sont nécessaires pour déterminer parfaitement la signification du verbe, pendant que ceux-là ne sont qu'accessoires, qu'accidentels. Ces termes circonstanciels sont :

1°. Un adverbe : L'avare est *toujours* pauvre.

2°. Une préposition avec son complément : Dieu tient le cœur des rois *entre ses mains puissantes*.

---

(1) La relation qui existe entre un verbe et son complément peut être envisagée comme une sorte de domination que le verbe exerce sur son complément, en lui imposant l'obligation de se mettre à tel ou tel cas ; par cette raison on donne aussi au complément le nom de *régime*, de *regere*, gouverner.

3°. Une proposition entière précédée d'une conjonction autre que *et*, *ni*, *ou*, *mais*. Exem. PENDANT QUE *nous parlons*, le temps jaloux s'enfuit.

A quelques verbes attributifs se joint une espèce d'accessoire qu'on ne peut regarder ni comme un complément, ni comme un terme circonstanciel, et que d'après M. Silvestre de Sacy nous appellerons *sur-attribut*. Le sur-attribut est toujours un adjectif ou un substantif. Exem. : Aristide mourut *pauvre*. Il devint *sage*. Je m'appelle *lion*. La nécessité rend *braves* les poltrons (1).

L'adjectif peut être modifié par un adverbe. Ex. : *Plus* pieux. Certains adjectifs admettent différents complémens : Semblable *au père*, utile *à l'état*, doué *de vertu*.

L'adverbe est modifié par un autre adverbe : *plus sagement*, *très-sagement*.

On distingue le sujet grammatical du sujet logique. Dans cette proposition : « L'exemple d'une bonne vie est la meilleure leçon qu'on puisse donner au genre humain. » *L'exemple d'une bonne vie* est le sujet logique, *l'exemple* est le sujet grammatical. Il est aisé de voir que le sujet grammatical est le sujet dépouillé de toutes ses modifications et réduit à la plus simple expression, et que le sujet logique est le sujet accompagné de tous les mots qui servent à l'expliquer ou à le déterminer. La même distinction s'applique à l'attribut et à ses compléments. *La meilleure leçon qu'on puisse donner au genre humain* est l'attribut logique, *la leçon* est l'attribut grammatical.

De tout ce qui vient d'être dit nous conclurons qu'on peut réduire à cinq les parties qui composent la proposition : deux sont essentielles, fondamentales, ce sont le sujet et le verbe avec l'attribut. Trois sont accidentelles, accessoires, et ne doivent être regardées que comme des modifications de l'attribut, ce sont le complément direct, le complément indirect et les termes circonstanciels.

---

(1) On peut souvent faire entrer dans le verbe même l'idée accessoire exprimée par le sur-attribut. A l'expression *rendre hardi* on peut substituer *enhardir; stabilire* est pour *efficere stabilem;* le mot hébreu *himlic* signifie *établir roi.*

Pour distinguer plus aisément ces différents membres de la proposition, on emploiera les questions suivantes :

Qui? Quoi? pour le sujet.

Qu'est-il? Qu'a-t-il? Que fait-il? pour le verbe et l'attribut.

Qui? Quoi? pour le complément direct.

De qui? De quoi? A qui? A quoi? Par qui? Par quoi? Pour qui? Pour quoi? pour le complément indirect.

Quand? Où? Comment? Combien? Pourquoi? Par quel moyen? Dans quel cas? Malgré quoi? pour les termes circonstanciels (1).

Dieu donna sa loi à Moïse sur le mont Sinaï. Qui? Dieu, *sujet.* Que fit-il? donna, *verbe et attribut.* Quoi? sa loi, *complément direct.* A qui? à Moïse, *complément indirect.* Où? sur le mont Sinaï, *terme circonstanciel.*

Celui qui juge les autres d'après lui-même est exposé à bien des méprises. Qui? celui qui juge les autres d'après lui-même, *sujet.* Qu'est-il? est exposé, *verbe et attribut.* A quoi? à bien des méprises, *complément indirect.*

Lorsqu'on est jeune, la vie paraît sans terme. Quoi? la vie, *sujet.* Que fait-elle? paraît sans terme, *verbe et attribut.* Quand? lorsqu'on est jeune, *terme circonstanciel.*

§ III. *De la construction logique et de l'inversion.*

On peut dans toutes les langues ramener le discours à une construction qui semble conforme, sinon à l'ordre de nos sensations, du moins à la marche des opérations de notre esprit, et que nous nommerons la construction logique.

Dans cette construction le sujet se présente toujours le premier, ensuite le verbe, puis l'attribut. Les modifications de l'attribut se rangent dans cet ordre : adverbe, complément direct, complément indirect, puis les termes circonstanciels exprimés par une préposition avec son complément ou par une proposition entière.

(1) On pourrait augmenter beaucoup le nombre des questions du complément indirect et des termes circonstanciels; nous n'avons mis ici que celles qui conviennent à la généralité des cas.

L'adjectif ou la proposition qui modifie le nom vient immédiatement après lui ; le complément d'un substantif, d'un adjectif, d'un verbe ou d'une préposition suit sans intervalle le mot auquel il sert de complément.

Toute transposition dans cet ordre est une inversion.

Cette phrase : *Dieu donna sa loi à Moïse sur le mont Sinaï*, est construite logiquement ; car les parties en sont rangées dans cet ordre : sujet, verbe, complément direct, complément indirect, terme circonstanciel.

Cette autre phrase : *Dans ce désordre à mes yeux se présente un jeune enfant*, est aussi inverse qu'elle peut l'être, puisqu'aucun de ses membres n'est à la place qu'assigne la construction logique. Ramenons-la à cette construction : *Un enfant jeune présente se (lui) à mes yeux dans ce désordre.* Autre exemple :

> Borné dans sa nature, infini dans ses vœux,
> L'homme est un dieu tombé qui se souvient des cieux.

Dans cette phrase la modification du sujet, au lieu de le suivre, le précède ; il y a donc inversion. La construction logique est : *L'homme borné dans sa nature, infini dans ses vœux, est un dieu tombé*, etc.

La langue française s'écarte peu, en prose surtout, de la construction logique. Dans la langue latine au contraire, la variété des désinences des noms et des verbes permet d'employer très-fréquemment l'inversion sans qu'il en résulte aucune obscurité, parce que les formes des mots indiquent suffisamment les rapports de concordance et de dépendance qui les lient les uns avec les autres.

§ iv. *De la construction elliptique.*

Il y a plusieurs mots que l'usage permet de supprimer, sans pour cela que le discours perde rien de sa clarté, parce que la tournure, le sens de la phrase suppléent à ce retranchement : c'est ce qu'on nomme *ellipse*. En rétablissant tous les mots sous-entendus, on rend la construction pleine et entière.

Des voleurs m'ont pillé. CONSTRUCTION PLEINE. Quelques-uns *des voleurs m'ont pillé. Donnez-moi du pain, donnez-*

moi une portion *du pain* (1). — *Qui ne sait se borner ne sut jamais écrire.* Celui *qui ne sait.* — *Nulle paix pour l'impie. N'est pour l'impie* — *Gloire à Dieu. Gloire* soit *à Dieu.* — *Plus fait douceur que violence. Douceur fait plus que violence* ne fait. — *Il ne dort ni nuit, ni jour. Il ne dort ni* pendant *la nuit, ni* pendant *le jour.*

§ v. *Des différentes sortes de propositions.*

Considérées sous le rapport de leur liaison dans le discours et de leur dépendance entre elles, les propositions sont ou *principales* ou *subordonnées.*

La proposition *principale* exprime ce qu'on veut spécialement faire entendre : c'est elle qui renferme le sens principal.

On nomme *subordonnées* les propositions secondaires et accessoires qui se rattachent plus ou moins directement à la proposition principale.

Dans cet exemple : « *Les riches, quelque sots qu'ils soient, emportent toujours les suffrages* : » la proposition « *les riches emportent toujours les suffrages* » est la principale : la proposition « *quelque sots qu'ils soient* » est la subordonnée.

La proposition subordonnée qui ne se rapporte pas, comme dans l'exemple précédent, au sens total de la proposition principale, mais qui s'ajoute à un de ses termes pour le déterminer ou l'expliquer, se nomme proposition *incidente.*

Dans ces phrases : *L'homme qui respecte les lois de son pays est un bon citoyen.* — *L'homme, qui est un être raisonnable, ne devrait jamais oublier la dignité de sa nature ;* les propositions « *qui respecte les lois de son pays,* » « *qui est un être raisonnable,* » sont incidentes parce qu'elles tombent sur le sujet *l'homme,* l'une pour le déterminer, l'autre pour le qualifier. La première est *déterminative* parce qu'elle détermine un terme de la proposition principale ; la seconde est *explicative* parce qu'elle ne fait qu'expliquer le terme auquel elle est jointe.

(1) Les latins n'admettent point cette ellipse. Ces trois phrases : Donnez-moi *le pain*, donnez-moi *un pain*, donnez-moi *du pain*, quoique exprimant des idées différentes, se rendent de la même manière : *Præbe mihi panem;* l'avantage du français sur le latin est ici incontestable.

Si l'on retranchait la proposition incidente déterminative, la proposition principale n'aurait aucun sens, ou en aurait un tout autre. On peut supprimer la proposition incidente explicative sans que le sens principal soit détruit ou altéré.

Considérées sous le rapport des parties qui les composent, les propositions sont *simples*, *composées* ou *complexes*.

La proposition *simple* est celle qui ne contient qu'un seul sujet et qu'un seul attribut, quel que soit d'ailleurs le nombre de mots dont se compose l'un ou l'autre. Ex. *On doit à Jenner la découverte de la vaccine. — La parole d'un honnête homme est préférable à l'or d'un coquin.*

La proposition *composée* offre la réunion de plusieurs sujets convenant à un seul attribut, ou d'un seul attribut convenant à plusieurs sujets ou de plusieurs compléments ou termes circonstanciels convenant à un seul attribut. Ex. : *Bossuet et Fénélon ont illustré l'église de France. — Astarbé était enjouée, flatteuse, insinuante. — Scipion détruisit Carthage et Numance. — Le cygne attend l'aigle sans le provoquer, sans le craindre.*

Une proposition composée peut se décomposer en autant de propositions simples qu'elle renferme de sujets, d'attributs, de compléments ou de termes circonstanciels divers. *Bossuet a illustré l'église de France. — Fénélon a illustré l'église de France.*

La proposition *complexe* est formée de la réunion d'une proposition principale et d'une proposition subordonnée ou incidente. Ex. : Marchand *qui perd* ne peut rire. — *Si tu achètes le superflu*, tu vendras bientôt le nécessaire (La proposition principale est en majuscules).

La période, sous le rapport grammatical, est l'assemblage d'une proposition principale et de plusieurs propositions subordonnées ou incidentes. Ex. : *Quand Brutus inspirait au peuple romain un amour immense de la liberté*, il ne songeait pas *qu'il jetait dans les esprits le principe de cette licence effrénée par laquelle la tyrannie qu'il voulait détruire devait être un jour rétablie plus dure que sous les Tarquins* (1).

(1) Nous renvoyons ceux qui désireraient des notions complètes sur la classification des phrases et des périodes à la *Grammaire française* et aux *Tableaux d'analyse logique* de l'abbé Gaultier qui, le premier, a approfondi cette matière. Nous ne saurions trop recommander la lecture de son discours sur les périodes qui précède ses *Périodes latines*.

Nous ferons connaître, à la fin de cet ouvrage, l'ingénieux procédé par lequel ce grammairien donne le moyen de faire la construction logique sans déranger l'ordre de la diction de l'auteur.

LIVRE PREMIER.

SYNTAXE GÉNÉRALE.

Plusieurs mots peuvent s'accorder en genre, en nombre, en cas, en personne ; un mot peut en régir un autre à tel cas, à tel mode : de là deux sortes de syntaxe, la syntaxe d'accord ou de concordance, et la syntaxe de régime ou de dépendance.

Les règles de syntaxe qui conviennent aux substantifs conviennent également aux pronoms qui, comme les substantifs, désignent des personnes ou des choses.

Les mêmes règles de syntaxe s'appliquent aux adjectifs qualificatifs, comme *pius*, *bonus* ; déterminatifs, comme *hic*, *meus*; et aux participes qui, comme les adjectifs, modifient les substantifs.

SECTION I.

SYNTAXE DE CONCORDANCE.

CHAPITRE PREMIER. ACCORD DE L'ADJECTIF
AVEC LE SUBSTANTIF.

1. Pater *bonus*.

L'adjectif s'accorde en genre, en nombre et en cas, avec le substantif qu'il qualifie où détermine. Ex. :

Pater bonus, père bon ; *mater bona*, mère bonne ; *templum sanctum*, temple saint.

2. Pater et filius *boni*.

Lorsqu'un adjectif, un pronom adjectif ou un participe se rapporte à plusieurs substantifs, on le met au pluriel. Exemples :

Pater et filius boni, le père et le fils bons ; *mater et filia bonæ*, la mère et la fille bonnes.

3. Pater et mater *pii*.

Si les substantifs sont de différens genres, l'adjectif se met au genre qui a la priorité. (Le masculin a la priorité sur les deux autres, le féminin a la priorité sur le neutre). Exemples :

Pater et mater pii, le père et la mère pieux ; *uxor et mancipium salvæ*, l'épouse et l'esclave sauvés.

4. Virtus et vitium *contraria*.

Si ces substantifs expriment des choses inanimées, l'adjectif se met au neutre. On sous-entend le substantif neutre *negotia*, choses. Ex. :

Virtus et vitium contraria, la vertu et le vice contraires : c'est-à-dire *negotia contraria*, choses contraires.

EXERCICE.

IV. Trunca pinus. — Amici certi. — Ætas invida. — Patulæ aures. — Vulgus incertum. — Mitia poma. — Insanus dolor. — Æterna fœdera. — Vultus humanus. — Res prosperæ, secundæ, adversæ.

G. Ulmi frondosæ. — Jejunorum stomachorum. — Jucundæ laudis. — Infaustorum ominum — Alti silentii. — Annorum præteritorum. — Panis pulcherrimi. — Fortium pectorum. — Humilis domûs. — Horum dierum jucundorum atque illustrium.

D. Humo cruentæ. — Verbis emissis. — Menti solidæ. — Trepidis civibus. — Brevi ævo. — Dulcibus alumnis. — Malo culici. — Græcis artificibus. — Audaci, malo et pernicioso civi. — Turbatis castris.

Ac. Cedrum odoratam. — Horrida fata. — Lentam salicem. — Reges inclytos. — Præstantem virum. — Degeneres animos. — Decus regium. — Cineres dolosos. — Pedes fugaces istos.

V. O alba popule. — O cari pueri. — O urbs antiqua. — O teneræ conjuges. — Pallida mors. — O sævi tyranni. — O dux perite. — Impii milites. — O præclare senator. — O blandi doctores.

Ab. Æquo animo. — Incendiis neglectis. — Segete ægrâ. — Judicibus corruptis. — Somno levi. — Matribus pavidis. — Opere longo. — Mœnibus altis. — Casu graviore. — Ancipitibus atque gravibus causis.

Dux et miles strenui. — Cicada et noctua molestæ. — Puer et senex mortales. — Romulus et Remus gemini. — Pater et mater

mortui. — Capti Marsque Venusque. — Filium et matrem custodiendos. — Attoniti Baucis timidusque Philemon. — Cibus,
vigilia, somnus salubria. — Fraus et scelus turpia.

CHAPITRE II. ACCORD DE DEUX SUBSTANTIFS.

5. Ludovicus rex.

Lorsque deux substantifs sont employés de suite pour
désigner un seul et même objet, ils se mettent au même
cas. C'est ce qu'on nomme *apposition*. Ex. :

Ludovicus rex, Louis roi; *urbs Roma*, la ville Rome,
la ville de Rome (1).

N. Forma, bonum fragile. — Phœnix et gryphus, ficta ani-
maliá.

G. Usûs, magistri egregii.— Elephantorum et castorum, animalium prudentissimorum.

D. Socrati, viro sapientissimo. — Junio Bruto et Tarquinio
Collatino, primis consulibus.

Ac. Catonem, primum oratorem, optimum imperatorem,
optimum senatorem. — Ætnam et Vesuvium, montes ignivomos.

V. O Apis, bos niger.—O Cicero et Demosthenes, oratores cele-
berrimi.

Ab. Capuâ, urbe amplissimâ atque ornatâ. — Duabus urbibus
potentissimis, Carthagine atque Numantiâ.

CHAPITRE III. ACCORD DU VERBE AVEC LE SUJET.

6. Ego audio.

Le verbe s'accorde en nombre et en personne avec le
sujet de la proposition. Ex. :

Ego audio, j'entends; *nos audimus*, nous entendons.

Præceptor docet, le maître enseigne; *discipuli discunt*,
les élèves apprennent.

Les pronoms *ego*, *tu*, *ille*, *nos*, *vos*, *illi* sont ordinairement sous-entendus, parce qu'ils sont suffisamment
indiqués par la terminaison des verbes. *Lego*, *legis*, *legit*;
je lis, tu lis, il lit.

(1) Les Latins mettaient quelquefois le génitif après les mots *urbs*, *oppidum*, *amnis*, *flumen*. On trouve dans Cicéron, *in oppido Antiochiæ*. Dans
Virgile : *urbem Patavi*, *amnis Eridani*.

6

Observez qu'en français nous employons la seconde personne du pluriel, alors même que nous adressons la parole à une seule personne : les latins emploient toujours le singulier. Ainsi nous disons, en parlant à un seul : vous viendrez ; en latin on dira : *venies*, tu viendras.

7. Petrus et Paulus ludunt.

Le verbe qui a plusieurs sujets se met au pluriel. Ex. : *Petrus et Paulus ludunt*, Pierre et Paul jouent.

8. Ego ac tu loquimur.

Quand un verbe a plusieurs sujets de différentes personnes, on le met à la personne qui a la priorité : la première a la priorité sur les deux autres, la seconde a la priorité sur la troisième. Ex. :
Ego ac tu loquimur, vous et moi nous parlons (1).

Ego laudo, tu vituperâsti, ille judicabit ; nos optabamus, vos speravistis, illi dubitaverint.
Edam, bibes, illa luserat ; legamus, vos scriberetis, illæ pingebant.
Stabam, sedes, iste cucurrisset ; nos docuimus, vos didicistis, cæteri dormiant.
Amisero, quæsiveras, alius invenerat ; nos incepimus, vos pergitis, alii finient.
Canis latrat, ovis balat, equus hinnit, lupus ululat, leo rugit, porcus grunnit, rana coaxat.
Mineralia crescunt ; vegetalia crescunt et vivunt ; animalia crescunt, vivunt et sentiunt. LINNÆUS.
Quadrupedes currunt, aves volant, pisces natant, vermes repunt.
Ignis urit, aqua fluit, ventus spirat, pluvia decidit.
Arbores virent, plantæ crescunt, rosæ florent. Varietas delectat.
Ignis calefacit, aqua refrigerat. Virtutes laudentur. Vitia vituperantur.
Mens judicat, voluntas eligit, corpus paret. Societas prava nocet. — Lex jubet, aut permittit, aut vetat. CIC.
Fugit irreparabile tempus. VIRG. — Probitas laudatur et alget. JUV. — Celeriter lacrymæ inarescunt. CURT. — Semper ava-

---

(1) En latin la personne qui a la priorité est mise avant l'autre, en français l'usage veut que la première personne ne se nomme qu'en dernier.

rus eget. Hor. — Ægri non omnes convalescunt. Cic. — Grammatice quóndam ac musice junctæ fuerunt. Quint. — Frons, oculi, vultus persæpè mentiuntur; oratio verò sæpissimè. Cic. — Pompeius, Scipio, Afranius fœdè perierunt. Cic. —Tu et collegæ tui errastis. Cic. — Si tu et Tullia valetis, ego et Cicero valemus. Cic. — Hæc(1) neque ego neque tu fecimus. Ter.—Spolia ampla refertis, tuque puerque tuus. Virg.

CHAPITRE IV. Accord de l'attribut avec le sujet.

9. Deus est *sanctus.* Tempus est *res pretiosissima.*

L'attribut, soit adjectif, soit substantif, s'accorde en cas avec le sujet. Si l'attribut est un adjectif, il s'accorde de plus avec le sujet en genre et en nombre. Ex. :

Deus est sanctus, Dieu est saint. *Tempus est res pretiosissima*, le temps est une chose très-précieuse.

Mundus *globosus* est. Cic — Agri non omnes *frugiferi* sunt. Cic. — Veræ amicitiæ *sempiternæ* sunt. Cic. — Victoria *insolens et superba* est. Cic. — Res humanæ *fragiles caducæque* sunt. Cic. — Calamitas *querula* est et *superba* felicitas. Curt. — Amicitia nunquàm *intempestiva*, nunquàm *molesta* est. Cic. — *Tuta* scelera esse possunt, non *secura.* Sen.—Omnia(2) præclara(3) *rara.* Cic.—Maximum animal terrestre est *elephas.* Plin. — Ira *furor brevis* est. Hor. — Homo non est *tumultuarium et incogitatum opus.* Sen. — Consuetudo est *altera natura.* Cic. — Jus summum sæpè *summa injuria* est. Cic. — *Magnum vectigal* est parcimonia. Cic.

SECTION II.

SYNTAXE de RÉGIME ou de DÉPENDANCE.

CHAPITRE PREMIER. Dépendance des mots.

Quatre sortes de mots admettent des régimes ou compléments : les substantifs, les adjectifs, les verbes et les prépositions.

(1) (2) Negotia. (3) Sunt. *Mots sous-entendus.*

§ 1ᵉʳ. *Complément des substantifs.*

10. Liber *Petri.*

Tout nom servant de complément à un autre nom se
met en latin au génitif, et se précède en français de la
préposition *de.* Ex. : (1)

Liber Petri, le livre de Pierre.

Pietas fundamentum est *omnium virtutum.* Cic. — Incerti
exitus sunt *belli.* Cic. —Vectigalia nervi sunt *reipublicæ.* Cic.—
Omnium rerum principia parva sunt. Cic. — Communis utilitas *societatis* maximum vinculum est. Liv. — Corpus quasi vas
est, aut aliquod *animi* receptaculum. Cic. — *Animi* morbi sunt
cupiditates immensæ *divitiarum, gloriæ, dominationis, libidi-
nosarum* etiam *voluptatum.* Cic. — Tempus est pars quædam
æternitatis. Cic. — Conscientia *rectæ voluntatis* maxima conso-
latio est *rerum incommodarum.* Cic. — Varia sunt *hominum* judicia. Plin — *Orationis* summa virtus est perspicuitas. Quint.
— Omnis ars imitatio est *naturæ.* Sen. — Pars *tui* melior immortalis est. Sen. — *Justæ causæ* facilis est defensio. Cic. —
Eventus *stultorum* magister est. Liv. — *Singulorum* facultates
et copiæ divitiæ sunt *civitatis.* Cic. — Doctrina est *ingenii* naturale quoddam pabulum. Cic. — Honor est præmium *virtutis.*
Cic. — Jucunda est memoria *præteritorum malorum.* Cic. —
Eloquentia *pacis* est comes, otiique socia. Cic. — Et nomen *pacis* dulcis est et ipsa res salutaris. Cic.

---

§ II. *Complément des adjectifs.*

11. Avidus *laudis.* Similis *patri.* Propensus *ad lenitatem.* Dignus *veniâ.*

Certains adjectifs ont un complément.

Les uns, et particulièrement ceux qui viennent des
verbes, veulent ce complément au génitif. Ex. : *Avidus
laudis*, avide de gloire ; *patiens injuriæ*, qui souffre l'injure ; *appetens alieni* (*s. boni*), qui désire le bien d'autrui.

D'autres adjectifs veulent leur complément au datif. Ex. : *Utilis hominibus*, utile aux hommes ; *obnoxius*

---

(1) Nous disons : la ville de Rome, le fleuve du Rhin, le mois d'août ; les
Latins disent par apposition (5), la ville Rome, le fleuve Rhin, le mois
août ; *urbs Roma, flumen Rhenus, mensis augustus.*

periculo, exposé au danger ; *similis patri*, semblable au père.

D'autres adjectifs veulent leur complément à l'accusatif avec *ad*. Ex. : *Ad omnes res aptus*, propre à toutes choses ; *propensus ad lenitatem*, porté à la douceur.

D'autres adjectifs enfin veulent leur complément à l'ablatif à cause d'une préposition sous-entendue : *a*, *de*, *cum*. Ex. : *Liber curâ* (a *curâ*) libre de soin ; *dignus veniâ* (de *veniâ*), digne de pardon ; *domus plena amicis* (cum *amicis*), maison pleine d'amis.

Veteres Romani semper *appetentes gloriæ* atque *avidi laudis* fuerunt. Cic. — Darius *nullius salubris consilii patiens* erat. Curt. — Leves homines *futuri* sunt *improvidi*. Tac. — Mare mortuum *navigationis* est *impatiens*. Just. — Alexandria *æmula* fuit *Carthaginis*. Just. — Calamitosus est animus *futuri anxius*. Sen. — Omnes (1) *immemorem beneficii* oderunt (2). Cic.—Bestiæ *rationis* et *orationis* sunt *expertes*. Cic. — Germania *pecorum fecunda* est. Tac. — Urbium magnitudo *capacior patientiorque omnium flagitiorum* est. Liv. — Vetera (3) extollimus, *recentium* (4) *incuriosi*. Tac. — Saucius ejurat pugnam gladiator, et idem, *immemor antiqui vulneris*, arma capit. Ovid. — Certè omnes *virtutis compotes* beati sunt. Cic. — Probitas *grata* est *Deo*. Cic. — *Noxiæ* pœna *par* esto. Cic. — Honorum gradus *summis hominibus* et *infimis* sunt *pares* : (5) *gloriæ* (6) dispares. Cic.—Vespasianus *uxori* ac *filiæ superstes* fuit. Suet. — *Omni ætati* mors est *communis* Cic. — *Proximus* est *senatoriæ dignitati* ordo equester. Cic. — *Senioribus gravis* est inveterati moris mutatio. Curt. — *Voluptatibus maximis* fastidium *finitimum* est. Cic. — Solum patriæ *omnibus* est *carum*, *dulce* atque *jucundum*. Cic. — Æquus judex non est *obnoxius gratiæ*. Quint. — Hominum *generi universo* cultura agrorum est *salutaris*. Cic. — Rhinoceros *hostis elephanto* est. Plin. — Nero *bonis omnibus hostis* fuit. Eut. — Canis *homini amicum* animal. Plin. — Sumus *ad justitiam nati*. Cic. — Artes sunt innumerabiles *ad victum* et *ad vitam necessariæ*. Cic. — Pallium *aptum* est *ad omne* anni *tempus*. Cic.—Corporis voluptas non est *digna hominis præstantiâ*. Cic. — *Veniâ dignus* est humanus error. Liv. — Insula Delos *referta divitiis* fuit. Cic. — Robustus animus et excelsus *omni* est *liber curâ* et *angore*. Cic. — Atria regum *hominibus plena* sunt, *amicis vacua*. Sen. — Homines *virtute præditi* soli sunt divites. — *Suo contentus* est sapiens.

---

(1) Homiues. (2) Hominem. (3) Negotia. (4) Negotiorum. (5) Gradus. (6) Sunt.

§ III. *Complément des comparatifs.*

12. Doctior *Petro.*

Le second terme de la comparaison se met à l'ablatif en sous-entendant la proposition *præ*, en comparaison de. Exemple :

Paulus est doctior Petro (præ *Petro*), Paul est plus savant en comparaison de Pierre, est plus savant que Pierre (1).

Risu inepto res ineptior nulla est. Tib. — Nil *consuetudine* majus. Ovid. — Vilius argentum est *auro*, *virtutibus* aurum. Hor. — Lux *sonitu* velocior. Plin — Simulatio amoris pejor *odio* est. Plin. — Nihil est *virtute* pulchrius, nihil amabilius. Cic. — *Famâ* nihil est celerius. Liv. — Nihil est *mente* et *ratione* melius. Cic. — Turpis fuga mortis, *omni morte* pejor. Cic. — Nihil est naturæ hominis accommodatius *beneficientiâ* ac *liberalitate* Cic. — Nihil est magno et præclaro viro dignius *placabilitate* atque *clementiâ*. Cic. — Tullus Hostilius non solùm proximo regi dissimilis, sed ferocior etiam *Romulo* fuit. Liv. — Honesta mors *turpi vitâ* potior. Tac.

---

§ IV. *Complément des superlatifs et des noms partitifs.*

13. Altissima *arborum*, ou *ex arboribus*, ou *inter arbores.*

Après le superlatif, le nom des objets comparés se met au génitif en sous-entendant *in numero* (2), ou à l'ablatif avec *ex*, ou à l'accusatif avec *inter*. Exemple :

Altissima arborum, *ex arboribus* ou *inter arbores*, le plus haut des arbres.

Le superlatif s'accorde le plus souvent en genre avec le nom des objets comparés. *Altissima* est au féminin, parce qu'il est l'adjectif de *arbor* sous-entendu. *Arbor altissima in numero arborum.*

14. Quis *vestrûm*? quis *ex vobis*? quis *inter vos*?

On met aussi le génitif, l'ablatif avec *ex*, l'accusatif

(1) On pourrait dire également : *Paulus est doctior quàm Petrus* (58).
(2) Justin a dit sans ellipse : *Thessalus, unus dé numero ducum Jasonis, Armeniam condidit.* Liv. 42. 3.

avec *inter* après les noms partitifs, c'est-à-dire exprimant une partie d'un tout. Exemple :
Quis vestrûm? quis ex vobis? quis inter vos? qui de vous?

Urbs Syracusæ *maxima* est *græcarum urbium pulcherrimaque omnium.* Cɪc. — Suevorum gens est longè *maxima* et *bellicosissima Germanorum omnium.* Cæs. — Hæphestion longè *omnium amicorum carissimus* erat Alexandro. Cʋʀᴛ. — Auster *ventorum calidissimus* est. Sᴇɴ. — *Velocissimum omnium animalium* est delphinus. Pʟɪɴ. — Indus est *omnium fluminum maximus* (1). Cɪc. — Gustatus est sensus *ex omnibus maximè voluptarius.* Cɪc. — Crœsus *inter reges* fuit *opulentissimus.* — In *unoquoque virorum bonorum* habitat Deus. Sᴇɴ. — Elephanto *belluarum nulla* est præstantior. Cɪc. — Neque *cuiquam mortalium* injuriæ suæ parvæ videntur. Sᴀʟʟ.— Trajanus inter Divos relatus est, *solusque omnium* intra urbem sepultus est. Eᴜᴛ. — Tarquinius Superbus, *septimus* atque *ultimus regum romanorum,* Volscos vicit. Eᴜᴛ. — *Solus* homo *ex tot* animantium *generibus* rationis est particeps. Cɪc.

---

§ v. *Complément des verbes actifs.*

15. Amo *Deum.*

Tout verbe actif régit l'accusatif. Exemple :
Amo Deum, j'aime Dieu; *miramur virtutem*, nous admirons la vertu.

Deus *mundum* ædificavit. Cɪc.—Labor *omnia* vincit improbus. Vɪʀɢ. — Religio *Deum* colit, superstitio violat. Sᴇɴ. —Plinius historiarum naturæ *triginta septem libros* scripsit. Pʟɪɴ. ɪ.—Habet præteriti doloris secura recordatio *delectationem.* Cɪc. — Terra *salutiferas herbas*, eademque *nocentes* nutrit. Ovɪᴅ. — Mollis educatio *nervos omnes* et mentis et corporis frangit. Qᴜɪɴᴛ. — Semiramis *Babyloniam* condidit. Jᴜsᴛ. — Nec secunda *sapientem* evehunt, nec adversa demittunt. Sᴇɴ. — *Amicos* res opimæ parant, adversæ probant. P. S. — Augustus *amicitias* neque facilè admisit et constantissimè retinuit. Sᴜᴇᴛ. — Virtus et conciliat *amicitias* et conservat. Cɪc. — Opus *artificem* probat. Pʜæᴅ.—Fortuna non mutat *genus.* Hoʀ. — Proba **merx** facilè *emptorem* reperit. Pʟᴀᴜᴛ. — *Degeneres animos* timor arguit. Vɪʀɢ. — Nec *imbellem* feroces progenerant aquilæ *columbam.* Hoʀ. — *Audaces* fortuna juvat *timidosque* repellit. Ovɪᴅ. —

(1) Si le substantif est d'un autre genre que le génitif pluriel, on peut faire accorder le superlatif en genre avec l'un ou avec l'autre. On dira également ment: *Leo est animalium fortissimum* ou *fortissimus.*

Piscem Syri venerantur. *Omne* ferè *genus* bestiarum Ægyptii consecrârunt. Cɪc. — Video *meliora* (1) proboque, *deteriora* sequor. Ovɪᴅ. — Ingrati animi *crimen* (2) horreo. Cɪc. — Omnes gentes Alexandri *nomen* horrebant. Jᴜsᴛ.

---

§ vɪ. *Complément indirect des verbes actifs.*

16. Do vestem *pauperi*. Te hortor *ad laborem,* etc.

Outre le complément direct, quelques verbes actifs admettent un second complément qu'on nomme indi-rect. Le rapport de ce second complément au verbe est marqué par le datif ou par une préposition exprimée ou sous-entendue, et régissant, soit l'accusatif, soit l'a blatif. Exemples :

Do vestem pauperi, je donne un habit au pauvre.

Te hortor ad laborem, je vous exhorte au travail.

Doceo pueros grammaticam (secundùm *grammaticam*), j'instruis les enfans sur la grammaire, j'apprends la grammaire aux enfans.

Accepi litteras à patre meo, j'ai reçu une lettre de mon père.

Implere dolium vino (cum *vino*), emplir un tonneau de vin.

Nudare aliquem præsidio (à *præsidio*), priver quelqu'un de secours.

Pedibus timor addidit alas. Vɪʀɢ. — Virtus hominem jungit *Deo.* Cɪc. —Omnes Cæsar inimicitias *reipublicæ* condonavit. Cɪc. — Suum *cuique* decus posteritas rependit. Tᴀᴄ —Libidi-nosa et intemperans adolescentia effetum corpus tradit *senectuti.* Cɪc — Artaxerxes Lampsacum urbem *Themistocli* donavit. Nᴇᴘ. — Homo justus nil *cuipiam* detrahet. Cɪc. — Naturalem quamdam voluptatem habent lusus jocusque; at eorum frequens usus omne *animis* pondus, omnemque vim eripit. Sᴇɴ. — Ingenii dotes corporis adde *bonis.* Ovɪᴅ. — Dat veniam *corvis*, vexat censura columbas. Jᴜv. — Antoninus Pius meritò *Numæ Pompilio* confertur. Eᴜᴛ. — Datum est *Neptuno*, Jovis fratri, maritimum omne regnum. Cɪc. — Magnes *ad se* ferrum trahit.

---

(1) Consilia.

(2) Dans les auteurs du siècle d'Auguste, *crimen* signifie toujours *accusation.*

Cic. — Successus *ad perniciem* multos devocat. Phæd. — *Ad turpia* virum bonum nulla spes invitat. Sen. — Omnis virtus nos *ad
se* allicit. Cic. — Omnium nationum exterarum princeps Sicilia
se *ad amicitiam fidemque* populi romani applicuit : prima
omnium provincia est appellata. Cic. — (1) *Multa* me docuit
usus, magister egregius. Plin. — Pythagoras pueros *modestiam*
et litterarum *studium* docebat. Just. — *Pacem* te poscimus omnes. Virg. — Luna lucem *à sole* accipit. Cic. — Multos divini
supplicii metus *à scelere* revocavit. Cic. — *Ab amicis* honesta
petamus. Cic. — *Ab honesto* virum bonum nihil deterret. Sen.
— Orithya, Amazonum regina, auxilium *à rege* Scythiæ petit.
Just. — Libera te *metu* mortis. Sen. — Apes *dulci* distendunt
nectare cellas. Virg. — Sylla omnes suos *divitiis* explevit. Cic. —
Apollinis *oraculis* Chrysippus totum volumen implevit. Cic. —
Conturbatio *sanitate* animum spoliat. Cic. — Democritus *oculis*
se privavit. Cic. — Victor *multis et fortibus civibus* rempublicam
orbavit. Cic.

---

§ vii. *Complément des verbes passifs.*

17. Amor *a Deo. Mœrore* conficior.

Le complément des verbes passifs, précédé en français
des prépositions *de, par*, se met en latin à l'ablatif. Il est
régi par la préposition *à* ou *ab*, qui s'exprime devant les
noms d'objets animés et se sous-entend presque toujours
devant les noms de choses inanimées. Exemples :

Amor à Deo, je suis aimé de Dieu ; *mœrore conficior
(a mœrore)*, je suis accablé par le chagrin, de chagrin.

Darius *ab Alexandro* superatus est. Cic. — Liberi *à parentibus*
amantur. Quint. — *A Deo* omnia facta et constituta sunt. Cic. —
Leges *à victoribus* dicuntur, accipiuntur *à victis*. Curt. — Leonum ora *a magistris* impunè tractantur. Sen. — Duæ urbes potentissimæ, Carthago atque Numantia, *à Scipione* sunt deletæ.
Cic. — Dei *providentiâ* mundus administratur. Cic. — Vincuntur
molli pectora dura *prece*. Tib. — Amici probantur *rebus adversis*. Cic. — Dolores *vetustate* mitigantur. Cic. — Cibus et potus
desiderio condiuntur. Cic. — *Nutu* deorum, non *cæco casu*
regimur et nos et nostra. Ter. — Justus atque honestus labor,
honoribus, præmiis, splendore decoratur. Cic. — Vitia' hominum atque fraudes *damnis, ignominiis, vinculis, verberibus,
exsiliis, morte* mulctantur. Cic. — Jus civile neque inflecti
gratiâ, neque perfringi *potentiâ*, neque adulterari, *pecuniâ*
debet. Cic. — Neque *opinione*, sed *naturâ* constitutum est
jus. Cic.

---

(1) Secundum negotia.

§ VIII. *Complément des verbes neutres.*

18. Studeo *grammaticæ*. Abundat *divitiis*. Fruor *otio*.

La plupart des verbes neutres régissent le datif. Ex. :
Studeo grammaticæ, j'étudie la grammaire. (Étudier est actif en français, il est neutre en latin).

Defuit officio, il a manqué à son devoir.

Homo irascitur mihi, cet homme se fâche contre moi.

Quelques-uns, et particulièrement ceux qui signifient abondance ou disette, veulent l'ablatif. Exemples :

Abundat divitiis, il regorge de biens. *Nullâ re caret*, il ne manque de rien.

Fruor otio, je jouis du repos.

Tempori parce. SEN. — Mundus *Deo* paret, et *huic* obediunt maria terræque, et hominum vita *jussis* supremæ legis obtemperat. CIC. — Alexander, victor tot regum atque populorum, *iræ* succubuit. SEN. — Officit adulatio *veritati*. TAC. — *Nobis* exempla bona prosunt. SEN. — Venus nupsit *Vulcano*. CIC. — Varietas occurrit *satietati*. CIC. — Optimè *rebus* mortalium consuluit natura. TAC. — Præstat amicitia *propinquitati*. CIC. — Homo *cæteris animantibus* plurimùm præstat. CIC. — *Voluptati* mœror sequitur. P. S. — Medetur *animo* virtus. P. S. — Omninò irasci *amicis* non temerè soleo. CIC.

Probi adolescentes senum *præceptis* gaudent. CIC. — Rheni fossa *gurgitibus* redundat. CÆS. — Antiochia quondam *eruditissimis hominibus* affluebat. CIC. — *Divitiis, nobilitate, viribus* multi malè utuntur. SEN. — Multi intemperanter abutuntur *otio* et *litteris*. CIC. — Vescimur *bestiis* et *terrenis*, et *aquatilibus*, et *volatilibus*. CIC. — Justitiæ fungamur *officiis*. CIC. — Militares viri *gloriantur vulneribus*. SEN. — Solus potitus est *imperio* Romulus. LIV.

---

§ IX. *Sur-attribut* (Voyez page 114).

19. Graculus rediit *mœrens*. Romani Æmilium Paulum *consulem* creant.

Le sur-attribut, joint à un verbe neutre ou passif, se rapporte au sujet, et en prend le cas ; joint à un verbe actif, il se rapporte au complément direct, et comme lui se met à l'accusatif. Exemples :

Graculus rediit mœrens, le geai revint chagrin ; *Romani Æmilium Paulum consulem creant* , les Romains font consul Paul Émile.

Nemo nascitur *dives*. Sen. — Non *omnis* moriar. Hor. — Demosthenes à doctis oratorum est *princeps* judicatus. Cic. — *Furor* fit læsa sæpiùs patientia. P. S. — Titus Cæsar *amor* et *deliciæ* generis humani dicebatur. Eut. — Silius Italicus *novissimus* à Nerone factus est *consul*. Plin. j. — Omnes rectæ animi affectiones *virtutes* appellantur. Cic. — Pravitates animi rectè *vitia* dicuntur. Cic. — Universus hic mundus *una civitas* hominum rectè existimatur. Cic. — Scytharum gens *antiquissima* semper habita est. Just. — Deos *placatos* pietas efficit. Cic. — Et secundas res *splendidiores* facit amicitia, et adversas *leviores*. Cic. — Nicomedes, rex Bithyniæ, populum romanum fecit *hæredem*. Eut. — Liberalitem *jucundiorem* debitor gratus, *clariorem* ingratus facit. Plin. j. — Mesopotamiam *fertilem* efficit Euphrates. Cic. — Summum concilium majores nostri appellârunt *senatum*. Cic. — Reges suos Romani *cæsares augustosque* cognominavêre. Just. — Timidus vocat se *cautum*, *parcum* sordidus. P. S. — Thebani Philippum, Macedoniæ regem, *ducem* eligunt. Just. — Roma *patrem* patriæ Ciceronem libera dixit. Juv. — M. Cato *cellam penariam* reipublicæ nostræ, *nutricem* plebis romanæ, Siciliam nominavit. Cic. — Epaminondas philosophiæ *præceptorem* habuit Lysim Tarentinum Pythagoræum. Nep. — Homerus principibus heroum certos deos periculorum *comites* adjungit. Cic.

---

§ x. *Complément des prépositions.*

20. Justitia *erga Deum*. Fulgere *in tenebris*.

Les prépositions avec leurs complémens expriment différentes circonstances de temps, de lieu, de manière, etc. Elles modifient soit le sujet : *Justitia erga Deum religio dicitur*. Cic. : La justice envers Dieu se nomme religion ; soit l'attribut : *Felium in tenebris fulgent oculi*. Plin., les yeux des chats brillent dans les ténèbres ; soit un complément de l'attribut : *Templum de marmore ponam*. Virg., j'élèverai un temple de marbre.

Trente prépositions veulent leur complément à l'accusatif. (Voyez page 89).

Pauci veniunt ad senectutem, peu d'hommes parviennent jusqu'à la vieillesse.

21. Douze prépositions veulent leur complément à l'ablatif. (Voyez pag. 89)

Nemo potest esse beatus sine virtute, personne ne peut être heureux sans la vertu.

OBSERVATIONS I. *E* ne s'emploie que devant les mots qui commencent par une consonne : *è memoriâ*. *Ex* s'emploie devant les consonnes comme devant les voyelles : *ex aquâ, ex vitâ*.

A s'emploie devant les consonnes : *a capite*. *Ab* devant les voyelles, et quelquefois devant *d, j, l, n, r, s : ab oculis, ab Jove, ab lege , ab nobilitate, ab reo, ab sede*. *Abs* se met ordinairement devant *q , r, s*, et particulièrement devant *t*. Abs *quolibet, abs te*.

II. Trois prépositions suivent leur complément , savoir :

Tenus, qui gouverne l'ablatif, si le complément est au singulier, *cœlo tenùs* , jusqu'au ciel; et le génitif, si le complément est pluriel, *lumborum tenùs*, jusqu'aux reins (on sous-entend *parte*.)

Versùs, *Brundusium versùs*, vers Brindes. *Versùs* est joint quelquefois aux prépositions *ad* ou *in: ad Alpes versùs , in forum versùs*.

Cum se met toujours après les pronoms *me, te, se, nobis, vobis*. On fait un seul mot du pronom et de la préposition *Mecum, tecum, secum, nobiscum, vobiscum ;* au lieu de *cum me, cum te*, etc. On dit aussi *quocum, quicum, quibuscum*.

22. Quatre prépositions : *in, sub, subter, super*, veulent leur complément à l'accusatif ou à l'ablatif (1).

Les deux premières prépositions veulent l'accusatif lorsqu'on marque un mouvement pour passer dans quelque lieu : *In mare se Rhodanus evolvit*, le Rhône se jette dans la mer, et l'ablatif lorsqu'il n'y a point de mouvement pour passer d'un lieu à un autre : *quædam aves se in mari mergunt*, quelques oiseaux se plongent dans la mer.

[Prépositions qui régissent l'accusatif.]

Tendit *ad ardua* virtus. Ovid — Sophocles *ad summam senectutem* tragœdias fecit. Cic. — Cæsar *adversùm Pompeium* dimicavit. Eut. — Patrium habet Deus *adversus bonos viros* ani-

____

(1) Ces quatre prépositions gouvernent aussi fort souvent le cas de la préposition pour laquelle elles sont mises , et par laquelle on peut les remplacer. *Sub horam pugnæ*, au lieu de *circa*, environ l'heure du combat. *Amor in patriam* pour *erga* , l'amour envers la patrie. *Super hac re* au lieu de *de*, touchant cela. PORT-ROYAL.

mum. Sen. — Propone Deum *ante oculos*. Cic. — *Apud Hero-dotum*, patrem historiæ, sunt innumerabiles fabulæ. Cic. — *Circa flumina et lacus* frequens nebula est. Sen. — Præparetur animus *contra omnia*. Sen. — Terra se *circum axem* convertit et torquet. Cic — Justitia *erga Deum* religio dicitur, *erga paren-tes* pietas. Clc. — *Infra Saturnum* Jovis stella fertur. Cic. — Alexander Clitum *inter epulas* transfodit. Sen. — Omnes virtu-tes *inter se* nexæ et jugatæ sunt. Cic. — Multi *intra vicesimum diem* dictaturâ se abdicaverunt. Liv. — Virgæ (1) fiunt *juxta solem* in nube. Sen. — Rari cometæ, et *ob hoc* mirabiles sunt. Sen. — Principio rerum gentium nationumque imperium *penes reges* erat. Just. — Brutum consulem romanæ matronæ *per annum* luxerunt. Eut. — Condita Massilia est *propè ostia* Rho-dani amnis. Just. — Janus bis *post Numæ regnum* clausus fuit. Liv. — Septem Græciæ sapientes omnes, *præter Milesium Tha-len*, civitatibus suis præfuerunt. Cic.—Multi, *propter* gloriæ *cupi-ditatem*, bella sæpè quæsierunt. Cic. — Athenienses, *propter* Pisistrati *tyrannidem*, omnium suorum civium potentiam exti-mescebant. Nep. — *Secundùm deos*, homines hominibus maximè utiles esse possunt. Cic. — Nulla potentia *supra leges* esse debet. Cic.—Græci incoluêre terras priùs *cis Apenninum*, postea *trans Apenninum*. Liv. — Iliacos *intra muros* peccatur (2) et *extra*. Hor. — Medus ad mare *meridiem versus* evehitur. Curt.

[Prépositions qui régissent l'ablatif.]

Urbem Romam *a principio* reges habuêre. Tac. — Adriaticum mare *ab Adriâ* Tuscorum *coloniâ* vocavêre Italicæ gentes. Liv. — Cantabit vacuus *coram latrone* viator. Juv. — Leonidas, rex Spartanorum, *cum quatuor millibus* militum, angustias Ther-mopylarum occupavit. Just. — Propè est *a te Deus*, *tecum est*. Sen. — Omnia mea *mecum* porto, inquit Bias. Cic. — Sæpè ani-mus *a se* ipse dissidet, *secumque* discordat. Cic. — Aristoteles *de arte rhetoricâ* tres libros scripsit. Quint. — Duas *ex unâ ci-vitate* discordia facit. Liv. — Usitatæ res facilè *e memoriâ* ela-buntur, insignes et novæ manent diutiùs. Ad Her. — *Ex vitâ* discedo, tanquam *ex hospitio*, non tanquam *ex domo*. Cic. — *Præ iracundiâ* non sum apud me. Ter. — Iphicrates genus lo-ricarum mutavit et *pro ferreis atque æneis* linteas dedit. Nep. — Est vita insuavis *sine litterarum studiis*. Cic. — Nullius boni jucunda possessio est *sine socio*. Sen.—Alexander omnia *Oceano tenus* vicit. Sen.

[Prépositions qui régissent l'accusatif et l'ablatif.]

Arar *in Rhodanum* influit. Cæs. — Amplissima fortuna invi-diam *in nos* concitat. Cic. — Ex adolescentiâ tuâ *in amicitiam meam* te contulisti. Cic. — Boni nullo emolumento impelluntur

(1) Virga, *arc-en-ciel imparfait.*
(2) Peccatur, *il est péché, on fait des fautes.*

in fraudem, improbi sæpè parvo. Cic. — Annus dividitur *in* *ver et æstatem et autumnum et hiemem.* Varr. — T. Manlius *perindulgens in patrem,* idemque acerbus et severus *in filium* fuit. Cic. — *In jugá* fœda mors est, *in victoriá* gloriosa. Cic. — Aliena vitia *in oculis* habemus, a tergo nostra sunt Sen. — Beata vita *in* animi *robore* ac *magnitudine,* et in omnium re -rum humanarum *despicientiá* ac mortis *contemptione* ponitur. Cic. — Socrates triginta dies *in carcere et in exspectatione* mortis exegit. Sen. — Mala conscientia etiam *in solitudine* anxia atque sollicita est : bona turbam advocat. Sen. — Timotheus Corcyram *sub imperium* Atheniensium redegit. Nep. — Rabiosi canes caudam *sub alvum* reflectunt. Plin. — Sæpè est etiam *sub palliolo sordido* sapientia. Cic. — Etiam *sub marmore* *atque auro* servitus habitat. Sen. — Plato iram in pectore, cupiditatem *subter præcordia* locavit. Cic. (1).— *Super tabernaculum* Darii imago solis fulgebat. Curt. — Babyloniæ *super arce* (vulgatum Græcorum fabulis miraculum) pensiles horti sunt. Curt.

---

§ XI. *Emploi ou ellipse des prépositions devant diverses sortes de noms.*

Noms de temps.

23. Cicero vixit *tres et sexaginta annos.* Veniet *die dominicá.*

L'espace de temps que dure une action, qu'elle a duré ou durera, se met à l'accusatif, et l'on sous-entend *per,* pendant; ou à l'ablatif, et l'on sous-entend *in,* dans. Ex. :

Cicero vixit tres et sexaginta annos ou *tribus et sexaginta annis,* Cicéron vécut soixante-trois ans.

Le temps précis auquel une action se fait, s'est faite ou se fera, se met à l'ablatif, et l'on sous-entend *in,* dans. Exemple :

Veniet die dominicá, il viendra dimanche.

Romulus *septem et triginta* regnavit *annos,* Numa *tres et quadraginta.* Liv. — Decem quondam annos urbs oppugnata est ob unam mulierem ab universâ Græciæ. Liv. — *Noctes atque dies* patet atri janua Ditis. Virg. — Quædam bestiolæ *unum diem* vivunt. Cic. — Xerxes bellum adversùs Græciam *quinquennium* instruxit. Just. — Imperium Assyrii *mille trecentis annis* tenuere. Just. —

(1) Omnes ferre libet *subter densâ testudine* casus. Virg. Æ. 9. 514: Sous leur épaisse tortue, ils se plaisent à braver tous les dangers.

Mithridates regnavit *annis sexaginta*, vixit *septuaginta duobus*, contra Romanos bellum habuit *annis quadraginta*. Eut. — Arbores magnæ diu crescunt, *und hord* exstirpantur. Curt. — Augustus obiit *septuagesimo et sexto* ætatis *anno*. Suet. — Roma condita est olympiadis sextæ *anno tertio*. Eut. — Arabes campos et montes *hyeme et æstate* peragrant. Cic. — Socrates *supremo* vitæ *die* multa de immortalitate animorum disseruit. Cic. — Elephantos Italia primùm vidit Pyrrhi regis *bello*. Plin.

NOMS DE LIEU.

24. Sum *in Galliâ*. Eo *in Galliam*. Redeo *ex Galliâ*. Iter feci *per Galliam*.

Il y a quatre manières de considérer un lieu ; on les désigne par les quatre questions suivantes :

Ubi ? où ? (lieu où l'on est) *Ubi est ?* Où est-il?

Quò ? où ? (lieu où l'on va) *Quò vadit?* Où va-t-il ?

Undè ? d'où ? (lieu d'où l'on vient) *Unde venit ?* d'où vient-il ?

Qua ? par où ? (lieu par où l'on passe) *Quà* (1) *transiit ?* par où est-il passé ?

Question ubi. Le nom du lieu où l'on est, où l'action se passe, se met à l'ablatif. Il est le complément de la préposition *in*. Ex. : *Sum in Galliâ*, je suis en France. *Ambulat in horto*, il se promène dans le jardin.

Question quò. Le nom du lieu où l'on va, dans lequel on entre, se met à l'accusatif avec *in*; et l'objet vers lequel on va se met à l'accusatif avec *ad*. Ex. : *Eo in Galliam*, je vais en France. *Lupus et agnus ad eumdem rivum venerunt*, le loup et l'agneau vinrent au même ruisseau.

Question unde. Le nom du lieu d'où l'on vient, de l'objet dont on s'éloigne, se met à l'ablatif avec *e*, *ex*, *a*, *ab*. Ex. : *Redeo ex Galliâ*, je reviens de la France. *Venio a judice*, je viens de chez mon juge.

Question quá. Le nom du lieu par où l'on passe se met à l'accusatif avec *per*. Exem. : *Iter feci per Galliam*. J'ai passé par la France.

(1) Sous-entendu *viâ*.

25. Atticus *Athenis* habitabat. Ibo *Lutetiam*. Redeo *Lugduno*.

Aux trois premières questions , l'usage le plus fréquent des bons auteurs est d'exprimer la préposition devant les noms communs et devant les noms propres de grands lieux, tels que les contrées, les provinces, et de la sous-entendre devant les noms de villes, de villages , et quelquefois devant ceux d'îles. Exemples :

Atticus Athenis habitabat habebatque in Italia posses-siones, Atticus habitait à Athènes et avait ses possessions en Italie.

Cæsar legionem in Italiam mittit, César envoie une légion en Italie. *Ibo Lutetiam*, j'irai à Paris. *Lycurgus Cretam profectus est*, Lycurgue partit pour l'île de Crète.

Curius ex Italiâ Pyrrhum expulit , Curius chassa Pyrrhus de l'Italie. *Redeo Lugduno* , je reviens de Lyon (1).

26. Natus est *Lutetiæ*.

A la question *ubi*, les noms propres de villes de la première et de la seconde déclinaison , au singulier seulement , au lieu de se mettre au cas que veut la préposition sous-entendue, se mettent au génitif. On sous-entend *in urbe*. Ex. :

Natus est Lutetiæ, il est né à Paris ; *vixit Lugduni* , il a vécu à Lyon (2).

27. Eo *rus*, *domum*. Redeo *rure*, *domo*.

Domus et *rus* sont assimilés aux noms de villes et comme eux ne prennent pas la préposition. Exemp. :

Sum rure ou *ruri*, je suis à la campagne. *Ruri* est à l'ablatif comme *rure*. *Eo domum* , je vais à la maison ; *eo*

____

(1) A la question *quà*, on trouve quelquefois l'ablatif sans préposition devant les noms de villes (*in* est sous-entendu). *Româ transiit* , il a passé par Rome.

(2) Si au nom propre de ville on joint un adjectif ou un substantif par apposition , on doit exprimer la préposition que veut chaque question. *Eo in magnam Romam;* je vais dans la grande Rome. *Redeo ex urbe Lugduno* , je reviens de Lyon.

rus, je vais à la campagne. *Redeo domo*, je reviens de la maison ; *redeo rure*, je reviens de la campagne.

Sum *domi*. Jacet *humi*.

A la question *ubi*, *domus* et *humus* se mettent au génitif en sous-entendant *in ædibus*, *in sede* pour le premier ; *in loco* pour le second.

Exemples : *Sum domi*, je suis à la maison ; *jacet humi*, il est couché par terre (1).

Quis clarior *in Græcid* Themistocle, quis potentior ? Cic. — Disciplina Pythagoræorum aliquot secula *in Italiá Siciliá*que viguit. Cic. — Tyriorum coloniæ penè *orbe toto* diffusæ sunt ; Carthago *in Africá, in Bœotiá* Thebæ, Gades *ad Oceanum.* Curt. — Xerxes *terrá marique* bellum intulit Græciæ. Nep. — Quadraginta millia librorum *Alexandriæ* arserunt. Sen. — *Lacedæmone* fuit honestissimum domicilium senectutis. Cic. — Constantinus Augustus *Nicomediæ* obiit. Eut. — *Babylone* Alexander est mortuus. Cic. — Artemisia, Mausoli Cariæ regis uxor, nobile illud *Halicarnassi* fecit sepulcrum. Cic. — Tarquinius non primus, sed tertius *Romæ* peregrinus regnum affectabat. Liv. — Conon plurimùm (2) *Cypri* vixit, Iphicrates *in Thraciá*, Timotheus (3) *Lesbi*. Nep. — Cimon *in oppido Citio* est mortuus. Nep. — Eram *domi* imperator summus. Plaut. — Condiunt Ægyptii mortuos et eos servant *domi*. Cic. — Marius, septimùm consul, *domi suæ* senex est mortuus. Cic. — Manlius *rure* juventam egit. Liv. — Scipionis consilio atque virtute Hannibal *in Africam* redire atque *ex Italiá* decedere coactus est. Cic. — Sternitur, exanimisque tremens procumbit *humi* bos. Virg. — Curius primus *Romam* elephantos quatuor duxit. Eut. — Multæ nationes quondam *Delphos* ad Apollinis oraculum profectæ sunt. Cic. — Aristidis arbitrio, quadringenta et sexaginta talenta quotannis *Delum* sunt collata. Nep. — Aristoteles, Theophrastus, Zeno, innumerabiles alii philosophi nunquam *domum* reverterunt. Cic. — Lælius et Scipio *rus ex urbe*, tanquam *è vinculis*, evolabant. Cic. — Primus *in Græciam ex Ægypto* Danaus advenit. Plin. — Nemo aut miles, aut eques *à Cæsare ad Pompeium* transierat. Cæs. — In prælii concursu abit res *à consilio ad vires*. Nep. — Demaratus, Tarquinii regis pater, fugit *Tarquinios Corintho*, et ibi suas fortunas constituit. Cic. —

(1) Joints à un adjectif ou à un génitif *domus*, *rus*, *humus*, rentrent dans la règle générale et prennent la préposition de chaque question. Ex. : *ex domo Cæsaris, in rure amæno, ad domum nostrum, in eâdem humo*. A la question *ubi* seulement on peut joindre au génitif *domi* les adjectifs possessifs *meus*, *tuus*, *suus*, etc. *Domi meæ*, chez moi, *domi suæ*, chez lui.

(2), (3) In insulâ.

Pompeius *Luceriá* proficiscitur *Canusium*, atque indè *Brundusium*. Cæs. — Æschines cessit *Athenis* et se *Rhodum* contulit. Cic. — Dionysius tyrannus, *Syracusis* expulsus, *Corinthi* pueros docebat. Cic.—Princeps academiæ Philo cum Atheniensium optimatibus Mithridatico bello *domo* profugit, *Romamque* venit. Cic. — Alexander equo *per Babylonem* vectus est. Curt. — Hannibal *in labicanum agrum* venit. Inde *Algido* Tusculum (1) petiit. Liv. — Phœbidas Lacedæmonius iter *per Thebas* fecit et arcem oppidi occupavit. Nep.

Noms d'instrument, de cause, de manière, de prix,

28. Ferire *gladio*. Pallere *metu*. Vincis *formá*. Hic liber constat *viginti assibus*.

Le nom du moyen ou de l'instrument par lequel une chose se fait, de la cause pourquoi cette chose se fait, de la manière dont elle se fait, se met à l'ablatif en sous-entendant les prépositions *cum*, *in*, *a*; *ex*. Exemples :

Ferire gladio (cum *gladio*), frapper de l'épée.

Vulpes caseum avidis rapuit dentibus (cum *dentibus*), le renard saisit le fromage avec des dents avides.

Pallere metu (à *metu*), pâlir de crainte.

Vincis formâ, *vincis magnitudine*, tu l'emportes en beauté, tu l'emportes en grandeur.

Le nom du prix ou de la valeur de la chose se met à l'ablatif en sous-entendant la préposition *pro*. Exemples :

Hic liber constat viginti assibus (pro *viginti assibus*), ce livre coûte vingt sous.

Licere præsenti pecuniâ, être mis en vente argent comptant.

Concordiâ res parvæ crescunt, *discordiâ* maximæ dilabuntur. Sall. — Sol cuncta *suâ luce* illustrat et complet. Cic. — Pharos è turri *nocturnis ignibus* cursum navium regit. Plin. — Homines annum solis *reditu* metiuntur. Cic. — *Veritate* amicitia ; *fide* societas ; *pietate* propinquitas colitur. Cic. — Epaminondæ nemo thebanus par erat *eloquentiâ*. Nep. — Cleopatra sibi aspidem admisit, et *veneno* ejus exstincta est. Eut. — *Veneno* absumpti Hannibal et Philopœmen. Liv. — Nonnulli sive *felicitate quâdam*, sive *bonitate* naturæ, sive parentûm *disciplinâ*, rectam vitæ secuti sunt viam. Cic. —

_____

(1) *Labicum*, *Algidum*, *Tusculum*, villes du Latium.

Plerasque urbes *munitionibus* ac *naturali situ* inexpugnabiles, *fame siti*que tempus ipsum vincit atque expugnat. Liv. — Hannibal Italiam per annos sexdecim *variis cladibus* fatigavit. Just. — *Suo* quisque *metu* pericula metitur. Sall. — Medici graviores morbos *asperis remediis* curant. Curt. — Socrates, omnium eruditorum *testimonio*, totiusque *judicio* Græciæ, philosophorum omnium fuit princeps. Cic. — Terra vestita est *floribus, herbis, arboribus, frugibus.* Cic. — Non modò *patienti*, sed etiam *libenti animo* religioni parebo. Cic. — *Dente* lupus, *cornu* taurus petit. Hor. — Atticus sæpè *suis opibus* inopiam Atheniensium publicam levavit. Nep.— Mithridates bella cum Romanis per quadraginta quatuor annos *variâ victoriâ* gessit. Just. — Pericles florebat *omni genere* virtutis. Cic. — Manlius virtutem filii *morte* multavit. Quint. — Aut *morbo* aut *vetustate*, formæ dignitas deflorescit. ad Her. — Pyrrhus patriam suam angustam ignobilemque, *famâ* rerum gestarum et *claritate* nominis sui, toto orbe illustrem reddidit. Just. — *Doctrinâ* Græcia Romanos et *omni* litterarum *genere* superabat. Cic. — Celsæ *graviore casu* decidunt turres. Hor. — Virtus sola neque datur *dono*, neque accipitur. Sall. — Cato non *divitiis* cum divite ; neque *factione* cum factioso ; sed cum strenuo *virtute* ; cum modesto *pudore*; cum innocente *abstinentiâ* certabat. Sall. — Pallida mors *æquo* pulsat *pede* pauperum tabernas regumque turres. Hor. — Vulgus amicitias *utilitate* probat. Ovid. — *Viginti talentis* unam orationem Isocrates vendidit. Plin. — Otium non *gemmis*, neque *purpurâ* venale, nec *auro*. Hor. — Spem *pretio* non emo. Ter. — Seius in caritate annonæ *asse* modium populo dedit. Cic.

CHAPITRE II. Dépendance des propositions.

§ 1. *Des modes.*

29. Il y a trois modes personnels en latin : l'indicatif, l'impératif, le subjonctif.

L'indicatif indique l'action comme un fait positif, et présente un sens complet de lui-même sans dépendre d'aucun autre verbe.

Toutes les phrases données jusqu'ici sont autant d'exemples de l'emploi de ce mode.

L'impératif représente l'action du verbe comme ordonnée par la personne qui parle.

Le français manque de troisièmes personnes à l'impératif ; et pour les traduire, il est forcé d'emprunter les formes correspondantes du subjonctif. *Esto, sunto*, qu'il soit, qu'ils soient. De son côté le latin n'a pas de première personne plurielle à l'impératif , et il est obligé de remplacer cette forme par la forme subjonctive correspondante : *simus* , *eamus* , soyons , allons.

Il est à remarquer que les troisièmes personnes au pluriel : *Sunto* , *amanto* , *monento* , ne sont guère usitées que dans les lois.

Sperne voluptates. Hor. — *Nosce* te , *nosce* tuum animum. Cic. — Omnem aditum malis *præcludito.* Phæd. — Cœlestia semper *spectato,* humana *contemnito.* Cic. — Fructu, non foliis arborem *æstima.* Phæd. — Ignoscito sæpè alteri, nunquam tibi. P. S. — *Laudato* ingenia rura, exiguum *colito.* Virg. — In rebus prosperis superbiam arrogantiamque magnoperè *fugiamus.* Cic — Sine querelâ mortalitatis jura *pendamus.* Sen. — Salus populi suprema lex *esto.* Cic. — Virgines vestales in urbe *custodiunto* ignem foci publici sempiternum. Cic. — Hominem mortuum, inquit lex, in urbe ne *sepelito,* neve *urito.* Cic. — Censores bini *sunto ;* magistratum quinquennium *habento ;* reliqui magistratus annui *sunto* Cic.

Le subjonctif est un mode essentiellement subordonné; il suppose toujours une proposition principale antécédente, soit exprimée, soit sous-entendue, sans laquelle il ne formerait aucun sens; et il ajoute ordinairement à la signification du verbe une idée de temps futur et un degré plus ou moins grand d'incertitude. (*Voyez* des exemples de l'emploi de ce mode de 34 à 40, de 210 à 235, 245, 264, 346.)

Il y a deux modes impersonnels, l'infinitif et le participe. (*Voyez* des exemples de l'emploi de ces modes de 41 à 52, de 236 à 242, de 250 à 261, 349.)

§ II. *De la proposition incidente et de la proposition subordonnée.*

30. La proposition incidente se lie à la principale :

1°. Par un pronom relatif suivi, soit de l'indicatif, soit du subjonctif. Exem. : *Scipio* QUI VICIT *Hannibalem* accepit cognomen *Africani.* — *Nemo reperitur* QUI SIT *studio nihil consecutus.*

2°. Par des mots conjonctifs exprimant l'interrogation, le doute, tels que *an* , *utrum,* si ; *cur,* pourquoi ; *quàm, quotus,* combien, etc., toujours suivis du subjonctif. Exemple : *Multæ gentes nondum sciunt* CUR *luna* DEFICIAT.

3°. Par des conjonctions telles que *ut*, que ; *quin*, que... ne, toujours suivies du subjonctif ; *quòd*, que, de ce que, suivie tantôt de l'indicatif, tantôt du subjonctif. Exemple : *Potest fieri* ut *fallar*.

La proposition subordonnée se lie à la principale par des conjonctions exprimant le temps, ex. : *cum*, lorsque, *dum*, tandis que ; la manière, ex. : *sicut*, comme ; le motif, ex. : *quia*, parce que ; *ut*, afin que ; la condition, ex. : *si*, si ; l'opposition, ex. : *quamvis*, quoique ; les unes suivies de l'indicatif, les autres du subjonctif ; d'autres enfin, tantôt de l'indicatif, tantôt du subjonctif. Exem. : Dum loquimur, *œtas invida fugerit*.

31. La nature grammaticale des propositions est distinguée en latin par le cas auquel on met le sujet.

Si le sujet est au nominatif, la proposition est *directe* : Nemo *potest esse beatus sine virtute.*

Si le sujet est à l'accusatif, la proposition est dite *infinitive*, parce qu'alors le verbe en est toujours au mode infinitif : *Credo* te flere.

Si le sujet et l'attribut sont à l'ablatif, la proposition peut être nommée *adverbiale*, parce que, comme un adverbe, elle exprime toujours un terme circonstanciel : Partibus factis, *sic locutus est leo.*

§ III. *Proposition incidente liée à la principale par un pronom relatif.*

32 Scipio *qui* vicit... Commoda *quibus* utimur...

Scipio, *qui vicit Hannibalem*, accepit cognomen Africani. Scipion, qui vainquit Hannibal, reçut le surnom d'Africain.

Cette phrase renferme deux propositions : *Scipio accepit cognomen Africani*, proposition principale ; *qui vicit Hannibalem*, proposition incidente explicative dont le sujet est le pronom relatif *qui*.

Ego miserior sum quam tu, *quœ es miserrima*. Je suis plus malheureux que vous, qui êtes très-malheureuse.

Quœ es miserrima, proposition incidente explicative, dont le sujet est le pronom relatif *quœ*.

SAT PULCHER *qui sat bonus*. Celui qui est assez bon est assez beau.

Qui (est) sat bonus, proposition incidente déterminative, ayant pour sujet le pronom relatif *qui*, dont l'antécédent *is* est sous-entendu.

ACCEPI AB ARISTOCRITO TRES EPISTOLAS *quas ego lacrymis propè delevi*. J'ai reçu d'Aristocrite trois lettres que j'a presque effacées de mes larmes.

Quas ego delevi propè lacrymis, proposition incidente explicative, dans laquelle le pronom relatif *quas* sert de complément direct au verbe actif *delevi*.

COMMODA *quibus utimur* A DEO NOBIS DANTUR. Nous avons reçu de Dieu les avantages dont nous jouissons.

Quibus utimur, proposition incidente déterminative ; *quibus* complément du verbe *utimur*.

ULTRA EUM LOCUM *in quo Germani consederant*, PROGRESSUS EST CÆSAR. César s'avança au-delà du lieu où les Germains étaient campés.

In quo Germani consederant, proposition incidente déterminative ; *quo*, complément de la préposition *in*.

MORS TERRIBILIS NON EST IIS *quorum laus emori non potest*. La mort n'est point terrible pour ceux dont la gloire ne peut mourir.

Quorum laus emori non potest, proposition incidente déterminative ; *quorum*, génitif complément de *laus*.

On voit par tous ces exemples :

1°. Que le relatif sert à joindre deux propositions.

2°. Qu'il a toujours un antécédent exprimé ou sous-entendu. *Scipio qui... tu quæ... is qui. . epistolas quas... commoda quibus... locum in quo... iis quorum.*

3°. Qu'il est toujours à la tête de la proposition incidente et qu'il y peut jouer le rôle de sujet ou de complément.

4°. Qu'il s'accorde en genre, en nombre et en personne avec son antécédent, et cela parce que, si l'on faisait la construction pleine, cet antécédent se répéterait avec lui. *Scipio qui Scipio*, Scipion lequel Scipion ; *commoda quibus commodis*, les avantages desquels avantages.

[Pronom relatif, sujet de la proposition.]

Navis optimè cursum conficit ea *quæ scientissimo gubernatore utitur.* Cic.(1) — Verus amicus est is *qui est tanquam alter idem.* Cic. — Difficulter reciduntur vitia, *quæ nobiscum creverunt.* Sen. — Turpissima est jactura, *quæ fit per negligentiam.* Sen. — Vivunt ii, *qui ex corporum vinculis, tanquàm e carcere*, evolârunt. Cic. — Augustus rempublicam Tiberio reliquit, *qui privignus ejus, mox gener, postremò adoptione filius fuerat.* Eut. — Incumbe, per deos immortales, in eam curam et cogitationem, *quæ tibi summam dignitatem et gloriam afferat.* Cic. — Nemo reperitur *qui sit studio nihil consecutus.* Quint. — Mithridates Scythas invictos antea, *qui Sopyriona Alexandri magni ducem cum triginti millibus armatorum deleverant, qui Cyrum Persarum regem cum ducentis millibus trucidaverant, qui Philippum Macedonum regem fugaverant*, ingenti felicitate perdomuit. Just. — Judices, *qui ex lege judicatis*, legibus obtemperare debetis. Cic — *Qui à republicâ defecerunt*, ii nunquam jura civium tenuerunt. Cic. — *Quæ in terris gignuntur*, ad usum hominum omnia creantur. Cic.

[Pronom relatif, complément du verbe.]

Horatii unius manu parta victoria est, *quam ille mox parricidio fœdavit.* Flor. — Ea est jucundissima amicitia *quam similitudo morum conjugavit.* Cic. — Homines neque admirantur, neque requirunt rationes earum rerum *quas semper vident.* Cic. — Genus, forma, vires, opes, cætera *quæ fortuna dat*, non habent in se veram laudem. Cic. — Proditores etiam iis *quos anteponunt* invisi sunt. Tac. — Hostis apud majores nostros is dicebatur, *quem nunc peregrinum* dicimus. Cic. — Alexander Magnus, cum nullo hostium unquam congressus est, *quem non vicerit;* nullam urbem obsedit, *quam non expugnaverit;* nullam gentem adiit, *quam non subjecerit.* Just. — Nullus dolor est, *quem non longinquitas temporis minuat ac molliat.* Crc. — Marcellum, *cui maximè succensebat*, cum summâ illius dignitate, Cæsar restituit. Cic. — *Cui prodest scelus*, is fecit. Sen.t. — Grave est ingrati animi vitium, intolerabile, et concordiam, *quâ humana imbecillitas fulcitur*, scindit ac dissipat. Sen. — Imperium facilè retinetur iis artibus *quibus initio partum est.* Sall.

[Pronom relatif, complément d'un substantif, d'un adjectif, d'un verbe, ou d'une préposition.]

Arbores serit diligens agricola, *quarum adspiciet baccam ipse nunquam.* Cic. — Is vir erit *cujus animum fortuna nec prospera flatu suo efferet, nec adversa infringet.* Cic. — Una est amicitia in rebus humanis *de cujus utilitate omnes uno ore consentiunt.* Cic. — Non tenuit iram Alexander, *cujus potens non*

---

(1) Les propositions incidentes sont en italiques.

erat. Curt.—Fundamentum perpetuæ commendationis et famæ est justitia, *sine quâ nihil potest esse laudabile.* Cic. — Eloquentia non modò eos ornat, *penes quos est,* sed etiam universam rempublicam. Cic. — Omnium rerum *ex quibus aliquid acquiritur,* nihil est agriculturâ melius, nihil uberius, nihil homine libero dignius. Cic.

[Antécédent sous-entendu]

Bis vincit, *qui se vincit in victoriâ.* P. S. — *Iracundiam qui vincit,* hostem superat maximum. P. S. — Sapienter cogitant, *qui temporibus secundis casus adversos reformidant.* ad Her. — Magnus vir fuit, *qui sonos vocis, qui infiniti videbantur, paucis litterarum notis terminavit.* Cic.—*Unam qui tollit legem,* cæteras infirmat. Liv.—*Consilia qui dant prava cautis hominibus,* Et perdunt operam et deridentur turpiter. Phæd. —*Quod cessat ex reditu,* frugalitate suppletur. Plin.j — Semper in civitate, *quibus opes nullæ sunt,* bonis invident, malos extollunt, vetera odere, novä exoptant. Sall. — Turpis est, *qui alto sole in lecto dormiens jacet, qui vigilare mediâ die incipit, qui officia lucis noctisque pervertit.* Sen.— *Injuriam qui facturus est,* jam facit. Sen.

---

33. Bonis nocet *quisquis* pepercerit malis.

Quelques mots, auxquels on peut toujours substituer une autre expression dans laquelle se trouverait le relatif, lient comme lui la proposition incidente à la proposition principale ; et quelques-uns d'entre eux ont cela de remarquable, qu'ils appartiennent aux deux propositions : ainsi *quicumque,* qu'on pourrait remplacer par *omnis homo qui,* est le sujet de deux verbes ; *ubicumque* qui tient lieu de *in omni loco in quo,* est le terme circonstanciel de deux attributs. Exemple :

Bonis nocet quisquis *pepercerit malis,* quiconque épargne les méchans nuit aux bons. (C'est-à-dire *omnis homo qui,* tout homme qui... Proposition principale : *omnis homo bonis nocet.* Proposition incidente déterminative *qui pepercerit malis.*)

Quidquid (1) *in nos adulatio sine pudore congessit,* tanquam debitum prendimus. Sen. — *Quæcumque opinio* (2) *veritati repugnat,* falsa est. Sen. — Nos et eam patriam ducimus, *ubi* (3) *et nati :* et illam quâ excepti sumus. Cic. — Littora tùm patriæ lacrymans, portusque relinquo, Et campos *ubi* (4) *Troja fuit.*

---

(1) Omne id quod. (2) Omnis opinio quæ. (3) In quâ. (4) In quibus.

Ymg. — Mens peccat, non corpus; et *undè* (1) *consilium abfuit,* culpa abest. Liv. — Agesilaus non destitit, *quibuscumque rebus* (2) *posset,* patriam juvare. Nep. — *Ubicumque* (3) *multitudo est,* et legitimus rector multitudinis debet esse. Liv.

---

§ iv. *Proposition incidente liée à la principale par un mot conjonctif exprimant le doute ou l'interrogation, et toujours suivi du subjonctif.*

34. Quæ amicitia potest esse inter ingratos ? Rana quæsivit *quis major esset.*

Quand l'interrogation ou l'exclamation est directe, c'est-à-dire quand la phrase interrogative ou exclamative ne dépend d'aucune autre phrase antécédente, on emploie en latin comme en français l'indicatif. Exemple:

Quæ amicitia potest esse inter ingratos ? Quelle amitié peut-il exister parmi les ingrats?

35. Les signes les plus ordinaires de l'interrogation et de l'exclamation sont :

An Num Numquid Ecquid	} *devant le premier mot de la phrase.*	Cur Quare	} *pourquoi.*
		Quomodò *comment.*	
Ne *après le premier mot de la phrase.*		Ut Quam Quantùm	} *combien.*
Nonne Annon	} *quand la phrase est négative.*	Quandò *quand.* Ubi *où (station)* Quò *où (tendance)*	

Quà *par où.*
Undè *d'où.*
Quis, quæ, quid } *qui, quel,*
Quisnam, etc. } *quelle.*
Quot *combien.*
Quotus, a, um, *quel, combien.*
Quantus, a, um, *quel grand.*
Uter, ra, um, *lequel des deux.*
Cujus, a, um, *à qui, de qui.*

36. Ces mots interrogatifs et exclamatifs placés entre deux propositions veulent au subjonctif le verbe qui les suit. Exemples:

Quæritur quare hieme ningat, non grandinet. Sen. On cherche pourquoi il neige en hiver et pourquoi il ne grêle pas.

Quare hieme ningat, non grandinet, proposition incidente, déterminant le sujet grammatical *hoc* sous-entendu, et formant le sujet logique du verbe *quæritur.* La construction est : *hoc, nempè, quare ningat (in) hieme, non*

___

(1) Ab eo facto à quo. (2) Omnibus rebus quibus. (3) In omni loco in quo.

grandinet, *quæritur.* Cela, c'est-à-dire, pourquoi il neige en hiver et ne grêle pas, est cherché.

Rana quæsivit quis major esset. La grenouille demanda qui était plus grand.

Quis major esset, proposition incidente, déterminant le complément grammatical *hoc* sous-entendu, et formant le complément logique du verbe *quæsivit.* La construction est : *Rana quæsivit hoc*, nempè, *quis esset major.*

37. Les temps du subjonctif en latin se rendent en français par les temps correspondans de l'indicatif. Le subjonctif n'ayant pas de futur, on y supplée par le participe en *rus, ra, rum*, pour l'actif, et en *dus, da, dum* pour le passif avec *sim* ou *fuerim.*

Nescio quid agas	Je ne sais quelle chose vous faites.
ageres	vous faisiez
egeris	vous avez faite.
egisses	vous aviez faite.
acturus sis	vous ferez.
acturus fueris	vous aurez faite.
agendum sit	devra être faite.
agendum fuerit	aura dû être faite.

Num, *ne*, *an*, *utrum* s'emploient particulièrement :

1°. Après le verbe *dubitare*, s'il n'est accompagné ni d'une négation ni d'une interrogation.

2°. Après les verbes qui signifient *il n'importe pas*, *qu'importe*, *ne pas savoir si*, *demander si*, etc. Exem. :

Dubito an valeat. Je doute s'il se porte bien.

Natos suos rana interrogavit an esset bove latior. La grenouille demanda à ses petits si elle était plus grosse que le bœuf.

An quisquam *potest* sine perturbatione mentis irasci ? Cic.— Cogita tecum, *an*, quibuscumque debuisti gratiam, *retuleris.* Sen. — *Num* Deus omnia nostrî causâ *fecit ?* Cic. — Dubito, *num* idem tibi suadere, quod mihi, *debeam.* Plin. —*Numquid* duas habetis patrias ? Cic. — Scire velim, *numquid* necesse *sit*, esse Romæ. Cic.— *Ecquid* in Italiam *venturi sitis*, (1) fac sciam. Cic. — *Ubi* aut *qualis* est tua mens ? *potesne* dicere ? Cic. — Quæritur idem*ne* sit pertinacia et perseverantia. Cic. — *Nonne* poetæ post mortem nobilitari *volunt ?* Cic. — Quæsieras ex me, *nonne putarem*, tot seculis inveniri verum potuisse ? Cic. — *Quid ago ?* cur me *excrucio ?* cur me *macero ?* Ter. — *Quare*

____

(1) Fac (ut) sciam, *faites que je sache*, *faites-moi savoir.*

vitia sua nemo *confitetur* ? Sen. — Multæ gentes nondùm
sciunt, *cur* luna *deficiat, quare obumbretur.* Sen. — *Quomodo*
id quod temerè fit cæco casu præsentiri et prædici *potest?* Cic.—
Non video *quomodo* sedare *possint* mala præsentia præteritæ
voluptates. Cic. — *Ut vales ?* Plaut. — Videtis *ut* apud Homerum sæpissimè Nestor de virtutibus suis *prædicet* Cic. — *Quàm*
difficilis *est* virtutis diuturna simulatio ! Cic. — Qui multùm in
misericordiâ ponunt, ignorant *quàm* celeriter lacrymæ *inares-
cant.* Curt. — Incertum est *quàm* longa nostrûm cujusque vita
futura sit. Cic. — *Quantùm* animis erroris *inest.* Ovid. — Admirabile est, *quantùm* inter omnes oratores unus Demosthenes
excellat. Cic. —Ii qui de vobis loquuntur, *quamdiù loquentur?*
Cic.— Pecunia, honores, forma, valetudo, *quamdiù affutura
sint*, certum sciri nullo modo potest. Cic. — *Quoties* felicitatis
causa et initium *fuit*, quod calamitas vocabatur? Sen. —*Ubi
est* pater? Ter. — Præ gaudio *ubi sim* nescio. Ter. —*Omnes
tendunt* ad gaudium, sed undè stabile magnumque *consequantur*, ignorant. Sen. — *Quis* non paupertatem *extimescit ?* Cic. —
Quid quæque nox aut dies *ferat*, incertum est. Liv. — Deus
intelligit *quid* quisque *sentiat.* Cic. — Græci in conviviis solent
nominare *cui* poculum *tradituri sint.* Cic. —Incertum est *quo*
te loco mors *exspectet ;* itaque tu illam omni loco exspecta. Sen.
— Ciconiæ *quonam* e loco *veniant*, aut *quò* se *conferant*, in-
compertum adhuc est. Plin. —Hora *quota est?* Octava. Hor. —
Numerate *quot* ipsi *sitis.* Liv. — *Qualis sit* animus, ipse animus
nescit. Cic. — *Quas* urbes Semiramis *condidit ! quas* gentes *redegit* in potestatem! *quanta* opera *molita est ?* Curt. — Animantium *quanta* varietas *est!* Cic. — Defectiones solis et lunæ
ab hominibus cognitæ prædictæque sunt, *quæ, quantæ, quando
futuræ sint.* Cic. — *Cujum* (*est*) pecus? Virg. — *Cujum* vocem
audio ? Ter. — Rex *sit* e vobis *uter* quærite. Sen. trag.

---

§ v. *Proposition incidente et proposition subordonnée liées
à la principale par une conjonction.*

38. Potest fieri *ut fallar.* — Abs te peto *ut mihi ignoscas.* — *Si vis amari*, ama.

Potest fieri ut fallar, il peut être fait que je sois trompé,
il peut se faire que je me trompe.

(*Hoc*) *potest fieri*, proposition principale. *Ut fallar*, proposition incidente, déterminant le sujet grammatical *hoc*
sous-entendu, et formant le sujet logique du verbe *potest*.
La construction est : *Hoc*, nempè, *ut fallar potest fieri.*

Abs te peto ut mihi ignoscas, je demande de toi que
tu me pardonnes, je te demande de me pardonner.

Peto abs te, proposition principale. *Ut mihi ignoscas*, proposition incidente, déterminant le complément grammatical *hoc* sous-entendu, et formant le complément logique du verbe *peto*. Construction : *peto abs te hoc*, nempè, *ut ignoscas mihi*.

Si vis amari, ama. Si tu veux être aimé, aime.

Ama, proposition principale. *Si vis amari*, proposition subordonnée, exprimant un terme circonstanciel du verbe *ama*. Construction : *Ama, si vis amari.*

On voit, par ces exemples,

1°. Que la conjonction lie deux propositions.

2°. Qu'elle précède une proposition incidente ou une proposition subordonnée.

39. Remarque. L'emploi de l'indicatif ou du subjonctif après certaines conjonctions appartient à la syntaxe particulière et sera, par conséquent, traité dans le 2ᵐᵉ. livre. Nous nous contenterons de faire observer ici que *ut* marquant le dessein, l'intention, la cause finale ; *dùm* signifiant pourvu que, jusqu'à ce que ; *cùm* signifiant puisque, parce que, quoique ; *cùm* ou *quum*, *dùm*, *antequàm*, *priusquàm*, *si*, *nisi*, devant l'imparfait et le plus-que-parfait, se construisent avec le subjonctif. Exemples :

Ut ameris, amabilis esto, pour être aimé, sois aimable.

Clitellas dùm portem meas, pourvu que je porte mon bât.

Cùm res ita sint, puisque les choses sont ainsi.

Dùm urnam moveret, tandis qu'il agitait l'urne.

[Proposition incidente, sujet logique de l'attribut principal.]

Persæpè evenit, *ut utilitas cum honestate certet.* Cic. — Soli hoc contingit sapienti, *ut nihil faciat invitus, nihil dolens, nihil coactus.* Cic. — Expedit omnibus *ut singulæ civitates sua jura et suas leges habeant.* Just. — Ad Appii senectutem accedebat etiam *ut cæcus esset.* Cic. — Ita dîs placitum, *voluptatem ut mœror comes consequatur.* Plaut. — Omne corpus mutabile est. Ita efficitur, *ut omne corpus mortale sit.* Cic. — Hæc prima lex in amicitiâ sanciatur, *ut neque rogemus res turpes, nec faciamus rogati.* Cic. — Tria sunt quæ præstare debet orator, *ut doceat, moveat, delectet.* Quint. — Fuit tempus, *cùm rura colerent homines, neque urbem haberent.* Varr.

[Proposition incidente, complément logique de l'attribut principal.]

Fac *ut principiis consentiant exitus.* Cic. — Ante senectutem

curavi *ut bene viverem :* in senectute, *ut bene moriar.* SEN. —
Temperantia sedat appetitiones et efficit *ut hæ rectæ rationi
pareant.* Cic. — Philosophia adhortatur *ut Deo libenter pareamus.* SEN. — *Ut plurimis prosimus* eniti debemus. Cic. —
ILLUD te ad extremum oro, *ut in negotio tuo diligentissimus
sis.* Cic. — Hoc age, *ut te quotidiè meliorem facias.* SEN. —
Persarum principes pacti inter se sunt, *ut die statutâ, omnes
equos antè regiam primo manè perducerent, et cujus equus inter
solis ortum hinnitum primus edidisset, is rex esset.* JUST. —
Committam *ut nullum mecum factum reprehendere jure possis.*
Cic. — Hoc quotidiè meditare, *ut possis æquo animo vitam relinquere.* SEN. — Quem egò *ut mentiatur,* inducere possum ; *ut
pejeret,* exorare facilè potero. Cic. — PRIMAM ex naturâ HANC
habemus APPETITIONEM, *ut conservemus nosmet ipsos.* Cic. —
Victus tenuis magna secum affert : in primis *bene valeas.*
HOR. — Socrates accusatus est *quòd corrumperet juventutem et
novas superstitiones induceret.* QUINT. — Fit nescio quomodò,
ut magis in aliis cernamus quàm in nobismet ipsis, *si * quid
delinquitur* (* quid *pour* aliquid) Cic. — Quis dubitare potest,
quin Dei immortalis munus sit quod vivimus ? SEN. — Senectus
non impedit, *quominùs litterarum studia teneamus usque ad
ultimum tempus senectutis.* Cic.

[Proposition subordonnée, terme circonstanciel de l'attribut principal.]

Facilè omnes, *cùm valemus,* recta consilia ægrotis damus
TER. — Principiis obsta, serò medicina paratur, *cùm mala
per longas invaluêre moras.* OVID. — Antigonus, *cùm adversùs
Seleucum Lysimacumque dimicaret,* in prælio occisus est. NEP.—
Curio magnum auri pondus Samnites cùm attulissent, repudiati
ab eo sunt. Cic.— Druentia amnis *cùm aquæ vim vehat ingentem,*
non tamen navium patiens est. LIV. — *Dùm vitant stulti vitia,* in
contraria currunt. HOR. — *Canis per flumen carnem dùm fer-
ret natans,* lympharum in speculo vidit simulacrum suum.
PHÆD. — Oderint, *dùm metuant.* TAC. — Humiles laborant, *ubi
potentes dissident.* PHÆD. —Tempestas minatur, *antequàm sur-
gat :* crepant ædificia, *antequàm corruant.* SEN. —*Ante* videmus
fulgurationem *quàm sonum audiamus.* SEN. — Mithridates Da-
tamem ferro transfixit, *priùsque quàm quisquam posset succurrere,* interfecit. NEP. — *Postquàm pro modestiâ et pudore ambitio, vis aliæque cupiditates incessére,* leges conditæ sunt. SALL.
— Cato, *quoad vixit,* laude crevit. NEP. — Hannibal, *quotiescumque cum Romanis congressus est in Italiâ,* semper discessit
superior. NEP. — Sunt et belli, *sicut * pacis jura* (* s. sunt).
LIV.—Lacedæmonius Agesilaus, nomine, non potestate fuit rex,
sicut cæteri spartani (s. fuerunt reges). NEP. — Vir sapiens
omnia, quæ in vitam humanam incurrunt, fert libenter, *ut
pareat legi naturæ.* SEN. — Tactus toto corpore æquabiliter
fusus est, *ut omnes ictus omnesque nimios et frigoris et caloris
appulsus sentire possimus.* Cic. — Quædam terræ partes sunt
incultæ, *quòd aut frigore rigent, aut uruntur calore.* Cic. —

Omnis disciplina memoriâ maximè constat, frustràque docemur, si *quidquid audimus prœterfluit.* Quint. — *Si, primo prœlio, Catilina superior aut œquâ manu discesisset,* profectò magna clades rempublicam oppressisset. Sall. — *Nisi Ilias illa extitisset,* idem tumulus, qui corpus Achillis contexerat, nomen etiam obruisset. Cic — Vulnera, nisi * lacta tractataque, sanari non possunt. Liv. (* sint). — *Etsi sœpè exercitibus prœfuit, summosque magistratus gessit Phocion Atheniensis,* fuit tamen perpetuo pauper. Nep — Quicumque turpi fraude semel innotuit, *etiamsi verum dicit,* amittit fidem. Phæd.

---

40. Suum quisque *noscat* ingenium.

Le subjonctif suppose toujours une proposition principale antécédente. Si elle n'est point exprimée, on doit la scus-entendre. Exemple :

Suum quisque noscat ingenium, que chacun connaisse son génie. (*oportet ut quisque....* il faut que chacun....)

Appetitus rationi *pareant.* Cic. — *Cedant* arma togæ. Cic. — Assentatio, vitiorum adjutrix, procul *amoveatur.* Cic. — Victus cultusque corporis ad valetudinem *referantur,* et ad vires, non ad voluptatem. Cic. — Qui dedit beneficium, *taceat; narret,* qui accepit. Sen. — Pueri *legant* et *discant,* non modò quæ diserta sunt, sed magis quæ honesta. Quint. — Quod satis est cui contigit, hic nihil amplius *optet.* Hor. — *Placeat* homini quidquid Deo placuit. Sen. — Quod cuique obtigit, id quisque *teneat.* Cic.

---

§ vi. *Des modes impersonnels.*

Infinitif.

41. Turpe est *mentiri.* Amat *ludere.*

L'infinitif s'emploie, 1°. comme sujet de la proposition. Exemple :

Turpe est mentiri, mentir est honteux, il est honteux de mentir. L'infinitif *mentiri* est le sujet de la proposition et doit être regardé comme un substantif neutre qui détermine le genre de l'adjectif *turpe.*

2°. Comme attribut. Exemple :

Docto homini et crudito vivere est cogitare. Cic. Pour un homme qui sait bien et beaucoup, vivre c'est méditer.

3°. Comme sur-attribut. Exemple :

Luna solis lumine collustrari putatur. Cic. La lune est crue être éclairée par la lumière du soleil, on croit que la lune emprunte sa lumière du soleil.

4°. Comme complément direct d'un verbe actif ou employé comme tel. Exemples :

Amat ludere, il aime à jouer. *Desiit loqui*, il cessa de parler.

[Infinitif, sujet.]

Et *monere* et *moneri* proprium est veræ amicitiæ. Cic. — Pecuniam in loco *negligere* maximum interdum est lucrum. Ter. — Dulce et decorum est pro patriâ *mori*. Hor. — Vacare *culpâ* magnum est solatium. Cic — Fas est, privata odia publicis utilitatibus *remittere*. Tac. — In victoriâ vel ignavis *gloriari* licet. Sall. — Carum *esse* civem, benè de republicâ *mereri*, *laudari*, *coli*, *diligi* gloriosum est. Cic. — Quàm miserum est, *carere* consuetudine amicorum ! Cic. — Dolorem aut *extimescere* venientem aut non *ferre* præsentem turpe est. Cic. — In primis arduum videtur res gestas *scribere*. Sall. — Deforme est de se ipso *prædicare*, falsa præsertim. Cic. — Est operæ pretium (1) diligentiam majorum *recordari*. Cic. — In secundis rebus nihil in quemquam superbè ac violenter *consulere* decet. Liv. — Mala facinora conscientiâ flagellantur : proprium est nocentium *timere* semper et *expavescere*. Sen. — Principum munus est *resistere* et levitati multitudinis et perditorum temeritati. Cic. — *Diligere* parentes prima naturæ lex est. Val. Max. — Virum bonum *esse* semper est utile. Cic. — Apud Persas summa laus est fortiter *venari*. Nep. — (2) Improbi hominis est mendacio *fallere*. Cic.

[Infinitif après un verbe, soit comme attribut, soit comme sur-attribut, soit comme complément.]

Beneficium *accipere*, libertatem *vendere* est. P. S. — Profectò nihil est aliud benè et beatè *vivere*, nisi honestè et rectè *vivere*. Cic. — Zeuxis longè cæteris pictoribus *excellere* existimabatur. Cic. — Docemur *coercere* omnes cupiditates, nostra *tueri*, ab alienis mentes, oculos, manus *abstinere*. Cic. — Legati Athenas missi sunt, *jussique* inclytas leges Solonis *describere*. Liv. — Xantippe, Socratis philosophi uxor, morosa admodùm *fuisse* fertur et jurgiosa. Gell. — Neque civitas in seditione beata *esse* potest, nec in discordiâ dominorum domus. Cic. — Odium vel precibus *mitigari* potest, vel vetustate *sedari*. Cic. — Bona conscientia *prodire* vult et *conspici* : ipsas nequitia tenebras timet. Sen. — Nulla lassitudo *impedire* officium et fidem debet. Cic. — Venustatem muliebrem *ducere* debemus,

(1) *Operæ pretium est*, il est à propos, important.
(2) S. *proprium*.

dignitatem virilem. Cic. — Mater timidi *flere* non solet. Nep.
— Magna est vis consuetudinis; hæc *ferre* laborem, *contemnere*
vulnus et dolorem docet. Cic. — Non omnes sciunt *referre* beneficium. Sen. — *Vincere* sit Hannibal, victoriâ *uti* nescit. Liv. —
Adsuesce et *dicere* verum et *audire*. Sen. — *Culpari* metuit fides.
Hor. — Oderunt *peccare* boni virtutis amore. Hor. — Pyrrhi
temporibus, jam Apollo versus *facere* desierat. Cic. — Hamilcar
admodùm adolescentulus *præesse* cœpit exercitui. Nep. — Brevis
esse laboro, óbscurus fio. Hor.

---

§ VII. *De la proposition infinitive.*

42. Credo *te flere.*

Cette phrase : *Je sentis que l'espérance renaissait dans
mon cœur*, est formée de deux propositions liées par la
conjonction *que;* l'une principale : *Je sentis;* l'autre subordonnée : *l'espérance renaissait dans mon cœur.* La
même idée pourrait se rendre en supprimant la conjonction *que*, et en mettant à l'infinitif le verbe de la
proposition subordonnée. *Je sentis l'espérance renaître
dans mon cœur.* Ce dernier tour est d'un très-fréquent
usage en latin.

On dit également : *Gaudeo quod vales* et *gaudeo te valere*, je me réjouis que vous vous portiez bien.

Nous appellerons le premier tour, *quod vales*, une proposition directe, toute proposition étant directe quand le
verbe en est à un mode personnel; et le second, *te valere*,
une proposition infinitive, parce que le verbe en est à l'infinitif : le sujet d'une proposition infinitive est toujours à
l'accusatif.

La proposition infinitive peut se tourner par une proposition directe liée à la proposition principale par l'une
des conjonctions *quòd*, *ut*, *quin*, *an.*

Scio Petrum flere, c'est-à-dire, *quod Petrus flet*, je sais
que Pierre pleure.

Volo vos benè sperare et confidere, c'est-à-dire, *ut vos
benè speretis et confidatis*, je veux que vous ayez bon courage et bon espoir.

Non dubitat Christum id dixisse, c'est-à-dire, *quin Christus id dixerit*, il ne doute pas que Jésus-Christ n'ait dit cela.

Quis dubitat Deum esse, c'est-à-dire, *an Deus sit*, qui
doute qu'il y ait un Dieu ?

La proposition infinitive s'emploie en général après tous les verbes qui se rapportent à *dire* ou à *penser*, ou qui expriment une idée de volonté, de désir (1).

La proposition infinitive est ou le sujet ou le complément logique du verbe principal. Dans *gaudeo te valere*, *te valere* est le complément du verbe *gaudeo : gaudeo (hoc negotio quod est) : te valere*. Si l'on dit : *te valere mihi gaudio est*, *te valere* est le sujet du verbe *est : (hoc quod est) : te valere*, *est gaudio mihi*.

43. L'action exprimée par le verbe de la proposition infinitive est ou simultanée ou antérieure ou postérieure à l'action exprimée par le verbe de la proposition principale.

Les latins mettent au présent de l'infinitif le verbe de la proposition infinitive lorsque les actions exprimées par les deux verbes sont simultanées, c'est-à-dire, ont lieu dans le même temps. Exemple :

Credo te FLERE, je crois toi pleurer, que tu pleures. Je crois *maintenant* que tu pleures *maintenant*. Les deux actions de *croire* et de *pleurer* sont simultanées.

Ils mettent au parfait de l'infinitif le verbe de la proposition infinitive lorsque l'action qu'il exprime est antérieure à l'action exprimée par le verbe de la proposition principale. Exemple :

Credo te LEGISSE, je crois toi avoir lu, que tu as lu. L'action de *lire* est antérieure à celle de *croire*.

Ils mettent au futur de l'infinitif le verbe de la proposition infinitive lorsque l'action qu'il exprime est postérieure à l'action exprimée par le verbe de la proposition principale. Exemple :

Credo te LECTURUM ESSE, je crois toi être devant lire, toi devoir lire, que tu liras. L'action de *lire* est postérieure à celle de *croire* (2).

(1) Voyez II⁰. livre (236, etc.) dans quels cas et après quels verbes on peut employer indifféremment la proposition infinitive ou la proposition directe avec *quod, ut, quin, an*.

(2) Après le verbe *jubere*, ordonner, on emploie le présent et non le futur de l'infinitif, quoique l'action exprimée par le verbe de la proposition infinitive soit nécessairement postérieure à l'action d'ordonner. *Ptolemæus, rex Ægypti, sacros Judæorum libros in linguam græcam* TRANSFERRI *jussit*. Ptolomée, roi d'Égypte, ordonna les livres sacrés des Juifs être traduits en grec, fit traduire en grec les livres sacrés des Juifs.

Le tableau suivant guidera les élèves dans la manière de traduire en français les différens temps de l'infinitif latin.

te flere. — *c'est-à-dire toi pleurer.*

Latin	Français	Complément
Credo	Je crois	que tu pleures.
Credebam	Je croyais	que tu pleurais
Credidi	J'ai cru	
Credideram	J'avais cru	
Credam	Je croirai	que tu pleures
Credidero	J'aurai cru	que tu pleurais
Non credo	Je ne crois pas	que tu pleures
Non credebam	Je ne croyais pas	
Non credidi	Je n'ai pas cru	que tu pleurasses
Non credideram	Je n'avais pas cru	
Non crederem	Je ne croirais pas	

te flevisse. — *c'est-à-dire toi avoir pleuré.*

Latin	Français	Complément
Credo	Je crois	que tu pleurais / que tu as pleuré / que tu pleuras / que tu avais pleuré
Credidi	J'ai cru	que tu as pleuré / que tu avais pleuré
Credideram	J'avais cru	que tu avais pleuré
Credam	Je croirai	que tu pleurais / que tu as pleuré / que tu pleuras / que tu avais pleuré
Credidero	J'aurai cru	que tu as pleuré / que tu avais pleuré
Non credo	Je ne crois pas	que tu aies pleuré
Non crederem	Je ne croirais pas	
Non credidissem	Je n'aurais pas cru	que tu eusses pleuré

te fleturum esse. — *c-à-d. toi devoir pleurer.*

Latin	Français	Complément
Credo	Je crois	que tu pleureras / que tu pleurerais
Credebam	Je croyais	
Credidi	J'ai cru	que tu pleurerais
Credideram	J'avais cru	
Non credo	Je ne crois pas	que tu pleures

te fleturum fuisse. — *c-à-d. toi avoir dû pleurer.*

Latin	Français	Complément
Credo	Je crois	que tu auras pleuré / que tu aurais pleuré
Credebam	Je croyais	
Credidi	J'ai cru	que tu aurais pleuré
Credideram	J'avais cru	

[Proposition infinitive, sujet de la proposition principale.)

Me justum esse gratis oportet. Sen. — *A Deo necesse est mundum regi.* Cic. — *Socratem doctum et sapientem fuisse memoriæ*

traditum est. Cɪc. — Plurimum refert *colonos a primo mane
opus aggredi.* Coʟ. — Omnibus innatum et in animo quasi in-
sculptum *esse Deum.* Cɪc. — Verè dici potest *magistrum esse
loquentem legem, legem* autem *mutum magistratum.* Cɪc. —
Undique omni ratione concluditur, *mente consilioque divino
omnia in hoc mundo ad salutem omnium conservationemque
admirabiliter administrari.* Cɪc. — Memoriæ proditum est, *La-
tonem confugisse Delum, atque ibi Apollinem Dianamque peperisse.* Cɪc. — Vetus hæc opinio Græciam opplevit *vinctum* [1]
Saturnum a filio Jove. Cɪc. — Epaminondas ferrum in corpore
retinuit, quoad renuntiatum est *vicisse Bœotios.* Nᴇᴘ. — Facinus
est *vinciri civem romanum :* scelus, *verberari :* propè parricidium
necari. Cɪc. — Mihi scelus videtur, *me parenti proloqui mendacium.*
Pʟᴀᴜᴛ. — Verum est, *amicitiam, nisi inter bonos, esse non posse.*
Cɪc. — *Omnes homines qui de rebus dubiis consultant, ab odio,
amicitiá, irá atque misericordiá vacuos esse* decet. Sᴀʟʟ. — *Græcarum litterarum* constat *Catonem perstudiosum fuisse in senectute.* Cɪc. — Constat profectò *ad salutem civium, civitatumque
incolumitatem vitamque hominum quietam et beatam inventas
esse leges.* Cɪc.

[Proposition infinitive, complément de l'attribut principal.]

Sɪc mihi persuasi, sic sentio, *non posse animum nostrum esse
mortalem.* Cɪc. — *Lapidum conflictu atque tritu elici ignem* videmus. Cɪc. — *Philippum Macedonum regem, rebus gestis et
gloriá superatum a filio, facilitate et humanitate* video superio-
rem fuisse. Cɪc. — *Pompeios, celebrem Campaniæ urbem, dese-
disse terræ motu* audivimus. Sᴇɴ. — An censes *me tantos labores
suscepturum fuisse,* si iisdem finibus gloriam meam, quibus vitam, essem terminaturus ? Cɪc. — Scimus *legiones nostras in eum
sæpè locum profectas* [1] *alacri animo* undè *se nunquam redituras* [1]
arbitrarentur. Cɪc. — *Ex inimico cogita posse fieri amicum.* Sᴇɴ.
— *Solem* Persæ *unum deum esse* credunt. Lɪᴠ. — Socrates *se
omnium rerum inscium* [1] fingebat *et rudem.* Cɪc. — Lycurgus
auctorem legum [1] *Apollinem Delphicum* fingit. Jᴜsᴛ. — Numa
simulat *sibi cum deá Egeriá congressus nocturnos esse.* Lɪᴠ. —
Orpheum poetam docet Aristoteles *nunquam fuisse.* Cɪc. —
Varro dicit, *musas Plautino sermone locuturas fuisse* si latinè
loqui vellent. Qᴜɪɴᴛ. — Noctu ambulabat in publico Themistocles quòd somnum capere non posset : quærentibusque respon-
debat, *Miltiadis tropæis se è somno suscitari.* Cɪc. — Scipio
Africanus suo cognomine declarat, *tertiam partem orbis terrarum se subegisse.* Cɪc. — *Homerum* Colophonii *civem esse* dicunt
suum : Chii *suum* vindicant, Salaminii repetunt, Smyrnæi verò
suum esse confirmant. Itaque etiam delubrum ejus in oppido
dedicárunt. Permulti alii præterea pugnant inter se atque contendunt. Cɪc. — Ingens cupido Alexandrum stimulabat adeundi
Jovem *quem generis sui auctorem,* haud contentus mortali fastigio, aut credebat *esse* aut *credi* volebat. Cᴜʀᴛ. — Pollio Asinius

(1) *S. e.* Esse.

Cæsarem existimat *suos rescripturum et correcturum commentarios fuisse.* SUET: — Cùm prælium inibitis, memineritis *vos divitias, decus, gloriam, præterea libertatem atque patriam in dextris vestris portare.* SALL. — *Non utilem* arbitror *esse nobis futurorum scientiam.* Quæ vita fuisset Priamo, si ab adolescentiâ scisset, quos eventus senectutis esset habiturus? An *Cn. Pompeium* censes, *tribus suis consulatibus, tribus triumphis lætaturum fuisse,* si scisset *se in solitudine Ægyptiorum trucidatum iri?* CIC. — Quæ volumus et credimus libenter : et quæ sentimus ipsi, *reliquos sentire* speramus. CÆS. — Si in eos *quos* speramus *nobis profuturos* non dubitamus officia conferre : quales in eos esse debemus qui jam profuerunt. CIC. — Alcibiades *Athenas Lacedæmoniis servire* non poterat pati. NEP. — Ingenuas didicisse fideliter artes emollit mores , nec sinit *esse feros.* OVID. — *Alium silere* quod voles, primus sile. SEN. T. — Adrianus *finem imperii esse* voluit *Euphratem.* EUT. — Nemo est qui non *liberos suos incolumes et beatos esse* cupiat. CIC. — Non sum inscius *esse utilitatem in historiâ, non modò voluptatem.* CIC. — Vetat dominans ille in nobis Deus *injussu hinc nos suo demigrare.* CIC. — Lycurgus *virgines sine dote nubere* jussit, ut uxores eligerentur, non pecuniæ. JUST — Periisset omnis Ægyptus fame, nisi monitu Josephi rex edicto *servari per multos annos fruges* jussisset. JUST. — Alexander *sepulcrum Cyri* jussit *aperiri.* CURT. — *In urbe* * *sepeliri* lex vetat. CIC.

§ VIII. *Du participe.*

44. Gallus escam *quærens.* Cæsar Alexandriâ *potitus.*

Le participe est ainsi nommé parce qu'il tient tout à la fois de la nature du nom et de celle du verbe. Il est nom en ce qu'il est susceptible de genre, de nombre, de cas. Il est verbe en ce qu'il marque un temps et régit un cas.

Les participes, comme adjectifs, prennent le genre, le nombre et le cas du substantif ou du pronom auquel ils se rapportent ; et, comme verbes, régissent le même cas que les verbes d'où ils viennent.

Gallus escam quærens margaritam reperit. Un coq cherchant de la nourriture trouva une perle.

Le participe actif présent *quærens* s'accorde en genre, en nombre et en cas avec *gallus,* et régit l'accusatif parce qu'il vient du verbe actif *quærere.*

* *S,* homines.

Cæsar Calpurniam Pisonis filiam successuri sibi in con-sulatu duxit uxorem. César épousa Calpurnie , fille de Pison qui devait lui succéder dans le consulat. .

Le participe futur *successuri* s'accorde en genre , en nombre et en cas avec *Pisonis* et régit le datif comme le verbe *succedere* d'où il vient.

Cæsar, Alexandriâ potitus , regnum Cleopatræ dedit. Cé-sar, s'étant rendu maître d'Alexandrie , donna le royaume à Cléopâtre.

Le participe passé *potitus* s'accorde avec *Cæsar* et régit *Alexandriâ.*

Plato *scribens* mortuus est. Cic.—Levis est animi, lucem splen-doremque *fugientis,* justam gloriam , quæ fructus est veræ vir-tutis , repudiare. Cic. — Odiosum sane genus hominum officia *exprobrantium.* Cic.—Alexandro cœlestes honores *concupiscenti* non deerat perniciosa adulatio, perpetuum malum regum. Curt. — Julius Cæsar, annum *agens* sextum decimum, patrem amisit. Suet. — Athenienses virtute Codri, pro salute patriæ morti se *offerentis,* bello liberantur. Just. — Omnis benignitas properat , et proprium est libenter *facientis,* citò facere. Sen. — Sponte *peccanti* nullus est veniæ locus. Phæd. — Epaminondas erat modestus, prudens, gravis, temporibus sapienter *utens.* Nep. —Misericordia est ægritudo ex miseriâ alterius injuriâ *laboran-tis.* Cic. — Dionysius, cultros *metuens* tonsorios, candenti car-bone sibi adurebat capillum. Cic. — Qui erant cum Aristotele , Peripatetici dicti sunt, quia disputabant *inambulantes* in Ly-cæo. Cic.

Herculem Germani, primum omnium virorum fortium, *ituri* in prælia, canunt. Tac. — Stultus est, qui, equum *emturus,* non ipsum inspicit, sed stratum ejus ac frenos. Sen. — Multi non vivunt, sed *victuri* sunt, omnia differunt. Sen. — Ciconiæ *abituræ* congregantur in loco certo. Plin. — Hannibal erat victor ad Cannas ; jam Tarentum, jam Capuam habebat : ad urbem Romam *admoturus* videbatur. Liv.

Cùm Sagunti excidium Romæ nuntiatum est, summus pudor non *lati* auxilii Patres cepit. Liv. — Viri probi et de civibus comitantibus bene *meriti* exsequiæ virtutis ad cœlum reducis verè triumphalis est pompa. Cic. — Ingratus est injustusque civis, qui, armorum periculo *liberatus,* animum tamen retinet *armatum.* Cic. — Invidentiam esse dicunt ægritudinem *suscep-tam* propter alterius res secundas quæ nihil noceant invidenti. Cic — Nemo unquam imperium , flagitio *quæsitum,* bonis artibus exercuit. Tac. — Multi fabellas latinas, ad verbum de græcis *expressas,* non inviti legunt. Cic.—Pythagoras Cro-tonam venit , populumque in luxuriam *lapsum* auctoritate suâ ad usum frugalitatis revocavit. Just. — Timotheus a patre *acceptam* gloriam multis auxit virtutibus. Nep. — *Repulsus* a Spartanis Pyrrhus , Argos petit : ibi dùm Antigonum in urbe *clausum* expugnare conatur, saxo de muris *ictus* occiditur. Just. — Primus Scipio Africanus , nomine *victæ* ab se gentis , est nobilitatus. Liv. — Si beatus unquam fuisset Crœsus , beatam vitam usque ad illum a Cyro *exstructum* rogum protulisset. Cic. — Summæ est dementiæ, dubiâ spe *impulsum* , certum in periculum se committere. Cic. — Pauci et admodùm pauci , honore et gloriâ *amplificati*, vel corrumpere mores civitatis , vel corrigere possunt. Cic.

---

§ IX. *Du supin.*

45. Eo *lusum*. Res *dictu* facilis.

Les supins sont des noms neutres verbaux de la 4me déclinaison qui n'ont que deux cas : L'accusatif avec la signification active , *auditum* à entendre ; et l'ablatif avec la signification passive , *auditu* à être entendu.

L'accusatif du supin s'emploie en sous-entendant *ad* après les verbes qui marquent un mouvement vers quelque lieu. Exemples :

Eo lusum, je vais jouer. *Scitatum oracula Phœbi mittimus* , nous envoyons consulter les oracles de Phébus.

Le supin en *um* gouverne le même cas que le verbe d'où il est formé . *Oracula* est l'accusatif du supin *scitatum* qui vient du verbe actif *scitari*.

L'ablatif du supin s'emploie, en sous-entendant *in* , après les adjectifs *gratus* agréable à , *facilis* facile à , *difficilis* difficile à , *mirabilis* admirable à , etc. Exemple :

Res dictu facilis , chose facile à être dite , à dire.

Agesilaus Ephesum *hiematum* exercitum reduxit. Nep. — Galli gallinacei cum sole eunt *cubitum*. Plin. — Lacedæmonii Agesilaum *bellatum* miserunt in Asiam Nep. — Totius ferè Galliæ legati ad Cæsarem *gratulatum* convenerunt. Cæs. — Ædui legatos ad Cæsarem mittunt, *rogatum* auxilium. Cæs. — Antigonum Eumenes in Mediam *hiematum* coëgit redire. Nep. — Fabius Pictor Delphos ad oraculum missus est *sciscitatum* quibus precibus suppliciisque deos possent placare. Liv. — Præfecti regis Persarum legatos miserunt Athenas *questum*, quòd Chabrias adversùm regem bellum gereret cum Ægyptiis. Nep. — Philippus a Pausaniâ, cùm *spectatum* ludos iret, juxta theatrum occisus est. Nep. — Hannibal patriam *defensum* revocatus est. Nep. — Stultitia est, *venatum* ducere invitos canes. Plaut. — Ubi se flagitiis dedecoravêre turpissimi viri, bonorum præmia *ereptum* eunt. Sall.

Pleraque *dictu* quam re sunt faciliora. Liv. — Quod optimum *factu* videbitur, facies. Cic. — Sapiens, *vitatu*, quidque *petitu* sit meliùs, causas tibi reddet. Hor. — Difficile *dictu* est, quantoperè conciliet animos hominum comitas, affabilitasque sermonis. Cic. — Quid est tam jucundum *cognitu* atque *auditu*, quàm sapientibus sententiis, gravibusque verbis ornata oratio ? Cic.

---

§ x. *Des gérondifs et des participes futurs passifs.*

46. Le gérondif est un nom verbal : il a tous les cas excepté le vocatif ; mais il n'a qu'un genre et qu'un nombre, en quoi il diffère du participe futur en *dus*. Il est toujours neutre et singulier.

Le gérondif gouverne le même cas que le verbe d'où il vient, et s'emploie principalement lorsque le verbe est neutre. Lorsque le verbe est actif, on substitue au gérondif le participe futur passif, en le faisant accorder en genre, en nombre, en cas avec le substantif, qui se met alors au cas auquel on aurait mis le gérondif.

NOMINATIF.

47 *Dicendum* est. Mihi *colenda* est virtus.

Au nominatif le gérondif ne s'emploie qu'avec le verbe *esse* ; il ajoute à la signification du verbe l'idée de nécessité, de devoir, et se rend en français par l'infinitif précédé des verbes *devoir, falloir.* Exemples :

Dicendum est, on doit parler.

Parendum est legibus ; il faut obéir aux lois. *Legibus* est au datif parce que le gérondif *parendum* gouverne le même cas que le verbe neutre *parere*, d'où il vient.

Tibi fatendum est, il doit être avoué par toi, tu dois avouer. Après le gérondif, au lieu de l'ablatif avec *a* ou *ab*, on emploie le datif ; *tibi* est pour *a te*.

Le nominatif du gérondif ne se construit pas avec un

accusatif (1). On ne dit pas : *mihi colendum est virtutem.*
Il faut substituer au gérondif le participe futur passif et
dire : *mihi colenda est virtus*, la vertu est devant être,
doit être pratiquée par moi. *Mihi* est au datif , parce
qu'après le participe futur passif, comme après le gérondif,
et par exception à la règle 17 , au lieu de l'ablatif avec
a , *ab* , on emploie le datif.

Suo cuique judicio *utendum est.* Cic. — Apud Pythagoram
discipulis quinque annis *tacendum erat.* Sen. — Etiam post
malam segetem *serendum est.* Sen. — Etiam in secundissimis
rebus maximè *est utendum* consilio amicorum. Cic.

Pietati summa *tribuenda* laus est. Cic. — Rei familiaris am-
plificatio nemini nocens non est *vituperanda ; sed fugienda*
semper injuria est. Cic. — Scilicet ultima semper *exspectanda*
dies homini est : dicique beatus ante obitum nemo , suprema-
que funera debet. Ovid. — Non *lugenda* est mors quam consequitur immortalitas. Cic. — Ineuntis ætatis inscitia senum
constituenda et *regenda* prudentiâ est. Cic.— Est unus dies, benè
et ex præceptis philosophiæ actus , peccanti immortalitati *anteponendus.* Cic.— Ex factis, non ex dictis amici *pensandi.* Liv.—
Nec domo dominus , sed domino domus *honestanda* est. Cic. —
Virtus est consilio *temperanda.*Tac.—Tria *videnda* sunt oratori,
quid dicat , et quo quidque loco , et quomodò. Cic. — Aut jugum *accipiendum* , aut iis cum quibus de imperio certatur, nec
virtute, nec patientiâ , nec disciplinâ rei militaris *cedendum.*
Liv.

G É N I T I F.

48. Ars *dicendi.* Causa *videndæ* Romæ.

Le gérondif s'emploie au génitif : 1°. Après un substantif ; 2°. après un adjectif qui régit le génitif.
Exemples :

Ars dicendi , l'art de parler ; *avidus cognoscendi*, avide
de connaître.

Dans le cas où il devrait être suivi d'un accusatif, le
génitif du gérondif se tourne le plus souvent par le participe futur passif. Exemple :

(1) On en trouve néanmoins quelques exemples , dans les anciens auteurs
surtout. Canes *paucos et acres* habendum. Varr. — *Æternas quoniam*
poenas *in morte* timendum. Lucr. — Iterandum *eadem* ista *mihi.* Cic.
Ce tour est tombé en désuétude.

Causa videndi Romam, ou *videndæ Romæ*; le motif de voir Rome, ou de Rome devant être vue (1).

Cupido *dominandi* cunctis affectibus flagrantior est. Tac. — Orator à M. Catone finitur, vir bonus, *dicendi* peritus. Quint.— *Venandi* studium ac voluptas homines per nives ac pruinas in montes sylvasque rapit. Liv. — Epaminondas studiosus erat *audiendi*. Ex hoc enim facillimè disci arbitrabatur. Nep. — Ipsum genus *jocandi* non profusum, nec immodestum, sed ingenuum et facetum esse debet. Cic. — Beatè *vivendi* cupiditate incensi omnes sumus. Cic. — Rhetorice est rectè *dicendi* scientia. Quint.— Dialectica est ars, vera ac falsa *dijudicandi*. Cic.— Agebat infelicem Alexandrum furor aliena *devastandi*. Sen. — Docti non solùm vivi atque præsentes studiosos *discendi* erudiunt, atque docent, sed hoc idem etiam post mortem monimentis litterarum assequuntur. Cic. — Magna pars Babyloniorum constiterat in muris, avida *cognoscendi* Alexandrum. Curt. — Parcimonia est scientia *vitandi* sumptus supervacuos; aut ars re familiari moderatè *utendi*. Sen. — Quid pulchrius hâc consuetudine *excutiendi* totam diem (2)! eâ utor, et quotidiè apud me causam dico (3). Sen.

Demosthenes *Platonis* studiosus *audiendi* fuit. Cic. — Timotheus rei militaris fuit peritus, neque minùs *civitatis regendæ*. Nep. — Sp. Cassius et M. Manlius, propter suspicionem *regni appetendi*, sunt necati. Cic. — Maxima et una *memoriæ agendæ* ars, exercitatio est et labor. Quint. — Natura cupiditatem ingenuit homini *veri inveniendi*. Cic. — Populus ipse *moderandi et regendi sui* potestatem senatui tradidit. Cic. — Romulum Remumque cupido cepit, in iis locis, ubi expositi atque educati erant, *urbis condendæ*. Liv. — His qui habent à naturâ adjumenta *rerum gerendarum*, adipiscendi sunt magistratus. Cic. — Hannibal opinionem de se auxit conatu tam audaci *trajiciendarum Alpium*. Liv.

DATIF.

49. Corpus assuetum *patiendo*. Corpus assuetum *tolerando* labori.

Le gérondif s'emploie au datif après un adjectif ou un verbe qui régit ce cas. Exemple :-

(1) Quelquefois, le génitif du gérondif est suivi, non d'un accusatif, mais d'un génitif. *Fuit* exemplorum legendi *potestas*. Cic. — *Antonio facultas detur* agrorum condonandi. Cic. — Ejus (*Philumelæ*) videndi *cupidus*. Ter. — *Venerunt* purgandi suî *causâ*. Cæs.

(2) *Excutere totam diem*, discuter toutes les actions de la journée.

(3) *Apud se causam dicere*, se traduire au tribunal de sa conscience.

7 *

Corpus assuetum patiendo, corps accoutumé à souffrir.

Dans le cas où il devrait être suivi d'un accusatif, le datif du gérondif se tourne par le participe futur passif. Exemple :

Corpus assuetum tolerando laborem, et plus élégamment *tolerando labori*, corps accoutumé à supporter le travail, au travail devant être supporté.

Charta emporetica inutilis est *scribendo*. PLIN. — Quis est tam *scribendo* impiger quàm ego. CIC. — Crassus, cùm *disserendo* par non esset, ad auctores confugit. CIC. — Natura telum in culice ita formavit, ut *fodiendo* acuminatum pariter, *sorbendoque* fistulosum esset. PLIN. — Aqua nitrosa utilis est *bibendo*. PLIN. — Cum parùm se idoneum Diocletianus *moderando* imperio esse sentiret, in privatam vitam concessit. EUT. — Lignum aridum materia est idonea *eliciendis ignibus*. SEN. —Ver tanquàm adolescentiam significat : reliqua tempora *demetendis fructibus et percipiendis* accommodata sunt. CIC. — Sunt nonnulli *acuendis* puerorum *ingeniis* non inutiles lusus. QUINT. — Brutus , cùm studere *revocandis* in urbem *regibus* liberos suos comperisset, protraxit in forum , et concione mediâ virgis cecidit , et securi percussit. FLOR.— Germanicus paucos dies insumpsit *reficiendæ classi*. TAC.

ACCUSATIF.

5o. Pronus ad *irascendum*, ad *ulciscendam* injuriam.

Le gérondif se met à l'accusatif avec *ad*, 1°. après les adjectifs *pronus*, *propensus*, *natus*, etc. ; 2°. après les verbes, pour exprimer l'intention dans laquelle on agit, le but où l'on tend.

Dans le cas où il devrait être suivi d'un accusatif , il se tourne par le participe futur passif. Exemples :

Pronus ad irascendum, prompt à se mettre en colère ; *ad ulciscendum injuriam* , et mieux *ad ulciscendam injuriam*, à venger une injure.

Surrexit ad respondendum , il se leva pour repondre.

Breve tempus ætatis satis est longum, *ad* benè honestèque *vivendum*. CIC. — Benè sentire rectèque facere satis est *ad* benè beatèque *vivendum*. CIC. — Desperatio veniæ *ad repugnandum* acriùs accendit. LIV. — Non solùm *ad discendum* propensi sumus, verum etiam *ad docendum*. CIC. — Fides nullâ

necessitate *ad fallendum* cogitur, nullo corrumpitur præmio.
Sen. — Optandum est, ut ii, qui præsunt reipublicæ, legum
similes sint, quæ *ad puniendum* non iracundiâ sed æquitate
ducuntur. Cic. — Mores puerorum se *inter ludendum* simpliciùs
detegunt. Quint.

Homo multa habet instrumenta *ad adipiscendam sapientiam.*
Cic. — Utilitatis magnitudo debet homines *ad suscipiendum*
discendi *laborem* impellere. Cic — *Ad connectendas amicitias*
tenacissimum vinculum est morum similitudo. Plin. — Nemo
ad dandam veniam difficiior est, quàm qui illam petere sæpiùs meruit. Sen. — Palpebræ aptissimæ sunt et *ad claudendas
pupillas* et *ad aperiendas.* Cic. — Boum terga declarant, non
esse se *ad onus accipiendum* figurata. Cic. — E terra cavernis
ferrum elicimus, rem *ad colendos agros* necessariam. Cic. —
Aves ad *imitandum* humanæ vocis *sonum* dociles sunt. Curt. —
Pythagoras Babyloniam *ad perdiscendos* siderum *motus* profectus est. Indè Cretam et Lacedæmona *ad cognoscendas* Minois
et Lycurgi *leges* contendit. Just. — Pyrrhus Tarentinis adversùs Romanos laturus auxilium, ab Antigono naves *ad exercitum*
Italiam *deportandum* mutuò petit. Just.

ABLATIF.

51. Consumit tempus *legendo*, in *legendâ* historiâ.

Le gérondif s'emploie à l'ablatif ; 1°. avec *in*, pour
exprimer une circonstance de temps, il répond alors à
la question *quand ?* 2°. avec *à*, *ab*, *ex*, comme complément indirect ; 3°. sans préposition, pour exprimer la
manière ou le moyen, il répond alors aux questions
comment ? par quel moyen ?

Dans le cas où il devrait être suivi d'un accusatif, il se
tourne par le participe futur passif Exemples :

In judicando criminosa est celeritas, en jugeant, quand
on juge, la promptitude est criminelle.

Redeo ab ambulando, je reviens de me promener ; *ab
agros invisendo,* et mieux *ab agris invisendis,* de visiter
mes terres.

Consumit tempus legendo, il passe son temps en lisant,
à lire ; *historiam legendo,* et mieux *in legendâ historiâ,* à
lire l'histoire.

Cernuntur in agendo virtutes. Cic.—Adhibenda est *in jocando*
moderatio. Cic. — Non *potest* severus esse *in judicando* qui

alios in se severos esse non vult. Cic. — Prohibenda est ira *in puniendo*. Cic. — Aristotelem in philosophiâ non deterruit *à scribendo* amplitudo Platonis. Cic. — Prudentia *ex providendo* est appellata. Cic. — Qui ingenuis studiis atque artibus delectantur, nonne vidimus eos cum maximis curis et laboribus compensare eam, quam *ex discendo* capiant, voluptatem ? Cic. — Optimus est orator qui *dicendo* animos audientium et docet, et delectat, et permovet. Cic. — Nerva optimè reipublicæ consuluit, Trajanum *adoptando*. Eut. — Lycurgi leges laboribus erudiunt juventutem *venando, currendo, esuriendo, sitiendo, algendo, æstuando*. Cic. — Socrates, *percunctando* atque *interrogando*, elicere solebat eorum opiniones quibuscum disserebat. Cic. — Hominis mens *discendo* alitur. Cic. — Multi patrimonia effuderunt, inconsultè *largiendo*. Cic. — Nil *agendo* homines malè agere discunt. Col.

In voluptate spernendâ et repudiandâ virtus vel maximè cernitur. Cic. — Qui in *ulciscendo* remissior fuit, mox apertè laudatur ; at gravissimè vituperatur, qui *in beneficiis remunerandis* est tardior. Cic. — Nulla vitæ pars neque publicis, neque privatis in rebus, vacare officio potest : *in eoque colendo* sita est vitæ honestas omnis, et *in negligendo* turpitudo. Cic. — Quis nescit, maximam vim existere oratoris *in* hominum *mentibus* vel ad iram, aut ad odium, aut dolorem *incitandis*, vel ab hisce iisdem permotionibus ad lenitatem, misericordiam *revocandis*. Cic. — Boni viri *in augendâ* re non avaritiæ prædam, sed instrumentum bonitati quærere videntur. Cic. — Multi *in equis parandis* adhibent curam, *in amicis eligendis* negligentes sunt. Cic. — Fortitudo in laboribus, periculisque cernitur : temperantia *in prætermittendis voluptatibus* : prudentia in delectu bonorum et malorum : justitia *in suo cuique tribuendo*. Cic. — *In omnibus officiis persequendis* animi est adhibenda contentio. Cic. — Brutus *in liberandâ patriâ* est interfectus. Cic. — Sancitum est jure civili, ut *in prædiis vendendis* vitia dicerentur, quæ nota essent venditori. Cic. — Illi quorum studia vitaque omnis in rerum cognitione versata est, tamen *ab augendis* hominum *utilitatibus et commodis* non recesserunt. Cic. — Augustus *de reddendâ republicâ* bis cogitavit, sed *in retinendâ* perseveravit. Suet. — Omnis loquendi elegantia augetur *legendis oratoribus et poetis*. Cic. — Exercenda est memoria *ediscendis scriptis* philosophorum. Cic. — Dando et accipiendo, *permutandisque facultatibus et commodis* nullâ re egemus. Cic.

---

§ xi. *De la proposition adverbiale, vulgairement appelée* ablatif absolu.

52. *Partibus factis*, sic locutus est leo.

La proposition adverbiale, que nous nommons ainsi,

parce que, comme un adverbe, elle exprime un terme circonstanciel, est une proposition subordonnée dont on met le sujet à l'ablatif, et le verbe au mode participe en le faisant accorder en genre, en nombre et en cas avec le sujet.

Si le verbe doit être le verbe *sum*, qui n'a point de participe, on se contente d'exprimer le sujet et l'attribut, en les mettant l'un et l'autre à l'ablatif (1). Exemples :

Partibus factis, sic locutus est leo. Les parts étant faites, le lion parla ainsi.

Natus est Augustus, Cicerone et Antonio consulibus. Auguste naquit, Cicéron et Antoine (étant) consuls, sous le consulat de Cicéron et d'Antoine.

La proposition adverbiale peut se tourner par une proposition directe : *quùm partes factæ fuissent, quùm Cicero et Antonius essent consules.*

Æneas, Trojá à Græcis expugnatá, in Italiam venit. Just. — Medici, *causá morbi inventá,* curationem esse inventam putant. Cic. — Darius copias in Ciliciam duxit, *insequentibus more patrio agmen conjuge et matre.* Curt. — Mucius solus in castra Porsenæ venit, eumque interficere, *propositá sibi morte,* conatus est. Cic. — Pompeius, *captis Hierosolymis,* victor ex illo fano nihil attigit. Cic. — Pericles Athenienses, solis obscuratione territos, *redditis ejus rei causis,* metu liberavit. Quint. — Antonius, *repudiatá sorore Cæsaris Augusti Octaviá,* Cleopatram, reginam Ægypti, duxit uxorem. Eut. — *Fide abrogatá,* omnis humana societas tollitur. Liv. — Scipio, *duabus urbibus eversis,* inimicissimis huic imperio, non modò præsentia, verùm etiam futura bella, delevit. Cic. — *Amisso rege,* totum dilabitur examen apum. Sen. — Græci Thermopylas, *advenientibus Persis,* occupavere. Just. — Victus Sardanapalus in regiam se recipit, *exstructá incensáque pyrá,* et se et divitias suas in incendium mittit. Just. — Abderitæ, propter ranarum muriumque multitudinem *relicto patriæ solo,* sedes novas quærebant. Just. — Ingratus est qui, *remotis testibus,* agit gratiam. Sen. — Camillus dictator Romam ad scribendum novum exercitum redit, *nullo detrectante militiam.* Liv. — Pisistratus obtinet ad custodiam corporis sui satellitum auxilium ; *per quos occupatá tyrannide,* per annos XXXIII regnavit. Just. — Natura dedit usuram vitæ, tanquam pecuniæ, *nullá præstitutá die.* Cic. — *Eversis omnibus rebus,* quum consilio profici nihil possit, una ratio videtur, quidquid evenerit ferre moderatè. Cic. — Æs alienum

______

(1) Silvestre de Sacy, *Principes de Grammaire générale,* IIIᵉ. partie, 6ᵉ. chapitre.

et desperatio rerum suarum *eodem manente statu*, multos ad
novanda omnia præcipites agit. Liv. — Quod magnificum *refe-
rente alio* fuisset, *ipso qui gesserat recensente*, vanescit. Plin. —
Theopompus Lacedæmonius, *permutato cum uxore habitu*, è
custodiâ, ut mulier, evasit. Quint. — Vix invenitur, qui, *laboribus susceptis, periculisque aditis*, non quasi mercedem rerum gestarum desideret glóriam. Cic — Mira fulminis opera
sunt. *Loculis integris ac illæsis* conflatur argentum. *Manente
vaginâ* gladius liquescit. Sen. — Tempora labuntur, *tacitisque*
senescimus *annis ; Et* fugiunt, *frœno non remorante*, dies.
Ovid. — Datames, *omnibus insciis*, eò ubi erat rex, venit. Nep.
— Eumenes, *insciente Antigono*, jugulatus est à custodibus.
Nep.—*Magis auctoribus*, Xerxes inflammâsse templa Græciæ dicitur. Cic. — Romani, *Hannibale vivo*, nunquam se sine insidiis
futuros existimabant. Nep. — *Caninio consule*, scito neminem
prandisse. Cic. — Omnia summa consecutus es, *virtute duce*,
comite fortunâ. Cic. — Senex laudator (est) temporis acti *se
puero*. Hor.— Quod *Deo teste* promiseris, id tenendum est. Cic.
— Emerge ad meliorem vitam, *propitio Deo*. Sen.

<hr>

xii. *Des corrélatifs* (1).

53. *Tamdiù* discendum est *quamdiù* nescis.

On a déjà vu que la proposition incidente se joignait à
la principale par des pronoms relatifs (32), par des conjonctions (38), par des mots exprimant l'interrogation ou
le doute (36). Elle s'y joint encore par certains mots que
nous appellerons *corrélatifs*, parce qu'ils ont toujours un
antécédent dans la proposition principale Chaque antécédent a un corrélatif qui lui est propre. Le corrélatif de *eò* est *quò*, celui de *tantùm* est *quantùm*, celui
de *tantò* est *quantò*. Néanmoins certains corrélatifs
conviennent à plusieurs antécédens : tel est *quàm*, qui
peut avoir pour antécédens *plus*, *magis*, *minùs*, *tam*,
alius (2). Exemples :

Tamdiù discendum est quamdiù nescis : il faut apprendre tant que tu ignores. Proposition principale : *discendum est tamdiù ;* proposition incidente, *quamdiù nescis*.
Antécédent *tamdiù ;* corrélatif *quamdiù*.

<hr>

(1) Lemare. *Cours pratique et théorique de langue latine.*
(2) Nous renvoyons pour de plus grands développemens au IXe. chapitre
du IIe. livre. On y trouvera le tableau complet des antécédens et de leurs
corrélatifs.

Paupertatem ita facilè perpessus est ut nihil præter gloriam cupierit : il supporta si aisément la pauvreté qu'il ne désira rien que la gloire. Proposition principale : *perpessus est paupertatem ita facilè ;* proposition incidente , *ut cupierit nihil præter gloriam.* Antécédent *ita*, corrélatif *ut.*

Est magis pius quàm tu : il est plus pieux que vous. Proposition principale : *Est magis pius;* proposition subordonnée , *quàm tu* (sous-entendu *es*) *Magis* antécédent , *quàm* corrélatif.

Virtus est pretiosior quàm aurum, la vertu est plus précieuse que l'or. L'antécédent *magis* est renfermé dans le comparatif *pretiosior* qui veut dire *magis pretiosa.* (On pourrait dire aussi *virtus est pretiosior auro ,* voyez 12.)

Amicitiæ sunt dissuendæ *magis quàm* discindendæ. Cic.—Victus est Xerxes *magis* consilio Themistoclis , *quàm* armis Græciæ. N.P.—*Melior tutiorque* est certa pax *quàm* sperata victoria. Hæc in tuâ, illa in deorum manu est. Liv. — Certè ignoratio futurorum malorum *utilior* est *quàm* scientia. Cic. — Natura virum, *quàm* mulierem, fecit *audaciorem.* Col. — Defectio virium adolescentiæ vitiis efficitur *sæpiùs*, *quàm* senectutis. Cic.— *Plus* in amicitiâ valet similitudo morum, *quàm* affinitas. Nep. — Non *minùs* est imperatoris, consilio superare , *quàm* gladio. Cæs. — Nihil innocenti *tam* optandum , *quàm* æquum judicium. Cic. — *Eò* crassior aer est, *quò* terris propior. Sen. — Homines *quò* plura habent, *eò* ampliora cupiunt. Just. — Quis est *tam* miser, *ut* non Dei munificentiam senserit? Sen. — Nemo *adeò* ferus est, *ut* non mitescere possit. Hor. — Pomponium Atticum *sic* amo , *ut* alterum fratrem. Nihil est illo mihi nec carius, nec jucundius. Cic. — Trajanus rempublicam *ita* administravit, *ut* omnibus principibus meritò præferatur. Eut. — Hannibal *tantum* terrorem injecit exercitui Romanorum, *ut* egredi extra vallum nemo sit ausus. Nep. — Profectò mors *tùm* æquissimo animo oppetitur , *cùm* suis rectè factis vita occidens consolari potest. Cic.—Nihil *æquè* oblectat animum *quàm* amicitia fidelis. Sen. — Amicitiam tueri non possemus, nisi *æquè* amicos *et* nosmet ipsos diligamus. Cic. — *Ut* magistratibus leges, *ita* populo præsunt magistratus. Cic. — Cæca invidia est ; nec quidquam *aliud* scit, *quàm* detrectare virtutes, corrumpere honores ac præmia earum. Liv.

LIVRE SECOND.

SYNTAXE PARTICULIÈRE.

Après avoir exposé dans le premier livre les principes fondamentaux de la syntaxe, ceux qui, à quelques exceptions près, sont communs à toutes les langues, il nous reste à développer les faits plus particulièrement propres à la langue latine, et à montrer comment ils s'écartent ou se rapprochent des lois générales déjà connues. Ce sera l'objet du second livre.

Notre plan nous obligera à rappeler quelques-uns des principes établis dans le premier livre. Ce n'est point dans un ouvrage fait pour les élèves, qu'on peut craindre de revenir sur ce qui a déjà été dit.

CHAPITRE PREMIER.

SUPPLÉMENT A LA SYNTAXE DE CONCORDANCE.

Accord de l'adjectif avec le substantif (1, 2, 3, 4).

54. *Præterita* mutare non possumus.

Tout adjectif ou participe suppose un substantif avec lequel il puisse s'accorder en genre, en nombre, en cas. Si ce substantif n'est point exprimé, il est nécessairement sous-entendu. Les substantifs le plus ordinairement sous-entendus sont *homo, homines; negotium, negotia;* cette dernière ellipse est la plus fréquente de toutes.

Lycurgus parcimoniam *omnibus* [1] suasit. JUST. — Quid est stultius quam *incerta* [2] pro *certis* [3] habere, *falsa* [2] pro *veris* [3] ? CIC. — Non *omnia* [2] Deus humanis oculis nota fecit. SEN. — Is est eloquens qui et *humilia* [2] subtiliter et *magna* [2] graviter et *mediocria* [2] temperatè potest dicere. CIC. — Majus dedecus est *parta* [2] amittere, quàm omninò non paravisse. SALL — Vir prudens *futura* [2] ex *præteritis* [3] prævidet. PLIN. — Triste [4] lu-

[1] Suppléez *Hominibus.* [2] *Negotia.* [3] *Negotiis.* [4] *Negotium.*

pus [1] stabulis, maturis frugibus imbres , arboribus venti [2]....
Dulce satis humor, depulsis arbutus hædis, lenta salix feto
pecori. VIRG. — [2] Varium et mutabile semper [1] femina. VIRG.

---

55. Cum *summâ* virtute et honore [3].
Sociis [4] et rege *recepto.*
Inter se [5] *contraria* sunt beneficium et injuria.

Souvent, lorsqu'un adjectif ou un participe se rapporte à plusieurs substantifs, les latins le placent à côté
du premier, ou à côté du dernier substantif, en le faisant
accorder avec le substantif auquel ils le joignent.

Mais si l'adjectif ou le participe se rapportant à plusieurs substantifs est employé comme attribut de la
proposition , on doit toujours le mettre au neutre.

Verres *perspicua sua consilia conatusque* [6] omnibus fecit. CIC.
— Vehementer est iniquum, cùm possis *cum summâ virtute et
honore* [3] pro patriâ interire , malle per dedecus et ignaviam vivere. AD HER. — Hominis utilitati *agri omnes et maria* [7] parent. CIC.— Invidi *virtutem* [8] *et bonum alienum* oderunt. LIV.—
In Italiâ bellum gerimus, *in sede* [9] *ac solo nostro.* LIV. — *Caritate* [10] *benevolentiâque sublatâ ,* omnis est è vita sublâta jucunditas. CIC. — *Labor voluptasque* societate quâdam inter se naturali sunt [5] *juncta.* LIV. — *Animus* hominis , *mens , ratio,
consilium, prudentia* divinâ curâ [5] *perfecta* sunt. CIC.

Apposition,

56. Tullia, *deliciæ nostræ.*

Les substantifs apposés sont toujours au même cas (5) ,
mais ils ne sont pas toujours du même genre et du même
nombre. Le verbe s'accorde avec le substantif principal.

Rhinocerotes , rarum alibi *animal,* in montibus Indiæ *erant.*
CURT. — *Græci milites, præcipua spes et* propemodùm *unica,*
ad Darium *pervenerant.* CURT. — *Duo fulmina* Romani imperii
subitò in Hispaniâ *Cn. et P. Scipiones exstincti* sunt. CIC. —
Tullia deliciæ nostræ salutem tibi plurimam *adscribit.* CIC. —
Bactra, regionis *caput, sita sunt* sub monte Parapamiso. CURT.

Suppléez [1] Est. [2] Negotium [3] Summo. [4] Receptis. [5] Negotia. [6] Suos
perspicuos. [7] Omnia. [8] Alienam. [9] Nostrâ. [10] Sublâtâ.

57. Consisterunt *Corinthi*, *in loco nobili*.

Ils s'arrêtèrent à Corinthe, lieu célèbre.

Si le nom commun suit le nom propre auquel il est apposé, le nom propre se met au cas de chaque question (25, 26) et la préposition peut s'exprimer ou se sous-entendre devant le nom commun.

Albæ consisterunt *in urbe opportuná.* Cic. — Archias poeta *Antiochiæ* natus est, *celebri* quondàm *urbe et copiosá.* Cic. — Eo *Romam in urbem* Italiæ. — Redeo *Lugduno ex urbe* Galliæ.

Accord du verbe avec le sujet (6).

58. *Tu* rides, *ego* fleo. *Tu* loqui sic audes !

Les pronoms de première et de seconde personne ne s'expriment que pour marquer une opposition ou pour donner plus de force à l'expression.

Naturâ *tu* illi pater es, consiliis *ego.* — *Ego* tu sum, *tu* es *ego*, unanimi sumus. Ter. — *Tu*, ornatus exuviis hujus, venis ad eum lacerandum, quem interemisti; *ego* jacentem et spoliatum defendo ac protego. Cic. — *Tu* Marcellus eris. Virg. — Si turpia sunt, quæ facis, quid refert, neminem scire, cùm *tu* scias? O te miserum (155), si contemnis hunc testem! Sen. — O vitæ philosophia dux! O virtutis indagatrix, expultrixque vitiorum! quid non modò nos, sed omninò vita hominum sine te esse potuisset? *Tu* urbes peperisti : *tu* dissipatos homines in societatem vitæ convocâsti : *tu* eos inter se primò domiciliis, deinde conjugiis, tum litterarum et vocum communione junxisti : *tu* inventrix legum, *tu* magistra morum et disciplinæ fuisti. Cic.

---

59. *Mens* et *ratio et consilium* in senibus *est.* Cic. *Frons, oculi, vultus* persæpè *mentiuntur.* Cic.

Le verbe qui a plusieurs sujets, exprimant des choses inanimées, peut être mis au singulier comme au pluriel.

Si parmi les sujets il y en a un au pluriel, le verbe doit être aussi au pluriel.

Societatis humanæ vinculum *est ratio et oratio.* Cic. — *Mens et animus et consilium et sententia* civitatis *posita est* in legibus.

Cic. — Pietate adversùs Deum sublatâ, *fides* etiam *et societas* humani generis *tollitur.* Cic. — Cùm in amicitiâ, quæ honesta non sunt, postulabuntur, *religio et fides anteponatur* amicitiæ. Cic. — In eâdem re *et utilitas et turpitudo* esse non *potest.* Cic. —Nec *census*, nec *clarum nomen* avorum, *sed probitas* magnos, *ingeniumque facit.* Ovid. — *Status, incessus, sessio, accubatio, vultus, oculi,* manuum *motus teneant* decorum. Cic.

Nota. On trouve dans Cornélius Népos : *Demosthenes cum cæteris in exsilium erant expulsi.* Phoc. 2. Et dans Tite-Live : *Ipse dux cum aliquot principibus capiuntur.* xxi, 60. Cette irrégularité de construction, dont il y a d'ailleurs peu d'exemples, est plus à remarquer qu'à imiter.

60. Turba *ruit* ou *ruunt.*

Les noms collectifs, c'est-à-dire ceux qui, quoiqu'au singulier, réveillent l'idée de plusieurs personnes ou de plusieurs choses, sont quelquefois suivis d'un verbe pluriel.

Pars gladios *stringunt* manibus, pars missile ferrum. Virg. — Magna *pars vulnerati* aut *occisi sunt.* Sall. — *Pars stupet* innuptæ donum exitiale Minervæ, et molem *mirantur* equi. Virg. — Nec supplex *turba timebant* judicis ora sui : sed *erant* sine judice *tuti.* Ovid. — Sibi *quisque gratulabantur.* Vell. — Lupus arguebat vulpem furti crimine : Negabat illa se esse culpæ proximam. Tunc judex inter illos sedit simius. *Uterque* causam cùm *perorassent* suam, Dixisse fertur simius sententiam : Tu non *videris* perdidisse quod petis; Te credo subripuisse quod pulchrè negas. Phæd.

CHAPITRE II. Emploi des cas.

NOMINATIF.

61. *Deus* regit mundum.

Le nominatif est le sujet d'une proposition directe (31).

Quid est sanctius, *quid* omni religione munitius, quàm *domus* uniuscujusque civium ? *Hîc arœ* sunt, hîc *foci,* hîc *dii penates,* hîc *sacra, religiones, cœremoniœ* continentur : *hoc perfugium* est ita sanctum omnibus, ut inde abripi neminem fas sit. Cic. — Semper *graves et sapientes judices* in rebus judicandis, quid *utilitas* civitatis, quid *communis salus,* quid reipublicœ *tempora* poscerent, cogitaverunt. Cic.

62. Tempus est *res pretiosissima*.

L'attribut est au nominatif, si le verbe *sum* est à un mode personnel (9).

Orationis summa virtus est *perspicuitas*. Quint. — Lingua maliloquax malæ mentis est *indicium,* P. S. — Non esse cupidum , *pecunia* est : non esse emacem , *vectigal* est. Contentum verò suis rebus esse, *maximæ* sunt *certissimæque divitiæ.* Cic. — Legum *ministri,* magistratus : legum *interpretes,* judices : legum denique idcircò omnes *servi* sumus, ut *liberi* esse possimus. Cic.

63. Nemo ignaviâ *immortalis* factus est.

Le sur-attribut se met au nominatif lorsqu'il se rapporte au sujet, et que le verbe auquel il est joint est à un mode personnel. Le sur-attribut s'emploie après les verbes *fio, evado,* je deviens ; *maneo,* je reste ; *appellor, dicor, nominor,* je suis nommé ; *creor,* je suis créé ; *habeor,* je passe pour; *videor,* je semble , etc. (19).

Omne malum nascens facilè opprimitur : inveteratum *fit* plerumque *robustius.* Cic. — Alexandri amici *reges* ex præfectis *facti sunt.* Just. — Multi *oratores evadere* non potuerunt. Cic. — *Exstitit* Brutus *vindex* nostræ libertatis. Cic. — Rebus angustis *animosus atque fortis appare.* Hor. — Sapiens rectiùs *appellabitur rex,* quam Tarquinius, qui nec se, nec suos regere potuit. Cic. — Socrates *parens* philosophiæ jure *dici* potest. Cic. — Ratio, cùm adolevit atque perfecta est , *nominatur* ritè *sapientia.* Cic. — Jason exercitum fortissimorum virorum, qui *Argonautæ cognominati sunt,* comparavit. Just. — Post Romulum Numa Pompilius *rex creatus est.* Eut. — *Fortes et magnanimi sunt habendi,* non qui faciunt, sed qui propulsant *injuriam.* Cic. — Terra si tibi *parva,* ut est, ita *videtur;* cœlestia semper spectato, humana contemnito. Cic.

64. En, ecce *lupus;* en, ecce *lupum*.

En, ecce, voici, voilà, sont des adverbes, et par conséquent ne régissent aucun cas ; le nominatif qui les suit s'explique par l'ellipse d'*adest,* et l'accusatif par celle d'*aspice.*

En Priamus. Virg. — En quatuor *aras* : Ecce *duas* tibi,

Daphni, *duoque altaria* Phœbo. VIRG. — Ecce tibi Ausoniæ *tellus*. VIRG.

Le verbe est quelquefois exprimé.

Ecce autem Boreas augustâ a sede Pelori missus *adest*. VIRG.

GÉNITIF.

Génitif, complément d'un substantif.

65. Liber *Petri*.

Le génitif est le complément d'un substantif (10).

Quid est somnus, gelidæ nisi *mortis* imago? OVID. — Inepti mihi videntur, qui *temporis*, qui *loci*, qui *hominum* rationem non habent. CIC. — Est *animorum*, *ingeniorum*que naturale quoddam quasi pabulum consideratio, contemplatioque *naturæ*. CIC. — Cæsar nunquam, nisi honorificentissimè, Pompeium appellat, at in *ejus* personam multa fecit asperiùs. *Armorum* ista et *victoriæ* sunt facta, non *Cæsaris*. CIC.

---

66. Instar *montis*.

Instar, la ressemblance, est un substantif neutre devant lequel on doit sous-entendre *ad*, et qu'il faut rendre par *d'après la ressemblance, à la façon, comme* (1).

Instar montis equum ædificant Danai. VIRG. — Quidam Romani habuêre domos *instar urbium*. SEN. — Persuadent mathematici terram, ad universi cœli complexum, quasi *puncti instar* obtinere. CIC. — Id ago, ut mihi *instar totius vitæ* sit dies. SEN.

---

67. Nihil *boni*. Nihil *puerile*. Nihil *præmii*.

Nihil employé comme substantif peut être suivi, comme notre mot *rien*, d'un adjectif au génitif. N'attendez rien *de bon* du peuple imitateur. LAFONT.

Si l'adjectif est de la troisième déclinaison, on ne le met point au génitif; on le fait accorder avec *nihil*. *Nihil boni*, rien de bon; *nihil puerile*, rien de puéril.

---

(1) Virgile a employé ce mot au nominatif : *quantum* instar *in ipso est!* Æ. 6, 866 ; et Justin a dit sans ellipse : *Est vallis quæ continuis montibus velut muro quodam* ad instar *castrorum clauditur.*

Nihil suivi d'un substantif au génitif se traduit ordinairement par *aucun*, *aucune*. *Nihil præmii*, aucune récompense.

Nihil novi fiat contrâ exemplâ atque instituta majorum. Cıc. — Darius gratias egit Alexandro, quòd *nihil* in suos *hostile* fecerit. Just. — Hoc *nihil* habet *dubitationis*, quin homines plurimùm hominibus et prosint et obsint. Cıc. — Justitia *nihil* expetit *præmii*. Cıc. — Potestne earum rerum, quæ *nihil* habent *rationis*, quare futuræ sint, ulla esse præsensio? Cıc.

68. *Amici* causâ. *Hominum* gratiâ. *Meâ* causâ. *Virtutis* ergo.

Causâ, gratiâ, ergo, à cause de, pour l'amour de, suivent toujours leur complément. *Ergo* est le datif grec ἔργῳ de ἔργον, fait, œuvre, chose.

Amici causâ, pour la cause d'un ami, pour un ami ; *hominum gratiâ*, en faveur des hommes, pour les hommes ; *meâ causâ*, pour ma cause, pour moi ; *virtutis ergo*, pour le fait de la vertu, à cause de la vertu.

Non solùm naturâ, sed etiam legibus populorum constitutum est, ut non liceat *sui commodi causâ* nocere alteri. Cıc. — Sophistæ appellantur ii, qui *ostentationis aut quæstûs causâ* philosophantur. Cıc. — Nihil *gratiæ causâ* feceris. Imò resistito gratiæ, cùm officium et fides postulabit. Cıc. — Deus animantes *hominum causâ* fecit ; ut equum, *vehendi causâ ; arandi*, bovem ; *venandi et custodiendi*, canem. Cıc. — Pythagoræorum more, *exercendæ memoriæ gratiâ*, quid quoque die dixerim, audierim, egerim, commemoro vesperi. Cıc — Non mihi est vita mea utilior, quàm animi talis affectio, neminem ut violem *commodi mei gratiâ*. Cıc. — Quidam canes *venandi gratiâ* comparantur. Col. — Demosthenes coronâ aureâ donabatur *virtutis ergo benevolentiæque* erga populum Atheniensem. Cıc. — Pausanias barbaros apud Plateas delevit, *ejusque victoriæ ergo* Apollini donum dedit. Nep.

Omnia amici officia mihi grata non essent, nisi eum perspicerem *meâ causâ* mihi amicum fuisse, non *suâ*. Cıc. — Quàm multa quæ *nostrâ causâ* nunquam faceremus, facimus *causâ amicorum!* Cıc. — Beneficium est quod quis non *suâ causâ* dat, sed *ejus* cui dat. Sen.

Génitif après les adjectifs.

69. Quis *nostrûm*? Altissima *arborum*.

On emploie le génitif pluriel : 1°. après les noms partitifs tels que *alter, nemo, quisque, quis*, etc. ; 2°. après les superlatifs, qu'on peut aussi regarder comme faisant la fonction de noms partitifs. Quand on dit, *le plus haut des arbres*, les arbres forment un tout, et celui qu'on qualifie de plus grand est une partie de ce tout (13).

Tribuni legem promulgârunt, ut *consulum alter* ex plebe crearetur. Liv. — Duo sunt aditus in Ciliciam ex Syriâ, *quorum uterque* parvis præsidiis propter angustias intercludi potest. Cic. — *Animantium aliæ* coriis tectæ sunt, aliæ villis vestita, aliæ spinis hirsutæ ; plumâ alias, alias squamâ videmus obductas. Cic. — Diocletianus *solus omnium* post conditum romanum imperium ex tanto fastigio sponte ad privatæ vitæ statum remeavit. Eut. — *Omnium societatum nulla* præstantior est, nulla firmior, quam cùm viri boni, moribus similes, sunt familiaritate conjuncti. Cic. — *Nemo mortalium* omnibus horis sapit. Plin. — *Nihil omnium rerum* meliùs, quàm omnis mundus administratur. Cic. — Suavitatem Socrates, subtilitatem Lysias, acumen Hesperides, sonitum Æschines, vim Demosthenes habuit. *Quis eorum* non est egregius? Dissimillimi inter se sunt Zeuxis, Aglaophon, Apelles : neque *eorum quisquam* est, cui quidquam in arte suâ deesse videatur. Cic. — Auditus *cui hominum* primò negatus est, huic et sermonis usus ablatûs. Plin. — Incertum est, quàm longa *nostrûm cujusque* vita futura sit. Cic. — Res romana adeò erat valida, ut *cuilibet finitimarum civitatum* bello par esset. Liv. — Nihil tam absurdè dici potest, quod non dicatur ab *aliquo philosophorum*. Cic. — *Insectorum quædam* binas gerunt pennas, ut muscæ ; quædam quaternas, ut apes. Plin. — Apud Germanos *quemcumque mortalium* arcere tecto nefas habebatur. Tac. — *Quotusquisque philosophorum* invenitur, qui sit ita moratus, ut ratio postulat ? Cic.

Socrates est *omnium sapientissimus* oraculo Apollinis judicatus. Cic. — Amicum perdere est *damnorum maximum*. P. S. — *Græcorum oratorum præstantissimi* sunt ii qui fuerunt Athenis. Cic.

---

70. Seniores *militum*.

Le comparatif se trouve aussi construit avec le génitif pluriel.

Excellentissimi Persarum reges fuerunt Cyrus et Darius, Hystaspis filius : *prior horum* apud Massagetas in prælio cecidit.

Nᴇᴘ. — Alexander *seniores militum* in patriam remisit. Cᴜʀᴛ. — Pœni in *minorem Balearium* insulam trajecerunt. Lɪᴠ.

71. Quis *ex nobis* ou *inter nos* ?
Altissima *ex arboribus* ou *inter arbores.*
Seniores *ex militibus* ou *inter milites.*

Au lieu du génitif pluriel on peut employer après les noms partitifs, les superlatifs et les comparatifs, soit l'ablatif avec *e* ou *ex*, soit l'accusatif avec *inter.*

Quidam è sapientibus viris iram dixerunt brevem insaniam. Sᴇɴ. — *Soli ex animantibus* nos homines astrorum ortus, obitus cursusque cognovimus. Cɪᴄ. — *Acerrimus ex omnibus nostris sensibus* est sensus videndi. Cɪᴄ. — *Inter maxima vitia nullum* est frequentius quam ingrati animi. Sᴇɴ. — Ovillum pecus, quamvis *ex omnibus animalibus vestitissimum*, frigoris tamen impatientissimum est. Cᴏʟ.

72. O fortissime *gentis* !

Si le complément du superlatif est un nom collectif, on le met au génitif singulier.

Optimus populi Romani judicatus est Scipio. Cɪᴄ. — Plato *totius Græciæ* facilè *doctissimus* in maximis periculis est versatus. Cɪᴄ. — Non est *quisquam gentis ullius*, qui ad virtutem pervenire non possit. Cɪᴄ.

73. Cupidus *laudum.* Rudis *artium.* Plena *minarum.* Amans *virtutis.* Amans *virtutem.*

Reçoivent leur complément au génitif :

1°. Les adjectifs dérivés d'un verbe : *cupidus*, qui désire, de *cupere; avidus*, avide, d'*avere; studiosus*, qui a du goût pour, de *studere; inscius, nescius*, qui ne sait pas, *conscius*, qui sait, de *scire; peritus*, habile dans, *imperitus*, inhabile dans, de l'inusité *perior; consultus*, habile dans, de *consulere; memor*, qui se souvient, *immemor*, qui ne se souvient pas, de *meminisse; capax*, qui peut contenir, propre à, de *capere*, etc.

2°. *Gnarus, prudens*, qui sait; *ignarus, imprudens,*

rudis, qui ne sait pas ; *particeps*, qui prend part ; *expers*,
qui manque, etc.

3°. Les adjectifs qui marquent abondance ou disette,
comme, *plenus*, plein de ; *sterilis*, stérile en , etc.

4°. Les adjectifs verbaux en *ans* , *ens* , qu'il ne faut
pas confondre avec le participe actif présent. L'adjectif
verbal marque une habitude et se construit avec le génitif, le participe indique l'acte et régit le même cas que
le verbe d'où il vient. *Amans virtutem* est celui qui
actuellement aime la vertu, *amans virtutis* est celui qui
a l'habitude constante de cet amour. L'adjectif verbal
prend les formes du comparatif et du superlatif : *Aman-*
tior, amantissimus.

1. *Avida* est *periculi* virtus , et quò tendat, non quid passura
sit, cogitat. Sen. — (Epaminondas) *gloriæ* non (fuit) *cupidior,*
quàm *pecuniæ;* quippè recusanti, omnia imperia ingesta sunt:
honoresque ita gessit, ut ornamentum non accipere, sed dare
ipsi dignitati videretur. Just. — Pythagoras non sapientem se,
sed *studiosum sapientiæ* vocari voluit. Quint. — Socrates se *om-*
nium rerum inscium fingebat et *rudem.* Cic.—*Nescia* mens hominum *fati sortisque futuræ.* Virg. — Zeno perpessus est omnia
potiùs quàm *conscios delendæ tyrannidis* indicaret. Cic. —
Conscia mens *recti* famæ mendacia ridet. Ovid. — Themistocles *peritissimus belli navalis* fecit Athenienses. Nep. — *Imperi-*
tus est *morum* agricola et rusticus. Cic. — Numa Pompilius vir
consultissimus erat *omnis divini* atque *humani juris.* Liv.—Vive
memor lethi. Pers. — In republicâ multò præstat, *beneficii,*
quàm *maleficii immemorem* esse. Sall. — Galba, omnium consensu, *capax imperii* visus esset, nisi imperâsset. Tac. — Naturâ
tenacissimi sumus *eorum* quæ rudibus annis percepimus. Quint.
— Aversantur diem splendidum nocturna animalia, et ab-
duntur in aliquas rimas, *timida lucis.* Sen.—Cæsarem *vini par-*
cissimum ne inimici quidem negârunt. Suet.

2. Oratorem ne *physicorum* quidem esse *ignarum* volo Cic. —
Conon et *prudens rei militaris* et diligens erat imperator. Nep.
— Arcananes duo juvenes templum Cereris, *imprudentes reli-*
gionis, ingressi sunt. Liv. — Evander vir erat venerabilis mi-
raculo litterarum, rei novæ inter *rudes artium* homines. Liv. —
Virtutes ita connexæ sunt, ut omnes *omnium participes* sint. Cic.
— Nihil quod *animi,* quodque *rationis* est *expers,* id generare
ex se potest animantem, *compotemque rationis.* Cic. — Cœles-
tem, admirabilem ordinem, incredibilemque constantiam qui
vacare mente putat, is ipse *mentis expers* habendus èst. Cic. —
Ira, ut insania, *impotens sui* est. Sen. — Eripite isti gladium ,
qui *sui* est *impos animi.* Plaut. — Terræ motus Campaniam,
nunquàm *securam hujus mali,* magnâ strage vastavit. Sen. —

3. *Medicamentorum salutarium plenissimæ* sunt terræ. Cɪc.—Tristia mœstum vultum verba decent; iratum, *plena minarum;* ludentem lasciva; severum, seria dictu. Hoʀ.—*Referta* quondam Italia *Pythagoræorum* fuit. Cɪc.—Gallia adeò *frugum hominumque fertilis* fuit, ut abundans multitudo vix regi posse videretur. Lɪv. — Non adeò *virtutum sterile* sæculum, ut non et bona exempla prodiderit. Tᴀc. — Non *inopes vitæ*, sed *prodigi* sumus. Sᴇɴ. — Roma *externæ opis indiga* est. Tᴀc. — Propter bella Colophonii, itemque Castabalenses (1), cohortes canum habuêre: hæ primæ dimicabant in acie nunquàm detrectantes : hæc erant fidelissima auxilia, nec *stipendiorum indiga.* Pʟɪɴ.

4. Pertinere ad beatè vivendum arbitror, ut cum viris bonis, jucundis, *amantibus tui* vivas. Cɪc. — Quis famulus *amantior domini*, quàm canis? Coʟ. — Epaminondas adeò fuit *veritatis diligens*, ut ne joco quidem mentiretur. Nᴇᴘ. — Galba *pecuniæ alienæ* non *appetens*, suæ parcus, publicæ avarus fuit. Tᴀc. — Gens Gallorum haud quaquàm *religionis negligens* est. Lɪv. — Naturâ sumus studiosissimi *appetentissimique honestatis*, pro quâ nihil est quod non parati simus et facere et perpeti. Cɪc.

Nᴏᴛᴀ. *Rudis* se construit aussi avec *in* et l'ablatif, et *consultus* se trouve avec l'ablatif *jure.*

Plenus et les autres adjectifs d'abondance ou de disette se construisent aussi avec l'ablatif.

Orator *nullá in re rudis* esse debet. Cɪc. — Valerium *jure consultum* valdè tibi commendo. Cɪc. — Epicurei aiebant nihil esse præstabilius otiosâ vitâ, et *plená voluptatibus.* Cɪc. — Vita, si undique *referta bonis est*, beata rectè dici potest. Cɪc. (2).

---

74. Quid *negotii.*

Les adjectifs *hoc*, *id*, *illud*, *istud*, *idem*, *quod*, *quid* et ses composés, au nominatif ou à l'accusatif, se trouvent très-fréquemment suivis d'un génitif. *Negotium*, ou tout autre substantif, doit être suppléé. *Aliquid pristini roboris*, c'est-à-dire, *aliquid (negotium) pristini roboris*, quelque chose de l'ancienne vigueur. *Quid hominum*, c'est-à-dire, *quid (genus) hominum*, quelle sorte de gens, quelles gens.

Ignari, *quid* in unâquâque re *vitii* sit, nequeunt judicare. Cɪc.

(1) *Colophonii*, les habitants de Colophon; *Castabalenses*, les habitants de Castabala. (Asie Mineure.)

(2) *Curiosus* se trouve avec le génitif, et avec *in* et l'ablatif. *Curiosus medicinæ.* Pʟɪɴ. *Curiosus in omni historiâ.* Cɪc. *Socius* se construit avec le génitif d'une manière très-remarquable dans un passage de Cicéron : *Cum socios tuendæ reipublicæ summos viros amisissem.* Off. ɪɪ, 2. Lorsque je me suis vu privé des grands hommes avec lesquels je défendais la République.

—Potest exercitatio et temperantia etiam in senectute conservare *aliquid pristini roboris.* Cic. — Hannibal, tantis bellis districtus, *nonnihil temporis* tribuit litteris. Nep. — Si *quippiam* nacti su-mus *fortuiti boni*, aut depulimus *mali*, Deo gratias agimus. Cic. — Tibi *idem consilii* do, quod mihimet ipsi : ut vitemus oculos hominum, si linguas minùs facilè possimus. Cic. — Quod *cui-que temporis* ad vivendum datur, eo debet esse contentus. Cic. — Sicilia tota, si unâ voce loqueretur, hoc diceret : *Quod auri, quod argenti, quod ornamentorum* in meis urbibus, sedibus, delubris fuit ; id mihi tu, Verres, eripuisti atque abstulisti. Cic. — Significandum est, *illud ipsum acerbitatis* quod habet objurgatio, ipsius causâ qui objurgetur, susceptum esse. Cic.

75. Hoc *boni.* Hoc *naturale.*

Les adjectifs de la deuxième déclinaison seuls se met-tent au génitif après *quidquam, aliquid, hoc,* etc. Les adjectifs de la troisième déclinaison s'accordent en cas avec *quidquam, aliquid, hoc,* etc. (67).

Melius homines exemplis docentur, quæ imprimis *hoc* in se *boni* habent, quod approbant, quæ præcipiunt, fieri posse. Plin. — Habet iracundia *hoc mali,* non vult regi. Sen. — Py-thagoras, cùm in geometriâ *quiddam novi* invenisset, musis bovem immolâsse dicitur. Cic. — Quis nescit, primam esse his-toriæ legem, ne *quid falsi* dicere audeat? Cic. — Quis nostrûm exercitationem ullam corporis suscipit laboriosam, nisi ut *ali-quid* ex eâ *commodi* consequatur. Cic. — Virtus nihil habet in se magnificum, si *quidquam* habet *venale.* Sen. — Habent *hoc* in se *naturale* adulatorum blanditiæ : etiam cùm rejiciuntur, placent ; sæpè exclusæ, novissimè recipiuntur. Sen. — Mihi videtur acerba semper et immatura mors eorum qui *immortale aliquid* parant. Plin. — Ut adolescentem in quo *senile aliquid*, sic senem in quo est adolescentis aliquid probamus. Cic.

76. Id *ætatis.*

L'expression *id ætatis* est pour *circa id spatium ætatis*, et a le même sens que *eâ ætate. Id temporis* est pour *circa id spatium temporis*, et signifie la même chose que *eo tempore.* Il en est de même de *quid ætatis* pour *quâ ætate.*

Id ætatis jam sumus, ut omnia fortiter ferre debeamus. Cic. — Ambulationem postmeridianam confecimus in Academiâ, maximè quòd is locus ab omni turbâ *id temporis* vacuus esset. Cic. — *Quid* ego tibi *ætatis* videor? Plaut.

77. Incerta *belli*.

Certains adjectifs neutres pluriels sont quelquefois suivis d'un génitif. *Negotia* doit toujours être sous-entendu.

Galli certam, etsi non speciosam, pacem, quàm *incerta belli* præoptabant. Liv. — Darius dubitabat, utrùmne circa Mesopotamiam subsisteret, an *interiora regni sui* peteret. Curt. — Non temerè *incerta casuum* reputat, quem fortuna nunquàm decepit. Liv. — *Reliqua rerum tuarum* post te alium atque alium dominum sortientur. Plin. — Apelles Veneris caput et *summa pectoris* politissimâ arte perfecit. Cic.

78. Puer *egregiæ indolis* ou *egregiâ indole*.

Si à un substantif on en joint un autre, suivi d'un adjectif, pour exprimer une qualité, un avantage, une propriété quelconque du premier substantif, le second peut se mettre au génitif, ou à l'ablatif en sous-entendant *præditus*, doué de... ou les prépositions *in*, *cum*.

Seneca *vir* erat *excellentis ingenii atque doctrinæ*. Col. — Athenienses belli duos duces eligunt, Periclem, *spectatæ virtututis virum*, et Sophoclem, scriptorem tragœdiarum. Just. — Tarquinius fratrem habuit Aruntem, *mitis ingenii juvenem*. Liv. — Mare Caspium, dulcius cæteris, *ingentis magnitudinis* serpentes alit et *pisces* longè *diversi* ab aliis *coloris*. Curt.

Aristoteles, *vir summo ingenio*, prudentiam cum eloquentiâ junxit. Cic. — Appius *homo* fuit *summâ prudentiâ, multâ* etiàm *doctrinâ*. Cic. — Cæsar Valerium, *summâ virtute et humanitate adolescentem*, ad Ariovistum misit. Cæs. — *Turpi facie multos* cognovi optimos. Phæd.

Génitif après les verbes.

79. Cato erat *singularis prudentiæ*, et mieux *singulari prudentiâ*.

Si le verbe *sum* est suivi d'un substantif et d'un adjectif au génitif exprimant une qualité, une propriété quelconque du sujet, ce génitif est amené par les substantifs sous-entendus *homo*, *negotium*. Comme dans la règle précédente, et par la même ellipse, on peut, au lieu du génitif, employer l'ablatif, et il est à remarquer qu'ici il est même préférable.

Titus *facilitatis tantæ fuit et liberalitatis*, ut nulli quidquam

negaret. Eur. — Vir bonus *summæ pietatis* erga Deum *est.* Sen.
— Non contemnet te sapiens, etiamsi *fueris minimæ staturæ.*
Sen. — Cæsar annum ad cursum solis accommodavit, ut *trecen-
torum sexaginta quinque dierum esset.* Suet. — Navis Persei
inusitatæ magnitudinis fuisse traditur. Eur. — Philocles sentiebat, se *nullius momenti* apud exercitum *futurum.* Nep. — Esse
Deum, ita perspicuum est, ut id qui neget, vix *eum** *sanæ
mentis* existimem. Cic. (* s. esse.)

Alcibiades *erat eâ sagacitate*, ut decipi non posset. Nep. —
Hortensius *memoriâ tantâ fuit*, ut, quæ secum commentatus
esset, ea sine scripto verbis eisdem redderet. Cic. — Hoc meditatum ab adolescentiâ debet esse, mortem ut negligamus :
sine quâ meditatione *tranquillo esse animo* nemo potest. Cic. —
Omnes habentur et dicuntur tyranni qui *potestate sunt perpetuâ*
in eâ civitate quæ libertate usa est. Nep. — *Quantâ innocentiâ*
debent esse imperatores! *Quantâ* deinde omnibus in rebus
*temperantiâ! quantâ fide! quantâ facilitate! quanto ingenio!
quantâ humanitate!* Cic. — Agesilaus *staturâ fuit humili et corpore exiguo.* Nep.— (Cæsar) *fuisse* traditur *excelsâ staturâ*, co-
lore candido, nigris oculis, valetudine prosperâ. Suet.*

---

80. Est *regis* tueri subditos.

Le génitif est amené après le verbe *sum* par l'ellipse
des mots *indicium, proprium, officium, munus*, et le sujet
de la proposition est presque toujours alors un infinitif.
Tueri subditos est (officium) regis, défendre ses sujets est
le devoir d'un roi, il est d'un roi de défendre ses
sujets.

Imbecilli animi est superstitio. Cic. — Temeritas *est florentis
ætatis;* prudentia *senescentis.* Cic. — Tardé benefacere, nolle
st; vel tardè velle, *nolentis est.* Sen. — *Populi grati est,* præmiis afficere benè meritos de republicâ cives : *viri fortis,* ne
suppliciis quidem moveri, ut fortiter fecisse pœniteat. Cic. —
Hoc *est Gallicæ consuetudinis,* ut viatores etiam invitos consis-
tere cogant, et quod quisque eorum de quâque re audierit aut
cognoverit, quærant. Cæs. — *Cujusvis hominis est* errare;
nullius, nisi *insipientis,* in errore perseverare. Cic. — *Judicis
est* innocentiæ subvenire. Cic. — *Ingenii magni est,* præcipere
cogitatione futura. Cic. —Modum imponere secundis rebus, nec
nimis credere securitati præsentis fortunæ, *prudentis hominis et
meritò felicis est.* Liv. — *Fortis animi et constantis est,* non per-
turbari in rebus asperis. Cic. — *Improbi hominis est,* mendacio
fallere. Cic.—Negligere, quid de se quisque sentiat, non solùm
arrogantis est, sed omninò *dissoluti.* Cic. — *Tardi ingenii est*
rivulos consectari, fontes rerum non videre. Cic. — Petulantia

magis *est adolescentium*, quàm *senum*; nec tamen *omnium adolescentium*, sed *non proborum.* Cic. — *Honoris amplissimi* puto *esse* et accusare improbos , et miseros calamitososque de-fendere. Cic.

Remarques. 1. *Esse* est quelquefois sous-entendu.

Atticus non *liberalis* , sed *levis* arbitrabatur, polliceri, quod præstare non posset. Nep.

2. De même qu'*esse* et par la même ellipse , *videri* , paraître et *haberi* , passer pour , se construisent quelquefois avec le génitif.

Duobus modis , id est, aut vi , aut fraude fit injuria ; fraus quasi *vulpeculæ ;* vis , *leonis* videtur : utrumque ab homine alienissimum est. Cic. — Vix *hominis* videtur, periculum capitis inferre multis. Cic. — Tempori cedere , semper *sapientis est habitum.* Cic. — Ptolemæus, ne *minoris* apud suos *auctoritatis haberetur* , rex cognominatus est. Just.

---

81. *Meum* est loqui.

Officium ou *negotium* est sous-entendu dans les expressions *meum est , tuum est* , etc. *Loqui est meum (officium)*, parler est mon devoir, c'est à moi de parler.

Si cujusque, certè *tuum est* , nihil præter virtutem in bonis ducere Cic. — *Vestrum est*, principes , decernere , quod optimum vobis reique publicæ sit. Liv. — Quis profitetur, *esse suum*, de omnibus quæstionibus dicere ? Cic. — *Nostrum est*, ferre modicè populi voluntates. Cic.

---

82. Tota Syria *Macedonum* erat.

Esse ,fieri, construits avec le génitif, se traduisent quelquefois par *appartenir à* , *être au pouvoir de.* Le génitif est encore dans ce cas le complément d'un substantif sous-entendu. *Syria tota erat (in ditione) Macedonum* , la Syrie entière était au pouvoir des Macédoniens.

Bello gallico præter Capitolium atque arcem omnia *hostium* erant. Liv. — In homine id lauda , quod *ipsius est.* Sen. — Divitias sine *divitum esse :* tu verò virtutem præfer divitiis. Ad Her. — Megarensium insula *Atheniensium fiebat.* Just. — Omnia , quæ *mulieris fuerunt , viri fiunt* dotis nomine. Cic. — Alexandro nuntius lætus adfertur Persas acie a suis superatos, Myndios et Caunios et pleraque tractûs ejus *suæ facta ditionis.* Curt. — Pergamum , Smyrnam, Tralles , Ephesum , Miletum, Cyzicum, totam denique Asiam, *populi Romani factam esse* scimus. Cic.

Nota. *Facere* s'emploie aussi avec le génitif *ditionis* et signifie soumettre.

Scipio omnem oram usque ad Iberum flumen *Romanæ ditionis fecit.* Liv. — Tyrus urbs mare vicinum *ditionis suæ fecit.* Curt.

---

83. Virtutem *magni* facimus.

Après les verbes d'estime , tels que *æstimare* , *facere* , *pendere* , *ducere* , *putare* , estimer ; *æstimari* , *fieri* , *pendi* , *duci* , *putari* , *esse* , *stare* , être estimé , comme après les verbes de prix , tels que *vendere* , vendre ; *emere* , acheter , *venire* , être vendu ; l'adjectif exprimant le degré d'estime , le prix , la valeur , et répondant à la question *combien ?* se met au génitif. On sous-entend *pretii*, prix , ou *æris* , cuivre, monnaie, argent. L'adjectif se rend en français par un adverbe : *parvi*, peu , *magni*, beaucoup , *minoris*, moins , *minimi*, très-peu , *pluris*, plus , *plurimi*, le plus , etc.

Dans l'exemple , *virtutem magni facimus*, nous estimons la vertu, *magni* suppose le substantif *pretii*, et le génitif *pretii* exige un substantif dont il puisse être le complément. En rétablissant les deux ellipses , on dira : *facimus virtutem (tanquam rem) magni (pretii)*, nous regardons la vertu comme chose d'un grand prix. Si l'on supplée *æris*, on dira : *facimus virtutem (pro pretio) magni (æris)* , nous mettons la vertu au prix d'une grande somme d'argent.

Quanti est sapere ! Ter. — Conon Peloponnesio bello accessit ad rempublicam , in eoque ejus opera *magni* fuit. Nep. — Multi sua *parvi* pendere, aliena cupere solent. Sall. — Divitiæ à me *minimi* putantur. Cic. — Voluptatem virtus *minimi* facit. Cic. — Nulla studia *tanti*, ut amicitiæ officium deseratur. Plin. — Cato ex Sardiniâ Ennium poetam deduxerat ; quod non *minoris* æstimamus , quàm quemlibet amplissimum sardiniensem triumphum. Nep. — Mercatores non *tantidem* vendunt, *quanti* emerunt. Cic.

84. On ne dit pas *majoris* , *maximi æstimare* , mais *pluris*, *plurimi æstimare* , estimer plus , le plus.

Mea mihi conscientia *pluris* est, quàm omnium sermo. Cic. — Sæpè fit , ut is qui commendatus sit alicui *pluris* eum faciat, cui commendatus sit, quàm illum à quo. Cic. — Non modò *plu-*

ris putare quod utile videatur, quàm quod honestum, sed hæc
etiam inter se comparare et in his addubitare, turpissimum
est. Cic. — Agere consideratè *pluris* est, quàm cogitare pruden-
ter. Cic. — Nulla pestis humano generi *pluris* stetit, quàm ira,
Sen. — Hephæstionem Alexander *p'urimi* fecit. Nep.

85. Facere aliquem *nihili*.

On trouve aussi après les verbes d'estime les génitifs *nihili*, d'un rien (de *ne* et *hilum*, point noir de la fève), et dans
le même sens, *flocci* (de *floccus*, flocon de neige), *nauci* (de
naucum, zeste de la noix), *pili* (de *pilus*, cheveu), *assis* (d'*as*,
sou), *teruncii* (de *teruncius*, 4e. partie de l'*as*, liard). *Facere
aliquem nihili*, *flocci*, *nauci*, etc., estimer quelqu'un comme
un homme de rien, ou comme un homme de flocon, de zeste ;
c'est-à-dire, qui ne vaut pas un flocon, un zeste. C'est toujours
la même idée présentée sous différentes images,

Remarque. Il y a quelques exemples des ablatifs *parvo*, *magno*,
avec ou sans *pretio*, après les verbes d'estime. La préposition *pro*
est toujours sous-entendue. Cette ellipse est indiquée par les
locutions analogues, *pro nihilo ducere*, *pro nihilo putare*.

Si callidi rerum æstimatores prata et areas quasdam *magno* æstimant,
quòd ei generi possessionum minimè quasi noceri potest ; *quanti* est æstimanda virtus, quæ nec eripi, nec surripi potest ; neque naufragio, neque
incendio amittitur ; nec tempestatum, nec temporum permutatione mutatur? Cic. — *Magno* ubique *pretio* virtus æstimatur. Val. Max.

---

86. *Vivorum* memini, nec possum oblivisci
mortuorum.

Les verbes *meminisse*, *recordari*, *reminisci*, se souvenir ; *oblivisci*, oublier, reçoivent leur complément au
génitif ou à l'accusatif (1). -

Animus meminit *præteritorum*, præsentia cernit, futura
prævidet. Cic. — Homo improbus aliquandò cum dolore *flagitiorum suorum recordabitur*. Cic. — Dux Helvetiorum hortabatur
Cæsarem, ut *reminiscèretur* et *veteris incommodi* populi romani, et *pristinæ virtutis* Helvetiorum. Cæs. — Proprium est
stultitiæ aliorum vitia cernere, *oblivisci suorum*. Cic. — Qui
reipublicæ præfuturi sunt, hoc teneant ut, quidquid agant, ad
eam referant, *obliti commodorum suorum*. Cic.

Beneficia meminisse debet is, in quem collocata sunt ; non
commemorare, qui contulit. Cic. — *Illud* semper *memento*, qui
ipse sibi sapiens prodesse nequit, nequicquam sapit. Cic. — Est
operæ pretium, *diligentiam* majorum *recordari*. Cic. — Non
omnes possunt esse Scipiones aut Maximi, ut urbium *expugna-*

______
(1) Le génitif après ces verbes s'explique par l'ellipse de *mentionem* ou
cogitationem.

tiones, ut *pedestres navalesve pugnas*, ut *triumphos recordentur.*
Cic. —*Vos* animo, dulces, *reminiscor*, amici. Ovid. — Homines
res præclarissimas obliviscuntur. Cic. —Tu *nihil oblivisci* soles
præter injurias. Cic.

87. Miserere *pauperum.*

Misereri et *miserescere*, avoir pitié, reçoivent leur
complément au génitif (1).

Heraclitus *miserebatur omnium* qui sibi læti occurrebant.
Sen. — *Eorum misereri* oportet, qui propter fortunam, non
propter malitiam in miseriis sunt. Cic. — *Arcadii*, quæso,
miserescite regis. Virg.

8. Res adversæ admonent *religionum.* Liv.

Monere et ses composés *admonere*, *commonere*, *com-
monefacere*, se trouvent avec un complément indirect
au génitif. C'est un hellénisme (*Voyez* ch. xii, § 5).

Suorum unumquemque nominans laudare (cœpit Jugurtha) ;
admonebat alium *egestatis*, alium *cupiditatis suæ*, complures
periculi aut *ignominiæ*, multos *victoriæ sullanæ.* Sall. — Gram-
maticos *officii sui* commonemus. Quint. — *Veteris* te *amicitiæ*
commonefacio. Ad Her.

89. Venit mihi *Platonis* in mentem. Cic.

Le génitif, dans l'expression *venit mihi in mentem*,
s'explique par l'ellipse d'un substantif. (*Recordatio*) *Platonis venit mihi in mentem*, le souvenir de Platon m'est
venu dans l'esprit.

Quotiescumque gradum facies, toties tibi *tuarum virtutum*
veniat in mentem. Cic. (2).

90. *Animi* pendeo.

Le génitif *animi*, dans ces expressions, *animi pendere*,

(1) Sous-entendu *causâ.*
(2) Ces paroles furent adressées par la mère de Sp. Carvilius à son fils
qu'une blessure avait rendu boiteux, et qui, à cause de cette infirmité,
n'osait paraître en public.

animi angi, être inquiet, en peine, en doute, est un hellénisme. Les Latins se servent également de l'ablatif *animo, animis.*

Ego *animi* pendere soleo, cùm quid orsus sum, si traducor aliò. Cic. — *Animi* pendeo de te et de me. Cic. — Exspectando et desiderando pendemus *animis*, cruciamur, angimur. Cic. — *Animi* se angebat. Ter. — Angor *animo*. Cic. — Audio te *animo* angi, et medicum dicere ex eo te laborare. Cic.

---

91. Insimulare aliquem *furti*.

Les verbes qui signifient *accuser, convaincre, absoudre*, reçoivent leur complément indirect au génitif. *Crimine* ou *nomine* sont sous-entendus.

Miltiades *proditionis* est accusatus, quòd cùm Parum expugnare posset, à pugnâ discessisset. Nep. — Thrasybulus legem tulit, ne quis antè *actarum rerum* accusaretur, neve multaretur. Nep. — Qui alterum incusat *probri*, ipsum se intueri oportet. Plaut. — Fannius Verrem insimulat *avaritiæ* et *audaciæ*. Cic. — Annon intelligis, quales viros *summi sceleris* arguas? Cic. — Verrem *avaritiæ nimiæ* coarguit Cicero. Cic. — Hæc duo *levitatis* et *infirmitatis* plerosque convincunt : aut si in bonis rebus amicum contemnunt, aut iu malis deserunt. Cic. — Majores nostri si quam *unius peccati* mulierem damnabant, *multorum maleficiorum* convictam putabant. Ad Her. — Themistocles *proditionis* est damnatus. Nep. — Cæsar *summæ* se inquit *iniquitatis* condemnari debere, nisi militum vitam suâ salute habeat cariorem. Cæs. — Cœlius judex absolvit *injuriarum* eam, qui Lucilium poetam in scenâ nominatim læserat. Ad Her.

92. Remarques. 1. *Crimine* et *nomine* sont quelquefois exprimés.

Lupus arguebat vulpem furti *crimine*. Phæd. — *Nomine* sceleris conjurationisque damnati sunt multi. Cic.

2. Au lieu du génitif, on emploie aussi, mais plus rarement, l'ablatif avec *de.*

Non committam posthac ut me accusare *de* epistolarum *negligentiâ* possis. Cic. — Lex vetat, eum, qui *de pecuniis repetundis* damnatus sit, in concione orationem habere. Ad Her.

---

93. *Capitis* damnare aliquem.

Avec *damnare, condemnare, absolvere, caput* se met au génitif. *Pœna* est sous-entendu. *Damnare capitis*, c'est-à-dire *damnare (ad pœnam) capitis*, condamner à la peine de la tête, de la vie, condamner à mort; *absolvere capitis*, c'est-à-dire, *absolvere (pœnâ) capitis*, absoudre de la peine de la tête, de la vie, de la peine capitale, de la peine de mort.

Alcibiades postquam se *capitis damnatum* audivit, Lacedæmonem demigravit. Nep. — Socratis responso sic judices exarserunt, ut *capitis* hominem innocentissimum *condemnarent*. Cic.

Remarque. On trouve aussi l'ablatif *capite*.

Claudius multos ex iis quos *capite damnaverat*, postero statim die et in convivium et ad alcæ lusum jussit. Suet.

94. Me pœnitet *culpæ meæ*.

Avec les verbes *pœnitet*, *piget*, *pudet*, *tædet*, *miseret*, le nom de la personne qui est affectée de repentir, de regret, de honte, d'ennui, de pitié, se met à l'accusatif ; et la chose qui cause le repentir, le regret, la honte, l'ennui, la pitié, au génitif. Le seul mot *pœnitet* équivaut à ceux-ci, *pœnitentia tenet*, le repentir tient. *Pœnitentia culpæ meæ tenet me*, le repentir de ma faute me tient, s'empare de moi, je me repens de ma faute.

Pudet remplace *pudor tenet; piget*, *pigredo, tenet; tædet*, *tædium tenet; miseret*, *miseratio tenet*.

Sapientia semper eo contenta est, quod adest, neque eam unquam *sui pœnitet*. Cic. — Num, si ad centesimum annum vixisset Scipio, *senectutis* eum *suæ pœniteret?* Cic. — Vident, qui sunt morbo gravi et mortifero affecti, instare mortem; eosque, qui secus, quam decuit, vixerunt, *peccatorum suorum* tum maximè *pœnitet*. Cic. — Me non solùm *piget stultitiæ meæ*, sed etiam *pudet*. Cic. — Sunt homines, quos *libidinis infamiæque suæ* neque *pudeat*, neque *tædeat*. Cic. — *Decemvirorum* Romanos *pertæsum* est. Liv. — Nunquàm Atticum *suscepti negotii pertæsum* est. Nep. — *Eorum* nos magis *miseret*, qui misericordiam non requirunt, quàm qui illam efflagitant. Cic.

95. Quem pœnitet *peccasse* penè est innocens. Sen.

Les cinq verbes *pœnitet*, *pudet*, etc. peuvent avoir pour sujet un infinitif (1).

Non me *pœnitet vixisse*, quoniam ità vixi, ut me non frustrà natum exi-

___

(1) Ces verbes semblent alors tenir lieu de *afficit pœnitentiâ*, *pudore*, *pigredine*, *tædio*, *miseratione*.

stimem. Cic. — Non me *pudet fateri* nescire, quod nesciam. Cic. — Illum lauda et imitare, quem non *piget mori*, cùm juvat vivere. Sen. — Nihil audio quod *audisse*; nihil dico quod *dixisse* pæniteat. Plin.

96. *Incipit* me pœnitere culpæ meæ.

Devant les cinq verbes *pœnitet*, *pudet*, etc., tous les verbes excepté *amo*, *volo*, *nolo*, *malo*, *audeo*, *cupio* et autres semblables, se mettent à la troisième personne du singulier. La phrase, *Incipit me pœnitere culpæ meæ*, équivaut à celle-ci : *pœnitentia culpæ meæ incipit tenere me*, le repentir de ma faute commence à s'emparer de moi, je commence à me repentir de ma faute.

Te ignorantiæ tuæ pudere *debet*. — Eos qui malè agunt *solet* pœnitere. — Harumce ineptiarum tædere me *incipit*. — Postquàm Alexander Clitum trucidaverat, pigere eum facti *cœpit*. Curt.

---

97. Refert, interest *regis* tueri subditos.

Après les verbes *refert*, *interest*, il importe, le nom de la personne, et quelquefois celui de la chose à qui il importe, se mettent au génitif.

Le génitif est encore amené ici par un substantif sous-entendu. *Refert (ad negotia vel commoda) regis*, *est inter (negotia vel commoda) regis tueri subditos*. Il importe aux affaires, aux intérêts du roi, il est parmi les affaires, les intérêts du roi, il importe au roi de défendre ses sujets.

Interest omnium rectè facere. Cic. — Ostendam, quantùm *salutis communis intersit*, duos consules in republicâ esse. Cic. — Theophrastus moriens accusâsse naturam dicitur, quòd cervis et cornicibus vitam diuturnam, *quorum* id nihil *interesset*; hominibus, *quorum* maximè *interfuisset*, tam exiguam vitam dedisset. Cic. — (Theodoro) cùm Lysimachus rex crucem minaretur, Istis, quæso, inquit, ista horribilia minitare purpuratis tuis : *Theodori* quidem nihil *interest*, humine an sublimè putrescat. Cic.

---

98. Refert, interest *mea*.

Les adjectifs possessifs *mea*, *tua*, *sua*, *nostra*, *vestra*, qu'on emploie après les verbes *refert*, *interest*, et qu'on traduit en français par les pronoms *me*, *te*, *se*, *nous*, *vous*, *lui*, *leur*, se rapportent au substantif *negotia* sous-entendu. *Refert (ad) mea (negotia), est inter mea (negotia),* il importe à mes affaires, il est parmi mes affaires, il m'importe (1).

Nihil *interest mea,* quantùm circà mortem meam tumultus sit. Sen. — *Tua* quod nihil *refert,* percunctari desinas. Ter. — Cæsar dicere solebat, non tam *sua* quam reipublicæ *interesse,* uti salvus esset. Suet. — Epistolis certiores facimus absentes, si quid est, quod eos scire, aut *nostra,* aut ipsorum *intersit.* Cic. — *Vestra,* judices, hoc maximè *interest,* non ex levitate testium causas hominum ponderari. Cic.

99. *Magni* mea interest.

Pour exprimer à quel point une chose importe, ou emploie non-seulement les adverbes *magnoperè, minimè, maximè, nihil, multùm, plus, tantùm, quantùm;* mais encore, comme pour les verbes de prix ou d'estime, les génitifs *magni, parvi, tanti, quanti,* avec lesquels *pretii* est sous-entendu. *Magni mea interest* est pour *est inter mea (negotia) magni (pretii),* il est parmi mes affaires d'un grand prix, d'une grande importance, il m'importe beaucoup.

On ne dit pas *minimi, plurimi refert, interest,* mais *minimè, plurimùm refert, interest.*

Magni interest mea unà nos esse. Cic. — *Parvi* refert, abs te ipso jus dici æquabiliter, nisi idem ab iis fiet, quibus tu ejus muneris aliquam partem concesseris. Cic. — Intelligo, *quanti* reipublicæ intersit, omnes copias convenire. Cic.

100. *Ad honorem nostrum* interest.

Après *refert, interest,* les noms de choses inanimées se mettent ordinairement à l'accusatif avec *ad.*

Ad disciplinam militiæ plurimùm *interest,* insuescere militem non solùm partâ victoriâ frui, sed, si res etiam lentior sit, pati tædium, et, quamvis seræ, spei exitum exspectare. Liv.— Reipublicæ causâ philosophiam nostris hominibus explicandum putavi, magni existimans *interesse ad decus et ad laudem* civitatis, res tam graves, tamque præclaras, latinis etiam litteris contineri. Cic.

(1) Quelques grammairiens voient dans *mea, tua,* etc. , des ablatifs féminins, ils sous-entendent *gratiâ* ou *causâ,* et s'appuient de ce passage de Plaute : *Meâ istuc nihil refert, tuâ refert gratiâ.*

101. Respublica meâ *unius* operâ est liberata.

Les adjectifs possessifs *meus*, *tuus*, *suus*, *noster*, *vester*, joints à un substantif, sont élégamment suivis d'un adjectif ou d'un participe au génitif. La syllepse, figure qui consiste à faire la construction, non selon les mots, mais d'après le sens, justifiera cette locution. L'esprit doit voir dans les adjectifs possessifs *meus*, *tuus*, *suus*, etc., l'équivalent des génitifs *mei*, *tui*, *sui*, etc., avec lesquels s'accorde l'adjectif ou le participe.

On peut encore expliquer par l'ellipse cette façon de parler : *Respublica est liberata operâ meâ (quæ est opera mei) unius.*

Ces phrases : *Refert mea Cæsaris*, il importe à moi César ; *refert tua unius*, il importe à toi seul ; *nostra utriusque interest*, il nous importe à tous deux, rentrent dans la même analogie et s'expliquent de la même manière. Tout ce qu'elles ont de remarquable, c'est que le substantif des adjectifs *mea*, *tua*, *nostra*, etc., y est sous-entendu. *Refert mea Cæsaris*, c'est-à-dire, par la syllepse, *Refert (ad negotia) mei Cæsaris*, et par l'ellipse : *Refert (ad) mea (negotia quæ sunt negotia mei) Cæsaris.*

Meum solius peccatum corrigi non potest. Cic. — Camillus, quæ bella *suo unius* auspicio gesta sint, memorat. Liv. — Aves fœtus suos cùm visi sunt adulti, libero cœlo, *suæque ipsorum* fiduciæ permittunt. Quint. — Ad Anienem fluvium Gallus processit, et, quem nunc, inquit, Roma fortissimum virum habet procedat ad pugnam, ut *noster duorum* eventus ostendat, utra gens bello sit major. Liv. — Cui nomen *meum absentis* honori fuisset, ei *meas præsentis* preces non putas profuisse ? Cic. — *Mea* nemo scripta legit, vulgò recitare *timentis.* Hor. — Sæpe rogabis, ut *mea defunctæ* molliter ossa cubent. Ovid. — Studium *tuum adolescentis* perspexi. Cic.

---

102. *Domi militiæque* præclara facinora fecit.

Suppléez *tempore.* (*Tempore*) *domi*, dans le temps de la maison, qu'on reste à la maison, en temps de paix ; (*tempore*) *militiæ*, en temps de guerre.

A Romanis nihil publicè sine auspicio nec *domi* nec *militiæ* gerebatur. Cic. — Livius, quæ a Romanis *domi militiæque* gesta sunt, exposuit. Liv. — Tullus Hostilius salubriora credebat *mi-litiæ*, quàm *domi*, juvenum corpora esse. Liv.

Génitif après les adverbes.

103. Quantùm *aquæ*.

Les adverbes de quantité, employés substantivement au nominatif ou à l'accusatif, se construisent avec le génitif d'un nom de choses non susceptibles d'être comptées.

Quantùm		que ou combien	Plurimùm		le plus
Parùm		peu	Tantùm		tant, autant
Minùs	aquæ	moins	Tandùmdem	aquæ	autant
Minimùm		le moins	Satis		assez
Multùm		beaucoup	Nimis		} trop
Plus		plus	Nimiùm		

(*d'eau.* / *d'eau.*)

Ces prétendus adverbes ne sont autre chose que le neutre des adjectifs *tantus*, *quantus*, se rapportant au substantif *negotium* sous-entendu. *Quantùm aquæ* est pour *quantum (negotium) aquæ*, quelle grande quantité d'eau (1).

A force de voir ces adjectifs seuls on a fini par les regarder comme des adverbes, et on a dit que les adverbes de quantité régissent le génitif, quoique les adverbes ne régissent aucun cas.

Quidam ex vultu conjecturam faciunt, *quantùm* quisque *animi* habere videatur. Cic. — Pompeii actio non satis commendabat orationem. In hâc enim *satis* erat *copiæ*, in illâ autem *leporis parùm*. Cic. — (Inerat Catilinæ) *satis eloquentiæ*, *sapientiæ parùm*. Sall. — Procellæ quantò *plus* habent *virium*, tàntò *minùs temporis*. Sen. — An potest quidquam esse absurdius, quàm, quò *minùs viæ* restat, eò *plus viatici* quærere? Cic. — *Plus* in ipsâ injuriâ *detrimenti* est, quàm in iis rebus *emolumenti* quæ pariuntur injuriâ. Cic. — *Tantùm cibi et potionis* adhibendum, ut reficiantur vires, non opprimantur. Cic. — (Anaxagoras) cùm Lampsaci moreretur, quærentibus amicis, velletne Clazomenas in patriam, si quid accidisset, auferri, nihil necesse est, inquit, undique enim ad inferos *tantùmdem viæ* est. Cic. — *Multùm* habet *jucunditatis* soli cœlique mutatio. Plin. j. — Quidam dicunt, ut quisque *minimùm fir-*

---

(1) *Parùm* est une abréviation de *parvum*. On a dit autrefois *magis*, *e*; *satis*, *e*; *nimis*, *e*; comme on dit encore *potis*, *e*.

mitatis habeat *minimùmque virium*, ita amicitias appetere maximè. Cic. — *Plurimùm mali* credulitas facit. Sen.

Nota. *Abundè*, abondamment, *affatim*, largement, assez, se construisent avec le génitif.

Cæsar dicebat, se *potentiæ gloriæque abundè* adeptum. Suet. — *Affatim* est *hominum* quibus negotii nihil est. Plaut.

104. Ubi *terrarum* sumus?

Les adverbes de lieu *ubi*, *ubinam*, *ubicumque*, *quò*, *aliquò*, *usquàm*, *nusquàm*, peuvent être suivis des génitifs *gentium*, *terrarum*, *loci*, *locorum*.

Ubinam gentium sumus ? Cic. — *Ubicumque terrarum et gentium* jus civium romanorum violatum est, statuistis id pertinere ad communem causam libertatis et dignitatis. Cic. — Qui virtutem adeptus erit, *ubicumque* erit *gentium* à nobis diligetur. Cic.—Maximum honorem Lycurgus, non divitum et potentium, sed pro gradu ætatis senum esse voluit. Nec sanè *usquam terrarum* locum honoratiorem senectus habet quàm Lacedæmone. Just. — Non hercle, *quò* hinc nunc *gentium* aufugiam, scio. Plaut. — Rhodum, aut *aliquò terrarum*, migrandum est. Cic. (1).

105. Hùc *arrogantiæ*. Eò *impudentiæ*.

A ce point d'arrogance, d'impudence.

Les adverbes *hìc*, *hùc*, *eò*, se construisent avec le génitif (2).

Vidi quamdam virginem *hìc viciniæ*. Ter. — Tacfarinas *hùc arrogantiæ* venerat, ut legatos ad Tiberium mitteret, et bellum minitaretur. Tac. — Populus Romanus *eò magnitudinis* crevit, ut viribus suis conficeretur. Flor. — *Eò deliciarum* pervenimus, ut nisi gemmas calcare nolimus. Sen.

106. Tunc *temporis*.

Tunc, *tum*, sont quelquefois suivis de *temporis*, qui n'ajoute rien au sens.

Persarum gens *tunc temporis* obscura erat. Just. — Civitas Hannibalem, *tum temporis* consulem, in foro exspectabat. Just.

(1) Tous ces adverbes tiennent lieu de *in loco*, *in quo loco*, *in nullo loco*, et sont suivis du génitif comme le serait le nom qu'ils remplacent.
(2) *Huc*, ancien ablatif. *In hoc gradu*, *in eo gradu*.

107. *Lumborum* tenùs.

Le complément de la préposition *tenùs*, lorsqu'il est pluriel, se met ordinairement au génitif (21).

Illi rumores de comitiis *Cumarum tenùs* claruerunt. Cıc. — Optima torvæ forma bovis, cui turpe caput, cui plurima cervix, et *crurum tenùs* à mento palearia pendent. Vıɐɢ. (1).

108. Pridiè, postridiè *calendarum* ou *calendas.*

Pridiè, la veille; *postridiè*, le lendemain, sont suivis du génitif ou de l'accusatif. *Pridiè calendarum* ou *calendas*, est pour *in priori die ante diem calendarum* ou *ante calendas. Postridiè calendarum* ou *calendas*, est pour *in posteriori die post diem calendarum* ou *post calendas.*

Philotimus *pridiè ejus* diei venit. Cıc. — Caligula natus est *pridiè calendas* Septembris. Nono calendas Februarias est interfectus. Sυɛᴛ. — *Postridiè ejus absolutionis* in theatrum Curionis Hortensius introiit. Cıc.

DATIF.

Le datif marque le but auquel se rapporte une action ou un sentiment.

Datif avec les verbes.

109. Da dextram *misero.*

Le datif se joint : 1°. Aux verbes actifs comme complément indirect. C'est surtout dans ce sens qu'on l'appelle cas d'attribution (16).

Vita turpis ne *morti* quidem *honestæ* locum relinquit. Cıc. — Classem septuaginta navium Athenienses *Miltiadi* dederunt. Nɛᴘ. — Licet mihi gloriari, me dolorem atque inimicitias meas *reipublicæ* concessisse. Cıc. — Non rete *accipitri* tenditur, neque *milvio*, qui malefaciunt nobis : *illis* qui nihil faciunt tenditur. Tɛʀ. — Quæ liberi *parentibus*, ea coloni *antiquæ patriæ* debent. Lıv.

110. Nocere *nemini.* Favere *alicui.*

2°. A un grand nombre de verbes neutres. (Certains

(1) On trouve dans Ovide : *Pectoribus tenùs.*

verbes neutres en latin sont actifs en français : *studere grammaticæ*, étudier la grammaire ; *favere alicui*, favoriser quelqu'un ; *parcere subjectis*, épargner ceux qui sont soumis.) (18).

Promiscuam habere et vulgarem clementiam non decet ; et tàm *ignoscere omnibus* crudelitas est quàm nulli. Sen. — Cùm omnium rerum simulatio est vitiosa, tùm *amicitiæ repugnat* maximé. Cic. — Vir bonus *nocet nemini*. Cic. — Liber is est existimandus, qui *nulli turpitudini servit.* Ad Her. — *Imperare sibi* maximum imperium est, sicut *servire cupiditatibus* gravissima servitus est. Sen. — Patriæ *legibus obtemperare* satiùs Timoleon duxit, quàm *imperare patriæ.* Nep. — In hominis honesti pudentisque judicio, non solùm meo consilio uti consuevi, sed multùm etiam ejus quem defendo et *consilio et voluntati obtempero.* Cic. — Victrix causa *diis plaçuit,* sed victa *Catoni.* Luc. — Si tuam ob causam *cuiquam commodes,* non beneficium illud habendum est, sed feneratio. Cic. — *Dioni* maximé *indulgebat* Dionysius, neque eum secùs diligebat ac filium. Nep. — Ne hostes quidem *sepulturæ invident.* Tac. — Omnes homines naturâ *liberati student,* et conditionem servitutis oderunt. Cæs. — Aut potentior te aut imbecillior læsit. Si imbecillior, *parce illi :* si potentior, *tibi.* Sen. — Peccare *nemini licet.* Cic. — Venus *nupsit Vulcano.* Astarten *Adonidi nupsisse* proditum est. Cic. — Plures in Indiâ mulieres *singulis viris* solent esse *nuptæ.* Cic.

Nota. *Nuptam esse* se construit aussi avec *cum.*

Cum regis Parthorum *filio nupta* erat regis Armeniorum soror. Cic.

---

111. Irascitur *mihi.*

3°. A certains déponents qui ne sont autre chose que des verbes neutres sous la forme passive, tels sont : *irasci,* se fâcher contre ; *opitulari,* secourir ; *mederi,* guérir ; *blandiri,* flatter, etc.

Epaminondas se *patriæ irasci* nefas esse dicebat. Nep. — *Irasci iis* nefas quos amare debemus. Nep. — Cùm amicus Periclem rogaret ut pro re causâque ejus falsum dejeraret, his ad eum verbis est usus : Me *amicis opitulari* oportet, sed usque ad deos. Gell. — Philosophia *medetur animis,* inanes sollicitudines detrahit, cupiditatibus liberat. Cic. — Voluptas *blanditur sensibus nostris.* Cic.

---

112. Prodesse *omnibus.*

4°. Aux composés d'*esse,* tels que *prodesse,* être utile

à ; *præesse*, commander à ; *adesse*, être présent à ; *interesse*, assister à ; *deesse*, manquer à, etc.

Pelopidas *omnibus periculis adfuit*. NEP. — Contemnuntur ii qui nec *sibi*, nec *alteri prosunt*, ut dicitur ; in quibus nullus labor, nulla industria, nulla cura est. CIC. — Conon et prætor *pedestribus exercitibus præfuit*, et præfectus classis res magnas mari gessit. NEP. — Aristides *interfuit pugnæ navali* apud Salamina. NEP. — Dicendi facultas, quantacunque in me, nunquàm amicorum *periculis defuit*. CIC. — Satius est, *prodesse* etiam *malis* propter bonos, quam *bonis deesse* propter malos. SEN. — Genus est, quod plures partes amplectitur, ut animal. Pars est, quæ *subest generi*, ut equus. CIC. — *Excellentibus ingeniis* citiùs *defuerit* ars, quâ civem rogent, quàm quâ hostem superent. LIV. — Thebanorum *genti* plus *inest* virium, quàm ingenii. NEP. — *Adolescentiæ incunti inest* maxima imbecillitas consilii. CIC.

NOTA. Après *inesse*, être dans, on peut mettre l'ablatif en répétant la préposition.

Provide, ne sermo tuus vitium aliquod indicet *inesse in moribus*. CIC.

Avec *abesse* on emploie l'ablatif en répétant la préposition.

Ratio et oratio conciliat inter se homines. Neque ullâ re longiùs *absumus à naturâ* ferarum. CIC. — Quomodò jucunda vita potest esse, à *quâ absit* prudentia, *absit* moderatio ? CIC. — Res familiaris quæri debet iis rebus à *quibus abest* turpitudo : conservari autem diligentiâ et parcimoniâ. CIC.

NOTA. La préposition peut se supprimer.

Abest historia *litteris nostris*. CIC.

---

113. *Reipublicæ* munus *afferre*.

5°. A un grand nombre de verbes dans la composition desquels entrent les prépositions, *ad, ante, cum, de, in.,* etc.

AD qu'on change en *af, ap, as,* etc. (*Voy.* p. 93.) Sub Vespasiano Judæa *Romano accessit imperio*. EUT. — Quod munus *reipublicæ afferre* majus meliusve possumus, quam si docemus atque erudimus juventutem ? CIC. — Prometheus *affixus Caucaso* traditur. CIC. — Poeta peccat cùm probam orationem *affingit improbo, stultove* sapientis. CIC. — Siciliam ferunt quondam *Italiæ adhæsisse*. JUST. — Ut *ridentibus arrident*, ita *flentibus adflent* humani vultus. HOR. — Hoc doctoris intelligentis est, sic instituere adolescentes, ut *alteri* calcaria *adhibeat, alteri* frenos. CIC. — Ægyptus per Octavianum Augustum *imperio Romano adjecta est,* EUT. — Auctoritatem nullam debemus nec fidem *commenticiis rebus adjungere.* Cic. — Rhenus, ubi *Oceano ap-propinquavit,* in plures diffluit partes. Cæs.— Spartani à primis annis *duritiæ parcimoniæque adsuescebant.* Just. — In pestilentià cavendum est, ne *corruptis* jam *corporibus,* et morbo *fla-grantibus assideamus.* Sen.

ANTE. Quæritur, sitne æquum amicos *cognatis anteferre.*Cic. — Asia tam opima et fertilis, ut ubertate agrorum et varietate fructuum, et multitudine earum rerum quæ exportantur, facilè *omnibus terris antecellat.* Cic. — Virtutes animi *bonis* corporis *anteponimus.* Cic.

CUM qu'on change en *co, con,* etc. *Parvis componere* magna solebam. Virg. — Parva *magnis* sæpè rectissimè *conferuntur.* Cic. — Aer et *cœlo* et *terris cohæret.* Sen. — *Pietati conjuncta* justitia est, reliquæque virtutes. Cic. — Fac ut *principiis con-sentiant* exitus. Cic. — Non *convenit moribus meis* aliud palàm, aliud agere secretò. Plin.

DE. Liberalis est, qui, quod alteri donat, *sibi detrahit.*Sen. — Is denique honos mihi videri solet, qui non propter spem futuri beneficii, sed propter magna merita *claris viris defertur* et datur. Cic.

E. Mors sola innocentem *fortunæ eripit.* Sen. — Si in hoc erro, quòd animos hominum immortales esse credam, lubenter erro : nec *mihi* hunc errorem, quo delector, dum vivo, *extor-queri* volo. Cic.

IN. Poetæ ferunt gigantes bellum *diis intulisse.* Cic.— Gratior existimatur, qui *delubris* puram castamque mentem, quàm qui meditatum carmen *intulerit.* Plin.— Folia virere per se non possunt ; ramum desiderant, *cui inhæreant.* Sen. — Hannibal magnum terrorem *injecit exercitui* Romanorum. Nep. — Onera *quibusdam bestiis* et juga *imponimus.* Cic. — Sæpè curas omittit familiares, qui se *alienis negotiis intendit.* Tac. — Proprium est irati, cupere, à quo læsus videatur, *ei* quàm maximum dolorem *inurere.* Cic. — Socratis *morti illacrymari* soleo, Platonem legens. Cic.

INTER. Deus *interest animis nostris* et *cogitationibus mediis intervenit.* Sen. — Nasus ita locatus est, ut quasi murus *oculis interjectus* esse videatur. Cic.

OB. *Omni virtuti* vitium *opponitur.* Cic. — Qui non defendit nec *obsistit,* si potest, *injuriæ,* tàm est in vitio quàm si parentes, aut amicos, aut patriam deserat. Cic. — Virtus quæ *venienti-bus malis obsiat,* fortitudo; quæ, quod jam adest, tolerat et perfert, patientia nominatur. Cic. — Acriter se *morti offert* vir fortis. Cic. — O quantum caliginis *mentibus humanis objicit* felicitas magna ! Sen. — *Operi longo* fas est *obrepere* somnùm. Hor. — Nihil proficient præcepta, quamdiù *menti* error *obfusus* est. Sen. — Alexander, dum *obequitabat mœnibus,* sagittà ictus est. Curt. — *Abydo objacet* Sestos, Leandri amore pernobilis. P. Mela.

POST. Manlius *posthabuit* filii caritatem *publicæ utilitati.* Liv.
— Hannibal *Alexandro magno* non est *posiponendus.* Just.

PRÆ. Pecuniam *præferre amicitiæ,* sordidum est. Cic. — Deus animum *præfecit corpori.* Cic. — Agesilaus *opulentissimo regno præposuit* bonam existimationem. Nep.

RE. *Optatis meis* fortuna *respondit.* Cic. — Pausanias regis propinquos clàm *Xerxi remisit.* Nep. — Qui sceleratorum impetus et conatus represserunt, qui auctóritate, qui fide, qui magnitudine animi *consiliis* audacium *resisterunt,* ii boni cives semper hàbiti sunt Cic.

SUB. Judicis est *innocentiæ subvenire.* Cic. — Non ignara mali, *miseris succurrere* disco. Virg. — Appetitus *rationi* sunt *subjecti* lege naturæ. Cic. — Deus omne quod erat corporeum *substernebat animo.* Cic — *Succumbere doloribus,* eosque humili animo imbecilloque ferre, miserum est. Cic. — Anatum ova *gallinis* sæpè *supponimus :* è quibus pulli orti primùm aluntur ab iis ut à matribus : deindè eas relinquunt, cùm primùm aquam quasi naturalem domum videre potuerunt. Cic.

SUPER. Leonidas, rex Spàrtanorum, *secutis Persis supervenit.* Just.— Ager, propter hoc quod *vectigali* longè *supercurrit* (1), semper dominum à quo exerceatur inveniet. Plin.

---

114. Timotheus *ad bellicam laudem* doctrinæ gloriam *adjecit.* Cic.

Après quelques verbes composés on peut, au lieu du datif, répéter la préposition qui entre dans leur composition, en mettant le complément du verbe au cas qu'exige cette préposition. L'usage apprendra quels sont les verbes qui admettent cette double construction.

Quidam *ad eas laudes,* quas à patribus acceperunt, *addunt* aliquam suam. Cic. — Macedones *ad imperium* Græciæ brevi tempore *adjunxerunt* Asiam bello subactam. Ad Her. — Homines *ad deos* nullà re propiùs *accedunt* quàm beneficentià. Cic. — Sapiens, cùm stultorum vitam *cum suà comparat,* magnà afficitur voluptate. Cic. — Apud Hypanim fluvium, qui ab Europæ parte in Pontum influit, Aristoteles ait bestiolas quasdam nasci, quæ unum diem vivant. Ex his igitur, horà octavà quæ mortua est, provecta ætate mortua est : quæ verò occidente sole, decrepita : eò magis si etiam solstitiali die. *Confer* nostram longissimam ætatem *cum æternitate,* in eàdem propemodum brevitate, quà illæ bestiolæ, reperiemur. Cic. — Multæ res sunt, in quibus *de suis commodis* viri boni multa *detrahunt,* detrahique patiuntur, ut iis amici potiùs quam ipsi fruantur.

---

(1) *Vectigali supercurrere,* rapporter plus qu'il ne faut pour payer l'impôt.

Cic.— *Eripite nos ex miseriis.* Cic.— Multi reges Persarum tantas opes longâ ætate cumulaverant liberis posterisque, ut arbitrabantur, quas una hora *in externi regis manus intulit.* Curt. — Mulieres in Indiâ, cùm est cujusvis earum vir mortuus, in certamen, judiciumque veniunt, quam plurimùm ille dilexerit : plures enim singulis solent esse nuptæ. Quæ est victrix, ca læta prosequentibus suis, unà cum viro *in rogum imponitur :* illa victa, mœsta discedit. Cic.

115. Adulari *alicui* ou *aliquem.*

Quelques verbes prennent tantôt le datif, tantôt un autre cas.

Adulari, flatter ;
Antecedere, anteire, surpasser ;
Attendere, écouter attentivement ;
Desperare, désespérer ;
Illudere, se jouer de ;
Incessere, s'emparer de l'esprit, occuper ;
Præcurrere, prévenir, devancer ;
Præstare, surpasser, exceller ;
Præstolari, attendre ;

$\left.\rule{0pt}{4.5em}\right\}$ *alicui* ou *aliquem.*

Atticus *potenti Antonio* non *est adulatus.* Nep. — Mitiores canes *furem* quoque *adulantur.* Col. — Semper in promptu habere debemus, quantùm natura hominis *pecudibus reliquisque belluis antecedat.* Cic. — Oculorum velocior est sensus, et multùm *aures antecedit.* Sen. — *Prætoribus anteibant* lictores cum fascibus duobus. Cic. — Satis docuisse videor, hominis natura quantò *omnes anteiret animantes.* Cic. — Homo sapiens *sermonibus malignis* non *attendit.* Plin. — Sæpè non *attendimus nosmet ipsos.* Cic. — Bonos viros lugere malo meas fortunas, quam *suis desperare.* Cic. — Simul atque candidatus accusationem meditatur, *honorem desperásse* videtur. Cic. — Sæpè *illudit nobis* fama. Sen. — Carneades rhetorum *præcepta illudere* solebat. Cic. — Gravior cura *patribus incessit,* cùm prodi causam ad suis cernerunt. Liv. — Stupor *omnes* et admiratio *incessit,* undè Carthaginiensibus tam subitum bellum oriretur. Just. — *Certis rebus* certâ signa *præcurrunt.* Cic. — Ut homo iners *hominem diligentem præcurrat,* fieri non potest. Cic. — Socrates *omnibus præstitit philosophis.* Cic. — Non est inficiandum Hannibalem longè *præstitisse ceteros imperatores.* Nep. — *Spei meæ* volui *præstolari* in Epiro. Cic. — Curionis *adventum* Cæsar *præstolabatur.* Cæs.

116. Impertire salutem alicui *ou* aliquem salute (1). :

Aspergere, mêler, répandre ;
Circumdare, mettre tout autour ;
Donare, donner, gratifier ;
Impertire, communiquer, faire part ;
                   alicui rem ou *aliquem re.*

Intercludere, fermer, boucher ;
Confidere, se fier sur ;   *alicui* ou *aliquo.*
Excellere, exceller, surpasser ;   *aliis* ou *inter alios.*
Mittere, envoyer ;   *alicui* ou *ad aliquem.*
Interdicere, interdire, défendre ;   *alicui rem* ou *alicui re.*

Vatinius *Miloni clarissimo viro, nonnullam* laudatione suâ *labeculam adspergit.* Cic. — Pythagoras Apollini hostiam immolare noluit, ne *aram sanguine adspergeret.* Cic. — Semiramis Babyloniam condidit, *murumque urbi circumdedit.* Just. — Natura *corpus*, ut quamdam vestem, *animo circumdedit.* Sen. — Servius *aggere et fossis et muro circumdat* Romam. Liv. — Ciceroni populus Romanus *immortalitatem donavit.* Cic. — Omnes Thessaliæ civitates *Pelopidam coronis aureis et statuis æneis, liberosque ejus multo agro donârunt.* Nep. — *Ignis naturis omnibus salutarem impertit calorem.* Cic. — *Puerilem ætatem doctrinis impertire* debemus. Nep. — Pontis atque itinerum angustiæ *multitudini fugam intercluserant.* Cæs. — Ariovistus castra fecit, eo consilio, ut *frumento commeatuque Cæsarem intercluderet.* Cæs. — Nemo, qui *suæ confidit*, alterius virtuti invidet. Cic. — Quis potest aut corporis *firmitate* aut fortunæ *stabilitate confidere ?* Cic. — Zeuxis longè *ceteris excellere pictoribus* existimabatur. Cic. — Admirabile est, quantùm *inter omnes oratores* unus Demosthenes *excellat.* Cic. — Parthi *feminis* non *convivia* tantùm virorum, verùm etiam conspectum *interdicunt.* Just. — Ariovistus *omni Galliâ Romanis interdixit.* Cæs. — Cæsaris leges jubent, *ei*, qui majestatis damnatus sit, *aquâ et igni interdici.* Cic. — Carent togâ jure, *quibus aquâ et igni interdictum est.* Plin. j. — Nostro more, malè rem *gerentibus patribus bonis interdici* solet. Cic. — Romani ad *Antiochum* legatos *misêre*, qui sub specie legationis regis apparatum specularentur. Just. — *Alcibiadi* nuntius à magistratu in Siciliam *missus est.* Nep. — Magna me spes tenet, bene mihi evenire, quòd *mittar ad mortem.* Cic.

---

117. Quelques verbes prennent tantôt le datif, tantôt un autre cas, mais avec une signification différente.

Æmulari aliquem, imiter quelqu'un ; *æmulari alicui*, porter envie à quelqu'un ; *æmulari cum aliquo*, rivaliser avec quelqu'un.

(1) Saluer quelqu'un.

Omnes ejus urbis *instituta* laudare faciliùs possunt, quàm *æmulari.* Cic. — *His æmulamur* qui ea habent, quæ nos habere cupimus. Cic.—Nec *mecum æmuletur.* Liv.

Cavere alicui rei, veiller à la conservation, à la sûreté; *cavere aliquem* ou *ab aliquo*, se défier de, tenir pour suspect.

Cicero unicè *cavit concordiæ publicæ.* Vell. — Absentem qui rodit amicum ; qui non defendit, alio culpante ; solutos qui captat risus hominum famamque dicacis ; fingere qui non visa potest , commissa tacere qui nequit, hic niger est ; *hunc* tu, Romane, *caveto.* Hor. — Cùm juvenes relaxare animos et dare se jucundati volent, *caveant intemperantiam*, meminerint verecundiæ. Cic. — Ubi plura nitent in carmine, non ego paucis offendar maculis, *quas* aut incuria fudit, aut *cavit* humana parùm natura. Hor. — Parmenio, ignarus infirmitatis Alexandri, scripserat, *à Philippo medico caveret.* Just.

Consulere aliquem, consulter quelqu'un ; *consulere alicui*, avoir égard à quelqu'un, veiller à ses intérêts ; *consulere in aliquem*, méditer, agir contre quelqu'un.

Athenienses *consulebant Apollinem Pythium*, quas potissimùm religiones tenerent. Cic. — Populus romanus libertatis suæ vindices consules appellavit pro regibus, ut *consulere* se *civibus suis* debere meminissent. Flor. — Non *universo generi* hominum solùm , sed etiam *singulis* à Deo immortali *consuli* solet. Cic. — Magnus Crœsi amor apud omnes urbes erat : passurusque Cyrus grave bellum Græciæ fuit (344), si quid *in Crœsum* crudelius *consuluisset.* Just.—In secundis rebus nihil *in quemquam* superbè ac violenter *consulere* decet. Liv.

Cupere alicui, favoriser quelqu'un ; *cupere aliquid*, désirer quelque chose.

Cæsar reperiebat Dumnorigem favere et *cupere Helvetiis.* Cæs. — Non semper bonum illud est, *quod cupimus* ardenter. Cic.

Imponere aliquid alicui, imposer, obliger à recevoir ; *imponere alicui* (1), tromper, imposer ; *imponere aliquem* ou *aliquid in aliquid* ou *in aliquâ re*, mettre dedans ou dessus.

Antonius *leges civitati* per vim *imposuit.* Cic. — *Catoni* egregiè *imposuit* Milo. Cic. — *Metellum* multi filii, filiæ, nepotes, neptes *in rogum imposuerunt.* Cic.

____

(1) *S.* clitellas.

Incumbere alicui rei, ou *in aliquam rem*, s'appuyer sur ; *incumbere ad rem* ou *in rem*, s'appliquer, s'adonner à.

Alexander hortari nauticos cœpit, *incumberent remis*. Curt. — Augustus Ajacem tragœdiam scripserat, eamdemque, quòd sibi displicuisset deleverat. Posteà Lucius, gravis tragœdiarum scriptor, interrogabat eum, quid ageret Ajax suus. Et ille, *in spongiam*, inquit, *incubuit*. Macrob. — *Incumbe* toto pectore *ad laudem*. Cic. — *Incumbe in eam curam et cogitationem* quæ tibi summam dignitatem et gloriam *afferat*. Cic.

Moderari rei, modérer, mettre un frein, des bornes ; *moderari rem*, régler, conduire.

Auditorum aures *moderantur oratori prudenti*. Cic. — *Moderari animo et orationi*, cùm sis iratus, non mediocris ingenii est. Cic.— Boni viri non voluptate, sed officio, *consilia moderantur*. Cic.

Petere alicui, demander pour ; *petere ab aliquo*, demander à ; *petere aliquem*, attaquer ; *petere aliquem locum*, aller vers.

Tiberius *Germanico Cæsari* proconsulare imperium *petivit*. Tac. — Nec quemquam decet qui manus armaverit, *ab inermis pedibus* auxilium *petere*. Sall. — Paulus per Thessaliam *Delphos petit*, inclytum oraculum. Liv. — *Inimicos* sagittâ eminùs ; hastâ cominùs *petimus*. Curt.

Prospicere alicui, pourvoir à ; *prospicere aliquid*, avoir la vue sur, prévoir.

Consulite vobis, *prospicite patriæ*. Cic.— Fortuna *origini Romanæ prospexit*. Just. — Isthoc est sapere, non quod ante pedes modò est, videre, sed etiam *illa*, quæ futura sunt, *prospicere*. Ter.

Providere alicui, pourvoir à ; *providere aliquid*, prévoir.

A Deo *vitæ* hominum *provideri* manifestum est. Cic. — Vir prudens *futura* ex præteritis *providet*. Plin. — Josephus *sterilitatem* agrorum ante multos annos *providit*. Just.

Recipere alicui, promettre ; *recipere se*, revenir, retourner ; *recipere aliquid*, reprendre, recevoir, recouvrer.

Si omnia mihi integra fortuna servârit, *recipio vobis*, celeriter me negotium ex sententiâ confecturum. Cic. — Eucratides rex Indiam in potestatem redegit Undè cùm *se reciperet*, à filio, quem socium regni fecerat, in itinere interficitur. Just. — Alexander, ut securum medicum conspexit, lætior factus est, sanitatemque quartâ die *recepit*. Just. — Quid *recipis manda*-

tum, si aut neglecturus, aut ad tuum commodum conversurus
es? Cic.

Temperare alicui rei, mettre un frein, tempérer,
modérer, épargner; *temperare aliquid*, régler, modérer;
temperare ab aliquâ re, s'abstenir.

Si *gulæ temperes*, non est onerosum, quo utaris ipse, com-
municare cum plurimis. Plin. j. — Non recuso quin itâ me au-
diatis, ut, si *cuiquam* Verres ullâ in re unquam *temperaverit*,
vos quoque *ei temperetis*. Cic. — Lycurgus Lacedæmoniorum
rempublicam temperavit. Cic. — Cataractis aquæ *cursum tem-
peramus*. Plin. j. — Helvetios Cæsar non *temperaturos ab
injuriâ et maleficio* existimabat. Cæs.

Timere alicui rei ou *de aliquâ re*, craindre pour; *timere
aliquem*, craindre quelqu'un.

Atheniensis Clisthenes Junoni Samiæ, cùm *rebus* timeret *suis*,
filiarum dotes credidit. Cic. — *De republicâ* valdè *timeo*. Cic.
— *Neminem* equidem *timeo* præter Deum immortalem. Liv.

Vacare rei, s'adonner à, *re* ou *ab re*, manquer de,
être exempt de.

Philosophiæ semper vaco. Cic. — Vacare *culpâ* magnum est
solatium. Cic. — Nihil *à Deo* vacat. Opus suum ipse implet.
Sen.

---

118. *Mihi* est liber.

Le verbe *esse*, pris dans le sens d'appartenir, se
construit avec le datif. *Est mihi liber*, un livre est à moi,
j'ai un livre. Les latins disent aussi : *habeo librum*, mais
bien plus rarement.

Fuére Lydis multi antè Crœsum reges. Just. — Longè alia
mihi mens *est*. Sall. — *Crocodilis* superior pars corporis dura
et impenetrabilis *est*, at inferior mollis ac tenera. Sen. — Semper in civitate, *quibus* opes nullæ *sunt*, bonis invident, malos
extollunt, vetera odêre, nova exoptant. Sall. — Nulla *est* tam
familiaris *infelicibus* patria, quàm solitudo et statûs prioris
oblivio. Curt. — Non is solùm gratus debet esse qui accepit
beneficium, verùm etiam is *cui* potestas accipiendi *fuit*. Cic. —
An nescis longas *regibus esse* manus? Ovid — Non semper
idem *floribus est* color. Hor. — Forma *cometis* non *est* una. Sen.
— Ubi libido dominatur, *innocentiæ* leve præsidium *est*. Cic.
— *Pictoribus atque poetis* quidlibet audendi semper *fuit* æqua
potestas. Hor.

---

119. Est mihi nomen *Mercurius* , *Mercurio* ou *Mercurii*.

Dans l'expression *Est mihi nomen* , j'ai nom , je m'appelle , la dénomination se met au nominatif , au datif , et quelquefois , mais plus rarement , au génitif.

Syracusis est fons aquæ dulcis, cui nomen *Arethusa* est. Cic.* — Terra circumfusa est hâc animali spirabilique naturâ, cui nomen est *aer*. Cic. — Cùm est concupita pecunia, nec ratio sanat cupiditatem , existit morbus animi , eique morbo nomen est *avaritia*. Cic. — Midæ regia , cui *Gordium* nomen est, pari intervallo Pontico et Cilicio mari distat. Curt. — Samnites Maleventum, cui nunc urbi *Beneventum* nomen est , perfugerunt. Liv.

Numitoris filia duos pueros enixa est. Nomina pueris , alteri *Remo*, alteri *Romulo* fuêre. Just. — Inter primores juvenum C. Marcius erat, cui cognomen posteà *Coriolano* fuit. Liv. — Ægyptum occupaverat Ptolemæus, cui cognomentum *Philopatori* fuit. Just. — Romani leges, quibus *tabulis duodecim* est nomen, in æs inciderunt. Liv. — Flumini à celeritate, quâ defluit, *Tigri* nomen est inditum , quia Persicâ linguâ Tigrim sagittam appellant. Curt. — Siciliæ primò *Trinacriæ* nomen fuit; posteà Sicania cognominata est. Hæc à principio patria Cyclopum fuit. Just.

Metello cognomen *Numidici* inditum fuit. Vell. — Nomen *Mercurii* est mihi. Plaut.

---

120. Hoc erit *tibi dolori*.

Le verbe *esse*, dans le sens de causer, apporter , se construit avec deux datifs. *Hoc erit tibi dolori*, cela sera à douleur à vous , cela vous causera de la douleur. Plusieurs autres verbes tels que *dare*, *vertere*, *ducere*, etc. , admettent une semblable construction , avec cette différence qu'ils ont en outre leur complément direct à l'accusatif.

Magno malo est hominibus avaritia. Ad Her. — Pergite, adolescentes , atque in id studium, in quo estis, incumbite, ut et *vobis honori* et *amicis utilitati* et *reipublicæ emolumento* esse possitis. Cic. — Virtutes *hominibus decori gloriæque* sunt. Sen. — *Pittaco* Mitylenæi multâ millia jugerum agri *muneri* dabant. Nep. — *Fortitudini* fortuna quoque esse *adjumento* solet. Ad Her. — *Mihi* non *minori curæ est*, qualis respublica post mortem meam futura sit, quàm qualis hodiè sit. Cic. — *Mihi majori curæ est*, quemadmodum iis, qui de me sunt optimè meriti, gratiam referam,-quàm, quemadmodum inimicorum injurias crudelitatemque prosequar. Cic. — Qui adolescentium peccatis ignosci putant oportere, falluntur : proptereà quod ætas illa *non est impedimento bonis studiis*. Ad Her. — Postquàm divitiæ *honori esse* cœperunt, et eas gloria, imperium, potentia sequebatur ; hebescere virtus, paupertas *probro haberi* cœpit. Sall. — Deus non solet *esse auxilio iis* qui se inconsultò in periculum mittunt. Ad Her. — Nimia fiducia *magnæ calamitati* solet *esse*. Nep. — Themistocles peritissimos belli navalis fecit Athenienses. Id *quantæ saluti fuerit universæ Græciæ* bello cognitum est Persico. Nep. — *Lacedæmoniis crimini datum*, quòd arcem thebanam induciarum tempore occupâssent. Just. —Pausanias, rex Lacedæmoniorum, *venit Atticis auxilio*. Nep. — *Illi vitio verterunt* quòd abesset à patriâ. Cic. — Pausanias, quos ceperat regis propinquos, *ei muneri misit*. Nep.

121. Tibi licet esse *quieto*.

On dit : *tibi licet esse quieto* et *tibi licet esse quietum*, il t'est permis d'être tranquille. La première manière, qui est la plus usitée, est un hellénisme ; c'est la puissance de l'attraction qui, après *tibi*, a déterminé *quieto* : dans la seconde il y a ellipse de *te* : *tibi licet (te) esse quietum*.

Nemo unquàm sine magnâ spe immortalitatis se pro patriâ offerret ad mortem. Licuit esse *otioso* Themistocli ; licuit Epaminondæ : sed nescio quomodo inhæret in mentibus quasi seculorum quoddam augurium futurorum ; idque in maximis ingeniis, altissimisque animis existit maximè, et apparet facillimè. Cic. — His beneficiis quàm plurimos afficere debemus, ut iis *ingratis* esse non liceat. Cic. — Patricio Romano *tribuno* plebis fieri non licebat. Cic. — Mihi *negligenti* esse non licet. Cic. — Hannibal nihil magis precatur Deos quàm ut *incolumi* cedere atque abire ex hostium terrâ liceat. Liv. — In causâ facili cuivis licet esse *diserto*.

Civi Romano licet esse *Gaditanum*. Cic.

Vobis necesse est, *fortibus viris* esse. Liv. — Nescio, an satiùs fuerit populo Romano, Siciliâ et Africâ *contento* fuisse. Flor.

122. Hæc sententia neque *nobis*, neque *illi* probatur.

Au lieu de l'ablatif régi par la préposition *à*, les latins donnent quelquefois un datif pour complément aux verbes passifs.

On a déjà vu (47) que le gérondif et le participe futur
passif se construisent ordinairement avec le datif.

Honesta *bonis viris*, non occulta quæruntur. Cic. — Felix est,
cui, quantulumcunque temporis contigit, benè *collocatum est.*
Sen. — Nunquàm *præstantibus viris laudata est* in unâ sententiâ perpetua permansio. Cic. — Artibus ingenuis quæsita est
gloria *multis*. Ovid. — Barbarus hi ego sum , quia non intelli-
gor *ulli*. Ovid. —*Cui* non sunt auditæ Demosthenis vigiliæ? Cic.
—Uxor Darii semel tantùm *Alexandro* visa est. Just.—Quidquid
mihi susceptum est, id omne me reipublicæ causâ suscepisse
confirmo. Cic. — Ciceronis libros *tibi* tam valdè probari gaudeo. Cic. — *Cui* lecta potenter erit res, nec facundia deseret
hunc, nec lucidus ordo. Hor. — *Tibi*, Tantale, nullæ depren-
duntur aquæ. Ovid. — Imprimis videndum èrit *ei*, qui rempublicam administrabit, ut suum quisque teneat. Cic. — Excu-
tienda *tibi* vitæ cupido est, discendumque quàm benè vivas
referre, non quàm diù. Sen. — Diligentia in omnibus rebus plurimùm valet. Hæc præcipuè colenda est *nobis*, hæc semper
adhibenda. Cic. — Tria videnda sunt *oratori*, quid dicat, et
quo quidque loco, et quomodo. Cic. — Et esse præstantem
aliquam æternamque naturam et eam suspiciendam admiran-
damque hominum *generi*, pulchritudo mundi, ordoque rerum
cœlestium cogit confiteri. Cic. — *Persis* quoque in trecentos
sexaginta quinque dies descriptus est annus. Curt.

---

123. Nuntius *regi* venit (ad regem).

Le datif s'emploie après quelques verbes pour marquer
le même rapport que diverses prépositions.

Datif au lieu de *ad.*

Nuntius *regi* venit Romanos Dyracchium venisse. Liv. — It
clamor *cœlo*. Virg.

Datif au lieu de *apud.*

Nec major apud Cattos (1) peditum laus quàm *Tencteris* (2)
equitum. Tac. — Arsaces non minùs memorabilis *Parthis*
fuit, quàm *Persis* Cyrus , *Macedonibus* Alexander, *Romanis* Romulus. Just. — Coquus , vilissimum *antiquis* mancipium , apud luxuriosos homines in pretio est : et quod minis-
terium erat, ars haberi incipit. Liv. — *Atticæ meæ* velim me
ita excuses, ut omnem culpam in te transferas. Cic. — Libenter
me *tibi* purgo. Cic.

---

(1) Les Hessois (2). Les Tenctères habitaient la rive orientale du Rhin,
vers l'endroit où il reçoit la Lippe.

Datif au lieu de *cum*, avec les verbes qui expriment union, mélange.

Africa *Ægyto* juncta est. Curt. — Cecropem antiquitas fabulosa biformem tradidit, quia primus marem *feminæ* matrimonio junxit. Just. — Rhenus *septentrionali Oceano* miscetur. Tac. — *Omnibus rebus omnibusque sermonibus* aliquid salutare miscendum est. Sen. — Si inest in oratione mista *modestiæ* gravitas, nihil admirabilius fieri potest. Cic.

Nota. Il est bon de remarquer que la préposition est d'un plus fréquent usage, excepté avec les verbes *purgare*, *excusare*.

Aristoteles prudentiam *cum eloquentiâ* jungebat. Cic. — Non potest amor *cum timore* misceri. Sen.

---

124. Sic vos non *vobis* vellera fertis, oves.

Le datif s'emploie fréquemment pour exprimer l'objet à l'avantage ou au désavantage duquel se fait une action. Lorsqu'il est pris dans ce sens, on le traduit en français par *pour*. *Sic vos non vobis vellera fertis, oves*. Ainsi, brebis, ce n'est pas *pour vous* que vous portez des toisons

Domus *dominis* ædificata est, non *muribus*. Cic. —Fortunâ magna magna *domino* est servitus. P. S.—Exstant *benefactis* præmia, *peccatis* supplicia. Cic. —Cœlum *omnibus* collucet. Cic. — Non canimus *surdis*. Virg. — Non *nobis* solùm nati sumus, ortûsque nostri partem patria vindicat, partem parentes, partem amici. Cic. — Non tantùm *corpori*, sed etiam *moribus* salubrem locum eligere debemus. Sen — Nemo errat *uni sibi*; sed dementiam spargit in proximos. Sen. — Non sum *uni angulo* natus: patria mea totus hic est mundus. Sen.—Manlius in perpetuum Torquati *sibi et posteris* cognomen accepit. Eut. — Qui virtutem suam publicari vult, non *virtuti* laborat, sed *gloriæ*. Sen. — Multi, cùm opes parant, cui parent nesciunt, nec cujus causâ laborent. Cic.—Non *scholæ*, sed *vitæ* discimus. Sen.—Egens æquè est is qui non satis habet, et is, *cui* nihil satis potest esse. Ad Her. — Est vita *misero* longa, *felici* brevis. P. S. —Litterarum *ignaris*, libri non studiorum instrumenta sunt, sed ædium ornamenta. Sen. — Breve et irreparabile tempus *omnibus* est vitæ. Virg. — Exsilium terribile est *iis*, quibus quasi circumscriptus est habitandi locus : non *iis*, qui omnem orbem terrarum unam urbem esse ducunt. Cic. — Catulus dixit, esse quidem præclarum virum Cnæum Pompeium, sed nimiùm jam *liberæ reipublicæ*. Vell. — Æquo animo paratoque moriar. Neque enim turpis mors *forti viro* potest accidere, neque immatura *consulari*, nec miseťa *sapienti.* Cic. — *Fatigatis* humus cubile est. Cort. — Non minùs *principi* turpia sunt multa supplicia, quàm *medico* multa funera. Sen.

Datif avec les adjeclifs.

125. Clementia utilis est *victori et victo.*

Le datif se met avec les adjectifs qui marquent :

1°. Avantage. *Utilis*, utile à ; *commodus*, commode pour.

2°. Ressemblance. *Similis*, semblable ; *par*, égal, pareil.

3°. Convenance, propriété, rapport. *Aptus*, *idoneus*, propre à ; *accommodatus*, conforme à ; *proprius*, particulier à.

Lacedæmoni id potiùs intuebantur, quod ipsorum *dominationi*, quàm quod *universæ Græciæ utile* esset. Nep. — Animum vincere, iracundiam cohibere, victoriam imperare, adversarium non modò extollere jacentem, sed etiam amplificare ejus pristinam dignitatem : hæc qui facit, non ego eum cum summis viris comparo, sed *simillimum Deo* judico. Cic. — Rex apum *cæteris dissimilis* est, tum magnitudine, tum nitore. Sen. — Pugna Cannensis *Alliensi cladi* nobilitate *par* est. Liv. — Sumite materiam vestris, qui scribitis, *æquam viribus.* Hor. — Quod decet, id *aptum* est *tempori et personæ.* Cic. — Terra quæ *vitibus apta* est, etiam *arboribus* est *utilis.* Col. — (Fac ut filius) *patriæ* sit *idoneus, utilis agris, utilis* et bellorum et pacis *rebus agendis.* Jov. — Populus Romanus non alium repellendis tantis hostibus magis *idoneum* quàm Marium est ratus. Vell. — Nihil est *naturæ* hominis *accommodatius* beneficentiâ ac liberalitate. Cic. — Decorum id est, quod *consentaneum* est hominis *excellentiæ.* Cic. — Nihilne est *proprium cuiquam* ? Ter.

126. Remarques. 1. *Similis* se construit aussi avec le génitif.

Si *met* similes erunt liberi, idem hic agellus illos alet. Nep. — Dux Græciæ nunquàm optat, ut *Ajacis* similes habeat decem, at ut *Nestoris.* Cic. — (Numa) in civitate bellicosâ plures *Romuli*, quàm *Numæ*, *similes* reges putabat fore. Liv.

2. Après *aptus, idoneus, accommodatus*, on met aussi l'accusatif avec *ad.*

Nihil est *aptius ad delectationem* lectoris quàm temporum varietates, fortunæque vicissitudines : quæ etsi nobis optabiles in experiendo non fuerunt, in legendo tamen erunt jucundæ. Cic. — Apes ducunt succum ex floribus *ad mel faciendum idoneis*, deindè disponunt per favos quidquid attulêre. Sen. — Corporis motus *ad naturam accommodati* sunt. Cic.

3. *Proprius* se construit aussi avec le génitif.

Imprimis *hominis* est propria veri inquisitio atque investigatio. Cɪc. — *Viri* propria maximè est fortitudo. Cɪc.

·127. Reçoivént encore leur complément au datif les adjectifs, *amicus*, ami ; *inimicus*, ennemi ; *contrarius*, contraíre ; *carus*, cher ; *gratus*, agréable ; *propior*, plus près ; *proximus*, très-près ; *communis*, commun ; *necessarius*, nécessaire ; *affinis*, allié, etc.

Miltiades *amicior* omnium *libertati*, quàm *suœ* fuit *dominationi*. Nᴇᴘ. — Atticus non *fortunœ*, sed *hominibus* solebat esse *amicus*. Nᴇᴘ.—Res magni discriminis *consiliis* nulla est tàm *inimica* quàm celeritas. Lɪᴠ. — Nihil est tàm *contrarium rationi et constantiœ*, quàm fortuna. Cɪc — Agrippa Menenius vir erat omni vitâ pariter *Patribus ac plebi carus*. Lɪᴠ.— Plerùm- que *gratœ divitibus* vices ; mundœque parvo sub lare pauperum cœnœ, sine aulœis et ostro, sollicitam explicuêre frontem. Hᴏʀ. — Non minùs *nobis jucundi* atque illustres sunt ii dies, quibus conservamur, quàm illi, quibus nascimur. Cɪc. — Scientiœ suavitate nihil est *hominibus jucundius*. Cɪc. — Virtus ac ferocia subjectorum *imperantibus ingrata*. Tᴀc —Id *Deo* est *proximum*, quod est optimum. Cɪc. — Plurimi dicunt, sua *sibi propiora* pericula esse quàm aliena. Cɪc. — Ficta voluptatis causâ sint *proxima veris*. Hᴏʀ. —Ratio proprium hominis bonum : cetera *illis* cum animalibus *communia* sunt. Sᴇɴ. — *Iis*, qui vendunt, emunt, conducunt, locant, justitia *necessaria* est. Cɪc. — *Huic facinori* si paucos putatis *affines* esse, vehementer erratis. Cɪc.

128. Rᴇᴍᴀʀǫᴜᴇs. ɪ. *Propior* et *proximus* se trouvent aussi avec l'accusatif. *Ad* est sous-entendu.

Crassus cum legione septimâ *proximus mare Oceanum* hiemabat. Cᴀs. — Jugurtha *propior montem* cum omni equitatu suos collocat. Sᴀʟʟ.

2. *Communis* et *affinis* se construisent aussi avec le génitif.

Amicorum omnia sunt *communia*. Cɪc.— Accusatores contendunt *affinem* esse *alicujus culpœ* eum, qui accusetur. Cɪc,

3. *Necessarius* reçoit aussi son complément à l'accusatif avec *ad*.

Nos è terrâ ferrum elicimus, rem *ad colendos agros necessariam*. Cɪc.

Datif avec quelques adverbes.

129. Propiùs *Tiberi*. Obviàm *hostibus*. Convenienter *naturœ*.

On emploie le datif avec *propè*, près, *propiùs*, plus

près, *proximè*, très-près ; *obviam*, au devant de, et quelques autres dérivés de verbes qui régissent le datif, tels que *convenienter*, convenablement, *congruenter*, conformément.

Antiochus, si tam in agendo bello parere voluisset consiliis Hannibalis quàm in suscipiendo instituerat, *propiùs Tiberi* quàm *Thermopylis*, de summâ imperii dimicâsset. Nep.— Inter prætores Atheniensium magna fuit contentio, utrùm mœnibus se defenderent, an *obviam* irent *hostibus*, acieque decernerent. Nep. — Summum bonum à stoïcis dicitur, *convenienter naturæ* vivere. Cic.

Propè, propiùs, proximè, se construisent plus souvent avec l'accusatif. *Ad* est sous-entendu.

Miltiades, Parum insulam cùm oratione reconciliare non posset, copias è navibus eduxit, et *propiùs muros* accessit. Nep. — Bello Punico secundo adeò varia belli fortuna fuit, ut *propius periculum* fuerint, qui vicerunt. Liv. — *Proximè Hispaniam* Mauri sunt. Sall.

130. On emploie encore le datif après les interjections *væ*, malheur ! *hei !* ah ! hélas !

Væ *victis*. Liv. — Hei *misero mihi!* Ter.

ACCUSATIF.

[Triple emploi de l'accusatif.]

131. Amo *Deum*. Imitor *patrem*.

L'accusatif est le complément direct d'un verbe actif (15). Les verbes déponens qui régissent l'accusatif ne sont autre chose que des verbes actifs sous la forme passive.

Pausanias non *mores patrios* solùm, sed etiam *cultum, vestitum*que mutavit. Nep. — Carthaginienses *bona* Hannibalis publicârunt, *domum* a fundamentis disjecerunt, *ipsum exsulem* judicârunt. Nep. — *Culpam* pœna premit comes. Hor. — *Crescentem* sequitur cura *pecuniam*, majorumque fames. Hor. — Quid deceat *vos*, non quantùm liceat vobis, spectare debetis. Cic. — *Neminem* ex omnibus hominibus, magis quàm *regem* aut *principem*, decet clementia. Sen. — *Mortem* effugere nemo potest. Cic. — *Bonos* nunquam honestus sermo deficiet. Quint.

---

132. Pauci veniunt ad *senectutem.*

L'accusatif est le complément d'une préposition (20).

Difficilem oportet habere aurem *ad crimina.* P. S.— Insania est *adversùs inanima* et non *sensura* irasci. SEN. — Latrocinia *apud Germanos* nullam habent infamiam, quæ *extrà fines* cujusque civitatis fiunt. CÆS. — Nullum *inter plurima maximaque* hominum *vitia* frequentius, quàm ingrati animi SEN. — Multa renascentur, quæ jam cécidêre, cadentque, Quæ nunc sunt in honore vocabula, si volet usus, *Quem penès* arbitrium est, et jus et norma loquendi. HOR. — Honores quondàm rari et tenues *ob eamque causam* gloriosi. NEP. — Alexander semper bello, quàm *post victoriam*, fuit clarior. CURT.

133. Credo *te* flere (42, 43).

L'accusatif est le sujet d'une proposition infinitive.

Galli de diis eamdem ferè quàm reliquæ gentes habent opinionem : *Apollinem* morbos depellere ; *Jovem* imperium cœlestium tenere ; *Martem* bella regere. CÆS. — Meliùs apud bonos quàm apud fortunatos, *beneficium* collocari puto. CIC. — Speret propitios *Deos* qui eorum cultum, ne mortis quidem metu prohibitus, deseruerit. LIV.

Accusatif avec les verbes.

134. Agricultura juvabat *Catonem.*

Agricultura juvabat Catonem, l'agriculture réjouissait Caton, Caton aimait l'agriculture.

Nil illum sub orbe latet, rien ne le cache, ne voile sa vue sous le ciel, il n'ignore rien sous le ciel.

Non te hoc fallit, fugit, præterit, cela ne vous trompe pas, ne vous fuit pas, ne vous passe pas, vous n'ignorez pas cela.

L'accusatif, après *juvare, delectare, latere,* etc., rentre dans l'analogie d'*amo Deum.* Ces tournures ne sont donc à remarquer que parce que, le génie de la langue française n'admettant pas une traduction littérale, elles sont rendues par des équivalents, dans lesquels ce qui est sujet en latin devient en français complément direct, et ce qui est complément direct en latin devient sujet en français.

Juvat *nos* beneficii conscientia. Sen. — Quàm juvat immites ventos audire *cubantem* ! Tib. —*Gratum hominem* semper beneficium delectat, *ingratum* semel. Sen. — Multi divitias despiciunt, *quos* parvo contentos tenuis victus cultusque delectat. Cic. — Nec latuêre doli *fratrem* Junonis. Virg. — Omnia *me* fallunt. Cic. — Non *me* fugit, quàm sit acerbum, parentûm scelera filiorum pænis lui. Cic. — Non *me* præterit Gallos famâ belli præstare. Liv.

---

135. Adire *oraculum*.

Quelques verbes composés d'une préposition régissant l'accusatif comme *ad*, et d'un primitif neutre comme *ire*, se construisent avec l'accusatif. La préposition conserve alors sa force, quoiqu'elle entre dans la composition d'un mot.

AD. Alexander *adire* Jovis Hammonis *oraculum* statuit. Curt. — Quum *aggredior ancipitem causam et gravem*, ad animos judicium pertractandos, omni mente in eâ cogitatione curâque versor, ut odorer, quàm sagacissimè possim, quid sentiant, quid existiment, quid exspectent, quid velint, quò deduci oratione facillimè posse videantur. Cic. — Timotheus socios adjunxit Epirotas, omnesque eas gentes, quæ *mare illud adjacent*. Nep.— Hannibal cum quinque navibus *Africam accessit*. Nep.

CIRCUM. Adrianus *orbem romanum circumivit*. Eut. — Triginta tyranni *Socratem circumsteterunt*, nec potuerunt animum ejus infringere. Sen. — *Spartam* Eurotas amnis *circumfluit*. Sen. — Multa *senem circumveniunt* incommoda. Hor.

IN. Atticus mori decreverat, et die quinto, postquam *id consilium inierat*, decessit. Nep. — Alexander *fines* Indiæ *ingressus est*. Curt. — Xerxes cum tantis *Europam* copiis *invasit*, quantas neque anteà, neque posteà habuit quisquam. Nep.

INTER. Tanaïs *Europam et Asiam* medius *interfluit*. Curt.— *Urbem* Celænas *mediam interfluebat* Marsyas amnis, fabulosis Græcorum carminibus inclytus. Curt.

OB. Pythagoras *multas regiones* barbarorum pedibus *obiit*. Cic. — Æstáte prætores Romani *obire provinciam* consueverunt. Cic. — Quæritur, sitne honestum, gloriæ causâ *mortem obire*? Cic.

PRÆTER. Taurus mons *Ciliciam præterit*, Armeniæque montibus jungitur. Curt. — Sententiæ sæpè acutæ non acutorum hominum *sensus prætervolant*. Cic.

SUB. Miserior est, qui suscipit in se scelus, quam is qui alterius *facinus subire* cogitur. Cic.

TRANS. *Alpes* nemo unquàm cum exercitu antè Hannibalem *transierat*. Nep. — Alexandro si vita longior data esset,

Oceanum manus Macedonum *transvoldsset.* Ad Her. — Hannibal cum copiis *Pyrenæum transgreditur.* Liv.

---

136. *Exercitum Ligerim* transducere.

Conduire une armée au delà de la Loire.

Les verbes actifs composés de *trans* se trouvent avec
deux accusatifs, l'un régi par le verbe, l'autre par la
préposition.

Cæsar *exercitum Ligerim transducit.* Cæs. — Agesilaus *Hel-
lespontum copias trajecit.* Nep. — Hannibal *nonaginta millia*
peditum, *duodecim millia* equitum *Iberum traduxit.* Liv.

---

137. *Ad nos* adire.

La préposition qui entre dans la composition du
verbe se répète quelquefois devant le complément, particulièrement *ad, in, trans.*

Qui *ad nos* intempestivè *adeunt,* molesti sæpè sunt. Cic. —
Nunquàm iratus qui *accedet ad pœnam,* mediocritatem illam
tenebit quæ est inter nimiùm et parùm. Cic. — Improbi sunt
qui *in fortunas* aliorum *invadunt.* Cic. — Cæsar ab Ariovisto
postulabat, ne quam multitudinem hominum ampliùs *trans
Rhenum* in Galliam *transduceret.* Cæs.

---

138. Hoc *ad me* pertinet.

Les verbes *pertinere,* appartenir ; *attinere, spectare,*
concerner, regarder, veulent leur complément à l'accusatif avec *ad.*

Expugnatæ urbis prædam *ad militem,* deditæ *ad duces* perti-
nere existimabant milites. Tac. — *Ad filium* hæreditas paternæ
gloriæ et factorum imitatio *pertinet.* Cic. — Curiosum est ea
scire velle quæ *ad nos* non *attinent.* — *Ad te unum* omnis mea
spectat *oratio.* Cic.

---

139. *Vitam* cupio vivere.

Je veux vivre la vie, je veux vivre.

Quelques verbes neutres se construisent avec l'accusatif du substantif qu'ils forment.

Ingenui sunt, quorum majorum nemo *servitutem servivit.* Cic.
— Modicè et modestè meliùs est *vitam vivere.* Plaut. — Mirum
somniavi somnium. Plaut.

140. Facere aliquem *hæredem.*

Facere aliquem hæredem , faire quelqu'un héritier.

Vocare urbem Romam , appeler une ville Rome.

Æmilium Paulum consulem creare , créer Paul Émile
consul.

Præceptorem habere Lysim , avoir Lysis pour précep-
teur.

Se præbere gratum , se montrer reconnaissant.

Les verbes

Facere , efficere , reddere , etc.

Vocare , appellare , nominare , dicere , etc. ;

Creare , deligere , eligere , declarare , etc. ;

Habere , præbere , præstare , dare , etc. ;

S'emploient souvent avec deux accusatifs , dont l'un ,
substantif ou adjectif, est le sur-attribut, et l'autre , substantif ou pronom , est le complément direct. (pages 114,
130, 131.)

Haud abnuo , egregium ducem fuisse Alexandrum ; sed *clariorem* tamen *eum* facit, quòd adolescens decessit. Liv. — Non
solum ipsa fortuna cæca est , sed *eos* etiam plerùmque efficit
cæcos quos complexa est. Cic. — *Homines cæcos* reddit cupiditas et avaritia. Cic.

Seleucus urbem condidit, *eamque* ex Antiochi patris nomine
Antiochiam vocavit. Just. — Mortuo Dione, mirabiliter vulgi
mutata est voluntas. Nam qui *vivum eum tyrannum* vocitârant,
eumdem liberatorem patriæ prædicabant. Nep. — *Iram* benè
Ennius *initium* dixit insaniæ. Cic. — Multi reges in honorem
Augusti condebant civitates, *quas Cæsareas* nominabant. Eut.
— Exercitus *Diocletianum imperatorem* creavit. Eut. — Bellum
Judaïcum Flavius Vespasianus (*ducem eum* Nero delegerat)
administrabat. Tac. — *Ciceronem* universus populus *consulem*
declaravit. Cic.

Amazones bello ab Atheniensibus vincuntur : *receptaculum*
tamen habuêre *castra* sociorum. Just. — Servius Tullius occisus
est scelere filiæ suæ *quam* Tarquinius habebat *uxorem.* Eut.
— *Parentes carissimos* habere debemus, quod ab iis nobis vita,
patrimonium, libertas, civitas tradita est. Cic. — Benè de me

meritis *gratum me* præbeo. Cic.—Qui *gravem, constantem, stabi-*
lem se in amicitiâ præstiterit, nunc ex maximè raro hominum
genere judicare debemus et penè divino. Cic. — Agesilaus *ta-*
lem se imperatorem præbuit, ut omnibus apparuerit, nisi ille
fuisset, Spartam futuram non fuisse. Nep. — Lacedæmonii regibus suis *augurem assessorem* dederunt. Cic. — Argus oculeus
totus fuit, *quem* Ioni Juno *custodem* addidit. Plaut. — Philippus rex *Aristotelem* Alexandro illio *doctorem* accivit. Cic. —
Artaxerxes *Iphicratem* ab Atheniensibus petivit *ducem.* Nep.

Accusatif, complément de secundùm sous-entendu.

141. Doceo *pueros grammaticam.*

Doceo pueros grammaticam (*ad* ou *secundùm gramma-*
ticam). J'instruis les enfants sur la grammaire , j'apprends la grammaire aux enfants.

Nunquàm divitias Deos rogavi (*ad divitias.*) Je n'ai
jamais prié les dieux pour des richesses, je n'ai jamais
demandé aux dieux les richesses.

On trouve souvent deux accusatifs après les verbes :

Docere , dedocere , edocere;

Monere , admonere ;

Rogare, orare, flagitare , poscere , interrogare ;

Celare.

L'accusatif de la personne est le complément direct du
verbe , celui de la chose en est le complément indirect ,
il est régi par une préposition sous-entendue, *ad, in ,* ou
secundùm.

Quid *me* doces *scientiam inutilem?* Sen.—Philosophia *nos* cùm
cæteras res omnes, tùm , quod est difficillimum , docuit, ut nosmet ipsos nosceremus. Cic. — Eloquendi vis efficit, ut ea, quæ
ignoramus , discere, et *ea,* quæ scimus , *alios docere* possimus.
Cic. — *Ciceronem* Minerva *omnes artes edocuit.* Sall.

Hoc te rogo, ne dimittas animum. Cic. — Tunc scito , te esse
omnibus cupiditatibus solutum, cùm eò perveneris, ut *nihil*
Deum roges, nisi quod rogare possis palàm. Sen. — *Me fru-*
mentum flagitabant. Cic. — Verres *parentes pretium* pro sepul-
turâ liberûm poscebat. Cic. — Legati Ennenses à suis civibus
hæc habuêre mandata ut ad Verrem adirent, et *eum simulacrum*
Cereris et Victoriæ *reposcerent.* Cic.—*Pusionem quemdam* Socrates interrogat *quædam geometrica* de dimensione quadrati. Cic.—
Nos nihil celat. Cic. — *Ea* ne *me* celet consuefeci filium. Ter.

142. REMARQUES. 1. Le complément indirect de *docere* est quelquefois un infinilif.

Dionysius, ne tonsori collum committeret, *tondere* filias suas docuit. CIC.

2. On trouve encore après *docere* l'ablatif avec *de*.

Equidem soleo dare operam, ut *de suâ* quisque *re me* ipse *doceat.* CIC. —
Quid est tam arrogans, quàm *de religione*, de *rebus divinis* pontificum
collegium docere conari. CIC.

3. *Petere* ne se construit jamais avec deux accusatifs. Son
complément indirect est toujours à l'ablatif avec *a*. Les autres
verbes qui signifient *demander* admettent cette même construction.

Hoc *à te petit*, postulat, flagitat. CIC. — Non debebam ego *abs te* litteras
poscere. CIC.

4. On a déjà vu (87) que, par hellénisme, on mettait quelquefois le génitif après *monere* et ses composés.; on joint encore à ces verbes pour complément indirect soit les accusatifs
neutres *illud, hoc*, *unum ;* soit tout nom à l'ablatif avec *de*.

Eos hoc moneo desinant furere. CIC. — *Te unum illud* monebimus. CIC.
— *Illud me* præclarè admones. CIC. — Te oro ut *Terentiam* moneas *de*
testamento. CIC. — Admonui *eum de periculo.*

---

143. Docemur *grammaticam.*

Docemur grammaticam. Ad ou *secundùm grammaticam.*
Nous sommes enseignés sur la grammaire, on nous apprend la grammaire.

Les verbes *docere*, *rogare*, etc., conservent au passif
l'accusatif de chose régi par une préposition sous-entendue, *ad*, *in*, ou *secundùm*.

Hipponiates sub Hannibale magistro *omnes* belli *artes edoctus*
est. LIV. — Latinæ legiones longâ societate *militiam romanam*
sunt edoctæ. LIV. — Porcius Cato *rogatus est sententiam.* SALL.
— Non tantùm *segetes alimentaque debita* dives *poscebatur* humus. OVID. — *Illud te admonitum* esse volo. CIC.

---

144. *Inutile ferrum* cingitur. *Omnia* Mercurio
similis.

Inutile ferrum cingitur (secundùm *ferrum*), il se ceint
d'un fer inutile. *Omnia Mercurio similis* (secundùm *om-*
nia), semblable en tout à Mercure.

C'est encore par l'ellipse d'une préposition que s'explique l'accusatif qu'on trouve très-fréquemment dans les poëtes, après les verbes passifs, et quelquefois même après les adjectifs. Ce tour est pris des Grecs qui, après les verbes passifs, les verbes neutres et les adjectifs, mettent souvent l'accusatif en sous-entendant la préposition κατά.

Induiturque (Midas) *aures* lenté gradientis aselli. Ovid. — Præmia primi accipient, flavâque *caput nectentur* olivâ. Virg. — Augustus Dalmatico bello vulnera *excipit.* Unâ acie, *dextrum genu* lapide *ictus :* alterâ autem, et *crus et utrumque brachium* ruinâ pontis *consauciatus.* Suet. — Dic quibus in terris *inscripti nomina* regum nascantur flores. Virg. — Rex Anius, rex idem hominum, Phœbique sacerdos, vittis et sacrâ *redimitus tempora* lauro, occurrit. Virg.— Dira illuvies, immissaque barba, *consertum tegmen* spinis (erant Achemenidi); at *cetera* Graius, et quondam patriis ad Trojam missus in armis. Virg. — *Os humerosque* Deo similis. Virg.

Accusatif après les adjectifs qui marquent un penchant.

145. Propensus *ad lenitatem.*

Les adjectifs qui expriment un penchant, une inclination, comme *pronus*, *propensus*, *proclivis*, porté à; *natus*, né pour, veulent leur complément à l'accusatif avec *ad* (126).

Homines *proniores* sunt *ad voluptatem* quàm *ad virtutem.* — Non solùm *ad discendum* propensi sumus, verùm etiàm *ad docendum.* Cic. — Ut alius *ad alium* morbum *propensior*, sic alius *ad alia vitia proclivior.* Cic. — Scipio *natus* mihi videtur *ad interitum exitiumque* Carthaginis. Cic.—Ut *ad cursum* equus, *ad arandum* bos, *ad indagandum* canis, sic homo *ad intelligendum et agendum natus* est. Cic. — Sunt *mobiles ad superstitionem* perculsæ semel mentes. Tac. — (Cn. Pompeius in bello piratico) nondum *tempestivo ad navigandum* mari, Siciliam adiit, Africam exploravit : inde Sardiniam cum classe venit, atque hæc tria frumentaria subsidia reipublicæ firmissimis præsidiis classibusque munivit. Cic.

Natus se trouve avec le datif.

Dionysius tyrannus, qui *sævitiæ* et *superbiæ natus* videbatur, navem vittis ornatam misit obviam Platoni, gravissimo dicendi et vivendi magistro, venienti Syracusas. Plin.

Noms de mesure.

146. Velum longum *très ulnas.*

Après les adjectifs *longus*, long ; *latus*, large ; *altus*,

haut , profond ; on met le nom de mesure à l'accusatif
en sous-entendant *ad*.

Arabes gladios habebant tenues , longos *quaterna cubita*. Liv.
— Carthaginienses ratem *ducentos* longam *pedes , quinquaginta
latam* à terrâ in amnem porrexerunt , quam pontis in modum
humo construxerunt, ut elephanti audacter velut per solum in-
grederentur. Liv. — Milites aggerem latum *pedes trecentos* et.
triginta , altum *pedes octoginta* , exstruxerunt. Cæs.

Nota. Le nom de mesure se trouve quelquefois au génitif. On
doit sous-entendre *mensurâ, spatio.*

Pyramides latæ *pedum septuaginta quinûm* , altæ *centum quinquage-
nûm*. Plin.

Noms de distance.

147. Hostes consederunt *millia* passuum à castris *octo*. Cæs.

Le terme précis de distance se met à l'accusatif à
cause de la préposition *ad*, qu'on sous-entend ordinairement (1).

Campus Marathon abest ab oppido Atheniensium circiter
millia passuum *decem*. Nep. — Saguntum civitas longè opulen-
tissima fuit, sita *passus mille* fermè à mari. Liv. — Persis ab
altero latere perpetuis montium jugis clauditur, quod in lon-
gitudinem *mille et sexcenta stadia*, in latitudinem *centum et
septuaginta* procurrit. Curt. — Zama quinque dierum *iter* ab
Carthagine abest. Liv. — *Triginta pedes* in terram turrium fun-
damenta demissa sunt, Curt.

1. Nota. On trouve aussi l'ablatif, mais plus rarement.

Æsculapii templum *quinque millibus* passuum ab Epidauro abest. Liv.
— Legionem Cæsar *passibus ducentis* ab eo tumulo constituit. Cæs.

2. L'ablatif s'emploie particulièrement quand on se sert, pour
exprimer la distance, du substantif *spatium* ou d'un nom de
nombre ordinal.

A Chalcide Aulis trium millium *spatio* distat. Liv. — Ancus Martius
apud ostium Tiberis civitatem *sexto decimo milliario* ab urbe Româ condidit. Liv. — Agathocles castra *quinto lapide* à Carthagine statuit. Just.

---

(1) Tite-Live a dit , avec la préposition , *ad tertium lapidem ;* et Cicéron
ad quintum milliare, ad Att. vi , 1.

Noms de temps.

148. Cicero vixit *tres et sexaginta annos*, ou *tribus et sexaginta annis*.

Le nom qui marque la durée du temps se met à l'accusatif, et l'on sous-entend *per*; ou à l'ablatif, et l'on sous-entend *in*.

Augustus non amplius, cùm plurimùm, quàm *septem horas* dormiebat Suet. — *Duodequadraginta annos* tyrannus Syracusanorum fuit Dionysius. Cic. — Ager cùm *multos annos* quievit, uberiores efferre fruges solet. Cic. — Consules Romani non longiùs imperium, quàm *annum unum*, habebant. Eut. — Macedonum regnum, à summo culmine fortunæ ad ultimum finem, *centum quinquaginta annos* stetit. Liv. — Xerxes bellum à patre cœptum adversùs Græciam *quinquennium* instruxit. Just.

Equites Romani natalem Augusti *biduo* semper celebrârunt. Suet. — *Tredecim annis* Alexander regnavit. Liv. — Sunt regiones, ubi sol *sex mensibus continuis* non videtur. Varr.

Nota. 1. La préposition *per* se trouve quelquefois exprimée.

Per annos quatuor et viginti primo Punico bello certatum est cum Pœnis. Liv. — Hannibal Italiam *per annos sexdecim* variis cladibus fatigavit. Just. — Ætnæ montis *per tot secula* durat incendium. Just.

2. Le nom de nombre ordinal se met toujours au singulier.

Athenienses in Peloponnesios *sexto* et *vicesimo anno* (1) bellum gesserunt. Nep. — Nestor *tertiam ætatem* (2) hominum vixit. Cic.

---

149. Deus mundum creavit *intrà sex dies* ou *sex diebus*.

Le nom qui marque en quel espace de temps une action se fait, s'est faite ou se fera, se met à l'accusatif avec *intrà*; ou à l'ablatif, et l'on sous-entend *in*.

Omnia commemorabo, quæ *intrà decem annos* facta sunt. Cic. — Germani *intrà annos quatuordecim* tectum non subierunt. Cæs.

Agamemnon cum universâ Græciâ vix *decem annis* unam cepit urbem. Nep. — Saturni stella *triginta* ferè *annis* cursum suum conficit; Jovis stella eumdem *annis duodecim* conficit.

(1) Pour *sex et viginti annis*. (2) Pour *tres ætates*.

Cic. — Cæsar domuit *annis* ferè *novem* omnem Galliam , quæ inter Alpes, flumen Rhodanum et Oceanum est. Eut. — Pompeius *undequinquagesimo die* ad imperium populi Romani Ciliciam adjunxit. Cic. — Hannibal in Italiam pervenit, *quinto decimo die* Alpibus superatis. Liv.

Nota. L'espace de temps s'exprime encore par *spatio* avec le nom de nombre cardinal.

Septemdecim dierum spatio Caucasum superavit exercitus Alexandri. Curt.

---

150. Phaëton currus paternos *in diem* rogat.

Le nom qui indique *pour combien de temps* l'action se fait , s'est faite ou se fera , se met à l'accusatif avec *in*.

Solis defectiones itemque lunæ prædicuntur *in multos annos*. Cic. — Lacedæmonii *in annos triginta* pepigerunt pacem. Just. — Sardianis Tiberius, quantùm ærario aut fisco pendebant., *in quinquennium* remisit. Tac. — Major pars mortalium conqueritur, quòd *in exiguum* ævi gignimur. Sen. — Athenis perpetui Archontes esse desierunt, cœperuntque *in denos annos* creari. Vell.

---

151. *Tertium annum* regnat.
A tribus annis regnat.

Le nom de temps qui indique *depuis quand* l'action se fait, se met à l'accusatif sans préposition avec le nom de nombre ordinal ; ou à l'ablatif avec *à*, et le nom de nombre cardinal (1).

Mithridates, qui uno die tot cives Romanos-trucidavit, non modò adhuc pœnam nullam suo dignam scelere suscepit, sed ab illo tempore *annum* jam *tertium et vicesimum* regnat. Cic. — Punico bello *duodecimum annum* Italia urebatur. Liv. — Rex Archelaus *quinquagesimum annum* Cappadociâ potiebatur. Tac.

---

152. *Tres* abhinc *annos* ou *tribus* abhinc *annis* mortuus est.

Si l'action est passée, on ajoute l'adverbe *abhinc*, et

(1) *Regnat per tertium annum ex quo regnare cœpit*, il règne pendant la troisième année depuis qu'il a commencé à régner, il y a trois ans qu'il règne.

on met le nom de temps à l'accusatif en sous-entendant *ante*, ou à l'ablatif en sous-entendant *à*. Dans les deux cas on se sert du nom de nombre cardinal.

Imperium Asiaticum ab Assyriis translatum est ad Medos, *abhinc annos fermè nongentos quatuor*. VELL. — Carthago diruta est, cùm stetisset annis sexcentis sexaginta septem, *abhinc annos centum septuaginta septem*. VELL. — Roscius litem decidit *abhinc annis quatuor*. CIC. — Pro Cornificio *abhinc annis quinque et viginti* spopondit Flavius. CIC.

153. Decessit Philippus *quadraginta septem annos natus*, ou *quadraginta septem annorum*.

Telles sont les deux manières d'exprimer l'âge. Dans la première, on sous-entend *ante* ; *natus ante quadraginta septem annos*, né avant quarante-sept ans, né quarante-sept ans auparavant. Dans la deuxième, on sous-entend *vir, femina, puer*; *vir quadraginta septem annorum*, homme de quarante-sept ans.

Decessit Alexander, *mensem unum, annos tres et triginta natus*. JUST. — Romulus *decem et octo annos natus* urbem, quam ex suo nomine Romam vocavit, in Palatino monte constituit. EUT. — Pater meus Hamilcar, *puerulo me, utpotè non ampliùs novem annos nato*, in Hispaniam imperator profectus est. NEP. — Cato primum stipendium meruit *annorum decem septemque*. NEP. — Hamilcar secum in Hispaniam duxit filium Hannibalem *annorum novem*. NEP. — Valerius Corvinus *annorum trium et viginti* consul factus est. EUT. — Epirotæ Pyrrhum *annorum undecim* in regnum revocaverunt. JUST.

Noms de lieu. Question quò.

154. Eo *in Galliam*. Venerunt *ad rivum*. Ibo *Lutetiam, rus, domum* (24 à 27).

Le nom du lieu dans lequel on va se met à l'accusatif avec *in*, et l'objet vers lequel on va se met à l'accusatif avec *ad*.

La préposition se sous-entend devant les noms propres de villes et devant *rus, domus*.

Josephum fratres, clàm interceptum peregrinis mercatoribus vendiderunt. A quibus deportatus *in Ægyptum* brevi ipsi regi percarus fuit. Just — Alexander pervenit *ad Euphratem*, quó pontibus juncto, equites primos ire, phalangem sequi jubet. Curt. — Athenienses bello Persico sua omnia quæ moveri poterant, partìm *Salaminem*, partìm *Trœzenem* asportabant. Nep.— Hannibal, Sagunto capto, *Carthaginem novam* in hiberna concesserat. Liv. — Qui *domum* intraverit, nos potiùs miretur quàm supellectilem nostram. Sen. — *Domum* reditionis spes sublata est. Cic.

Accusatif après l'interjection.

155. O *fallacem* hominum *spem* ! Heu *me infe-licem* ! *Me miserum* !

On explique par l'ellipse l'emploi de l'accusatif dans ces locutions. *O (spes) hominum (quam dico esse) fallacem spem. Heu ! (sentio) me (esse) infelicem.*

O præclarum diem, cùm ad illud divinum animorum concilium cœtumque proficiscar! Cic. —*O miserum senem*, qui mortem contemnendam esse in tam longâ ætate non viderit! Cic. — *Heu me miserum !* cur senatum cogor, quem laudavi semper, reprehendere ? Cic. — *Me miserum*, quod tu non valuisti. Cic. — *Me miserum*, te in tantas ærumnas propter me incidisse. Cic.

VOCATIF.

156. Incipe, *parve puer*, risu cognoscere matrem. Virg.

Le nom de l'objet auquel on adresse la parole se met u vocatif.

Lætus sum laudari me abs te, *pater*, laudato viro. Cic. — Alexander cùm in Sigeo ad Achillis tumulum adstitisset : *O fortunate*, inquit, *adolescens*, qui tuæ virtutis Homerum præconem inveneris. Cic. — *O consuetudo* peccandi, quantam habes jucunditatem in improbis et audacibus, cùm pœna abfuit et licentia consecuta est! Cic.

ABLATIF.

157. Felium *in tenebris* fulgent oculi.

L'ablatif est toujours le complément d'une préposition, soit exprimée, soit sous-entendue. Douze prépositions veulent leur complément à l'ablatif, quatre veulent leur complément à l'accusatif ou à l'ablatif. (Première partie, pages 89 et 90; deuxième partie, numéros 21, 22.)

Cum duobus ducibus de imperio in Italiâ decertatum, Pyrrho et Hannibale. Cic. — *Ex vitio alterius sapiens emendat suum.* P. S. — Nusquàm nec opera *sine emolumento,* nec emolumentum fermè *sine operâ impensâ* est. Liv. — Cererem *pro frugibus,* Liberum *pro vino,* Neptunum *pro mari,* curiam *pro senatu,* campum *pro comitiis,* togam *pro pace,* arma ac tela *pro bello* appellare solent. Cic — Divitiæ nec sunt magnum bonum et *præ rectis honestisque* contemnendum. Cic.—(Priami) lateri *capulo tenus* abdidit ensem (Pyrrhus). Virg.

Ablatif, complément d'un verbe,

158. Accepi beneficium *à rege.*

Les verbes *petere,* demander ; *accipere,* recevoir; *exspectare,* attendre ; *liberare,* délivrer; *sperare,* espérer; *vindicare,* affranchir; *redimere,* racheter; *removere,* éloigner; *divellere,* arracher; *separare,* séparer ; *avocare,* *deterrere,* détourner, etc. , etc., veulent leur complément indirect à l'ablatif avec *à* ou *ab.*

Legati Darii *petierunt à Carthaginiensibus* auxilia adversùs Græciam, cui illaturus bellum Darius erat. Just. — In omni re considerandum est, et quid *postules ab amico,* et quid patiare *à te impetrari.* Cic. — Omnia volo *à me* et postules et exspectes. Cic. — Beneficiorum maxima sunt, quæ *à parentibus accipimus,* dum aut nescimus aut nolumus. Sen.— Arcem urbis *ab incendio et flammâ liberavi.* Cic. — *Ab illo* nihil *sperà* boni, quia non vult; nihil mali , quia non audet. Cic. — Exempla convenit *ab hominibus probatissimis sumi.* Ad Her. — *A Græcis* Galli urbes mœnibus cingere *dedicerunt.* Just. — C. Carbo morte voluntariâ se *à severitate* judicum *vindicavit.* Cic. — Dionysius, ne tonsori collum committeret, tondere filias suas docuit ; et tamen *ab his ipsis,* cùm jam essent adultæ, ferrum *removit,* instituitque , ut cardentibus juglandium putaminibus barbam sibi et capillum adurerent. Cic. — Maximè æstimare conscientiam mentis nostræ debemus , quam *à Deo immortali accepimus,* quæ *à nobis divelli* non potest. Cic. — Decorum *ab honesto* non potest *separari.* Nam et quod decet, honestum est; et quod honestum est, decet. Cic. — Si pœna, si metus supplicii, non ipsa turpitudo, *deterret ab injuriosâ facinorosâque vitâ* : nemo est injustus; aut incauti potiùs habendi sunt improbi. Cic — Qui non *propulsat à suis* injuriam cùm potest, injustè facit. Cic. — Adolescentia maximè *à libidinibus arcenda* est. Cic.

Nota. Après *liberare* on sous-entend ordinairement la préposition.

Nihil est præstabilius quàm *periculis* patriam *liberare*. Cic. — Aristides interfuit pugnæ navali apud Salamina, quæ facta est priusquàm *pœnâ exsilii liberaretur*. Nep.

---

159. Aquam haurire *ex fonte.*

Les verbes *capere*, dans le sens de recevoir, ressentir; *cognoscere*, *agnoscere*, connaître; *pendere*, dépendre; *haurire*, puiser, etc., veulent leur complément indirect à l'ablatif avec *è* ou *ex*.

Nostri magistratus imperatoresque *ex hâc und re* maximam laudem *capere* studebant, si provincias, si socios æquitate et fide defendissent. Cic. — Plerique amicos eos potissimùm diligunt, *ex quibus* sperant se maximum fructum *esse capturos*. Cic. — Hîc quæ agantur, quæque acta sint, ea te *ex litteris* multorum et nuntiis *cognoscere* arbitror. Cic. — Deum *agnoscimus ex operibus* ejus. Cic. — Suo quisque judicio et homines odisse aut diligere, et res probare aut improbare debet, non *pendere ex* alterius *vultu* ac *nutu*, nec alieni momentis animi circumagi. Liv. — Quid est aliud, *tollere e vitâ* societatem, quàm tollere amicorum colloquia absentium? Cic. — Sumptum haurit *ex ærario*. Cic.

---

160. Amor *à Deo. Mœrore* conficior (17).

Le complément des verbes passifs se met à l'ablatif à cause de la préposition *à* ou *ab* exprimée ou sous-entendue. L'usage le plus constant des bons auteurs est d'exprimer la préposition devant les noms d'objets animés, et de la sous-entendre devant les noms de choses inanimées.

Certemus officiis inter nos, quibus æquo animo vel vincam te, vel vincar *abs te*. Cic. — Probè definitur *à stoicis* fortitudo, cùm eam virtutem esse dicunt, propugnantem pro æquitate. Cic. — Cyrus ille *à Xenophonte* non ad historiæ fidem scriptus est, sed ad effigiem justi imperii. Cic.

Ut *cupiditatibus* principum et *vitiis* infici solet tota civitas, sic emendari et corrigi *continentiâ*. Cic. — Nobilis equus *umbrâ* quoque virgæ regitur, ignavus ne *calcari* quidem concitari potest. Cor. — Si non *ipso honesto* movemur ut boni viri simus, sed *utilitate aliquâ atque fructu*, callidi sumus, non boni. Cic. — Meliora sunt ea, quæ *naturâ*, quam quæ *arte* perfecta sunt. Cic.

NOTA. Dans les phrases suivantes les choses sont personnifiées.

Quid est tam inhumanum, quàm eloquentiam, *à naturâ* ad salutem hominum et ad conservationem datam , ad bonorum pestem perniciemque convertere ? CIC. — Themistocles ad Artaxerxem confugit , exagitatus *à cunctâ Græciâ.* NEP. — Res mali exempli est, imperatores legi *ab exercitibus.* LIV.

On a déjà vu que les latins emploient quelquefois le datif au lieu de l'ablatif après les verbes passifs (47, 122).

---

161. Abundat *divitiis. Nullâ re* caret. Nudare aliquem *præsidio.*

Les verbes qui signifient abondance, disette, privation, se construisent avec l'ablatif. On doit sous-entendre les prépositions *cum, de, à.*

Constat Germaniam Galliamque abundare *rivis et fluminibus.* SEN. — Capua fortissimorum virorum *multitudine* redundat. CIC. — Undè possum scire, quantùm adversùs paupertatem tibi animi sit, si *divitiis* diffluis. SEN. — *Metallis* plumbi , ferri, æris , argenti, auri tota fermè Hispania scatet. PLIN. — Quid afferre consilii potest, qui ipse eget *consilio !* CIC. — Is *minimo* eget mortalis, qui minimum cupit. P. S. — *Multis præceptis* eget animus , ut videat quid agendum sit in vitâ. SEN. — Atticus familiares suos, *quibus rebus* indiguerunt, adjuvit. NEP. — Miserum est carere *consuetudine* amicorum. CIC. — Monitio *acerbitate,* objurgatio *contumeliâ* carere debet. CIC. — Nulla vitæ pars vacare *officio* potest. CIC. — Nihil honestum esse potest, quod *justitiâ* vacat. CIC. — Præpositio IN privat verbum *eâ vi,* quam haberet si IN præpositum non fuisset : ut dignitas . indignitas, humanitas, inhumanitas, et cetera generis ejusdem. CIC. — Necesse est, iste, qui amicum, socium, affinem *famâ ac fortunis* spoliare conatus est, perfidiosum se et impium esse fateatur. CIC. — *Consilio et auctoritate* non modò non orbari, sed etiam augeri senectus solet. CIC.

NOTA. *Egere, indigere* se construisent aussi avec le génitif.

Gravitas morbi facit, ut *medicinæ* egeamus. CIC. — Italia *externæ opis* indiget. TAC.

---

162. Gaudere *felicitate alienâ.*

Gaudere, se réjouir, se construit avec l'ablatif.

Numero. Deus *impare* gaudet. VIRG.

163. Laborare *invidiâ* [1]. *Ab re frumentariâ*
laborare [2]. *Ex ære alieno* laborare [3]. *Animo et*
corpore constamus. *Ex animo et corpore*
constamus.

Laborare, être travaillé, tourmenté de ; *constare*, être
composé de, consister en, veulent leur complément à
l'ablatif avec ou sans préposition.

Duobus vitiis diversis, avaritiâ et luxuriâ, civitas *laborat*. Liv.
— Cæsar metuebat, ne *ab re frumentariâ laboraret*. Cæs. —
Milo, quos *ex ære alieno laborare* arbitrabatur, sollicitat. Cæs.
—Tempus *tribus partibus constat, præterito, præsente et futuro*.
Sen. — Beata vita *constat ex actionibus rectis*. Sen. — Orationis
actio *constat e voce et motu*. Cic.

---

164. Fungor *officio*.

Les sept verbes déponens qui suivent, *uti*, user ;
potiri, se rendre maître ; *vesci*, se nourrir ; *lætari*, se
réjouir ; *frui*, jouir ; *fungi*, s'acquitter ; *gloriari*, se glo-
rifier, veulent leur complément à l'ablatif.

Atticus *patre usus est indulgente*. Nep. — Lycurgus juvenibus
non amplius *und veste uti* toto anno permisit. Just. — Stoici dicunt omnes esse divites, qui *cœlo et terrâ frui* possint. Cic.—Est
genus hominum quoddam, quod Helotes vocatur, quorum magna multitudo agros Lacedæmoniorum colit, servorumque *mu-*
nere fungitur. Nep. — Natura fert, ut iis faveamus qui eadem
pericula, *quibus nos perfuncti sumus*, ingrediuntur. Cic — Augustus *Alexandriâ*, quò Antonius cum Cleopatrâ confugerat,
brevi *potitus est*. Suet. — Quibus bestiis erat is cibus, ut alius
generis *bestiis vescerentur*, aut vires natura dedit, aut celerita-
tem. Cic. — Quidam *vitiis suis gloriantur*. Sen. — *Nullâ re tam*
lætari soleo, quàm meorum officiorum *conscientiâ*. Cic.

Nota. *Potiri* se construit aussi avec le génitif et *gloriari* avec
la préposition *de*.

Dion *totius ejus partis* Siciliæ *potitus est*, quæ sub Dionysii potestate
fuerat. Nep. — Prudentissima civitas Atheniensium, dum ea *rerum potita*
est, fuisse traditur. Cic. — Quæro, quis aut *de miserâ vitâ* possit gloriari,
aut non *de beatâ*? Cic.

---

165. *Magistratu* se abdicare.

Les prépositions *a*, *ab*, *de*, *e*, *ex*, conservent leur

---

[1] Être odieux, haï. [2] Manquer de blé. [3] Être criblé de dettes.

force dans les verbes composés. Le plus ordinairement
elles se répètent.

A. Augures poterant decernere, ut *magistratu* se *abdicarent*
consules. Cic — 'Tissaphernes perjurio suo et homines *suis*
rebus abalienabat, et Deum sibi iratum reddebat. Nep. — Ego
optimum et emendatissimum existimo, qui cæteris ita ignoscit,
tanquam ipse quotidiè peccet; ita *peccatis abstinet*, tanquam nemini ignoscat. Plin.

Nec vir bonus ac justus haberi debet, qui, ne malum habeat,
abstinet se *ab injurid*. Cic. — Naturâ nos *à dolore abhorremus*.
Cic. — Ut in ædificiis architecti *avertunt ab oculis* et *naribus*
dominorum ea quæ profluentia necessariò tetri essent aliquid
habitura : sic natura res similes procul *amandavit à sensibus*.
Cic.

.DE. Fustuarium meretur miles qui signa relinquit, aut *præ-*
sidio decedit. L.v. — Timoleon incredibili felicitate Dionysium
totâ Siciliâ depulit. Nep — Cæsar legiones equitatumque revo-
cari atque *itinere desistere* jubet. Cæs.

Vetat Pythagoras, injussu imperatoris, id est, Dei, *de sta-*
tione vitæ decedere. Cic — Lacedæmonii *de diutinâ contentione*
destiterunt, et suâ sponte Atheniensibus imperii maritimi prin-
cipatum concesserunt Nep.

EX. Amicitia *nullo loco excluditur*. Cic. — Plurima flumina
erumpunt saxis et montibus. Sen. — Scyrum insulam Dolopes
incolebant, eosque Cimon *urbe insuláque ejecit*. Nep. — Miserum est *exturbari fortunis omnibus*. Cic.

Athenienses optimè meritos cives *e civitate ejiciebant*. Cic. —
Animi piorum, cùm *e corporibus excesserint*, in cœlum, quasi
in domicilium suum, perveniunt. Cic.

Remarques. 1. On met quelquefois devant le complément une
préposition autre que celle qui est dans le verbe, mais ayant
une même signification.

Studiosè ab antiquis philosophis siderum magnitudines, intervalla, cursus
anquirebantur et cuncta cœlestia. Socrates autem primus philosophiam
devocavit e cælo, et in urbibus collocavit, et in domos etiam introduxit,
et coëgit, de vitâ et moribus rebusque bonis et malis quærere. Cic. — Quasi
poma *ex arboribus*, si cruda sint, vi *avelluntur*; si matura et cocta, decidunt; sic vitam adolescentibus vis aufert, senibus maturitas. Cic.

2. L'accusatif qu'on trouve après *egredi*, *excedere* s'explique
par l'ellipse de la préposition *extra*. Cette préposition est quelquefois même exprimée.

Historia non debet *egredi veritatem*. Plin. — Navigia quæ *modum*
excedunt regi nequeunt. Plin. — Certos mihi fines terminosque consti-
tuam, *extra quos egredi* non possim, si maximè velim. Cic.

3. Quelques verbes composés des prépositions *de*, *e*, se construisent avec le datif. (Voy. page 196.)

166. Nobis *duce* opus est. *Dux* nobis opus est.

Nous avons besoin d'un chef. Littéralement : le besoin est à nous, dans un chef, *opus est nobis (in) duce*; ou bien, un chef est besoin, chose nécessaire à nous, *dux est opus nobis.*

Dans l'expression *opus esse*, le besoin être, avoir besoin, le nom de l'objet dont on a besoin se met à l'ablatif ou au nominatif, et le nom de l'objet qui a besoin toujours au datif.

Le premier tour *nobis duce opus est* est le plus usité.

Multis non *duce* tantùm opus est, sed *adjutore* et *coactore.* Sen. — Quamvis se ipso contentus sit sapiens, *amicis* illi opus est. Sen — Non opus est magnis *placido lectore* poetis. Ovid. — Is est amicus, qui in re dubiâ, juvat, ubi re est opus. Plaut. — *Magistratibus* opus est, sine quorum prudentiâ ac diligentiâ esse civitas non potest. Cic.

Omnibus corporibus *sedes* opus est. Etenim corpus intelligi sine loco non potest. Cic. — *Quantum* argenti opus est tibi! Ter — Atticus, *quæ* amicis suis opus fuerant, omnia ex suâ re familiari dedit. Nep — Themistocles celeriter, *quæ* opus erant, reperiebat. Neque minùs in rebus gerendis promptus, quàm excogitandis erat. Nep.

Remarque. Le sujet de *opus est* peut-être un infinitif ou une proposition infinitive.

Quid tibi opus est, ut sis bonus? *velle.* Sen. —Opus est, *te animo valere*, ut corpore possis. Cic

Au lieu de l'infinitif on emploie l'ablatif du participe passif.

Priusquàm incipias, *consulto* [1], et ubi consulueris, maturè *facto* [2] opus est. Sall.

Ablatif, complément d'un adjectif.

167. Dignus est *laude.*

Reçoivent leur complément à l'ablatif, les adjectifs *dignus*, digne de ; *indignus*, indigne de ; *contentus*, content de ; *præditus*, doué de ; *alienus*, étranger à, peu convenable à ; *liber*, libre, exempt de ; *vacuus*, vide, privé de ; *immunis*, exempt de ; *macte*, *macti*, augmenté [3].

L'ablatif est régi après tous ces adjectifs par une pré-position sous-entendue : *de, a, cum.*

[1] Pour *consuluisse.* [2] Pour *facere* [3] On ne se sert de ce mot que pour exhorter ou pour applaudir.

Excellentium hominum virtus *imitatione*, non *invidiâ dignâ*
est. Cic. — Nec frustrà ac sine causâ quid facere *Deo dignum*
est. Cic. — Quàm multi *indigni luce* sunt ! et tamen dies oritur.
Sen. — Beneficium acceptum colamus oportet , ne ingrati, atque *omni ope divinâ humanâque indigni* videamur. Liv. — Majores nostri in privatis rebus , suisque sumptibus, *minimo con-
tenti*, tenuissimo cultu vivebant. Cic. — *Virtute ipsâ* non tam
multi *præditi* esse , quàm videri volunt. Cic. — *Alienum* est
tanto viro, ut tu es, quod alteri præceperit, id ipsum facere
non posse. Cic. — Viget animus in somnis, *liberque sensibus*,
ab omni impeditione curarum , jacente et mortuo penè corpore.
Cic —Licet inter abruptam contumaciam et deforme obsequium,
pergere iter *ambitione et periculis vacuum*. Tac. — Cato , *omnibus humanis vitiis immunis* , semper fortunam in suâ potestate
habuit. Vell — *Macte virtute diligentiâque* esto. Liv. —*Macti
virtute* estote. Curt.

---

168. *A sapiente* alienum.

Avec *alienus*, *vacuus*, *immunis*, *liber*, on exprime souvent la préposition *a*.

Homo sum : humani nihil *à me alienum* puto. Ter. — *A sapiente* nihil tam *alienum* est, quàm rei falsæ assentiri. Cic —
Versus animum *vacuum ab omni curâ* desiderant. Cic. — Erra-
mus si ullam terrarum partem *immunem à periculo* credimus.
Sen. — Id quod excellentes animos facit, cernitur in duobus ,
si et solum id, quod honestum sit, bonum judices, et *ab omni
animi perturbatione liber* sis. Cic.

---

169. Grandis *natu*.

Les latins joignent l'ablatif *natu* aux adjectifs *grandis*,
major, *maximus*, *minor*, *minimus*. *Grandis natu*, fort
âgé ; *major natu*, *minor natu*, le plus âgé, le moins âgé
des deux ; *maximus natu*, *minimus natu*, le plus, le moins
âgé de tous.

Nihil turpius est, quàm *grandis natu* senex qui nullum aliud
habet argumentum, quo se probet diù vixisse, præter ætatem.
Sen. — Adolescentis est, *majores natu* vereri. Cic. — Ennius
fuit *major natu*, quàm Plautus et Nævius. Cic.

Nota On peut aussi faire accorder l'adjectif avec *natu*.

Timotheus cùm esset *magno natu* , magistratus gerere desiit. Nep,

Ablatif avec les comparatifs.

170. Paulus est doctior *Petro* (12).

L'ablatif qui se met après le comparatif est le complément de la préposition sous-entendue *præ*, en comparaison de.

Les latins disent encore :

Paulus est doctior quàm Petrus (53).

E Nestoris linguâ *melle* dulcior fluebat oratio. Cic. — Optima hæreditas à patribus traditur liberis, *omnique patrimonio præstantior*, gloria virtutis, rerumque gestarum. Cic. — Postremus apud Assyrios regnavit Sardanapalus, vir *muliere corruptior*. Just. — Pulchrum ornatum turpes mores *pejùs cœno* collinunt. Plaut. — Fortuna *plus consiliis humanis* pollet. Liv. — Nullum est *certius* amicitiæ vinculum, *quàm consensus et societas* consiliorum et voluntatum, Cic. — Decet *cariorem* esse patriam nobis *quàm nosmet ipsos*. Cic. — Ità sentio latinam linguam *locupletiorem* esse, *quàm Græcam*. Cic.

171. *Duobus digitis* major me non es.

Avec le comparatif, le nom qui exprime la mesure, c'est-à-dire de combien l'un des objets comparés surpasse l'autre, se met à l'ablatif.

Turres in muris Babylonicis *denis pedibus*, quàm murus, altiores sunt. Curt. — Hibernia est *dimidio* minor quàm Britannia. Cæs. — Pompeius *biennio* major (natu) fuit quàm Cicero. Cic. — Siculi nonnunquàm *uno die* longiorem mensem faciunt aut *biduo*. Cic.

172. Minor *annis viginti*. Minor *annorum viginti*.

Le nom d'âge, après *major, minor*, se met à l'ablatif ou au génitif.

Hannibal minor *quinque et viginti annis* natus, imperator factus est. Nep. — Ex urbano exercitu qui *minores quinque et triginta annis* erant, in naves impositi sunt. Liv. — Julius Cæsar sanxit, ne quis civis *major annis viginti*, minorve *quadraginta* plus triennio continuo Italiâ abesset. Suet. — Cautum est Pompeiâ lege ne quis capiat magistratum *minor annorum triginta*. Plin. — Edicto Augusti magistratum capere poterant ii, qui non *minores duorum et viginti annorum* essent. Plin.

173. Adolescentia *multò* plures quàm senectus mortis casus habet. Cic.

On emploie adverbialement avec les comparatifs et les verbes d'excellence , tels que *præstare, excellere*, les ablatifs *multò , tantò , quantò , paulò*.

Agesilaus *multò* gloriosiùs duxit, si institutis patriæ paruisset, quàm si bello superâsset Asiam. Nep. — In republicâ *multò* præstat beneficii quàm maleficii immemorem esse : bonus tantummodò segnior sit, ubi negligas, at malus improbior. Sall. — *Quantò* sibi in prælio minùs parcunt, *tantò* tutiores sunt. Sall. — *Quantò* latiùs officiorum patet quàm juris regula ! Sen. — Non est inficiandum Hannibalem *tantò* præstitisse cæteros imperatores prudentiâ, *quantò* populus Romanus antecedebat fortitudine cunctas nationes. Nep. — Stoici mihi videntur fines officiorum *paulò* longiùs, quàm natura vellet, protulisse. Cic.

Noms de matière.

174. Templum *ex marmore.*

Le nom de la matière dont une chose est faite se met à l'ablatif avec *e , ex* (1). On peut, au lieu de la préposition et de son complément, se servir d'un adjectif qui a la même valeur. *Templum marmoreum.*

Ennius in sepulcro Scipionum constitutus est *ex marmore*. Cic. — (Verres) vocat ad cœnam ipse prætorem : exponit suas copias omnes : multum argentum ; non pauca etiam pocula *ex auro*, quæ, ut mos est regius et maximè in Syriâ, gemmis erant distincta clarissimis. Erat etiam vas vinarium *ex unâ gemmâ pergrandi*, trullâ excavatâ, cum manubrio *aureo*. Cic. — Nego in Sicilia totâ, tam locupleti, tam vetere provinciâ, tot oppidis, tot familiis, tam copiosis, ullum *argenteum* vas fuisse; quidquam *ex auro*, aut *ebore* factum; signum ullum *æneum, marmoreum, eburneum*, quin (Verres) conquisierit, inspexerit; quod placitum sit, abstulerit. Cic. — Atheniensium plus interfuit firma tecta in domiciliis habere , quàm Minervæ signum *ex ebore* pulcherrimum; tamen ego me Phidiam esse mallem , quàm vel optimum fabrum tignarium. Quarè non quantùm quisque prosit, sed quanti sit ponderandum. Cic.

---

(1) On trouve dans Virgile : *Templum de marmore ponam*. Geor III , 13.

175. Ferire *gladio.* Pallere *metu.* Vincis *formâ.*

Les noms qui expriment l'instrument dont on se sert
pour faire une action, la cause pour laquelle elle se fait,
la manière dont elle se fait, se mettent à l'ablatif à cause
des prépositions sous-entendues *cum, in, à, ex.*

Manlius Torquatus *securi* filium percussit Cic. — Multorum
animalium ea est humilitas, ut cibum terrestrem *rostris* facilè
contingant. Quæ autem altiora sunt, ut anseres, ut cygni, ut
grues, ut cameli, adjuvantur proceritate collorum. Cic. —
Corpore nihil, nisi quod adest, sentire possumus : *animo* autem
et præterita et futura. Cic.

Hoc patrium est potiùs consuefacere filium *suâ sponte* rectè
facere; quàm *alieno metu.* Ter. — Apud Carthaginienses ætate
immaturâ dux Hannibal constituitur, non *penuriâ* seniorum,
sed *odio* Romanorum quo imbutum eum à pueritiâ sciebant.
Just. — Dona auctoris pereunt *garrulitate* suî. Mart. — Quarè
tot fluminum *quotidiano accessu* maria non crescunt? Plin.

Benevolentiam civium *blanditiis* colligere, turpe est. Cic. —
Xerxes magis victus est *consilio* Themistoclis quàm *armis* Græciæ. Nep. — Horridus miles esse debet, non cælatus *auro ar-
gentoque,* sed *ferro et animis* fretus. Virtus est militis decus.
Liv — *Pollicitis* dives quilibet esse potest. Ovid. — Non hoc
præcipuum amicorum munus est, persequi defunctum *ignavo
questu,* sed quæ postrema mandaverit, exsequi. Tac. — Ut
parentum, sic patriæ sævitia, *patiendo* ac *ferendo* lenienda est.
Cic.

Noms de prix,

176. Licere *præsenti pecuniâ.*

Le nom du prix ou de la valeur d'une chose se met à
l'ablatif à cause de la préposition *pro* sous-entendue.

Lycurgus emi omnia non *pecuniâ,* sed compensatione mer-
cium jussit. Just. — Tantus terror Gallici nominis erat, ut
multi reges ultrò pacem *ingenti pecuniâ* mercarentur. Just. —
Chrysogonus vas aliquod Corinthium *tanto pretio* mercatus est,
ut, qui pretium enumerari audiebant, fundum venire arbitrarentur. Cic. — Augustus notavit aliquos equites, quòd pecunias
levioribus usuris mutuati, *graviore fænore* collocâssent. Suet.—
Captivos si placet reddi, honestiùs dono dabimus, quàm *pretio*
remittemus. Curt. — Quod non opus est, *asse* carum est. Sen.

Nota. *Pretio* doit être suppléé devant les adjectifs *magno,
parvo, plurimo,* etc.

Venditori expedit, rem venire quàm *plurimo.* Cic. — Num *nimio* emere
tibi videntur ædes ? Plaut. — Cœlius conduxit in Palatio non *magno*
domum. Cic. —Non potest *parvo* res magna constare. Sen.

Noms de temps.

177. Veniet *die dominicâ.*

Le temps précis auquel une action se fait, s'est faite,
ou se fera, se met à l'ablatif à cause de *in* sous-entendu.

Quinto quoque anno Sicilia tota censetur. Cic. — *Idibus Martiis* Romæ consulatus inibatur. Liv. — Macedo Alexander nonne
tertio et tricesimo anno mortem obiit ? Cic. — Numa Pompilius
morbo decessit, *quadragesimo tertio* imperii *anno.* Eut. — Condita est Carthago *octoginta duobus annis* antequàm Roma. Just.
— Carthago in Africâ jussu senatûs reparata est, *annis duobus
et viginti*, postquàm à Scipione fuerat eversa. Eut.

---

178. *Longo* post *tempore. Paucis* antè *diebus.*

Dans ces expressions, *post* et *antè* sont employés adverbialement. *Longo tempore*, *paucis diebus*, sont les
complémens de la préposition *in* sous-entendue.

Socrates supremo vitæ die de immortalitate animorum multa
disseruit, *et paucis* antè *diebus*, cùm facilè posset educi è custodiâ, noluit. Cic —Themistocles fecit idem, quod *viginti annis* antè fecerat Coriolanus. Cic. — Corpus Alexandri à Ptolemæo, cui Ægyptus cesserat, Memphim, et indè *paucis* post *annis* Alexandriam translatum est. Curt.

---

179. Nero natus est $\left\{ \begin{array}{l} \textit{post novem menses quàm} \\ \textit{nono mense postquàm} \\ \textit{nono mense quàm} \end{array} \right\}$ Tiberius excessit.

Telles sont les trois manières de rendre en latin cette
phrase : « Néron naquit neuf mois après que Tibère fut
mort, » et toutes celles qui sont analogues.

Observez qu'avec le nom de nombre cardinal on emploie toujours le pluriel, et qu'avec le nom de nombre
ordinal on met toujours le singulier.

1. Dion imperium Dionysii adeò facilè perculit, ut *post diem
tertium*, *quàm* Siciliam attigerat, Syracusas introierit. Nep. —

---

(1) *Antequàm* et *postquàm* se séparent par *tmèse*. La tmèse est une figure
qui consiste à séparer en deux, par un ou plusieurs mots intermédiaires,
un mot composé. *Quo me cunque rapit tempestas* Hor.

Dion obiit diem supremum, *quartum post annum*, *quàm* ex Peloponneso in Siciliam redierat. NEP. — Sextâ Olympiade *post duos et viginti annos*, *quàm* prima constituta fuerat, Romulus Martis filius Romam condidit. VELL. — Aristides decessit ferè *post annum quartum*, *quàm* Themistocles Athenis erat expulsus. NEP.

NOTA. Le même tour s'emploie avec *antè*.

Testamentum Augusti *antè annum et quatuor menses*, *quàm* decesserat, factum est. SUET. — *Antè annos quinque et sexaginta*, *quàm* urbs Romana conderetur, ab Elisâ Tyriâ Carthago conditur. VELL. — *Antè triennium*, *quàm* Carthago deleretur, M. Cato mortem obiit. VELL.

2. Hamilcar *nono*, *anno postquàm* in Hispaniam venerat, in prælio adversùs Vectones occisus est. NEP. — Hannibal *anno tertio*, *postquàm* domo profugerat, cum quinque navibus Africam accessit. NEP. — Aristides *sexto* ferè *anno*, *postquàm* erat expulsus, in patriam restitutus est. NEP.

3. *Octavo mense*, *quàm* cœptum oppugnari, captum est Saguntum. LIV — Carthago *septingentesimo anno*, *quàm* condita erat, deleta est. EUT. — Tyrus *septimo mense*, *quàm* oppugnari cœpta erat, capta est, urbs et vetustate originis et crebrâ fortunæ varietate ad memoriam posteritatis insignis. CURT. — *Anno trecentesimo altero*, *quàm* condita Roma erat, iterùm mutatur forma civitatis, ab consulibus ad decemviros translato imperio. LIV.

NOTA. On met aussi *quàm* après *pridiè*, *postridiè*.

Cæsar *pridiè quàm* occideretur, in sermone nato super cœnam, quisnam esset finis commodissimus, repentinum opinatumque prætulit, SUET. — Andricus *postridiè* ad me venit, *quàm* exspectâram. CIC.

Noms de lieu. Question *ubi*.

180. Sum *in Galliâ*. Atticus habitabat *Athenis*. Natus est *Romæ*. Sum *domi* (24 à 27).

Le nom du lieu où l'on est se met à l'ablatif avec *in*. La préposition se sous-entend devant les noms propres de villes et devant *rus*. Les noms propres de villes de la première et de la deuxième déclinaison au singulier seulement, et *domus*, *humus*, se mettent au génitif.

Hannibal quotiescumque cùm Romanis congressus est *in Italiâ*, semper discessit superior. Quod nisi *domi* civium suorum invidiâ debilitatus esset, Romanos videtur superare potuisse. NEP. — Ut *Romæ* consules, sic *Carthagine* quotannis annui bini reges creabantur. NEP. — Diutiùs *Babylone*, quàm usquàm constitit Alexander, nec ullus locus disciplinæ militari magis nocuit. CURT. — Quintus *rui* agere vitam constituit, LIV.

— *Domi* puer ea sola discere potest, quæ ipsi præcipiuntur ; *in scholâ*, etiam quæ aliis. QUINT.—Dionysius tyrannus, Syracusis expulsus, *Corinthi* pueros docebat. CIC.

Question undè.

181. Redeo *ex Galliâ*. Redeo *Lugduno, domo, rure*. (24 à 27).

Le nom du lieu d'où l'on vient, de l'objet dont on s'éloigne, se met à l'ablatif avec *è*, *ex*, *à*, *ab*. La préposition se sous-entend devant les noms propres de villes et devant *rus*, *domus*.

Darius cùm *ex Europâ* in Asiam rediisset, hortantibus amicis, ut Græciam redigeret in suam potestatem, classem quingentarum navium comparavit. NEP — Timoleon *Corintho* arcessivit colonos, quòd ab his initio Syracusæ erant conditæ. NEP. — Cùm Tullius *rure* redierit, mittam eum ad te. CIC. — Socrates eumdem vultum domum referebat, quem *domo* extulerat. SEN.

NOTA. La préposition est quelquefois exprimée devant les noms de villes. Elle s'exprime devant *domus* quand il n'est point opposé à *publicè* ou à *foris*.

Fabius Pictor legatus *à Delphis* Romam rediit. LIV. — *Ab Athenis* proficisci in animo habebam. CIC. — Atticus moriens non ex vitâ, sed *ex domo in domum* migraré videbatur. NEP.

Ablatif vulgairement appelé absolu.

182. *Partibus factis*, sic locutus est leo. *Antonio consule* (52).

Le sujet et l'attribut d'une proposition adverbiale se mettent à l'ablatif. Ce que nous appelons une proposition adverbiale peut être aussi regardé comme le complément d'une préposition sous-entendue. (*A*) *partibus factis*, (*sub*) *Antonio consule*.

Quænàm sollicitudo vexaret impios, *sublato* suppliciorum *metu* ? CIC. — Artes innumerabiles repertæ sunt, *docente naturâ*. CIC. — Quàm sancta est societas civium, inter ipsos *diis immortalibus interpositis* tùm *judicibus*, tùm *testibus*. CIC. — Xerxes, rex Persarum, terror antè gentium, *bello* in Græciâ *infeliciter gesto*, etiam suis contemtui esse cœpit. JUST. — Aruns Tarquinius et Tullia minor junguntur nuptiis, *magis non pro-*

hibente Servio quam approbante. Liv.— Aliquis vir bonus nobis *eligendus est*, ac semper ante oculos habendus, ut sic tanquàm *illo spectante* vivamus, et omnia tanquàm *illo vidente* faciamus. Sen. — Non est provincia, *exceptâ* duntaxat *Africâ et Sardiniâ,* quam non adierit Augustus. Suet. — Heu! nihil *invitis* fas quemquam fidere *divis.* Virg. — Arcus cœlestes, nisi *sole ad-verso*, non fiunt. Plin. — An virum bonum dices, qui *depositum nullo teste*, quum lucrari impunè posset, auri pondo decem reddiderit, si idem in decem millibus pondo non idem fecerit ? Cic.

CHAPITRE III.

Observations sur le comparatif et sur le superlatif.

183. Eò *modestior* est quò *doctior.*

Il est d'autant plus modeste qu'il est plus savant.

Eò, hoc, tantò, et leurs corrélatifs *quò, quantò*, mettent en rapport deux comparatifs dont chacun marque à quel degré la qualité est portée dans l'autre.

On commence très-fréquemment par la proposition où se trouve le corrélatif, et on finit par celle où se trouve l'antécédent. *Quò doctior, eò modestior est*, plus il est savant, plus il est modeste.

Eò crassior aer est, *quò* terris *propior.* Sen. — *Quò major* gloria, *eò propior* invidiæ est. Liv.— Homines *quò plura* habent, *eò ampliora* cupiunt. Just. — *Quò plus* potestis, *eò moderatius* imperio uti debetis. Liv. — *Tantò brevius* est omne tempus, *quantò felicius* est. Plin. — *Quantò superiores* sumus, *tantò* nos geramus *submissius.* Cic.

---

184. Ut quisque vitiosissimus, ita miserrimus est.

Quò quis vitiosior, eò miserior est,
Ut quisque vitiosissimus, ita miserrimus est,
Quisque vitiosissimus, miserrimus est.

Telles sont les trois manières de rendre en latin cette proposition « plus on est vicieux, plus on est malheureux. »

Quò quis versutior et callidior est, hoc invisior et suspectior, detractâ opinione probitatis. Cic. — *Quò* quisque est *solertior* et *ingeniosior, hoc* docet *iracundiùs* et *laboriosiùs*; quod enim ipse celeriter arripuit, id cùm tardè percipi videt, discruciatur. Cic.

Ut quisque est vir *optimus, ita difficillimè* esse alios improbos suspicatur. Cic. — *Ut quisque maximè* opis indiget, *ita* ei *potissimùm* opitulari debemus. Cic. — *Ut quisque maximè* ad suum commodum refert, quæcumque agit, *ita minimè* est vir bonus. Cic. — *Optimè* societas hominum conjunctioque servabitur, si, *ut quisque* erit *conjunctissimus, ità* in eum benignitatis *plurimùm* conferetur. Cic.—*Ita quisque* colendus est *maximè, ut quisque maximè* his lenioribus virtutibus erit ornatus, modestiâ, temperantiâ, justitiâ. Cic. — *Ut quisque maximè* perspicit, quid in re quâque verissimum sit, is *prudentissimus* et *sapientissimus* ritè haberi solet. Cic.

Æquissimo animo moritur *sapientissimus quisque, stultissimus iniquissimo.* Cic. — *Optimum quidque rarissimum* est. Cic. —*Altissima quæque* flumina *minimo* sono labuntur. Curt. — In rebus asperis et tenui spe *fortissimum quodque* consilium *tutissimum* est. Liv. — *Maximæ cuique* fortunæ *minimè* est credendum. Liv. — Cum armato hoste infestis animis concurri debet : adversùs victos *mitissimus quisque maximum* animum habet. Liv. — Non est dubium, quin *maximo cuique* beneficio *plurimùm* debeatur. Cic.

------

185. *Optimus quisque* illi favet.

Les plus honnêtes gens le favorisent. Littéralement : *tout homme très-bon le favorise.*

Pericula, labores, dolorem etiam *optimus quisque* pro patriâ et pro suis suscipit. Cic.—Effugit mortem quisquis contemserit ; *timidissimum quemque* consequitur. Curt. — *Optimi cujusque* animus maximè ad immortalem gloriam nititur. Cic. — Credulitas error est magis quàm culpa, et quidem in *optimi cujusque* mentem facillimè irrepit. Cic. — Alexander *periculosissima quæque* aggrediebatur. Just. — *Veterrimæ quæque* amicitiæ esse debent suavissimæ. Cic. — Stultissimum credo, ad imitandum non *optima quæque* proponere. Plin. — Nonne *optimus* et *gravissimus quisque* confitetur, multa se ignorare ! Cic.

------

186. *Quàm plurimos* potuit, libros legit.

Quàm plurimos potuit, libros legit, il a lu le plus de livres qu'il a pu.

Esto quàm facillimus (s. e. *poteris esse.*) Soyez le plus indulgent que vous pourrez.

Quàm paucissimos potuit, libros legit, il a lu le moins
de livres qu'il a pu.

Quantâ maximâ celeritate potuit, avec la plus grande
diligence possible.

Esto quàm minimè facilis (s. e. *poteris esse.*) Soyez le
moins indulgent que vous pourrez.

Quàm, quantus, a, um, et un des temps du verbe
possum, ou seulement *quàm*, se joignent au superlatif
pour indiquer *le plus* ou *le moins* possible.

Gallinæ avesque reliquæ et quietum requirunt ad pariendum
locum et cubilia sibi nidosque construunt, eosque, *quàm possunt mollissimè* substernunt, ut *quàm facillimè* ova serventur.
Cic. — Jugurtha, *quàm maximas potest*, copias armat. Sall.—
Cæsar, *quàm maximis* itineribus *potest*, in Galliam ulteriorem
contendit, et provinciæ toti, *quàm maximum potest*, militum nu-
merum imperat. Cæs. — Ad interitum Andromachi vindican-
dum, *quantâ maximâ* celeritate *potuit*, Alexander contendit.
Curt. — Morum dissimilitudo dissociat amicitias : nec ob aliam
causam ullam boni improbis, improbi bonis amici esse non
possunt, nisi quòd tanta est inter eos, *quanta maxima potest esse*,
morum studiorumque distantia. Cic. — Bruti tantam auctoritatem senatus ac populus romanus esse cupit, *quanta maxima*
in liberâ civitate unius esse *potest*. Cic. — Quoniam vita, quâ
fruamur, brevis est, memoriam nostri *quàm maximè longam*
efficere decet. Sall. — Persæ mortuos cerâ circumlitos condunt, ut *quàm maximè* permaneant *diuturna* corpora. Cic. —
Operà danda est ut verbis utamur *quàm usitatissimis* et *quàm
maximè aptis.* Cic. — Miles hæc tria curare debet : corpus, ut
quàm validissimum et *pernicissimum* habeat, arma apta, cibum
paratum ad subita imperia ; cætera scire de se diis immortalibus
et imperatori suo curæ esse. Liv.

---

187. Fuit *felicior* quàm *sapientior*.

Si deux adjectifs ou deux adverbes sont comparés,
tous deux se mettent au comparatif. Nous disons en
français : il a été plus heureux que sage. Les latins disent : il a été plus heureux que plus sage, *fuit felicior
quàm prudentior.*

*Romani bella quædam fortiùs quàm feliciùs gesse-
runt.* Liv. Les Romains ont fait quelques guerres avec
de courage que de bonheur.

Pestilentia, minacior quàm perniciosor, cogitationes hominum

à certaminibus publicis avertit. L<small>IV</small>. — Triumphus dictatoris
clarior quàm gratior fuit. L<small>IV</small>. — Cobares consilium aperit *an-
tius* Besso, *quàm gratius*. C<small>URT</small>. — Mutius *tristior* Porsenæ salute *quàm suâ lætior* (fuit). V<small>AL</small>. M<small>AX</small>.—Amœnitate urbium et
copiâ terrestrium maritimarumque rerum, et mollitie atque
opibus hostium, *ditiores quàm fortiores* exercitus fiunt, præsertim si solutè ac negligenter ab imperatore habeantur. L<small>IV</small>. —
Alexander hostes *prudentiùs quàm avidiùs* persecutus est. C<small>URT</small>.
— Athenienses in Siciliâ bellum *cupidiùs quàm feliciùs* gesserunt. J<small>UST</small>.

N<small>OTA</small>. Quand le comparatif est exprimé par *magis*, les deux
adjectifs ou les deux adverbes se mettent au positif.

Esse abstinentem, continere omnes cupiditates, *præclarum magis est.
quàm difficile*. C<small>IC</small> — Coluntur religiones *piè magis quàm magnifice*. L<small>IV</small>.

---

188. Senectus est naturâ *loquacior*. C<small>IC</small>.
Themistocles *liberiùs* vivebat. N<small>EP</small>.

Si l'on supplée *æquo*, on verra que le comparatif a,
dans ces exemples, sa signification naturelle. *Senectus est
naturâ loquacior* (*æquo*), la vieillesse est naturellement
plus causeuse que le juste, qu'il n'est juste, est un peu
causeuse. —*Themistocles vivebat liberiùs* (*æquo*), Thémi-
stocle vivait plus librement qu'il n'est juste, trop librement.

On trouve dans Salluste *graviùs æquo*; et Horace a dit: *Plus æquo liber*,
ce qui a exactement le même sens que *liberior*; l'ellipse de *æquo* est donc
bien indiquée.

Obscuriora sunt Datamis pleraque gesta. N<small>EP</small>. — Romanæ leges *grandiorem* ætatem ad consulatum constituebant. C<small>IC</small>. —
Neque cuiquam mortalium injuriæ suæ parvæ videntur : multi
eas *graviùs æquo* habuêre. S<small>ALL</small>. — Vespasianus se in imperio
moderantissimè gessit : pecuniæ tamen *avidior* fuit. E<small>UT</small>. —
Gravissimè vituperatur qui in beneficiis remunerandis est *tardior*. C<small>IC</small>. — Histrio, si versus pronuntiatus est syllabâ unâ
brevior aut *longior*, exsibilatur et exploditur. C<small>IC</small>. — Si tibi
quædam (in libris) videbuntur *obscuriora*, cogitare debebis
nullam artem litteris sine interprete et sine aliquâ exercitatione
percipi posse. C<small>IC</small>. — Epaminondas, princeps meo judicio Græciæ, fidibus præclarè cecinisse dicitur : Themistoclesque aliquot antè annos, cùm in epulis recusâsset lyram, habitus est
indoctior. C<small>IC</small>. — *Parciùs* hic vivit; frugi dicatur : ineptus Et
jactantior hic paulò est : concinnus amicis Postulat ut videatur :
at est *truculentior*, atque *Plus æquo liber*; simplex, fortisque
habeatur. *Caldior* est ; acres inter numeretur. Opinor, Hæc
res et jungit, junctos et servat amicos. H<small>OR</small>.

189. *Validior* manuum. Phrygia *major* et *minor*.

Le premier exemple fait voir que les latins emploient le comparatif dans un cas où , en français, on se sert du superlatif , c'est lorsqu'il n'est question que de deux objets : *la plus forte* des deux mains.

Le deuxième exemple montre une locution dans laquelle on emploie en latin le comparatif , et en français le positif. La *grande* et la *petite* Phrygie.

Nimis obcurus est poeta Euphorion. At non Homerus. Uter igitur est *melior?* Cic. — Lacedæmonii totius Asiæ imperium affectare cœperunt, sed *major* pars sub regno Persarum erat. Just.— Pompeii filius *major* * occisus est , *minor* * fugit. Eut. — Gordium urbs posita est inter Phrygiam *majorem et minorem*. Just. — Ora illa Italiæ, quam *majorem* Græciam vocant, à Romanis defecit. Liv.

190. *Major quam pro numero* hominum editur pugna. Liv.

Quàm, après le comparatif, annonce toujours une seconde proposition. *Petrus est doctior* QUAM *Paulus (est doctus). Neminem novi doctiorem* QUAM *Paulum (novi esse doctum). Doctior est* QUAM *putas.*

Si *pro* suit *quàm*, le verbe de la seconde proposition est sous-entendu , et ce verbe sous-entendu est *videretur, exspectaretur, opus erat , convenit, decet.*

Pugna major quàm (exspectaretur) pro numero hominum editur. Un combat plus grand qu'il n'était attendu, eu égard au nombre d'hommes, est livré.

Alexander munimenta castrorum jussit extendi cubiliaque amplioris formæ , *quàm pro corporum habitu ,* relinqui. Curt.— Suevi frumenta, cæterosque fructus patientiùs, *quàm pro solitâ Germanorum inertiâ,* laborant. Tac — Alexander consedit in regiâ sellâ , multò excelsiore, *quàm pro habitu corporis.* Curt. — Equitum peditumque Darii propemodùm innumerabilis turbâ majorem, *quàm pro numero,* speciem gerebat Curt. — Silvæ concutientibus ramis majorem , *quàm pro flatu,* sonum reddebant Curt. — Erat in exercitu Martius, eques romanus, impiger juvenis, animique et ingenii aliquantò, *quam pro fortunâ,* in quâ erat natus, majoris. Liv.

* *S. natu.*

191. Major sum quàm *ut mihi* possit fortuna nocere.
Major sum quàm *cui* possit fortuna nocere.

D'après le principe établi dans l'article précédent, on doit sous-entendre ici un verbe après *quàm;* ce sera *oportet : major sum quàm (oportet) ut mihi possit fortuna nocere,* je suis plus grand qu'il ne faut pour que la fortune puisse me nuire, je suis trop grand pour que la fortune puisse me nuire.

On voit que *cui* tient lieu de *ut mihi*, et que le verbe qui suit, soit *ut*, soit le relatif qui le remplace, se met au subjonctif.

Major sum et ad majora genitus, *quàm ut* mancipium sim mei corporis. Sen.—Vivebat lautè et indulgebat sibi liberaliùs, *quàm ut* invidiam vulgi posset effugere. Nep. — Memacenorum (1) urbs munitior erat, *quàm ut* primo impetu capi posset. Cont. — Majus erat imperium Romanum, *quàm ut* ullis externis viribus opprimi posset. Flor. — Alexandro successor quærebatur, sed major moles erat, *quàm ut* unus subire eam posset. Curt. — Demosthenes major mihi videtur esse, *quàm ut* cum Lysiâ compararetur. Cic.

Famæ ac fidei damna majora sunt, *quàm quæ* (2) æstimari possint Liv. — Insueto Philippo vera audire, ferocior Æmilii oratio visa est, *quàm quæ* (3) habenda apud regem esset. Liv.

CHAPITRE IV.

OBSERVATIONS SUR L'EMPLOI DES PRONOMS.

Mei, tui, sui, nostri, vestri.

192. Pars *tui* melior immortalis est. Sen.

Mei, tui, sui, nostri, vestri, pronoms personnels au génitif, n'ont rien de commun que la forme avec *mei, tui, sui, nostri, vestri*, génitifs des adjectifs possessifs *meus, tuus, suus, noster, vester.*

On ne se sert de *nostri, vestri*, qu'après un verbe ou après un nom qui n'est pas partitif. *Miserere nostri*, ayez pitié de nous; *memoria nostri*, la mémoire, le souvenir

(1) *Memaceni, orum*, les Mémacéniens, peuple de la Sogdiane (Asie).
(2) (3) Ut ea.

de nous. Mais on dira : *quis nostrûm ?* qui de nous ?
unusquisque vestrûm, chacun de vous, parce que *quis* et
unusquisque sont des noms partitifs.

Les latins emploient particulièrement les pronoms
mei, *tui*, *sui*, etc. , après les substantifs qui expriment
quelque affection de l'âme.

Pater nullum clarius potest relinquere *sui* monumentum,
quàm si filium relinquat effigiem morum et virtutis. Cic. —
Fallit quemque cæcus amor *sui*. Phæd. — Tiberius Gracchus
magnum desiderium *sui* reliquit apud populum Romanum. Cic.
— Natura induit nobis amorem *nostri*. Gell. — Quid sit animus, ille rector dominusque *nostri*, non magis tibi quisquam
expediet, quàm ubi sit. Sen. — Nemo *nostrûm* idem est in senectute, qui fuit juvenis. Sen.

Sui, sibi, se ; suus, a , um.]

193. Omne animal *se* ipsum diligit.

Le pronom réciproque ou réfléchi *sui*, *sibi*, *se*, se
rapporte au sujet de la proposition.

Iphicrates fuit et animo magno et corpore, imperatoriâque
formâ, ut ipso adspectu cuivis injiceret admirationem *sui*. Nep.
— Lysander Lacedæmonius magnam reliquit *sui* famam, magis felicitate quàm virtute partam. Nep. — Minimè *sibi* quisque
notus est. Cic. — Hannibal Alpes, adhuc eâ parte invias, *sibi*
patefecit. Eut. — Omne animal *se* ipsum diligit, ac simul ut
ortum est, id agit, ut *se* conservet. Cic. — Unus imperator in
exercitu providere et consulere quid agendum sit debet, nunc
per *se*, nunc cum iis quos advocaverit in concilium. Liv. —
Justitia propter *sese* colenda est. Cic.

194. Vulpes negavit *se* esse culpæ proximam.

Se, sujet de la proposition complémentaire infinitive, se rapporte toujours au sujet de la proposition
principale.

Philocles sentiebat, *se* nullius momenti apud exercitum futurum. Nep. — Xerxes *se* à Themistocle non superatum, sed conservatum judicavit. Nep. — Trajanus dicebat, talem *se* imperatorem esse privatis, quales esse sibi imperatores privatus
optâsset. Eut. — Eos viros suspiciunt homines, maximisque
afferunt laudibus, in quibus existimant, *se* excellentes quasdam
et singulares virtutes perspicere. Cic.

195. Souvent, mais seulement lorsqu'il n'en peut résulter aucune ambiguité, les latins emploient dans une proposition subordonnée complémentaire le pronom *sui*, *sibi*, *se*, en le faisant rapporter, non au sujet de cette proposition subordonnée, mais au sujet de la proposition principale. S'il y a à craindre quelque amphibologie, ils se servent d'*ipse*, *a*, *um*. Exemples :

Herculi Eurystheus rex imperavit ut arma reginæ Amazonum sibi *afferret*. Just. Le roi Eurysthée ordonna à Hercule de lui apporter les armes de la reine des Amazones.

Sibi se rapporte, non au sujet de la proposition subordonnée *Hercules* sous-entendu, mais au sujet de la proposition principale *Eurystheus;* ce qui ne donne lieu à aucune équivoque, parce que le sens indique assez clairement que c'est à Eurysthée, et non à lui-même, qu'Hercule doit apporter les armes.

Jugurtha legatos ad consulem mittit, qui ipsi, *liberisque vitam peterent*. Sall. Jugurtha envoie des ambassadeurs au consul, pour le prier d'accorder la vie à lui et à ses enfans.

Si dans cet exemple l'on avait mis *sibi* au lieu d'*ipsi*, on n'aurait pas su si l'on devait rapporter ce pronom au sujet de la proposition principale *Jugurtha*, ou au sujet de la proposition subordonnée *qui*, c'est-à-dire *legati*.

Multi nil rectum, nisi quod placuit *sibi*, ducunt. Hor.— Solon Pisistrato tyranno quærenti, quâ tandem spe fretus *sibi* tam audaciter obsisteret, respondisse fertur : « Senectute. » Cic. — Negligere quid de *se* quisque sentiat, non solùm arrogantis est, sed omninò dissoluti. Cic. — Nescio quâ natale solum dulcedine cunctos Ducit, et immemores non sinit esse *sui*. Ovip. — Præstantes viri nunquàm tanta conati essent, quæ ad posteritatis memoriam pertinent, ni animo vidissent posteritatem ad *se* pertinere posse. Cic.

Persæ, mortuo Alexandro, non alium, qui imperaret *ipsis*, digniorem fuisse confitebantur. Cic.

---

196. *Romani* domos *suas* gloriâ decorabant.
   Avidum sæpè *sua* deludit aviditas. Phæd.

Suus, a, um, se rapporte :

1°. Au sujet de la proposition dans laquelle il se trouve. Exem. : *Romani domos suas gloriâ decorabant*, les

Romains décoraient *leurs* maisons par la gloire. Les maisons de qui? des Romains.

2°. A un complément du verbe de la proposition dans laquelle il se trouve. Exem. : *Avidum sæpè sua deludit aviditas*, *son* avidité trompe souvent l'avide, l'avide est souvent trompé par son avidité. L'avidité de qui ? de l'avide.

Cimon complures pauperes mortuos *suo* sumptu extulit. Nep. — Sæpè Cimon, cùm aliquem offensum fortunâ videret, minùs benè vestitum, *suum* amiculum dedit. Nep. — Pro *suâ* patriâ, pauci reperti sunt, qui, nullis præmiis propositis, vitam *suam* hostium telis objecerint. Cic. — Hippocrates, clarus arte medicinæ, videtur honestissimè fecisse, quòd quosdam errores *suos*, ne posteri errarent, confessus est. Et M. Tullius non dubitavit aliquos *suos* libros jam editos aliis postea scriptis ipse damnare. Quint. — Augustus sextilem mensem e *suo* cognomine nuncupavit. Suet.

Hannibalem *sui* cives è civitate ejecerunt. Cic. — Octavium *sui* Cæsarem appellârunt. Cic. — Alexaudrum, qui apud Pheræos in Thessaliâ tyrannidem occupârat, uxor *sua*, cui Thebe nomen fuit, noctu occidit. Cic. — Deum colenti stat *sua* merces. Phæd. — Trahit *sua* quemque voluptas. Virg. — *Sua* quemque fraus, et *suus* terror maximè vexat, *suum* quemque scelus agitat, amentiâque afficit : *suæ* malæ cogitationes, conscientiæque animi terrent. Cic.

---

197. De même que *sui*, *sibi*, *se*, l'adjectif *suus*, *a*, *um*, lorsqu'il ne peut y avoir d'ambiguité à craindre, s'emploie dans une proposition subordonnée complémentaire, bien qu'il se rapporte, non au sujet de cette proposition subordonnée, mais au sujet de la proposition principale.

Si de l'emploi de *suus*, *a*, *um*, devait résulter quelque amphibologie, on se servira d'*ipsius*, *ipsorum*, etc.

Philosophum Aristippum rogavit pater-familiâs ut filium suum *susciperet erudiendum.* Un père de famille pria le philosophe Aristippe de se charger de l'éducation de son fils.

L'emploi de *suum* ne donne lieu ici à aucune équivoque, parce que le sens fait bien voir que c'est du fils du père de famille qu'il s'agit.

Nabarzanes et Bessus Artabazum orabant, ut causam ipsorum *tueretur.* Nabarzane et Bessus priaient Artabaze de défendre leur cause.

Si on avait mis *suam*, on n'aurait pas su de quelle cause il s'agissait, de celle de Nabarzane et de Bessus, ou de celle d'Artabaze.

Pythius piscatores ad se convocavit, et ab iis petivit ut ante *suos* hortulos posterâ die piscarentur. Cic. — Alexander à Philippo impetravit, ut eorum equitum, qui apud Granicum flumen ceciderant, faceret statuas, et *ipsius* quoque iis interponeret. Vell.

Observation. La meilleure règle à donner sur l'emploi des mots réciproques, et la seule qu'aient suivie les auteurs, c'est d'éviter toute obscurité.

On trouve *ille*, *ipse*, *is* dans des cas où l'on pourrait également employer *se*, et *se* dans d'autres où *ille*, *ipse*, *is*, conviendraient tout aussi bien. Cicéron a dit : *Est verò fortunatus ille, cujus ex salute non minor penè ad omnes, quàm ad* illum *ventura sit, lœtitia pervenerit.* Il eût pu dire *ad se.* — Le même auteur a dit : *Medeam prædicant in fugâ fratris sui membra in iis locis, quà* se *parens persequeretur, dissipavisse.* Il eût pu dire *eam.*

Sui et *suus*, étant de la troisième personne, ne peuvent jamais causer d'équivoque quand ils sont dans une proposition dont le verbe est de la première ou de la deuxième personne. *Hæc propterea de me dixi ut mihi Tubero, cùm de* se *eadem dicerem, ignosceret.* Cic. — Il est bien évident que *se* ne peut se rapporter qu'à Tubéron: On eût pu dire aussi bien : *de ipso.* — On peut dire également : *Cepisti columbam in nido* suo et *cepisti columbam in nido* ejus ou ipsius.

198. *Ejus* indoles est optima.

Son caractère est excellent; littéralement : *le caractère de lui.....*

Dans les autres cas où nous employons les adjectifs possessifs *son*, *sa*, *ses*, *leur*, *leurs*, les latins se servent du génitif des pronoms *ille*, *is*.

Augustus, reconciliatus Antonio, privignam *ejus* Claudiam duxit uxorem. Suet. — Nihil victori pulchrius est quàm si victi sic statuant, meliùs se sub *ejus* imperio quàm legibus suis victuros. Liv. — Æneas adversùs Mezentium, regem Etruscorum, bellum gessit, in quo cùm ipse occidisset, in locum *ejus* Ascanius filius successit. Just. — Alexander ab Apelle potissimùm pingi et à Lysippo fingi volebat, quòd *illorum* artem cùm ipsis, tùm etiam sibi, gloriæ fore putabat. Cic. — Germani agriculturæ non student, majorque pars victûs *eorum* lacte et caseo et carne consistit. Cæs. — Dii non tam lætantur precibus adorantium concinnatis arte et curâ, quàm *illorum* innocentiâ et

sanctitate. Plin. — Alexander moriens annulum suum dederat
Perdiccæ, ex quo omnes conjecerant, eum regnum ei commen-
dâsse, quoad liberi *ejus* in suam tutelam pervenissent. Nep. —
Antonius tanto odio ferebatur in Ciceronem, ut non solùm ei,
sed omnibus etiam *ejus* amicis, esset inimicus. Nep.

Ipse.

199. Te *ipse* laudas.

Si *ipse* peut se rapporter au nominatif du verbe, on
doit le mettre au nominatif, à quelque cas que soit le
pronom auquel il est joint. Exem. : *Te ipse laudas*, c'est-
à-dire *tu ipse laudas te*, toi-même te loues.

Qui *se ipse* nôrit, aliquid sentiet se habere divinum, tantoque
munere Dei semper dignum aliquid et faciet et sentiet. Cic. —
Inventa sunt specula, ut homo *ipse se* nosceret. Sen. — Noli imitari malos medicos, qui in alienis morbis profitentur tenere se
medicinæ scientiam, *ipsi se* curare non possunt. Cic.— Illud semper memento, qui *ipse sibi* sapiens prodesse nequit, nequicquàm
sapit. Cic. — Socrates ita in judicio capitis pro *se ipse* dixit, ut
non supplex aut reus, sed magister aut dominus videretur esse
judicum. Cic. — Mater Darii regis, auditâ morte Alexandri,
mortem *sibi ipsa* conscivit. Just.

Qui, quæ, quod.

200. *Quam* urbem statuo. Diem *quo* die.

Le pronom relatif peut être en général considéré
comme placé entre deux cas d'un même nom, dont l'un
est exprimé, et l'autre sous-entendu. On peut dire :

Urbs quam statuo vestra est.

Quam urbem statuo vestra est.

La construction pleine serait : *urbs quam urbem statuo.*

Les deux noms se trouvent quelquefois même exprimés, surtout dans César : *diem quo die, nullo modo qui
modus.*

Ite alacres et spe pleni; ut, *quam gloriam* accepistis à majoribus vestris, posteris relinquatis. Curt. — *Quas herbas* pecudes
non edunt, homines edunt. Plaut. — Ad *quas res* aptissimi
erimus, in iis potissimùm elaborabimus. Cic. — *Quam* quisque
nôrit *artem*, in hâc se exerceat. Cic.—*Quos* amisimus *cives*, eos
Martis vis periculit, non ira victoris, ut dubitare debeat nemo,
quin multos, si fieri posset, Cæsar ab inferis excitaret. Cic.

Diem scito esse nullum, *quo die* non dicam pro reo. Cic. — Helvétii *diem* dicunt, *quâ die* ad ripam Rhodani omnes conveniant. Cæs. — Nullo *modo* animus audientis aut incitari, aut leniri potest, *qui modus* à me non tentatus sit. Cic.

---

201. Animal *quem* vocamus hominem.

Le relatif placé entre deux substantifs différens s'accorde ordinairement avec le dernier, qui est l'attribut ou le sur-attribut de la proposition incidente.

Lucullus Mithridatem vicit, et *Bizantium*, *quæ* nunc Constantinopolis est, fugavit. Eut. — Ex Siciliâ ad *Leucopetram*, *quod* est promontorium agri Rhegini, venti me detulerunt. Cic. — Thrasybulus *Phylen* confugit, *quod* est castellum in Atticâ munitissimum. Nep. — Est *carcer* à crudelissimo tyranno Dionysio factus Syracusis, *quæ* Lautumiæ vocantur. Cic. — *Animal* hoc providum, sagax, acutum, *quem* vocamus hominem, præclarâ quâdam conditione generatum est à supremo Deo. Cic. — Homines *domicilia* conjuncta, *quas* urbes dicimus, mœnibus sepserunt. Cic.

---

202. *Quod* non dedit fortuna, non eripit (*id*). Sen.
A quo plurimùm sperant homines, *ei* potissimùm inserviunt. Cic.

Is, ea, id; ille, a, ud; hic, hæc, hoc, antécédens d'un pronom relatif, se suppriment presque toujours lorsqu'ils sont au même cas que le relatif, et s'expriment ordinairement s'ils sont à un autre cas.

Etiam oblivisci *quod* scis, interdum expedit. P. S. — Nihil est bonum, nisi *quod* honestum sit. Cic. — Rogari non debeo, ut faciam, *quod* mihi non facere turpissimum est. Plin. — Non hoc præcipuum amicorum munus est, prosequi defunctum ignavo questu, sed *quæ* voluerit meminisse, *quæ* mandaverit exsequi. Tac. — Terra nunquàm recusat imperium, nec unquàm sine usurâ reddit *quod* accepit. Cic. — Speremus *quæ* volumus, sed *quod* acciderit, feramus. Cic. — *Quem* metuunt oderunt. Cic.
Qui ea relinquit reipublicæ causâ à quibus cum summo dolore divellitur, *ei* patria cara est. Cic — *Quorum* patres aut majores aliquâ gloriâ præstiterunt, *ii* student plerumquè eodem in genere laudis excellere. Cic. — *Quos* flagitium aut facinus domo expulerat, *hi* Romam confluxerunt. Sall. — Facultas dicendi, si in malos incidit, et ipsa judicanda est malum; pejores enim *illos* facit, *quibus* contingit. Quint.

203. *Quod* si feceris.

Le relatif *qui* , *quæ* , *quod*, s'emploie :

1°. Au lieu des pronoms *hic*, *is*, *ille*. Exemple :
Quod si feceris (*si feceris hoc*), si vous faites cela.

2°. Au lieu des pronoms *hic*, *is*, *ille* , et de la conjonction *et*. Exemple :

Ratio docet, esse Deum , quo concesso (*et hoc concesso*) *confitendum est, ejus consilio mundum administrari.* Cic.
La raison enseigne qu'il y a un Dieu , et cela étant accordé , il faut reconnaître que le monde est gouverné par sa sagesse.

Dans quelque sens que se prenne *qui*, *quæ* , *quod*, il commence toujours la phrase.

Sunt ingeniis nostris semina innata virtutum : *quæ* si adolescere liceret, natura ipsa nos ad beatam vitam perduceret. Cic. — Omnes antiquæ gentes regibus quondam paruerunt : *quod* genus imperii primum ad homines justissimos et sapientissimos deferebatur. Cic. — Callisthenem Alexander non tantùm occidit, sed etiam torsit : *quam* crudelitatem sera pœnitentia consecuta est. Curt. — Cupiditates sunt insatiabiles : *quæ* non modò singulos homines , sed universas familias evertunt, totam etiam labefactant rempublicam. Cic. — Hîc situs est Phaëton , currûs auriga paterni. *Quem* si non tenuit, magnis tamen excidit ausis. Ovid.
Epaminondas philosophiæ præceptorem habuit Lysim Tarentinum : *cui* quidem fuit sic deditus, ut adolescens tristem et severum senem omnibus æqualibus suis in familiaritate anteposuerit. Nep. — Nicetas Syracusius cœlum , solem, lunam, stellas, supera denique omnia , stare censet, neque præter terram, rem ullam in mundo moveri : *quæ* cùm circum axem se summâ celeritate convertat et torqueat, eadem effici omnia, quasi stante terrâ cœlum moveretur. Cic. — Multi homines bona præterita non meminerunt , præsentibus non fruuntur, futura modò exspectant : *quæ* quia certa esse non possunt, conficiuntur et angore et metu. Cic. — Sophocles ad summam senectutem tragœdias fecit : *quod* propter studium cùm rem familiarem negligere videretur, à filiis in judicium vocatus est. Cic. — Nulla res vehementiùs rempublicam continet, quàm fides : *quæ* esse nulla potest, nisi erit necessaria solutio rerum creditarum. Cic. — Firmi et constantes amici sunt eligendi : *cujus* generis est magna penuria. Cic. — Magna est admiratio copiosè sapienterque dicentis : *quem* qui audiunt, intelligere etiam et sapere plus quàm cæteros, arbitrantur. Cic. — Philosophia virtutis continet et officii et benè vivendi disciplinam : *quam* qui profitetur, gravissimam mihi sustinere personam videtur. Cic. — Nunquàm

esuriens Ptolemæus ederat : *cui cùm peragranti Ægyptum ci-
barius in casâ panis datus esset, nihil visum est illo pane
jucundius.* Cic.

204. *Quæ* tua est prudentia. | *eu égard à ta*
Quâ es prudentiâ. } *prudence.*

Cicéron a dit : *Tu, pro tuâ prudentiâ, quid optimum
factu sit, videbis.*

Au lieu de *pro tuâ prudentiâ*, il eût pu dire aussi : *quæ
tua est prudentia* ou *quâ es prudentiâ* : ce qui équivaut
à *pro prudentiâ quæ prudentia est tua*, eu égard à la
prudence, laquelle prudence est la tienne ; ou à *pro
prudentiâ quâ prudentiâ es*, eu égard à la prudence, de
laquelle prudence tu es.

Spero, *quæ tua prudentia et temperantia est*, te jam, ut volumus, valere. Cic. — Democritum cognitum per te ipsum, *quæ
tua natura est*, dignum tuâ amicitiâ atque hospitio judica-
bis. Cic. — *Quæ tua est humanitas*, æquo animo te moneri pa-
tieris. Cic. — Non dubito quin sine meâ commendatione, *quod
tuum est judicium* de hominibus, ipsius Lamiæ causâ studiosè
omnia facturus sis. Cic.
Quæcumque de tuâ dignitate ab imperatore erunt impetran-
da, *quâ est humanitate* Cæsar, facillimum erit ab eo tibi ipsi
impetrare. Cic. — *Quâ es prudentiâ*, nihil te fugiet, si meas
litteras diligenter legeris. Cic. — Ulysses domi contumelias
servorum ancillarumque pertulit, ut ad id aliquandò, quod
cupiebat, perveniret. At Ajax, *quo animo traditur*, milliès
oppetere mortem, quam illa perpeti maluisset. Cic. — Pater tuus si viveret, *quâ severitate fuit*, tu profectò non vivo-
res. Cic.

205. Supplantare eum *quîcum* certet.

Quî est un ablatif de *qui, quæ, quod*, ou de *quis, quæ,
quid;* il est de tout genre et de tout nombre, et s'emploie
surtout avec *cum : quîcum*. On sous-entend souvent avec
quî les ablatifs *modo, ratione.*

Qui stadium currit, eniti et contendere debet, quàm maximè
possit, ut vincat : supplantare eum, *quîcum certet*, aut manu
depellere, nullo modo debet. Cic. — Nihil est turpius, quàm
cum eo bellum gerere, *quîcum* familiariter vixeris. Cic. —
Aristides in tantâ paupertate decessit, ut, *quî* efferretur, vix

reliquerit. Nep. — *Qui* fit , Mæcenas , ut nemo, quàm sibi
sortem, Seu ratio dederit, seu sors objecerit , illâ Contentus
vivat , laudet diversa sequentes. Hor.

---

206. Si nos , *id quod* maximè debet, patria. delectat.....

Quod , *id quod* , *quæ res* , se rapportent à toute une
proposition.

Tanta vis probitatis est, ut eam vel in iis, quos nunquàm
vidimus , vel *quod* majus est , in hoste etiam diligamus. Cic. —
Rectè præcipi potest in amicitiis, ne intemperata quædam be-
nevolentia (*quod* persæpè fit) impediat magnas utilitates amicorum. Cic. — Nemo in convivio Attici aliud acroama audïvit
quàm anagnosten : *quod* quidem jucundissimum .arbitramur :
neque unquàm sine aliquâ lectione apud eum cœnatum est. Nep.
— Si nos, *id quod* maximè debet, nostra patria delectat : quo
amore tandem inflammati esse debemus in ejusmodi patriam,
quæ domus est virtutis ? Cic. — Massiliensibus magna cum Gallis fuêre bella ; quæ res urbis gloriam auxit. Just. — Multæ
civitates à Cyro defecerunt : *quæ res* multorum bellorum causa
fuit. Just.

Pronom relatif joint à un adjectif.

207. Civitas, *quam* habebant *optimam*...

Tarquinium dixisse ferunt , tùm exsulantem , se intellexisse ,
quos fidos amicos habuisset, *quosque infidos* , cùm jam neutris
gratiam referre posset. Cic. — Volsci bellum reparavêrunt , et
victi acie etiam Coriolos civitatem , *quam* habebant *optimam* ,
perdiderunt. Eut. — Quæritur , quot sint species rerumpubli-
carum , *quas tres* accepimus , quæ populi, quæ paucorum ,
quæ unius potestate reguntur. Quint. — Ea quæ videntur acerba,
quæ multa et varia in hominum vitâ versantur, ita ferre, ut
nihil à statu naturæ discedas, nihil à dignitate sapientis ; ro-
busti animi est magnæque constantiæ. Cic. — Pyrrhus elephantorum auxilio vicit , *quos incognitos* Romani expave-
runt. Eut.

Pronom relatif, sujet d'une proposition infinitive.

208. Vita eum *quem* impurè putas *vivere*.

Iis fidem habemus, *quos* plus *intelligere*, quàm nos, arbi-
tramur, *quosque* et futura *prospicere* credimus, et cùm in dis-
crimen ventum sit, expedire rem , et consilium ex tempore

capere posse. Cic. — Adnota , *quæ* putaveris *corrigenda.* Plin.
— Quis animo æquo videt eum , *quem* impurè ac flagitiosè putet
vivere ? Cic. — Britanniæ pars interior ab iis incolitur , *quos
natos* in insulâ ipsâ memoriâ proditum dicunt. Maritima pars
ab iis qui , prædæ ac belli inferendi causâ , ex Belgio transie-
rant. Cæs .

Pronom relatif , complément d'un comparatif.

209. Amicitia , *quâ* nihil *melius* habemus...

Animus rationis est compos, *quo* nihil ab optimo et præstan-
tissimo genitore *melius* procreatum. Cic. — Solem è mundo
tollere videntur, qui amicitiam è vitâ tollunt : *quâ* à Deo immortali nihil *melius* habemus, nihil *jucundius.* Cic. — Agamemnon, cùm devovisset Dianæ, quod in suo regno pulcherrimum natum esset illo anno, immolavit Iphigeniam, *quâ* nihil
erat eo quidem anno natum *pulchrius.* Cic. — Cùm judici di-
cenda sententia est, meminerit, se Deum habere testem, id èst
mentem suam, *quâ* nihil homini dedit ipse Deus *divinius.* Cic.—
Alexander phalangem, *quâ* nihil apud Macedonas *validius* erat,
in fronte constituit. Curt.

CHAPITRE V. Du subjonctif.

*De l'emploi du subjonctif ou de l'indicatif après certaines
conjonctions.*

210. Etsi *abutuntur.* Etsi optimum *sit.*

Les conjonctions *si*, si ; *nisi*, si... ne... pas ; *quòd*,
parce que, de ce que, que ; *etsi, tametsi, etiamsi,* quoique ; se construisent tantôt avec l'indicatif, tantôt avec
le subjonctif : *etsi*, plutôt avec l'indicatif, *etiamsi*, plutôt
avec le subjonctif. *Quanquàm,* quoique, se construit avec
l'indicatif.

Si mundum efficere *potest* concursus atomorum, cur porti-
cum, cur templum, cur domum, cur urbem non potest? Cic.
— Pecuniam *si* cuipiam fortuna *ademit*, aut si alicujus eripuit
injuria : tamen, dùm existimatio est integra, facilè consolatur
honestas egestatem. Cic. — His duabus maximè rebus amicitia
violatur : *si* socios meos pro hostibus *habeas, si* cum hostibus
te *conjungas.* Liv. — Nulla est excusatio peccati, *si* amici causâ
peccaveris. Cic. — Nihil aliud est philosophia, *si* interpretari
velis, quàm studium sapientiæ. Cic. — *Si* ridere *concessum sit*,
vituperatur tamen cachinnatio. Cic. — *Si* quam præstantiam

virtutis, ingenii, fortunæ *consecuti sunt*, impertiànt eam suis, communicentque cum proximis : *si* parentibus *nati sunt* humilibus, *si* propinquos *habeant* imbecilliores vel animo, vel fortunâ, eorum augeant opes, eisque honori sint et dignitati. Cic. — Sincerum *est nisi* vas, quodcumque infundis, accscit. Hor. — Parvi sunt foris arma, *nisi est* consilium domi. Cic. — *Nisi* Deus corporis custodiis *liberaverit*, in cœlum tibi aditus patere non potest. Cic. — Non potest jucundè vivi, *nisi* cum virtute *vivatur*. Cic. — Galli pro vitâ hominis, *nisi* vita hominis *reddatur*, non posse deorum numen placari arbitrantur. Cæs.

Quid lætaris, *quòd* (1) ab hominibus iis *laudaris*, quos non potes ipse laudare ? Sen. — Qui benigniores volunt esse, quam res patitur, primùm in eo peccant, *quòd* injuriosi *sunt* in proximos. Cic. — Manliûs Torquatus bello Gallico filium suum, *quòd* is contra imperium in hostem *pugnaverat*, necari jussit. Sall. — Alexandrum filium Philippus accusat, *quòd* largitione benevolentiam Macedonum *consectetur*. Cic. — Valerius laudabat fortunam Bruti, *quòd* liberatâ patriâ in summo honore pro republicâ dimicans mortem *occubuisset*. Liv. — Divinus Plato escam malorum voluptatem appellat, *quòd* eâ videlicet homines *capiantur*, ut hamo pisces. Cic. — Aristides nonne ob eam caûsam expulsus est patriâ, *quòd* præter modum justus *esset* ? Cic.

Medici, *quanquam* sæpè *intelligunt*, tamen nunquàm ægris dicunt, illo morbo eos esse morituros. Cic.

Eloquentiæ studendum est, *etsi* eâ quidem perversè *abutuntur*. Cic. — Viri boni faciunt quod rectum, quod honestum est, *etsi* nullum consecuturum emolumentum *vident*. Cic. — Sunt qui quod sentiunt, *etsi* optimum *sit*, tamen invidiæ metu non audent dicere. Cic.

Tametsi vicisse *debeo*, tamen de meo decedam. Cic. — Mihi quidem, *tametsi* haudquaquam par gloria *sequatur* scriptorem et auctorem rerum, tamen imprimis arduum videtur, res gestas scribere Sall.

Homo quod crebrò videt non miratur, *etiamsi* cur fiat *nescit*. Cic. — Fieri solet, ut viri fortes, *etiamsi* ferro inter se cominùs *decertàrint*, tamen illud contentionis odium simul cum ipsâ pugnâ armisque ponant. Cic. — Quis honestâ in familiâ institutus et educatus ingenuè, non ipsâ turpitudine, *etiamsi* eum *læsura* non *sit*, offenditur ? Cic. — Virtus et semper et sola libera est, quæ, *etiamsi* corpora *capta sint* armis, aut constricta vinculis, tamen suum jus, atque omnium rerum libertatem tenere debet. Cic. — Rectum est in contentionibus quæ cum inimicissimis fiunt, *etiamsi* nobis indigna *audiamus*, tamen gravitatem retinere, iracundiam repellere. Cic.

---

(1) *Quòd* peut être regardé, même dans ce sens, comme un pronom relatif, dont l'antécédent *negotium* est sous-entendu : *Quid lætaris* (*ob id negotium*) *quod* (*est*) : *laudaris ab hominibus*, etc.

211. Dùm urnam *moveret*.

On a déjà vu (39) que *cùm* ou *quùm*, lorsque ; *dùm*, tandis que ; *antequàm*, *priusquàm*, avant que ; *si*, si ; *nisi*, si.... ne.... pas, devant l'imparfait et le plus-que-parfait se construisent avec le subjonctif.

Cùm natura ceteros animantes *abjecisset* ad pastum, solum hominem erexit, ad cœlique quasi cognationis domiciliique pristini conspectum excitavit. Cic. — Socratis ingenium variosque sermones immortalitati scriptis suis Plato *tradidit*, *cùm* ipse litteram Socrates nullam *reliquisset*. Cic. — Ducentis annis *antequàm* Romam *caperent*, in Italiam Galli transcenderunt. Liv. — Epaminondas, *cùm* in circulum *venisset* in quo aut de republicâ disputaretur aut de philosophiâ sermo haberetur, nunquam indè *priùs* decessit *quàm* ad finem sermo *esset perductus*. Nep. — Romani Papirium Cursorem parem destinârant animis magno Alexandro ducem, *si* arma, Asiâ perdomitâ, in Europam *vertisset*. Liv. — (Galba) omnium consensu capax imperii visus esset, *nisi imperâsset*. Tac. — Mihi nunquàm persuaderi potuit, animos, *dùm* in corporibus *essent* mortalibus, vivere ; *cùm exiissent* ex iis, emori. Cic.

Remarque. *Cùm* et *dùm* se trouvent aussi suivis de l'imparfait de l'indicatif.

... Nec bella fuerunt, Faginus *adstabat cum* scyphus ante dapes : Non arces, non vallus erat, somnumque petebat Securus saturas dux gregis inter oves. Tib. — Me (Ciceronem) *cùm* quæstorem imprimis, ædilem priorem, prætorem primum cunctis suffragiis populus Romanus *faciebat :* homini ille honorem, non generi ; moribus, non majoribus meis ; virtuti perspectæ, non auditæ nobilitati deferebat. Cic. — Fuit quoddam tempus, *cùm* in agris homines passìm bestiarum more *vagabantur*, et sibi victu ferino vitam *propagabant*. Cic. — Pater meus Hamilcar, me (Hannibale) puerulo, in Hispaniam imperator proficiscens Carthagine, Jovi optimo maximo hostias immolavit. Quæ divina res *dùm conficiebatur*, quæsivit a me vellemne secum in castra proficisci. Nep.

---

212. Si *sapies*, tacebis. Plaut.

Si vous êtes sage, vous vous tairez.
Lorsque le verbe de la proposition principale est au futur, le verbe qui suit *si*, en français au présent de l'indicatif, se met en latin au futur.

Futurs absolus. Dolorem justissimum *si* non *potero* frangere, *occultabo*. Cic. — Neque contra rempublicam, neque contra jusjurandum ac fidem, amici causâ, vir bonus *faciet*, ne si

judex quidem *erit* de ipso amico : ponit enim personam amici
cùm induit judicis. Cic.

Futurs passés. Telo *si* primam aciem *præfregeris*, reliquo
ferro vim nocendi *sustuleris*. Just. — *Si* quid ab homine tuæ
utilitatis causâ *detraxeris*, inhumanè *feceris*, contraque naturæ legem. Cic. — *Si scieris*, aspidem occultè latere uspiam,
et velle aliquem imprudentem super eam assidere, cujus mors
tibi emolumento futura sit : improbè feceris, *nisi monueris*,
ne assideat. Cic.

Futur absolu, futur passé. *Si* amiliciam *ero adeptus*, non
minùs me bonum amicum *habebis*, quàm fortem inimicum
pater tuus expertus est. (1). Nep. — Regum exitus *si reputave-
ritis*, plures à suis quam ab hoste interemtos *numerabitis*. Curt.
— Donec eris felix, multos numerabis amicos : Tempora *si fuerint* nubila, solus *eris*. Ovid. — Mihi *dolebit*, non tibi, *si* quid
ego stultè *fecero*. Plaut.

---

213. Oderint dùm *metuant*. Suet.

Les conjonctions *dummodò*, *dùm*, *modò*, signifiant
pourvu que ; *dùm*, signifiant jusqu'à ce que ; *cùm*, signifiant puisque, quoique ; *quamvis* (2), *licet* (3), quoique ;
quasi, *ceu verò*, *tanquam* (pour *quasi*), *ac si*, comme si ;
sont suivies du subjonctif.

Multi omnia recta et honesta negligunt, *dummodò* potentiam *consequantur*. Cic. — Nihil largiatur princeps, *dùm* nihil
auferat. Plin. — Manent ingenia senibus, *modò permaneat*
studium et industria. Cic — Iratis subtrahendi sunt ii, in quos
impetum conantur facere, *dùm* se ipsi *colligant* ; aut rogandi
orandique sunt, ut, si quam habent ulciscendi vim, differant,
dùm defervescat ira. Cic. — *Cùm* solitudo et vita sinè amicis
insidiarum et metûs plena *sit*, ratio ipsa monet amicitias
comparare. Cic. — *Cùm feriant* unum, non unum fulmina
terrent. Ovid. — Demosthenem scribit Phalereus, *cùm* ρ (rho)
dicere *nequiret*, excercitatione fecisse, ut planissimè diceret.
Cic — Druentia amnis *cùm* aquæ vim *vehat* ingentem, non
tamen navium patiens est. Liv. — An tu, Pylades *cùm sis*,
dices, te esse Orestem, ut moriare pro amico ? Cic. — Quod
turpe est, id, *quamvis occultetur*, tamen honestum fieri nullo
modo potest. Cic. — Si quid effici non potest, deliberatio tolle-

---

'1) Themistocle à Artaxerxès.

(2) *Quamvis* est pour *quantùm vis*. *Quamvis ille sit felix*, c'est-à-dire
fac ut sit felix quantùm vis : Supposons qu'il soit heureux autant que vous
le voulez.

(3) *Licet* n'est proprement qu'un verbe à la troisième personne du singulier. Le subjonctif qui le suit s'explique par l'ellipse de *ut*.

tur, *quamvis* utile *sit*. Cic. — Non est magnus pumilio , *licet* in monte *constiterit:* colossus magnitudinem suam servabit, etiamsi steterit in puteo. Sen. — Qui statuit aliquid parte inauditâ alterâ, æquum *licet statuerit*, haud æquus fuit. Sen. Trag. — *Licet* ipsa vitium *sit* ambitio, frequenter tamen causa virtutum est. Quint. — Stultum est, in luctu capillum sibi evellere, *quasi* calvitio mœror *levetur.* Cic. — Quidam idcircò Deum esse non putant, quia non apparet, nec cernitur : proindè *quasi* nostram ipsam mentem quâ sapimus, quâ providemus, quâ hæc ipsa agimus et dicimus, videre, aut planè, qualis aut ubi sit, sentire *possimus.* Cic. — Sic vive cum hominibus *tanquàm* Deus *videat* ; et videt : sic loquere cum Deo , *tanquàm* homines *audiant.* Sen. — Sic cogitandum est, *tanquàm* aliquis in pectus intimum inspicere *possit* ; et potest. Sen. — Quæ perdifficilia sunt, *perinde* habenda sæpe sunt, *ac si* effici non *possint.* Cic.

Nota. Il y a quelques exemples de *quamvis* avec l'indicatif.

Miltiades erat inter suos dignitate regiâ, *quamvis carebat* nomine. Nep. — *Quamvis est* igitur meritis indebita nostris, magna tamen spes est in bonitate Dei. Ovid.

214. Ut ille *ingressus est*, gladium destrinxit.

Ut signifiant après que , aussitôt que , comme , est toujours suivi de l'indicatif.

Gaditanus quidam, Titi Livii nomine gloriâque commotus, ad visendum eum ab ultimo terrarum orbe venit, statimque *ut viderat*, abiit. Plin. — Pisistratus primus Homeri libros, confusos anteà, sic disposuisse dicitur, *ut* nunc *habemus.* Cic. — Tota philosophorum vita, *ut ait* Socrates, commentatio mortis est. Cic. — Cato tribunus militum in Siciliâ fuit. Indè *ut rediit*, castra secutus est Claudii Neronis. Nep.

215. Ut *ameris*, amabilis esto. Ovid.

On a déjà vu (39) que *ut* marquant le dessein , l'intention , la cause finale se construit avec le subjonctif.

Edere oportet , *ut vivas* ; non vivere , *ut edas.* Ad Her. — omnia fecit, *ut sanaret*, peregit medicus partes suas. Sen. — Accusatio crimen desiderat, rem *ut definiat*, hominem *ut notet*, argumento *probet*, teste *confirmet.* Cic. — Peto a te, vel, si pateris, oro, *ut* homines miseros et fortunâ magis quam culpâ calamitosos, *conserves* incolumes. Cic. — Orandum est *ut sit* mens sana in corpore sano. Juv.

216. Sine me *expurgem*, TER.

Ut est souvent sous-entendu. *Sine (ut) me expurgem*, permettez-moi de me justifier.

Et *discas* oportet, et quod didicisti, agendo *confirmes*. SEN. — Qui benè imperat, *paruerit* aliquandò necesse est. CIC. — Magnum fac animum *habeas* et spem bonam. CIC. — Me velim *existimes* ea, quæ tibi promitto ac recipio, sanctissimè esse observaturum. CIC. — Malo te sapiens hostis *metuat*, quàm stulti cives laudent. LIV. — Exercitus lacrymis Alexandrum deprecatur, finem tandem belli *faceret*. JUST. — Quinctius monuit, concordiæ in civitatibus principes *consulerent*. LIV. — Cæsar Labieno mandat, Remos reliquosque Belgas *adeat*, atque in officio *contineat*. CÆS. — Nolo *existimes*, me adjutorem venisse, sed auditorem. CIC.

---

217. Cave ne *cădas*.

Lorsque la proposition subordonnée est négative, *ut* se supprime ordinairement, et la négation se rend par *ne*. Exemples :

Alexandro vates occurrerunt, monentes ne Babyloniam ingrederetur. CURT. (*monentes* ut *ne ingrederetur*). Les devins se présentèrent à Alexandre, l'avertissant qu'il n'entrât pas, de ne point entrer dans Babylone.

Cave ne cadas (*cave* ut *ne cadas*), prenez garde afin que vous ne tombiez pas, prenez garde de tomber.

Ne se sous-entend quelquefois après *cave*. *Cave id sentiat.* TER. Prenez garde qu'il ne s'en aperçoive.

Il y a cette différence entre *non* et *ne*, que *non* précède un verbe dont l'action ne se fait pas, ne s'est pas faite ou ne se fera pas, tandis que *ne* précède un verbe dont l'action est défendue, empêchée, dissuadée. *Non* est une particule négative, *ne* une particule prohibitive.

Gallinæ avesque reliquæ pennis fovent pullos, *ne* frigore *lædantur*. CIC. — Nemo prudens punit quia peccatum est, sed *ne peccetur*. SEN. — Augustiás Themistocles quærebat, *ne* multitudine *circumiretur*. NEP. — Formicæ semina arrosa condunt, *ne* rursùs in fruges *exeant* è terrâ. PLIN. — Nemo mihi videtur magis virtuti devotus, quàm qui boni viri famam perdidit, *ne* conscientiam *perderet*. SEN. — Piis omnibus retinendus est animus in custodiâ corporis; nec injussu ejus, à quo animus vobis

est datus, ex hominum vitâ migrandum est, *ne* munus huma‑
num assignatum à Deo defugisse *videamini.* Cɪc. — Hoc te
rogo, *ne dimittas* animum. Cɪc. — Te moneo, cùm beneficiis
tuis, tùm amore incitatus meo, ut omnem gloriam, ad quam à
pueritiâ inflammatus fuisti, omni curâ, atque industriâ conse‑
quare : magnitudinemque animi tui, quam ego semper sum
admiratus, semperque amavi, *ne* unquàm *inflectas* cujusquam
injuriâ. Cɪc. —Fugiendum est illud, *ne offeramus* nos pericu‑
lis sine causâ : quo nihil potest esse stultius. Cɪc. — Videndum
est, *ne* major *sit* benignitas quam facultates Cɪc. — Caveamus,
ut ne quod in nobis insigne vitium fuisse *dicatur.* Cɪc. — Cave
ne quid stultè, *ne* quid temerè *dicas* aut *facias* contrà poten‑
tes. Cɪc. — *Ne* bis aut sæpiùs idem *dicamus,* cavendum est. Aᴅ
Hᴇʀ.—Cavendum est, *ne* assentatoribus *patefaciamus* aures. Cɪc.
— Cave *existimes* me, quòd jocosiùs scribam, abjecisse curam
reipublicæ. Cɪc. — Si alienæ quoque laudes parùm æquis au‑
ribus accipi solent : quam difficile est obtinere, *ne* molesta
videatur oratio de se aut de suis disserentis! Pʟɪɴ.

Nᴏᴛᴀ. *Ne* s'emploie au lieu de *non* après *dummodò,* *dùm,*
modò, pourvu que.

Interpellent me inimici, quo minùs honoratus sum : *dùm ne*
interpellent, quo minùs respublica à me commodè administrari
possit. Cɪc. — Sit summa in jure dicendo severitas, *dummodò*
ea *ne* varietur gratiâ, sed conservetur æquabilis. Cɪc.

218. Ne tenta. Ne tentes. Noli tentare.

Devant l'impératif la négation s'exprime par *ne,* et
jamais par *non.* Les latins emploient souvent, au lieu de
l'impératif, le présent du subjonctif.

La négation peut encore s'exprimer par le verbe *noli,*
nolite, ne veuillez pas, suivi de l'infinitif.

Impius *ne audeto* placare donis iram Deorum. Cɪc. — Tu *ne*
cede malis, sed contrà audentior ito. Vɪʀɢ. — *Ne* magnus te‑
nuem *despicito* Pʜæᴅ. — Si certum est facere, facias : verùm *ne*
post *conferas* culpam in me. Tᴇʀ. — Potentes *ne tentes* æmu‑
lari. Pʜæᴅ. — *Noli* in conservandis bonis viris *defatigari.* Cɪc.
— Si quid per jocum dixi, *nolito* in seriam *convertere.* Pʟᴀᴜᴛ.
— *Noli agere* confusè. Cɪc. — *Nolite* id *velle,* quod fieri non
potest. Cɪc.

219. *Utinam* veris domum hanc amicis *impleam* !

Utinam, expression de souhait et de désir, se construit
avec le subjonctif, et suppose toujours l'ellipse du verbe

opto, je désire. (*Opto*) *utinam impleam domum hanc amicis veris*, je désire que je remplisse, puissé-je remplir cette maison de vrais amis !

Utinam est pour *uti* ou *ut*, comme *quisnam* est pour *quis*, *ubinam* pour *ubi*.

L'ellipse du verbe *opto* a lieu aussi dans cette expression : *ne vivam si*..... que je ne vive pas si..... que je meure si...

Utinam, Cn. Pompei, cum C. Cæsare societatem aut nunquam *coïsses*, aut nunquàm *diremisses !* fuit alterum gravitatis, alterum prudentiæ tuæ. Cic. — *Ne vivam*, si tibi concedo, ut ejus rei tu cupidior sis, quàm ego sum. Cic. — *Ne sim* salvus, si aliter scribo, ac sentio. Cic.

---

220. Vereor *ne* veniat. Vereor *ut* veniat. Vereor *ne non* veniat.

L'emploi de *ut* ou de *ne*, après les verbes qui signifient *craindre*, offre cette singularité remarquable, que la proposition affirmative en latin doit se rendre en français par une proposition négative, tandis que la proposition négative en latin devient affirmative en français.

Vereor ne veniat (c'est-à-dire *vereor ut ne veniat*). Je crains afin qu'il ne vienne pas, par le désir que j'ai qu'il ne vienne pas, je crains qu'il ne vienne.

Remarquez que *ne*, simple adverbe de négation, ne régit pas le subjonctif, et suppose toujours l'ellipse de *ut*.

Vereor ut, ou *ne non veniat*, je crains afin qu'il vienne, dans le désir que j'ai qu'il vienne, je crains qu'il ne vienne pas.

Ut se sous-entend devant *ne non*, et la phrase reste affirmative, parce qu'en latin deux négations se neutralisent (1).

---

(1) La crainte d'une chose suppose nécessairement le désir du contraire ; on craint de rencontrer quelqu'un parce qu'on désire ne pas le rencontrer. Cela étant, il semble que ce qui fait la différence de ces façons de parler en latin et en français : *Vereor ne veniat*, je crains qu'il ne vienne, et *vereor ut veniat*, je crains qu'il ne vienne pas ; c'est qu'en français, l'on marque seulement l'objet de la crainte, au lieu qu'en latin, après avoir marqué la crainte par le verbe, on marque en même temps le désir du contraire par *ut*. Ainsi, *vereor ne veniat* signifie à la lettre : je suis agité de crainte par le désir que j'ai qu'il ne vienne pas ; *vereor ut veniat*, je suis agité de crainte par le désir que j'ai qu'il vienne. Port-Royal.

11 *

Si les deux verbes sont de la même personne, le second se rénd par l'infinitif français. Exem. : *Metuo ne illi occurram*, je crains de le rencontrer. *Metuo ut illi occurram*, je crains de ne le pas rencontrer.

Vereor ne, dùm minuere *velim* laborem, augeam. Cic. — Non *vereor ne* jactantior *videar*, quum de me aliorum judicium, non meum, profero. Plin. — *Timebam ne evenirent* ea, quæ acciderunt. Cic. — *Metuo ne* artificium tuum tibi parùm *prosit*. Cic. — Homo improbus nunquàm ob eam causam scelere abstinebit, quòd id natura turpe judicet, sed quòd *metuat ne emanet*. Cic. — Philippus bellùm Atheniensibus infert, quibus Thebani se junxêre, *metuentes ne*, victis Atheniensibus, bellum ad se *transiret*. Just. — Lacedæmonii *pertimuerunt ne* Alcibiades, caritate patriæ ductus aliquandò ab ipsis *descisceret*, et cum suis in gratiam *rediret*. Nep. — Quis potest non dies et noctes divinum numen horrere ? et, si quid adversi acciderit (quod cui non accidit ?) *extimescere ne* id jure *evenerit* ? Cic. —*Periculum* est *ne*, nimis facilè ignoscendo, plures ob idipsum ad experiendam adversùs nos fortunam belli *incitemus*. Liv. — *Pavor* ceperat milites, *ne* mortiferum *esset* vulnus Scipionis. Liv. — Improbi aut afficiuntur pœnâ, aut semper sunt in *metu*, *ne afficiantur* aliquandò. Cic.

Id *paves ne ducas* illam : tu autem, *ut ducas*. Ter. — Omnes labores te excipere video. *Timeo ut sustineas*. Cic. — Adulatores, si quem laudant, *vereri* se dicunt, *ut* illius facta verbis consequi *possint*. Ad Her.

Vereor ne non fortunæ tuæ sufficere *possis*. Curt. — Unum *vereor ne* senatus Pompeium *nolit* dimittere. Cic. — Non est *periculum*, qui leonem aut taurum pingat egregiè, *ne* idem in multis aliis quadrupedibus facere *non possit*. Cic

---

221. Otiare *quò* meliùs *labores*.

Quò (pour *ut eò*, afin que par cela), se construit avec le subjonctif, et doit toujours s'employer quand la proposition subordonnée contient un comparatif.

Ager non semel aratur, sed novatur et iteratur, *quò meliores* fœtus *possit* et grandiores edere. Cic. — Obducuntur libro aut cortice trunci, *quò sint* a frigoribus et caloribus *tutiores*. Cic. — In funeribus sublatâ erat celebritas virorum ac mulierum, *quò* lamentatio *minueretur*. Cic. —Socratem ferunt, cùm usque ad vesperum contentiùs ambularet, quæsitumque esset ex eo, quare id faceret, respondisse, se, *quò melius cœnaret*, obsonare ambulando famem. Cic. — Agesilaum, extra patriam mortuum, amici ejus, *quò* Spartam *faciliùs* perferre *possent*, quòd mel non habebant, cerâ circumfuderunt, atque ita do-

mum retulerunt. Nep. — Legem brevem esse oportet, *quò faciliùs* ab imperitis teneatur. Sen.

---

222. Quis dubitat *quin* virtus *sit* amabilis?

Quin, que... ne, est toujours suivi du subjonctif, et
s'emploie après *dubitare*, *dubium est*, quand la phrase est
interrogative ou négative.

Quis dubitat quin, si Saguntinis obsessis impigrè tulissemus
opem, totum in Hispaniam aversuri bellum fuerimus. Liv. —
Quis dubitare potest quin Dei immortalis munus sit, quòd vivimus. Sen. — *Non debet dubitari quin* fuerint ante Homerum
poetæ. Cic. — *Non est dubium quin* beneficium sit, etiam invito
prodesse : sicut non dedit beneficium, qui invitus profuit.
Sen.

---

223. Nil obstat *quin* ou *quominùs sis* beatus.

Quin ou *quominùs* s'emploient indifféremment après
les verbes qui signifient *défendre*, *empêcher* ; comme
après *parùm abest*, peu s'en faut ; *per me, per te nòn
stat*, il ne tient pas à moi, à toi, etc.

Isocrati, *quominùs* haberetur summus orator, non *offecit*
quòd infirmitate vocis, ne in publico diceret, impediebatur.
Plin. — Nihil *prohibet quominùs* mense Julio vervacta subi-
gantur. Columel. — Nec ætas *impedit quominùs* et ceterarum
rerum et in primis agri colendi studia teneamus, usque ad ultimum tempus senectutis Cic. — Non *deterret* sapientem mors,
quominùs in omne tempus reipublicæ suisque consulat. Cic. —
Non est quòd fastidiosi te deterreant, *quominùs* servis tuis hilarem te præstes et non superbè superiorem. Sen. — *Temperare*
mihi non possum, *quominùs* bonos laudem. Plin. —*Nihil abest*,
quin sim miserrimus. Cic. — Virgilii et Titi Livii scripta, *paulùm abfuit, quin* ex omnibus bibliothecis amoverit Caligula.
Suet. — *Non multùm abfuit, quin* à Bructero quodam occideretur Tiberius. Suet. — Orgetorix mortuus est, *neque abest sus-
picio, quin* ipse sibi mortem consciverit. Cæs. — Si poterit
fieri, ut ne pater *per me stetisse* credat, *quominùs* hæ fierent
nuptiæ, volo. Ter.

Nota. Cette façon de parler : *je ne puis m'empêcher de*, peut
se rendre de deux manières : je ne puis m'empêcher de m'é-
crier, *non possum non exclamare*, je ne puis pas ne pas m'écrier
ou *non possum quin exclamem*, je ne puis pas que je ne m'écrie.

224. *Quin* tient lieu de

Ut non.

Facere non possum *quin* in merita tua tibi gratias agam.
Cic. — Otii, concordiæ, legum inimicos, effici non potest *quin*
oderim. Cic. — Non possumus, *quin* alii a nobis dissentiant,
recusare. Cic. — Nunquàm tam malè est Siculis, *quin* aliquid facetè et commodè dicant. Cic. — Nihil tam difficile est,
quin quærendo investigari possit. Ter. — Nemo tam efferis est
moribus, *quin* faciat aut dicat nonnunquàm aliquid, quod laudari queat. Gell.

Qui non.

Nihil est *quin*[1] malè narrando possit depravari. Ter. —
Adest ferè nemo, *quin*[2] acutiùs atque acriùs vitia in altero,
quam recta videat. Cic. — Nullum adhuc intermisi diem,
quin[3] aliquid ad te litterarum darem. Cic.

Quòd non.

Crasso commendationem non sum pollicitus, non *quin* eam
valituram apud te arbitrarer : sed egere commendatione mihi
non videbatur. Cic. —Consilium tuum reprehendere non audeo,
non *quin* ab eo dissentiam, sed quòd meum consilium non
anteponam tuo. Cic.

Cur non.

Quin tu urges istam occasionem, quâ melior nunquam re-
perietur ? Cic. — *Quin* ad diem decedam, nulla causa est. Cic.

Remarquez que, dans quelque acception que se prenne
quin, on ne l'emploie jamais qu'après une phrase interrogative ou négative.

De l'emploi du subjonctif après qui, quæ, quod.

225. Credo numen esse *quo* mundus *regatur.*
Oportet ut pœnas luant, *qui peccârint.*

On emploie le subjonctif après le relatif *qui*, *quæ*,
quod, quand la proposition à la tête de laquelle il est
dépend d'une proposition infinitive, ou d'une proposition
dont le verbe est déjà au subjonctif.

Quæ te ratio in istam spem induxit, ut eos tibi fideles puta-

---

[1] Quod non. [2] Qui non. [3] Quo non.

res fore *quos* pecuniâ *corrupisses ?* Cic — Ennius non censet, lugendam esse mortem *quam* immortalitas *consequatur.* Cic. — Quid potest esse tam apertum tamque perspicuum, cùm cœlum suspeximus, cœlestiaque contemplati sumus, quàm esse aliquod numen præstantissimæ mentis, *quo* hæc *regantur.* Cic. — Epicurus dicit omnium rerum, *quæ* ad beatè vivendum sapientia *comparaverit,* nihil esse majus amicitiâ, nihil uberius, nihil jucundius. Cic.—Fuit fama, venenum sumpsisse Themistoclem, cùm se, *quæ* Xerxi de Græciâ opprimendâ *pollicitus esset,* præstare posse desperaret. Nep. — Non est consentaneum, *qui* metu *non frangatur,* eum frangi cupiditate, nec *qui* invictum se à labore *præstiterit,* vinci a voluptate. Cic. — Socrates dicere solebat, omnes in eo *quod scirent* satis esse eloquentes. Cic. — Scipio negabat ullam vocem inimiciorem amicitiæ potuisse reperiri, quam ejus *qui dixisset* ita amare oportere, ut si aliquandò esset osurus. Cic. — Temerè credunt multi eum *qui* orationem bonorum *imitetur,* facta quoque imitaturum. Cic.

Quanquam omnis virtus nos ad se allicit, facitque, ut eos diligamus, in *quibus* ipsa inesse *videatur* : tamen justitia et liberalitas id maximè efficit. Cic. — Hortensius memoriâ tantâ fuit, ut, *quæ* secum *commentatus esset,* ea sine scripto verbis eisdem redderet. Cic. — Magna vis est conscientiæ et magna in utramque partem ; ut neque timeant, *qui* nihil *commiserint,* et pœnam semper ante oculos versari putent, *qui peccârint.* Cic. — Cimoni quotidiè sic cœna coquebatur, ut *quos* invocatos *vidisset* in foro, omnes devocaret. Nep. — Alcibiades effecit, ut, apud *quoscunque esset,* princeps poneretur, habereturque carissimus. Nep.

Remarques. 1. Si l'action du verbe qui suit le relatif est affirmée comme certaine et positive, on emploie l'indicatif, quoique la proposition précédée de *qui* dépende soit d'une proposition infinitive soit d'une proposition subjonctive.

Æquum est, filium habere bona *quæ possedit* pater. Plaut. — Si sic erimus affecti, ut propter suum quisque emolumentum spoliet aut violet alterum, disrumpi necesse est eam, *quæ* maximè *est* secundùm naturam, humani generis societatem. Cic. — Eloquendi vis efficit, ut ea *quæ ignoramus* discere, et ea *quæ scimus* alios docere possimus. Cic.—Themistocles certiorem fecit Xerxem, id agi, ut pons, quem ille in Hellesponto *fecerat,* dissolveretur. Nep. — Asia tam opima est et fertilis, ut ubertate agrorum et varietate fructuum, et multitudine earum rerum, *quæ exportantur,* facilè omnibus terris antecellat. Cic.

2. La conjonction *cùm,* dans les exemples suivans, ne se trouve construite avec le subjonctif que parce que la proposition qu'elle précède dépend d'une proposition subjonctive.

Ne committas ut, *cùm* omnia *suppeditata sint* à nobis, tutè tibi defuisse videare. Cic. — Fraus fidem in parvis sibi præstruit, ut, *cùm* operæ pretium *sit,* cum mercede magnâ fallat. Liv.

226. Quis est, *qui* non *oderit*...
Nullum est animal *quod habeat*...

Lorsque la proposition, à la tête de laquelle est le relatif, dépend d'une proposition interrogative ou négative, le verbe qui suit le relatif se met au subjonctif, pourvu que l'action exprimée par ce verbe soit représentée comme incertaine, douteuse ou possible, en un mot ne soit pas affirmée.

Quis est, *qui* non *oderit* libidinosam, protervam adolescentiam? Cic. — Quis est *qui* Tarquinium Superbum non *oderit?* Cic. — Quis est *qui* Fabricii, Curii, cum non caritate aliquâ et benevolentiâ memoriam *usurpet*, quos nunquam viderit? Cic.— Quæ latebra est in *quam* non *intret* metus mortis? Sen. — Quis est, quamvis sit adolescens, *cui sit* exploratum se ad vesperem esse victurum. Cic. — Quî potest temperantiam laudare is, *qui ponat* summum bonum in voluptate? Cic. — Nullum est animal, præter hominem, *quod habeat* notitiam aliquam Dei. Cic. — Nihil est, *quod* Deus efficere non *possit*, et quidem sine labore ullo. Cic. — Nihil est, *quod* tam miseros *faciat*, quàm impietas et scelus. Cic. — Nulla est laus, ibi esse integrum ubi nemo est, *qui* aut *possit* aut *conetur* corrumpere. Cic. — In Persis augurantur et divinant Magi Nec quisquam rex Persarum potest esse *qui* non antè Magorum disciplinam scientiam *perceperit*. Cic. — In hominibus nulla gens est, *quæ* non, etiamsi ignoret qualem habere Deum deceat, tamen habendum *sciat*. Cic.

----

227. Est quod gaudeas.

Après *est, non est, nihil est, quid est*, le relatif, complément de *propter* sous-entendu, se construit avec le subjonctif. *Est quod gaudeas*, c'est-à-dire (*aliquid*) *est* (*propter*) *quod gaudeas*, quelque chose est à cause de quoi tu te réjouisses, il y a lieu, motif, raison de vous réjouir.

Si animum vicisti, potiùs quàm animus te, *est quod gaudeas*. Plaut. — *Non est quod* turba ingratorum nos *faciat* ad benè merendum tardiores, cùm ne deos quidem immortales sacrilegi negligentesque eorum ab effusâ benignitate deterreant. Sen. — *Non est quod invideas* istis, quos magnos felices populus vocat. Sen. — *Non est quod credas* quemquam fieri alienâ infelicitate felicem. Sen. — Gloriâ detractâ, *quid est, quod* in hoc tam exiguo vitæ curriculo tantis nos in laboribus *exerceamus*. Cic.

Rᴇᴍᴀʀǫᴜᴇs. 1. Les phrases suivantes rentrent dans la même analogie.

Non habeo quod te accusem. Cɪc. — *Nihil habeo quod incusem senectutem.* Cɪc. — *Dolores nunquàm vim tantam habent, ut non plus habeat sapiens, quod gaudeat, quam quod angatur.* Cɪc.

2. On trouve quelquefois *cur* au lieu de *quod.*

Quid est, cur virtus ipsa per se non efficiat beatos? Cɪc. — *Non est, cur eorum, qui se studio eloquentiæ dediderunt, spes infringatur, aut languescat* industria. Cɪc.

---

228. Sunt *qui censeant.* Sunt *qui censent.*

On dit : *sunt qui censeant*, et *sunt qui censent*, il y a des gens qui pensent. Le premier tour est le plus usité.

Sunt philosophi et *fuerunt, qui* Deum omninò nullam habere *censerent* humanarum rerum procurationem. *Sunt* autem alii philosophi, et hi quidem magni atque nobiles, *qui* Dei mente atque ratione omnem mundum administrari et regi *censeant;* neque verò id solum, sed etiam ab eodem vitæ hominum consuli et provideri. Cɪc. — Multi *sunt qui dicant :* scio hoc illi non profuturum. Sed quid faciam? Rogat, resistere precibus ejus non possum. Sᴇɴ.— Quæ quibusdam admirabilia videntur, permulti *sunt qui* pro nihilo *putent.* Cɪc. — *Fuerunt, qui dicerent,* non cœli motu fieri ortus et occasus, sed nos ipsos oriri et occidere. Sᴇɴ.

Sunt bestiæ quædam, *in quibus inest* aliquid simile virtutis, ut in leonibus, ut in canibus, ut in equis. Cɪc. — *Sunt, quos* curriculo pulverem Olympicum collegisse *juvat.* Hᴏʀ.

---

229. *Qui* se morti *offerant, reperiuntur.*

Après *inveniri, reperiri*, mis pour *esse*, le relatif se construit avec le subjonctif.

Qui se ultrò morti *offerant,* faciliùs *reperiuntur,* quàm *qui* dolorem patienter *ferant* Cæs. — In omnibus seculis, pauciores viri *reperti sunt, qui* suas cupiditates, quàm qui hostium copias *vincerent.* Cɪc.— *Inventi sunt* multi, *qui* non modò pecuniam, sed vitam etiam profundere pro patriâ *parati essent.* Cɪc. — Quotusquisque philosophorum *invenitur, qui sit* ita moratus, ita animo ac vitâ constitutus, ut ratio postulat? *qui* disciplinam suam non ostentationem scientiæ, sed legem vitæ *putet? qui obtemperet* ipse sibi et decretis suis *pareat?* Cɪc. — *Reperies* multos, *quibus* periculosa et calida consilia quietis et cogitatis et splendidiora et majora *videantur.* Cɪc.

---

230. Pyrrhus legatum misit *qui* pacem *peteret.*

Le relatif se construit encore avec le subjonctif quand il tient la place de *ut*, et d'un pronom personnel ou démonstratif.

Léges sunt inventæ, *quæ*[1] cum omnibus semper unâ atque eâdem voce *loquerentur.* Cic.— Philippus rex Aristotelem Alexandro filio doctorem accivit, *à quo*[2] ille et agendi *acciperet* præcepta et loquendi. Cic. — Romanus populus sibi tribunos plebis creavit, *pér quos*[3] contra senatum et consules tutus esse *posset.* Eut. — Oculi tanquàm speculatores altissimum locum obtinent : *ex quo*[4] plurima conspicientes *fungantur* suo munere. Cic.— Cum Artaxerxes Ægyptio regi bellum inferre voluit, Iphicratem ab Atheniensibus petivit ducem, *quem*[5] *præficeret* exercitui conducticio. Nep. — Homo justus nihil cuiquam, *quod*[6] in se *transferat*, detrahit. Cic.

---

231. *Qui*, *quæ*, *quod*, s'emploie particulièrement à la place de *ut* et d'un pronom après

Dignus , indignus , idoneus.

Qui modesté paret, videtur, *qui*[7] aliquandò *imperet* , *dignus* esse. — Voluptas non est *digna ad quam*[8] sapiens *respiciat.* Sen. — Suscepi magnum fortasse onus et mihi periculosum ; verumtamen *dignum in quo*[9] omnes nervos ætatis industriæque meæ *contenderem.* Cic.— Forsitan non *indigni* sumus, *qui*[10] nobismet ipsi mulctam *irrogemus.* Liv.— Non sum *indignus, cui*[11] copiam scientiæ tuæ facias. Plin. — *Idonea* mihi Lælii persona visa est, *quæ*[12] de amicitiâ *disseret.* Cic.

Tam, tantus.

Quis est omnium *tàm* ignarus rerum, *qui*[13] non *intelligat*, reipublicæ salute contineri suam? Cic. — Nihil *tam* munitum est , *quod*[14] non expugnari pecuniâ *possit.* Cic. — Quæ domus *tam* stabilis, quæ *tam* firma civitas est , *quæ*[15] non odiis atque dissidiis funditùs *possit* everti ? Cic.— Nullum est officium *tam* sanctum, *quod*[16] non avaritiâ comminuere atque violare *soleat.* Cic.— Nihil *tam* lætum est , *quod*[17] non per litteras lætius *fiat* : nihil *tam* triste, *quod*[18] non per has sit minus triste. Plin. — Nulla gens *tam* fera , nemo omnium *tam* immanis est, *cujus*[19] mentem non *imbuerit* Dei opinio. Cic. — Quis potest esse *tam* adversus a vero, *tam* præceps, *tam* mente captus, *qui*[20] *negel*, hæc omnia quæ videmus, Deorum immortalium nutu atque potestate administrari? Cic. — Quod est *tam* desperatum collegium *in quo* nemo e decem sanâ mente *sit*[21]. Cic. — Brevis a

[1] Ut eæ. [2] Ut ab eo. [3] Ut per eos. [4] Ut ex eo. [5] Ut cum. [6] Ut id. [7] Ut ille [8] Ut ad eam. [9] Ut in eo. [10] Ut nos. [11] Ut mihi. [12] Ut ea. [13] Ut ille. [14] Ut id. [15] Ut ea. [16] Ut id. [17] Ut id. [18] Ut id. [19] Ut ejus. [20] Ut ille. [21] Ut in eo.

naturâ nobis vita data est, at memoria benè redditæ vitæ sempiterna ; quæ si non esset longior, quàm hæc vita, quis esset *tam amens, qui* [1] maximis laboribus et periculis ad summam laudem gloriamque *contenderet* ? Cic. — Nulla acies humani ingenii *tanta* est, *quæ* [2] penetrare in cœlum, terram intrare posset. Cic. — Quis *tantus* est, *quem* [3] non fortuna indigere etiam infimis *cogat* ? Sen. — Cujus opes *tantæ* esse possunt, aut unquàm fuerunt, *quæ* [4] sine multorum amicorum officiis stare *possint* ? Cic. — Nihil *tanti* est, *quo* [5] *vendamus* fidem nostram et libertatem. Cic.

Talis.

Innocentia est affectio *talis* animi, *quæ* [6] *noceat* nemini. Cic. — *Talem* te esse oportet, *qui* [7] te ab impiorum civium societate *sejungas*. Cic.

Ejusmodi de telle sorte.

De futuris rebus etsi semper difficile est dicere, tamen interdùm conjecturâ possis propiùs accedere, cùm est res *ejusmodi cujus* [8] exitus provideri *possit*. Cic. — Nomen legati *ejusmodi* esse debet, *quod* [9] non modò inter sociorum jura, sed etiam inter hostium tela incolume *versetur*. Cic. — Occidisse patrem Roscius arguitur. Scelestum facinus atque *ejusmodi quo* [10] uno maleficio scelera omnia complexa esse *videantur*. Cic.

Is , ea , id, mis pour *talis.*

Ea [11] gessi, *quæ* [12] de me, etiam me tacente, ipsa *loquantur*, mortuoque *vivant*. Cic. — *Ea* nolui scribere, *quæ* [13] nec indocti intelligere *possent*, nec docti legere *curarent*. Cic. — Videndum est, ut *eâ* [14] liberalitate utamur, *quæ* [15] *prosit* amicis, *noceat* nemini. Cic. — Ut latinè loquamur, non solùm videndum est, ut verba efferamus *ea* [16], *quæ* [17] nemo jure *reprehendat*, sed etiam sonus vocis est ipse moderandus. Cic.

---

232. Non is sum *qui mentiar*. Cic.

Dans l'expression *is sum qui*, où *is* est pris dans le sens de *talis*, et dont l'équivalent en français est : je suis homme à ; *qui* tient encore lieu de *ut* et d'un pronom, et, comme dans les cas précédens, se construit avec le subjonctif. On dit aussi, mais plus rarement, *is sum ut. Non is sum qui mentiar*, ou *ut mentiar*, je ne suis pas homme à mentir

Non te puto *esse eum qui* [18] Jovi fulmen fabricatos esse Cyclopas in Ætnâ *putes*. Cic. — Non *sumus ii quorum* [19] *vogetur* ani-

[1] Ut ille. [2] Ut ea. [3] Ut eum. [4] Ut cæ. [5] Ut eo. [6] Ut ea. [7] Ut tu. [8] Ut ejus. [9] Ut id. [10] Ut eo. [11] Talia. [12] Ut ea. [13] Ut ea. [14] Tali. [15] Ut ea. [16] Talia. [17] Ut ea. [18] Ut tu. [19] Ut noster.

mus errore, *nec habeat* unquàm quid sequatur. Cic. — Non *is sum qui* [1] his *delecter* aut *utar* omninò litteris, quæ nostros animos deterrent atque avocant à religione. Cic. — Zeno nullo modo *is erat, qui* [3] nervos virtutis *incideret :* sed contra, *qui* omnia, quæ ad beatam vitam pertinerent, in unâ virtute *poneret.* Cic. — Dixisti, vos *eos esse, qui* [3] vitam insuavem sine litterarum studiis *putaretis.* Cic. — Quædam cùm Lacæna filium iu prælium misisset, et interfectum audîsset; Idcircò, inquit, genueram, ut *esset, qui* [5] pro patriâ mortem non *dubitaret* occumbere. Cic.

Non *is es*, Catilina, *ut* te aut pudor à turpitudine, aut metus à periculo, aut ratio à furore *revocaverit.* Cic.— Non *is sum ut* mea me maximè *delectent.* Cic.

Major sum quam cui possit *fortuna nocere.* Ovid. (191).

---

233. Remarque. *Quantus* se met pour *ut tantus, qualis* pour *ut talis, undè* pour *ut indè, quò* pour *ut eò, ubi* pour *ut ibi. Quantus, qualis, undè, quò, ubi* sont alors suivis du subjonctif.

Gratulor tibi, cùm tantùm vales apud Dolabellam, *quantùm* [6] si ego apud sororis filium valerem, jam salvi esse *possemus.* Cic.— Senatus populusque Romanus habebat ducem, *qualis* [7] si qui nunc esset, tibi idem, quod illis accidit, *contigisset.* Cic. — Artaxerxes Lampsacum urbem Themistocli donârat, *undè* [8] vinum *sumeret* Nep — Nihil tam altè natura constituit, *quò* [9] virtus non *possit* eniti. Curt. — Omnibus bonis certus est in cœlo definitus locus, *ubi* [10] beati ævo sempiterno *fruantur.* Cic.

---

234. Caninius fuit mirificâ vigilantiâ, *qui* [11] suo toto consulatu somnum non viderit. Cic.

Qui, quæ, quod, se construit enfin avec le subjonctif quand il tient la place d'une des conjonctions *cùm, quia, quanquam, quòd,* et d'un pronom personnel ou démonstratif.

Alexander, cùm ad Achillis tumulum adstitisset : O fortunate, inquit adolescens, *qui* [12] tuæ virtutis Homerum præconem *inveneris.* Cic. — Placuit, ne consules imperium longius quàm annum unum haberent, ne per diuturnitatem potestatis insolentiores redderentur, sed civiles semper essent, *qui* [13] se post annum *scirent* futuros esse privatos. Eot.—Gustatus, *qui* [14] sentire eorum, quibus vescimur, genera *deberet,* habitat in eâ parte oris, quâ esculentis et potulentis iter natura patefecit. Cic. — Sapiens posteritatem ipsam, *cujus* [15] sensum habiturus

---

[1] Ut ego. [2] Ut ille. [3] Ut vos. [4] Is *sous-entend.* [5] Ut ille. [6] Ut, si tantùm ego valerem. [7] Ut si quid (*pour* si quis, aliquis.) talis nunc esset. [8] Ut indè. [9] Ut eò. [10] Ut ibi. [11] Cùm ille. [12] Cùm tu. [13] Cum illi. [14] Quia ille. [15] Quanquam ejus.

non *sit*, ad se putat pertinere. Cic.—Vehementer Syllam probo, qui [1] tribunis plebis suâ lege injuriæ faciendæ potestatem *ademerit*, auxilii ferendi *reliquerit*. Cic.

---

235. *Quippè qui* immenso mundo *colluceat.*
Ut qui retibus aureis *piscaretur.*

Quippè qui, *ut qui*, puisque, se construisent avec le subjonctif.

Mihi quidem tribunorum plebis potestas pestifera videtur, *quippè quæ* in seditione et ad seditionem nata *sit*. Cic. — Solis candor illustrior, quàm ullus ignis, *quippè qui* immenso mundo tàm longè latèque *colluceat*. Cic. — Videbatur nobis exercitus Cæsaris et audaciæ plus habere, *quippè qui* patriæ bellum *intulisset*, et roboris propter vetustatem. Cic. — Nero inusitatæ luxuriæ fuit, *ut qui* retibus aureis *piscaretur*. Eut. — Qui posteros cogitant, et memoriam suî operibus extendunt, his nulla mors non repentina est, *ut quæ* semper inchoatum aliquid *abrumpat*. Plin.

Pour les autres cas où l'on emploie le subjonctif, voyez.

Quis sapiens bono confidat *fragili* ? Sen. (243)
Rana quæsivit quis major esset (54).
Suum quisque noscat *ingenium* (40).
Plus videas *oculis tuis quàm alienis* (346).

CHAPITRE VI.

OBSERVATIONS SUR LA PROPOSITION INFINITIVE (42).

Il est des cas où l'on peut indifféremment employer, soit la proposition directe avec *quòd*, *ut*, *quin*, *an*, soit la proposition infinitive.

236. Gaudeo *quòd* tibi *profuerim.*
Gaudeo *me* tibi *profuisse.*

Après les verbes *gaudere*, se réjouir ; *dolere*, s'affliger ; *mirari*, s'étonner ; on emploie également soit la proposition directe avec *quòd*, soit la proposition infinitive.

Quòd in Matii, doctissimi hominis, familiaritatem *venisti*, valdè *gaudeo*. Cic. — *Gaudeo* id *te* mihi *suadere*, quod ego meâ sponte feceram. Cic. — *Dolet* mihi ; *quòd stomacharis*. Cic.

---

[1] Quòd ille.

— *Clitum* amicum senem et innoxium *à se occisum* Alexander *dolebat.* Just. — Cato *mirari* se aiebat, *quòd non rideret* haruspex, haruspicem cùm vidisset. Cic. — Agesilaus prædicabat, *mirari se* non gravioribus pœnis *affici*, qui religionem minuerent, quàm qui fana spoliarent. Nep.

---

237. Volo *ut* mihi *respondeas.* Cic.
Corpora juvenum *firmari* voluerunt. Cic.

On emploie également soit la proposition directe avec *ut*, soit la proposition infinitive, après *velle*, vouloir ; *optare*, désirer ; *sinere*, permettre ; *rectum est*, il est juste ; *necesse est*, il est nécessaire ; *oportet*, il faut ; *mos est*, c'est la coutume, etc.

Après *oportet*, *necesse est*, *velim*, *ut* se sous-entend ordinairement.

Amicus sum : *eveniant volo* tibi, quæ optas. Plaut. — De me sic *velim judices*, quantùm ego possim, me tibi, saluti tuæ, liberisque tuis summo cum studio præstò semper futurum. Cic. — Omnia benefacta in luce *se collocari* volunt. Cic. — Publicolæ, tanquàm artifices improbi, opus quærunt : qui et semper *ægri aliquid esse* in republicâ *volunt*, ad cujus curationem adhibeantur. Liv. — Sic cum inferiore vivas, quemadmodum tecum *superiorem velis vivere.* Sen. — Phaeton *optavit, ut* in currum patris *tolleretur.* Cic. — Trajanus dicebat, talem se imperatorem esse privatis, quales *esse* sibi *imperatores* privatus *optásset.* Eut. — Sine ut veniat. Ter. — *Sine* te hoc *exorem.* Ter. — Germani *vinum* ad se omninò *importari* non *sinunt*, quòd eâ re ad laborem ferendum remollescere homines atque effeminari arbitrantur. Cæs. — Si quis asperitate eâ est, et immanitate naturæ, ut congressus et societatem hominum fugiat atque oderit ; tamen is *pati* non possit, *ut non acquirat* aliquem apud quem evomat virus acerbitatis suæ. Cic. — Apollonius, cùm mercede doceret, tamen non *patiebatur*, eos, quos judicabat non posse oratores evadere, operam apud se *perdere*, dimittebatque. Cic. — Non *est rectum*, minori *parcere majorem.* Cic. — Præclarum illud *est* et *rectum, ut* eos, qui nobis carissimi esse debeant, æquè ac nosmet ipsos *amemus.* Cic. — Animus *oportet* tuus te *judicet* divitem, non hominum sermo, neque possessiones tuæ. Cic. — Altè spectare si voles, atque hanc sedem et æternam domum contueri, neque sermonibus vulgi dederis te, nec in præmiis humanis spem posueris rerum tuarum ; suis te illecebris, *oportet*, ipsa virtus *trahat* ad verum decus. Cic. — A nullâ re honestâ periculi aut laboris magnitudine *deduci oportet.* Nullo dolore *cogi oportet*, ut ab officio recedatur. Ad Her. — *Virum bonum* nec pretio, nec gratiâ, nec peri-

culo à viâ rectâ *deduci oportet.* Ad Her. — Ut medici membrum
sæpè putrefactum incidunt, atque totum eradicant, ne aliam corporis partem labefactare aut corrumpere possit; sic *necesse est*,
si rempublicam salvam esse volumus, *ut* perditissimos homines
ex urbe penitùs *exstirpemus,* ne corruptus integro, violatus casto
tabem infringat. Cic. — Qui se metui volent, à quibus metuen-
tur, eosdem *metuant* ipsi, *necesse est.* Cic. — Cùm sit in nobis
consilium, ratio, prudentia, *necesse est,* Deum hæc ipsa *habere*
majora. Cic. — Omnibus bonis *expedit, salvam esse rempublicam.* Cic. — *Expedit* omnibus, *ut* singulæ civitates sua jura
et suas leges *habeant.* Just. — *Mos est* hominum, *ut nolint*
eumdem pluribus rebus excellere. Cic. — Philippo *mos erat,*
periculis *se temerè offerre.* Just.

Nota. *Fac* pris dans le sens de *accorde, supposons,* est suivi
de la proposition infinitive.

Fac animos non remanere post mortem. Video nos, si ita sit, privari
spe beatioris vitæ. C.c. — *Fac,* qui ego sum *esse te.* Cic.

---

238. Mone illum *ut sibi caveat.*
Mone illum *me advenisse.*

Après *monere,* avertir; *dicere,* dire; *respondere,*
répondre; *scribere,* écrire, on emploie la proposition
directe pour exprimer ce qu'on doit faire ou ne pas
faire, et la proposition infinitive pour énoncer un
fait. *Mone illum ut sibi caveat,* avertissez-le de prendre
garde à lui; *mone illum me advenisse,* avertissez-le
que je suis arrivé.

Persuadere signifiant *engager quelqu'un à faire quelque
chose,* est suivi de la proposition directe, et signifiant
faire croire quelque chose à quelqu'un, est suivi de la proposition infinitive.

Discipulos *moneo, ut* præceptores suos non minùs, quàm ipsa
studia *ament,* et parentes esse, non quidem corporum, sed
mentium *credant.* Quint. — Immortalia *ne speres, monet* annus,
et almum quæ rapit hora diem. Hor. — Hoc tantùm *moneo,*
hoc tempus si amiseris, *te esse* nullum unquàm magis idoneum
reperturum. Cic. — *Dicam* tuis, *ut* librum meum *describant,*
ad teque *mittant.* Cic. — *Dico* providentiâ Dei *mundum et omnes* mundi *partes* et initio *constitutas esse* et omni tempore *administrari.* Cic. — Jovis Hammonis antistites, Macedonibus *res-
ponderunt, ut* Alexandrum pro Deo, non pro rege *colerent.*
Just. — Solon, cùm interrogaretur, cur nullum supplicium con-

stituisset·in eum , qui parentem necasset, *respondit, se id no-*
minem facturum *putasse* Cic. — Cæsar ad Lamiam *scripsit , ut*
ad ludos omnia *pararet.* Cic. — Plerique *scripserunt Themisto-*
clem, Xerxe regnante, in Asiam *transiisse.* Nep. — Themistocles
persuasit populo *ut* pecuniâ publicâ classis centum navium
ædificaretur. Nep. — Druides imprimis hoc volunt *persuadere,*
non interire animos, sed ab aliis post mortem *transire* ad alios.
Cæs. — Tibi *persuade*, præter culpam ac peccatum, homini
accidere nihil posse, quod sit horribile. Cic.

---

239. Quis dubitat *quin pateat Europa* victoribus? Quis dubitat *patere Europam* victoribus?

La proposition infinitive s'emploie : 1°. au lieu de la
proposition directe avec *quin* , après *non dubito, quis*
dubitat, non dubium est; 2°. au lieu de la proposition directe avec *an* , après *dubito , dubium est.*

Tantus est innatus in nobis cognitionis amor et scientiæ , ut
nemo dubitare possit, quin ad eas res hominum natura, nullo
emolumento invitata, *rapiatur.* Cic. — *Non est dubium quin*
quod animans sit, habeatque sensum et rationem et mentem ,
id sit melius quàm id quod his careat. Cic. — Alcibiades regem
Persarum amicum sibi cupiebat adjungi. *Neque dubitabat* id *se*
facilè *consecuturum.* Nep. — Apud Ægos flumen copiæ Atheniensium à Lysandro sunt devictæ. Sed *nemini erat dubium ,*
si Conon adfuisset, illam *Athenienses* calamitatem *accepturos*
non *fuisse* Nep. — *Deum esse*, qui *dubitet*, haud sanè intelligo ,
cur non idem, sol sit, an nullus sit, dubitare possit. Cic.

---

240. Credebam *fore ut te pœniteret.*

Lorsque le verbe de la proposition infinitive devrait
se mettre au futur de l'infinitif, et qu'il manque de ce
temps, ce qui arrive lorsqu'il n'a point de supin, on
tourne par *fore ut* ou *futurum esse ut*, devoir être que,
ou *futurum fuisse ut*, avoir dû être que, avec le subjonctif.

Cette tournure s'emploie même avec des verbes qui,
ayant un supin, pourraient avoir un futur de l'infinitif.

Video te velle in cœlum migrare, et spero *fore ut contingat* id
nobis. Cic. — Valdè suspicor *fore ut infringatur* hominum
improbitas. Cic. — Persuasum est, *fore* aliquando, *ut* omnis hic

mundus ardore *deflagret* [1]. Cɪc. — Ego fide meâ spondeo *futurum ut* [2] omnia longè ampliora, quàm à me prædicantur, *invenias*. Pʟɪɴ. — Otho speraverat *fore ut adoptaretur* [3] à Galba. Sᴜᴇᴛ. — Illud tibi affirmo, si rem ex sententiâ gesseris, *fore ut ab omnibus collaudere* [4]. Cɪc.

---

241. Credo *me* legisse.

Après les verbes *espérer*, *aimer mieux*, *croire*, *promettre*, etc., le sujet de la proposition infinitive ne se rend pas en français quand il est de la même personne que le sujet de la proposition principale, et l'infinitif latin se rend par l'infinitif français.

Nous disons : *je crois avoir lu*, au lieu de *je crois moi avoir lu*, parce que les sujets des verbes *credo* et *legisse*, *ego* et *me*, sont de la même personne.

Si les sujets des deux verbes sont de différentes personnes, il faut nécessairement rendre la proposition infinitive par une proposition directe : *credo te legisse*, je crois que tu as lu, *credimus illum legisse*, nous croyons qu'il a lu.

Credo me legisse peut se traduire de deux manières : je crois que j'ai lu, je crois avoir lu : *credo te legisse*, *credimus illum legisse*, n'admettent qu'une traduction, je crois que tu as lu, nous croyons qu'il a lu.

Plerique amicos tanquàm pecudes ; eos potissimùm diligunt ex quibus sperant *se* maximum fructum esse capturos. Cɪc. — Ego *me* Phidiam esse mallem, quàm vel optimum fabrum tignarium. Cɪc. — Hannibal promisit Gallis, non *se* stricturum antè gladium quàm in Italiam venisset. Lɪv.

---

242. Legimus Hannibalem victum fuisse à Scipione.

Si l'on eût dit : *legimus Scipionem vicisse Hannibalem*, il y aurait eu amphibologie, car *Scipionem* et *Hannibalem* pouvant être tous deux sujet ou régime de *vicisse*, on n'aurait su qui était vainqueur de Scipion ou d'Hannibal.

---

[1] *Pour* deflagraturum esse. [2] Te inventurum esse. [3] Se adoptatum iri, *ou* adoptandum esse. [4] Te collaudatum iri *ou* collaudandum esse.

Les Latins tournent par le passif toutes les fois que l'emploi de l'actif donnerait lieu à une équivoque (1).

Apud Issum Clitarchus sæpè narravit Darium ab Alexandro esse superatum. Cic. — Nunquàm auditum est crocodilum, aut ibim aut felem violatum ab Ægyptio. Cic. — Scias, eum à me non diligi solùm, verùm etiam amari. Cic. — Xerxes se à Themistocle non superatum, sed conservatum judicavit. Nep. — Te decipi à me non oportet. Plin. — Certum est, liberos à parentibus amari. Quint.

CHAPITRE VII. De l'interrogation.

Quæ amicitia potest esse inter ingratos ? (34)
Rana quæsivit quis major esset. (34)

243. *Quis* sapiens bono *confidat* fragili ? Sen.

On trouve quelquefois le présent du subjonctif après *quis*, *quæ*, *quid*, quoique l'interrogation soit directe, et on le rend par le futur de l'indicatif ou le présent du conditionnel. *Quel homme sage* mettra *sa confiance dans un bien fragile ?*

Quis non *admiretur* splendorem pulchritudinemque virtutis? Cic. — Cari sunt parentes, cari liberi, propinqui, familiares : sed omnes omnium caritates patria una complexa est, pro quâ *quis* bonus *dubitet* mortem oppetere, si ei sit profuturus? Cic. — *Quid videatur* ei magnum in rebus humanis, cui æternitas omnis, totiusque mundi nota sit magnitudo? Cic.

---

244. Patere tua consilia non sentis? Cic.

L'interrogation se marque quelquefois par la seule inflexion de la voix.

Infelix est Fabricius, quòd rus suum ipse fodit? Sen. — Vultum ipsius Hannibalis, quem armati exercitus sustinere nequeunt, quem horret populus Romanus, tu sustinebis? Liv. — Venandi studium ac voluptas homines per nives ac pruinas in montes sylvasque rapit : belli necessitatibus eam patientiam non adhibebimus, quam vel lusus ac voluptas elicere solet? Liv.

---

(1) Apollon, qui dans ses oracles ne recherchait pas la clarté, dit à Pyrrhus, du sang des Eacides : *Aio te, Æacida, Romanos vincere posse*, ce que l'événement, quel qu'il fût, ne pouvait démentir. On trouve, et on doit blâmer dans Plaute : *Pentheum diripuisse aiunt Bacchas. Merc. 2, 4.*

245. Quæritur *utrum* tua sit *an* mea culpa. }
Quæritur tua sit *an* mea culpa.
Quæritur tua*ne* sit *an* mea culpa.
Quæritur tua mea*ne* sit culpa.

On demande si la faute est la vôtre ou si elle est la mienne.

L'interrogation est ou directe, comme dans cette phrase : *Quæ amicitia potest esse inter ingratos ?* ou *implicite*, comme dans cette phrase : *Rana quæsivit quis major esset.*

L'interrogation est ou *simple*, comme dans cette phrase : *Rana quæsivit quis major esset;* ou *alternative*, comme dans cette phrase : *quæritur utrum tua sit an mea culpa.*

Il y a quatre manières d'exprimer l'interrogation implicite alternative.

1. Desine dubitare *utrùm* sit utilius propter multos improbos uni parcere, *an* unius improbi supplicio multorum improbitatem coercere. Cic. — Inter prætores Atheniensium magna fuit contentio, *utrùm* mœnibus se defenderent, *an* obviam irent hostibus, acieque decernerent. Nep. — Nihil differt *utrùm* ægrum in ligneo lecto, *an* in aureo colloces : quòcumque illum transtuleris, morbum suum secum transfert. Sen. — Si sitis, nihil interest, *utrùm* aqua sit, *an* vinum : nec refert, *utrùm* sit aureum poculum, *an* vitreum, *an* manus concava. Sen.—Permultùm interest, *utrùm* perturbatione aliquâ animi, quæ plerumquè brevis est, *an* consultò et cogitatò fiat injuria. Cic. — *Nùm* pluris æstimabis pecuniam Pyrrhi, quam Fabricio dabat, *an* continentiam Fabricii, qui illam pecuniam repudiabat? Cic.

2. Dionysius, cùm bellum adversùs eum Syracusani decrevissent, diù dubitavit imperium deponeret, *an* bello resisteret. Just. — Benè præcipiunt, qui vetant, quidquam agere, quod dubites, æquum sit *an* iniquum. Æquitas enim lucet ipsa per se, dubitatio autem cogitationem significat injuriæ. Cic. — Quæritur laus *an* divitiæ magis expetendæ sunt? Cic.--Postrema syllaba, brevis *an* longa sit, in versu non refert. Cic. — Fuit incertum vir melior, *an* dux esset Epaminondas. Just.

3. Quæritur unus*ne* mundus sit *an* plures. Cic.— Diu magnum inter mortales certamen fuit, vi*ne* corporis *an* virtute animi res militaris magis procederet. Sall. — Quod nomen huic cœtui dabo ? milites*ne* appellem ? qui filium imperatoris vestri vallo et armis circumsedistis : *an* cives ? quibus tam projecta senatus auctoritas. Tac. — Uter nostrûm popularis est? Tu*ne an* ego ? Cic. — Uter*ne* Ad casus dubios fidet sibi certius? Hic qui Pluribus assuêrit mentem, corpusque superbum : *An* qui contentus parvo, metuensque futuri, In pace, ut sapiens, aptârit idonea bello. Hor.

4. Hominibus prodesse natura jubet: servi liberi*ne* sint, quid refert? Sen. — In Æquis variè bellatum : adeò ut in incerto

fuerit vicissent victi*ne* essent Romani. Liv. —Tarquinius Superbus Prisci Tarquinii regis filius *ne*pos*ne* fuerit, parùm liquet.
—Liv.

246. Dubito utrùm vigilem *necne*.

De même qu'en français au lieu de dire *je doute si je
veille ou si je ne veille pas*, on dit seulement *je doute si
je veille ou non :* ainsi, en latin, au lieu de *dubito utrum
vigilem an non vigilem*, on dit *dubito utrum vigilem necne*.
Dans les deux langues on n'exprime de la seconde
phrase que la négation.

Sunt hæc tua verba, *necne?* Cic. — Antigonus nondùm sta-
tuerat servaret Eumenem *necne*. Nep. — Sapientia sola per se
beatos efficiat, *necne*, quæstio est. Cic. — Dii utrum sint, *necne*, quæritur. Cic.

Nota. Le verbe est quelquefois exprimé.

Quæritur, sintne dii, *necne sint*. Cic. — In judiciis quæritur, aliquid
factum, *necne sit*. Cic.

247. Fraterne? *ita.* Vidistine regem? *vidi.*

Les Latins répondent affirmativement à une interrogation : 1°. par l'un des mots : *ita, ita est, sanè, etiam,
verò.* 2°. En répétant le mot essentiel de l'interrogation,
et c'est ordinairement le verbe.

Quid istîc tibi negotii est ? mihine ? *Ita.* Ter. — Visne ser-
moni reliquo demus operam sedentes ? *Sanè quidem.* Cic. — Tu
orationes nobis veteres explicabis ? *Verò*, inquam. Cic. —Fuisti
sæpè, credo, cùm Athenis esses, in scholis philosophorum.
Verò ac lubenter quidem. Cic. — Tarquinius Nævium rogavit,
fierine posset, quod ipse mente conceperat? Ille, *posse*, respon-
det. Flor. — Dasne, deorum immortalium numine naturam
omnem regi ? *Do sanè.* Cic. — Estisne vos legati oratoresque
missi à populo Collatino, ut vos populumque Collatinum dede-
ritis? *Sumus.* Estne populus Collatinus in suâ potestate? *Est.*
Deditisne vos populumque Collatinum, urbem, agros, aquam,
terminos, delubra, utensilia, divina humanaque omnia, in
meam populique Romani ditionem? *Dedimus.* Liv. — Virtutes
narro (Ctesipho) meas? (Syrus) *tuas.* Ter. — Hùc abiit Cliti-
pho. (Chremes.) Solus? (Menedemus.) *Solus.* Ter.

248. Non pudet vanitatis? *Minimè.*
Nonne vidisti regem ? *Non vidi.*

La réponse négative s'exprime : 1°. par un des mots
non, *minimè*, *nihil minùs*, *absit :* 2°. par la répétition du
verbe avec une négation.

Cognitorem adscribit Sthenio. Quem? cognatum aliquem aut
propinquum ? *Non.* Cic. — Nonne sapiens, si fame ipsâ confi-
ciatur, abstulerit cibum alteri homini ad nullam rem utili?
Minimè verò. Cic.— Estne frater intùs? *Non est.* Ter.

249. Quis te redemit ? *Jesus Christus.*

Le rétablissement du verbe sous-entendu fait voir à
quel cas l'on doit mettre le nom de la réponse.

Quis te redemit? Jesus Christus. Qui vous a racheté?
Jésus-Christ. Construction pleine : *Jesus Christus rede-*
mit me.

Quem miseret pigrorum ? Neminem. Qui a pitié des paresseux ? Personne. Const. pleine : *Neminem miseret*
pigrorum (94).

Cujusnam interest? Mea. A qui importe-t-il ? A moi.
Constr. pleine : *Interest mea* (97, 98).

Cujus est loqui ? Tuum. A qui appartient-il de parler? A
toi. Constr. pleine : *loqui est tuum negotium.* Parler est
ton affaire (81).

Quanti emit ? Viginti minis. Ter. Combien l'a-t-il acheté? vingt mines. Constr. pleine : *emit* (pro) *viginti mi-*
nis (83, 176).

Qui sunt, qui crudele bellum in Italiâ gesserunt? *Cartha-*
ginienses. Ad Her. — Thales interrogatus, an facta hominum
Deum fallerent? *Nec cogitata*, inquit. — Solon Pisistrato tyranno quærenti : quâ tandem spe fretus sibi tam audacter obsisteret? respondisse fertur : *senectute.* Cic. — Diogenes quærenti,
quid apud homines celerrimè senesceret? *Beneficium*, inquit.—
Quem apud Arbela vicit Alexander? *Darium.* —Cujus est natu
majores revereri? *Adolescentis.*— Quem pœnitet suæ culpæ? *Il-*
lum qui suæ culpæ pœnas luit. — Cui opus est integritate? *Ju-*
dici. — Cujus refert vitam ex philosophiæ præceptis accommo-
dare? *Tua* et *cujusvis hominis.* — Quanti æstimanda est virtus?
Pluris quàm omnia externa bona.

CHAPITRE VIII.

OBSERVATIONS SUR LES PARTICIPES.

Les Latins emploient le participe dans différens cas où le génie de la langue française ne permet pas de traduire le participe littéralement, et oblige de prendre un autre tour.

250. Pater filio vitam dedit *perituram*. SEN.

*Le père a donné à son fils une vie *qui doit finir*.

Nullus *agenti* dies longus est. SEN. — Nullum vitium tetrius, quam avaritia, præsertim in principibus, rempublicam *gubernantibus*. CIC. — Nemini ego possum esse benè de republicâ *merenti* non amicus. CIC. — Prima et maxima *peccantium* est pœna, peccâsse. SEN. — Est brevitate opus, ut currat sententia, neu se Impediat verbis lassas *onerantibus* aures. HOR. — Virorum est fortium et magnanimorum et *patientium* et humana *vincentium* toleranter dolorem pati. CIC. — Nobilitatem certò peperisse melius est quàm *acceptam* corrupisse. SALL. — Pythagoras Crotonam venit, populumque in luxuriam *lapsum* auctoritate suâ ad usum frugalitatis revocavit. JUST. — Sapiens bona semper *placitura* laudat. SEN. — Prudentia est rerum *expetendarum fugiendarum*que scientia. CIC.

251. Cassandro *defuncto*, Philippus filius successit. JUST.

Lorsque Cassandre *fut mort*, son fils Philippe lui succéda.

Aranti Quinctio Cincinnato nuntiatum est, eum dictatorem esse factum. CIC. — Mendaci homini, ne verum quidem *dicenti*, credere solemus. CIC. — Perfectionem in altero *desiderans*, à quâ ipse longè absum, facio impudenter. CIC. — Sol matutino tempore, et *vergens* ad occasum, minùs virium habet. SEN. — *Cogitantes* cœlestia, hæc nostra, ut exigua et minima, contemnimus. CIC. — Ne mente quidem rectè uti possumus, multo cibo et potione *completi*. CIC. — Ad quæ noscenda iter ingredi, transmittere mare solemus, ea sub oculis *posita* negligimus. PLIN. — Equum *emturus*, solvi jubes stratum, ne qua vitia corporis lateant. SEN. — Magna pars hominum est, quæ *navigatura* de tempestate non cogitat. SEN. — Alexander descendit in flumen, vixque (1) *ingressi* subito horrore artus rigere cœperunt. CURT.

---

(1) Postquam vix ingressus erat, artus ejus.

252. Hannibal Tib. Sempronium Gracchum in insidias *inductum* sustulit. Nep.

Hannibal, *après avoir amené* Tib. Sempronius Gracchus dans des embûches, le fit périr.

Ægyptum Nilus irrigat, *mollitosque* et *oblimatos* agros ad serendum relinquit. Cic. — Hannibal Minutium Rufum, magistrum equitum, pari ac dictatorem imperio, dolo *productum* in prælium fugavit. Nep. — Cæsar Britannis bellum intulit; quibus ante eum ne nomen quidem Romanorum cognitum erat · et eos *victos*, obsidibus acceptis, stipendiarios fecit. Eut. — Cæsar exanimis aliquandò jacuit, donec lecticæ *impositum* tres servuli domum retulerunt. Suet. — Iphicrates nisi appropinquâsset, non priùs Thebani Spartâ abscessissent, quàm *captam* incendio delêssent. Nep.

---

253. Alexander *detractum* annulum digito Perdiccæ tradidit. Curt.

Alexandre *tira* l'anneau qu'il avait au doigt, *et* le remit à Perdiccas.

Triginta tyranni plurimorum bona *publicata* inter se diviserunt. Nep. — Scythæ uxores liberosque secum in plaustris vehunt, quibus, coriis imbrium hiemisque causâ *tectis*, pro domibus utuntur. Just. — Oxidates nobilis perses, a Dario capitali supplicio destinatus, cohibebatur in vinculis; huic *liberato* (Alexander) satrapiam Mediæ attribuit. Curt. — Manlius Gallum, in conspectu duorum exercituum *cæsum*, torque spoliavit. Liv. — Cæsar reperiebat plerosque Belgas esse ortos a Germanis, Rhenumque antiquitùs *transductos*, propter loci fertilitatem, ibi consedisse. Cæs.

---

254. Tres et sexaginta anni sunt a primo Punico ad secundum bellum *finitum*. Liv.

Soixante-trois ans s'écoulèrent depuis la première guerre punique jusqu'à *la fin* de la seconde.

Angebant Hannibalem Sicilia Sardiniaque *amissæ*. Liv. — Homerus fuit et Hesiodus ante Romam *conditam*. Cic. — Lacedæmoniis nulla res tanto erat damno, quàm disciplina Lycurgi, cui per septingentos annos adsueverant, *sublata*. Liv. — Thebæ, ante Epaminondam *natum* et post ejus *interitum*, perpetuo alieno paruerunt imperio. Nep. — Major ex civibus *amissis* dolor,

quàm lætitia *fusis* hostibus fuit. Liv. — Decemviri libros sibyl-
linos inspicere jussi sunt, propter *territos* homines novis pro-
digiis. Liv. — *Occisus* dictator Cæsar aliis pessimum, aliis
pulcherrimum facinus videbatur. Tac. — Sol *oriens* et *occidens*
diem noctemque conficit. Cic.

---

255. Nihil feci, *non* diu *consideratum*. Cic.

Je n'ai rien fait *sans y avoir* long-temps *réfléchi*.

Sapientis est, *nihil* contra leges, mores, instituta *facientem*,
habere rationem rei familiaris. Cic — Vino debemus homines,
quòd soli animalium *non sitientes* bibimus Plin. — Hamilcarem
sui cives *inauditum* damnârunt. Just. — Quàm multa *non exspectata* venerunt, quàm multa exspectata nunquàm comparue-
runt ! Sen.—Demosthenes summâ voce versus multos uno spiritu
pronuntiare consuescebat, *neque is consistens* in loco, sed in-
ambulans. Cic.

---

256. Vidi eum *ingredientem*.

Je l'ai vu *entrer*.

Iracundus non semper iratus est. Lacesse : jam videbis *furentem*. Cic. — Quòrumque te flexeris, ibi Deum videbis *occurren-
tem* tibi. Sen — Socratem Xantippe aiebat eodem semper vultu
se vidisse *exeuntem* domo et *revertentem* Cic — Socratem audio
dicentem, cibi condimentum esse famem : potionis sitim. Cic.—
Timoleon lumina oculorum amisit, quam calamitatem ita mo-
deraté tulit, ut nemo eum *querentem* audierit. Nep.

---

257. Habeo domum *emptam*.

Le participe passif se joint au verbe *habeo*, qui devient alors une sorte d'auxiliaire. Remarquez toutefois
qu'on n'emploierait pas cette tournure avec un participe
qui exclurait l'idée de possession. Au lieu de *emi domum*,
on peut dire *habeo domum emptam*, j'ai acheté une maison ; mais on ne pourrait pas dire *habeo domum venditam*,
au lieu de *vendidi domum*.

Atticus philosophorum ita *percepta habuit* præcepta, ut iis
ad vitam agendam, non ad ostentationem uteretur. Nep —
An quisquam potest probare, quod *perceptum*, quod *com-
prehensum*, quod *cognitum* non *habet*? Cic. — Omnes *habeo*

cognitos sensus adolescentis (C. Cæsaris). Nihil est (illi) republicâ carius, nihil bonorum virorum judicio optabilius, nihil verâ gloriâ dulcius. Cic.

258. Dedit mihi libros *legendos*.

Il m'a donné des livres *à lire*.

Le participe futur passif s'emploie élégamment après *curare*, *dare*, *tradere*, etc.

Conon muros dirutos a Lysandro *reficiendos curat*. Nep. — Perfuga venit in castra Fabricii, eique est pollicitus, se Pyrrhum veneno necaturum Hunc Fabricius *reducendum curavit* ad Pyrrhum. Cic. — Antigonus Eumenem mortuum propinquis ejus *sepeliendum tradidit*. Hi ossa ejús in Cappadociam *deportanda curárunt*. Nep. — Pueris sententias *ediscendas damus*. Sen. — Cyrus infans *datur occidendus* Harpago, isque pastori regii pecoris puerum *exponendum tradit*. Just. — Natura mulieri domestica negotia *curanda tradidit*. Col. — Natura *distribuit* viro calores et frigora *perpetienda*, itinera et navigationes, labores pacis ac belli. Cic. — Diomedon, rogatu Artaxerxis, Epaminondam pecuniâ *corrumpendum suscepit*. Nep. — Cassander filium Alexandri cum matre in arcem Amphipolitanam *custodiendos mittit*. Just. — Astyages liberos Harpago *epulandos apposuit*. Sen.

259. Pelias rex Jasonem *perditum* (1) cupiebat. Just.

Le participe passif s'emploie élégamment au lieu du présent de l'infinitif après *volo*, *nolo*, *cupio*.

Hoc natura præscribit, ut homo homini, quicumque sit, ob eam ipsam causam, quòd is homo sit, *consultum velit*. Cic. — Prudenti mandes, si quid rectè *curatum velis*. Ter. — Patres ordinem publicanorum *offensum nolebant*. Liv. — Non est æquè miser, qui patriæ consulit, et is, qui illam *exstinctam cupit*. Cic. — Amico potissimùm petere constitui, quod *impetratum* maximè *cupio*. Plin.

Ubinbi erit, *inventum* tibi *curabo*, et mecum *adductum* tuum Pamphilum. Ter. (2)

---

(1) *S. e. esse.* Jasonem perditum esse *pour* Jasonem perdi *ou ut* Jaso perderetur.

(2) Tuum Pamphilum inventum et adductum *pour* tuum Pamphilum inveniendum et adducendum, *ou ut* tuus Pamphilus inveniatur et adducatur.

260. *Gratulabundus* patriæ.

Les participes en *bundus* gouvernent le même cas que
les verbes d'où ils viennent.

Ut Epaminondas audivit Thebanos vicisse, Bene agere se rem
dixit : atque ita , velut *gratulabundus patriæ* , exspiravit. JUST.
— Mithridates multas gentes , Romanum *meditabundus bellum* ,
variis beneficiis jam antè illexerat. JUST.

---

261. REMARQUES. 1. On a vu (1er livre de 46 à 51) que le gérondif ne peut se tourner par le participe futur passif que dans le
cas où, venant d'un verbe actif, il serait suivi d'un accusatif :
c'est ici le lieu de remarquer que les Latins emploient ce *tour*
avec quelques verbes neutres et quelques verbes déponens *qui*
ne régissent pas l'accusatif, tels que *frui , fungi , uti ,* etc.

Ea omninò *deliberanda* non sunt , in quibus est turpis ipsa deliberatio.
Cic. — Indulgentiâ in noxios, plures ad similia *audenda* impelluntur. LIV.
— Non paranda nobis solùm , sed *fruenda* etiam sapientia est. Cic. — Expe-
tuntur divitiæ, cùm ad usus vitæ necessarios , tùm ad *perfruendas* voluptates. Cic. — Quemadmodùm oculus conturbatus non est probè affectus
ad suum munus *fungendum ;* sic conturbatus animus non est aptus ad
exsequendum munus suum. Cic. — Agesilaus maximam habebat fiduciam
regni Persarum *potiundi.* NEP.

2. On emploie l'adverbe et non l'adjectif avec les participes
et les adjectifs pris substantivement. *Rectè facta* (1) , les belles
actions , littéralement, les choses bien faites; *verè sapientes* (2),
les vrais sages , les hommes vraiment sages. On peut dire néanmoins : *præclarum , pulcherrimum factum.*

Fortes et sapientes viri non tam præmia sequi solent *rectè factorum*
quàm ipsa *rectè facta.* Cic. — Multa *facetè dicta* a sene Catone collecta
sunt. Cic. — Multa Catonis vel *acta constanter*, vel *responsa acutè* feruntur. Cic.

3. Le participe passif joint au verbe *sum* ne forme pas toujours un parfait, comme on le voit par les exemples suivans, où
le participe doit être considéré comme un simple adjectif.

Magna Græcia, quæ nunc quidem *deleta est*, tum florebat. Cic. — Sola
virtus in suâ potestate est : omnia præter eam *subjecta sunt* fortunæ dominationi. AD HER.

---

(1) *S.* Negotia. (2). *S.* Homines.

CHAPITRE IX.

TABLEAU *des corrélatifs et de leurs antécédens* (73).

262. Première série. *Phrases comparatives.*

ANTÉCÉDENS.	CORRÉLATIFS.	
Magis	quàm	*plus que.*
Plus	quàm	*plus que.*
Minùs	quàm	*moins que.*
Tam	quàm	*aussi...que, si. que, tant que.*
Tantùm	quantùm	*autant que, tant que.*
Tantus, a, um,	quantus, a, um,	*si grand que.*
Tantulus, a, um,	quantulus, a, um,	*si petit que.*
Tot, totidem,	quot	*autant que.*
Eò, hoc (*avec un compar.*)	quò	*par cela que, d'autant plus que* (183).
Tantò (*avec un compar. ou un verbe d'excell.*)	quantò	*autant que, d'autant plus que* (173).

Tacitæ *magis* et occultæ inimicitiæ timendæ sunt, *quàm* indictæ et apertæ. Cic. — Morbi *perniciosiores* sunt animi, *quàm* corporis. Cic. — Valere *malo*, *quàm* dives esse. Cic. — Accipere *quàm* facere *præstat* injuriam. Cic. — Sæpè facere *præstat*, *quàm* loqui. Cic. — In referendâ gratiâ, debemus imitari agros fertiles, qui *plus* multò afferunt, *quàm* acceperunt. Cic. — Licet irrideat, si quis vult : *plus* apud me tamen vera ratio valebit, *quàm* vulgi opinio. Cic. — Periculum *minùs* est fugiendum, *quàm* turpitudo. Cic. — Sunt et belli, sicut pacis, jura justèque éa non *minùs quàm* fortiter gerenda sunt. Liv. — Nemo *tam* pauper vixit, *quàm* natus est. Sen. — Nihil est *tam* volucre, *quàm* maledictum, nihil faciliùs emittitur, nihil citiùs excipitur, nihil latiùs dissipatur. Cic. — Corpori *tantùm* indulgeas, *quantùm* bonæ valetudini satis est. Sen. — Cùm referri gratia *tanta* non potest, *quanta* debetur; habenda *tanta* est, *quantam* maximam animi nostri capere possunt. Cic. — Hannibal *tantò* præstitit cæteros imperatores prudentiâ, *quantò* populus Romanus antecedit fortitudine cunctas nationes. Nep. — Non speraverat Hannibal fore ut *tot* in Italiâ populi ad se deficerent, *quot* defecerunt post Cannensem cladem. Liv. — Ut balistæ lapidum, et reliqua tormenta telorum, *eò* graviores emissiones habent, *quò* sunt contenta atque adducta vehementiùs, sic vox, sic cursus, sic plaga, *hoc* gravior, *quò* est missa contentiùs. Cic.

La proposition incidente précède quelquefois la proposition principale.

CORRÉLATIFS.	ANTÉCÉDENS.	
Quantùm	tantùm	} *autant..... autant.*
Quot	tot	
Quò	eò , hoc	} *plus..... plus; moins .... moins.*
Quantò	tantò	

Marius *quantùm* bello optimus, *tantùm* pace pessimus ; immodicus gloriæ, insatiabilis, impotens, semperque inquietus. Vell. — *Quantùm* in Ægypto crescit Nilus, *tantùm* spei in annum est. Sen. — *Quot* homines, *tot* sententiæ. Ter. — *Quot* capitum vivunt, *totidem* studiorum millia. Hor. — *Quó minùs* gloriam petebat, *eò* magis adsequebatur. Sall. — *Quò sæpiùs* monuerit præceptor, *hoc rariùs* castigabit. Quint. — *Quantò* majus prælium fuit, *tantò* et clarior victoria. Just. — *Quò brevior, eò* dilucidior et cognitu facilior narratio fiet. Ad Her. — *Quò* rarior in regibus et principibus viris moderatio, *hoc* laudanda magis est. Sen.

263. Deuxième série. *Phrases non comparatives.*

Antécédens.	Corrélatifs.	
Eò *(devant un compar.)*	quòd	*d'autant plus... que.*
Tam, adeò, ita, sic		*si, tellement... que.*
Tantus, a, um,		*si grand... que.*
Eò	ut	*au point que.*
Ejusmodi		*de telle sorte que.*
Is, ea, id		*tel que.*
Is, ea, id	qui, quæ, quod	*tel que.*
Æquè		
Perindè		*de même que.*
Pariter		
Non secùs	ac, quàm, atque	*autrement que.*
Aliter		
Contra		
Similis, par		*le même que.*
Alius		*autre que.*
Tamdiù	quamdiù, quoad	*tant que, tout le temps q*
Talis	qualis	*tel que, tel... tel.*
Totiès	quotiès	*toutes les fois que.*
Tùm	tùm	*non seulement, mais aussi.*
Cùm	tùm	*si ..à plus forte raison ; non-seulement, mais encore.*
Quà	quà	*tant que ; et... et.*
Non solùm, non modò	sed etiam	*non-seulement, mais encore.*
Ut, quemadmodùm, tanquam	sic, ita	*comme, de même que... ainsi.*
Ibi *(sans mouvement)*	ubi	*là où.*
Eò *(avec mouvement.)*	quò	*là où.*
Tùm	cùm	*alors que.*

Eò ad te tardiùs scripsi, *quòd* quotidiè te ipsum exspectabam. Cic. — Temeritate remotâ, gratissima est liberalitas : *eò*que eam studiosiùs plerique laudant, *quòd* summi cujusque bonitas commune perfugium est omnium. Cic. — Quis *tam* demens, *ut* suâ voluntate mœreat ? Cic. — Quanquam *adeò* excellebat Aristides abstinentiâ, *ut* cognomine Justus sit appellatus, tamen exsilio decem annorum multatus est. Nep. — Bellum *ita* suscipiatur, *ut* nihil aliud nisi pax quæsita videatur. Cic. — Socrates, *cùm* pænè in manu jam mortiferum illud teneret poculum, locutus *ita* est, *ut* non ad mortem trudi, verûm in cœlum videretur ascendere. Cic. — Nec *ita* claudenda est res familiaris, *ut* eam benignitas aperire non possit ; nec *ita* reseranda, *ut* pateat omnibus. Cic. — Fabricium *sic* admiratus est Pyrrhus, *ut*, cùm eum pauperem esse cognovisset, quartâ parte regni promissâ sollicitare voluerit, ut ad se transiret : contemptusque à Fabricio est. Eut.—Justitiæ *tanta* vis est, *ut* ne illi quidem, qui maleficio et scelere pascuntur, possint sine ullâ particulâ justitiæ vivere. Cic. — Constantinus urbem nominis sui ad *tantum* fastigium evexit, *ut* Romæ æmulam faceret. Eut. — Dolor *tantulum* malum est, *ut* à virtute obruatur. Cic. — *Eò* mores sunt redacti, *ut* paupertas probro sit, contempta divitibus, invisa pauperibus. Sen. — Hannibal assiduis patris obtestationibus *eò* est perductus, *ut* interire, quam Romanos non experiri, mallet. Nep.—Totæ res rusticæ *ejusmodi* sunt, *ut* eas non ratio, neque labor, sed res incertissimæ, venti tempestatesque moderentur. Cic. — Ferretne ulla civitas latorem *istius modi* legis, *ut* condemnaretur filius aut nepos, si pater aut avus deliquisset? Cic. — *Is* solis tactus est, non *ut* tepefaciat solùm, sed comburat. Quorum neutrum faceret, nisi esset igneus. Cic. — Verres urbem Syracusas elegerat, cujus *hic* situs, atque *hæc* natura esse loci cœliquè dicitur, *ut* nullus unquàm dies tam turbulentâ tempestate fuerit, quin aliquo tempore ejus diei solem homines viderent. Cic. — *Ea* sapientia majores nostri fuerunt, *ut* in legibus scribendis nihil sibi aliud, nisi salutem atque utilitatem reipublicæ proponerent. Cic. — Socratis non *ea* frons erat, *quæ* Crassi illius veteris, quem semel ait in omni vitâ risisse Lucilius, sed tranquilla et serena. Cic. — *Non secùs* absentes, *quàm* præsentes amicos Attico esse curæ cognitum est. Nep. — Nihil *æquè* vel augetur curâ, vel negligentiâ interciditur, *quàm* memoria. Quint. — Et lætamur amicorum lætitiâ *æquè atque* nostrâ, et pariter dolemus angoribus. Cic. — Alexander Jovis filium *non* dici *tantùm* se, *sed etiam* credi volebat tanquam *perindè* animis imperare posset *ac* linguis. Curt. —Agrippa Menenius vir erat, omni vitâ *pariter* Patribus *ac* plebi carus. Liv. — Miltiades cum *totidem* navibus *atque* erat profectus, Athenas rediit. Nep. — Plancii ego salutem non *secùs ac* meam tueri debeo. Cic.—Eventus fallit, cum *aliter* accidit *atque* homines arbitrati sunt. Cic.— Haruspices jusserunt, simulacrum Jovis facere majus, et in excelso collocare, et *contra atque* anteà fuerat, ad orientem convertere. Cic. — Vides omnia ferè, *contra ac* dicta sint ab haruspicibus, evenisse. Cic. — Hostes inter se jactabant, *similem* Romæ pavorem fore, *ac* bello Gallico fuerit. Liv. — Hannibal Minutium Rufum magistratum equitum, *pari ac* dictatorem imperio, dolo productum in prælium fugavit. Nep. — Dissimulatio est, cùm *alia* dicuntur, *ac* sentias. Cic. — Alexander edixit, ne quis ipsum *alius quam* Apelles pingeret. Plin.— *Quamdiù* animus remanet in nobis, *tamdiù* sensus et vita remanet. Cic. — Atticus, quæ ipse tribuerat beneficia *tamdiù*

meminerat, *quoad* ille gratus erat, qui acceperat. NEP. — Tarquinii *tamdiù* dimicârunt, *donec* Aruntem filium regis manu
suâ Brutus occidit. FLOR. — *Ta'is* Romæ Fabricius, *qualis* Aristides Athenis fuit. CIC. — Præclarè Socrates (dixit) hanc viam
ad gloriam proximam esse, si quis id ageret, ut, *qualis* haberi
vellet, *talis* esset. CIC. — Ut facillimè, *quales* simus, *tales* esse
videamur, in eo ipso vis maxima est (1), ut simus *ii, qui* haberi velimus. CIC. — Plato scripsit *quales* in republicâ principes
essent, *tales* reliquos solere esse cives. CIC. — Homo *toties* moritur, *quoties* amittit suos. P. S. — Musicæ magna vis in utramque partem : namque et incitat languentes, et languefacit
excitatos, et *tùm* remittit animos, *tùm* contrahit. CIC. — Temperantia *tùm* à libidine avocat, *tùm* insolenti alacritate gestire
non sinit, CIC. — *Cùm* omnium rerum simulatio est vitiosa, *tùm*
amicitiæ repugnat maximè. CIC. — Fortuna plurimùm potest,
cùm in reliquis rebus, *tùm* præcipuè in bello. CÆS. — Pax *cùm*
jucunda, *tùm* salutaris est. CIC. — Animi tranquillitas et securi-
tas affert *cùm* constantiam, *tùm* etiam dignitatem. CIC. — Insignis consul Papirius cursor, *quà* paternâ gloriâ, *quà* suâ. LIV.
— Etrusci *quà* consules ipsos, *quà* exercitum increpant. LIV. —
Avari homines *non solùm* libidine augendi cruciantur, *sed etiam*
amittendi metu. CIC. — Est *non modò* liberale paulùm nonnunquàm de suo jure decedere, *sed* interdùm *etiam* fructuosum.
CIC. — *Ut* sementem feceris, *ita* metes. CIC. — *Ut* agri non
omnes frugiferi sunt qui coluntur, *sic* animi non omnes culti
fructum ferunt. CIC. — *Quemadmodùm* temperantia sedat omnes appetitiones, et efficit ut hæ rationi pareant, conservatque
considerata judicia mentis ; *sic* huic inimica intemperantia omnem animi statum inflammat, conturbat, incitat. CIC. — *Tanquam* bona valetudo jucundior est iis, qui è gravi morbo re-
creati sunt, quàm qui nunquàm ægro corpore fuerunt : *sic*
omnia desiderata magis quàm assiduè percepta delectant. CIC.
— *Ubi* divitiæ claræ habentur, *ibi* omnia vilia sunt, fides,
probitas, pudor, pudicitia. SALL. — *Quò* se fortuna, *eòdem*
etiam favor hominum inclinat. JUST. — Ludo et joco uti licet,
sed sicut somno et quietibus cæteris, *tùm cùm* gravibus seriis-
que rebus satisfecerimus. CIC

Ellipse des antécéders *tantùm, totiès, tamdiù.*

Crescit amor nummi, *quantùm* ipsa pecunia crescit. JUV. —
Paretur librorum, *quantùm* satis est, nihil in apparatum.
SEN. — Crocodilus parit ova, *quanta* anseres. PLIN. — Si,
quoties peccant homines, sua fulmina mittat Jupiter, exiguo
tempore inermis erit. OVID. — *Quamdiù* in Italiâ fuit Hannibal,
nemo ei in acie restitit. NEP.

------

(1) *In eo vis maxima est ut*, le point essentiel est de.

CHAPITRE X.

264. Nom concret pour un nom abstrait. *A puero*, *à pueris*, pour *à pueritiâ*.

Quàm miserum ést, carere consuetudine amicorum, homini præsertìm docto *à puero*, et artibus ingenuis erudito. Cic. — Ingenuis artibus *à pueris* dediti fuimus. Cic.

---

265. Nom abstrait pour un nom concret. *Juventus*, *adolescentia* pour *juvenes*, *adolescentes*; *senectus* pour *senes*; *servitium* pour *servi*; *militia* pour *milites*; *remigium* pour *remiges*, etc., de même qu'en français on dit la jeunesse pour les jeunes gens, le sexe pour les personnes du sexe, les femmes, etc.

Legendus est Gracchus orator *juventuti*. Cic. — In ea, quæ non vult, sæpè *adolescentia* incurrit. Cic. — *Senectus* est naturâ loquacior. Cic. — *Servitia* sileant. Cic. — Rex Antiochus cum omni *militiâ* interficitur. Just. — Hannibalem parata instructaque *remigio* excepit navis. Liv.

---

266. Nom propre pour un nom commun.
Un *Auguste* aisément peut faire des *Virgiles*.

Non est alienum dignitâte tuâ habere aliquem in consiliis capiundis *Nestorem*. Cic. — Sint *Mæcenates*, non deerunt, Flacce, *Mârones*. Mart. — *Irus* (1) et est subitò, qui modò *Cræsus* erat. Ovid.

---

267 Le singulier pour le pluriel.
Du *berger* et du *roi* la poussière est la même.

Villa abundat *porco*, *hædo*, *agno*, *gallinâ*, lacte', caseo, melle. Cic. — Fugientes Volscos *eques romanus* libero campo adeptus, partæ victoriæ fruitur. Liv. — *Germanicus miles* mœnibus Cremonensium castra sua circumjecerat. Tac. — *Anser* in obsidione Capitolii, adventu Gallorum vociferatus est, canibus silentibus. Colum. — *Fabâ* Pythagoræi abstinuêre. Cic. — Ceres frumenta invenit, cùm antea *glande* vescerentur. Plin. — Demosthenis ex epistolis intelligi licet, quàm frequens fuerit Platonis *auditor*. Cic.

---

(1) Irus était un pauvre de l'île d'Ithaque, qui était à la suite des amans de Pénélope; il a donné lieu au proverbe des anciens, *plus pauvre qu'Irus*.

268. Le pluriel pour le singulier, par emphase.

C'est la vertu qui a soutenu dans toutes les positions de la vie *les Antonin* , *les Socrate* , *les Épictète* , *les Fénélon.*

Imitemur nostros *Brutos, Camillos* , *Curios, Fabricios* : amemus patriam , pareamus senatui , consulamus bonis. Cic.

269. La première personne du pluriel pour la première personne du singulier.

Librum de senectute ad te *misimus.* Cic. — Sex libros de republicâ tunc *scripsimus* , cùm gubernacula reipublicæ *tenebamus.* Cic. — Vides profectò Demosthenem multa perficere, *nos* multa conari; illum posse, *nos* velle, quocumque modo causa postulet, dicere. Cic. — Totum negotium non est dignum viribus *nostris* , qui majora onera in republicâ sustinere et possim et soleam. Cic.

270. *Nihil* pour *nemo.*

Nihil me infortunatius , *nihil* fortunatius est Catulo. Cic. — Dolabella tuo *nihil* scito mihi esse jucundius. Cic.

Nihil pour *non.*

Nihil mea carmina curas; *nil* nostrî miserere. Virg. — *Nihil* opus exemplis hoc facere longius. Cic.

271. *Nemo* pour *nullus.*

Adhuc *neminem* cognovi poetam , qui sibi non optimus videretur. Cic. — Tantæ quondam tenebræ eruptione ætnæorum ignium finitimas regiones obscuravisse dicuntur, ut per biduum *nemo* hominem homo agnosceret. Cic.

272. *Sexcenti* pour un nombre indéterminé.

Venio ad epistolas tuas, quas ego *sexcentas* uno tempore accepi , aliam aliâ jucundiorem. Cic — Quid delectationis habent *sexcenti* muli in Clytemnestrâ ? Cic. (1).

273. Les adjectifs *prior, primus , postremus, solus* , au lieu des adverbes *priùs, primò, postremò, solùm.*

Priori Remo augurium venisse fertur, sex vultures. Liv. —

_____

(1) Tragédie du poëte Attius, dans laquelle on voyait passer un grand nombre de mulets pour marquer la richesse du butin qu'Agamemnon remportait de Troie.

Tyriorum gens litteras *prima* aut docuit, aut didicit. Curt. —
Quarta urbs, quæ *postrema* ædificata est, Neapolis nominatur.
Cic. — Non corpori *soli* subveniendum est, sed menti atque
animo multò magis. Cic.

274. Adjectif joint à un verbe tenant la place d'un
adverbe ou attribut d'une proposition dont les autres
termes sont sous-entendus. *Redit acrior ad pugnam*, c'est-
à-dire *acriùs*, il retourne avec plus d'ardeur au combat.
Didicére imberbes, c'est-à-dire *dùm erant imberbes*, ils
ont appris pendant qu'ils étaient jeunes, dans leur jeunesse. Cette construction est surtout fréquente chez les
poëtes.

Mortem venientem nemo *hilaris* excipit, nisi qui se ad illam
diù composuerat. Sen.—Socrates venenum *lætus* et *libens* hausit.
Sen. — Illi, qui mœnia defensabant, ubi hostes paululùm modò
pugnam remiserant, *intenti* prœlium equestre prospectabant.
Sall. — Ferte *citi* ferrum, date tela, scandite muros. Virg. —
Tu mihi qui imperitas, aliis servis *miser*, atque Duceris, ut
nervis alienis mobile lignum. Hor. — Si veniam meretur, qui
imprudens nocuit, non meretur prœmium, qui *imprudens* profuit. Quint. — Quidquid præcipies, esto brevis, ut citò dicta
Percipiant animi *dociles*, teneantque *fideles*. Hor. — Exem-
plaria græca *Nocturná* versate manu, versate *diurná*. Hor.

Junius ædem salutis, quam *consul* voverat, *censor* locaverat,
dictator dedicavit. Liv. — Ego non eadem volo *senex*, quæ *puer*
volui. Sen. — Nemo nostrûm idem est in senectute, qui fuit *juvenis*. Sen. — Conon et *prætor* pedestribus exercitibus præfuit,
et *præfectus* classis res magnas mari gessit. Nep. — Qui studet
optatam cursu còntingere metam, Multa tulit, fecitque *puer*.
Hor.

275. *Nullus* pour *minimè*.

Nolite arbitrari, me, cùm à vobis discessero, nusquàm, aut
nullum fore. Nec enim, dùm eram vobiscum, animum meum
videbatis : sed eum esse in hoc corpore, ex his rebus, quas
gerebam, intelligebatis. Eumdem igitur esse creditote, etiamsi
nullum videbitis. Cic.

276. *Quis* se met pour *aliquis*, *quid* pour *aliquid*,
particulièrement après *si*, *ne*, *num*, *quò*. De même
quò, *quandò*, pour *aliquò*, *aliquandò*.

Ubi semel *quis* pejeraverit, ei credi posteà, etiamsi per plures deos juret, non oportet. Cic. — Quem *quis* amat, sciens non
lædit. Quint. — Neminem hoc errore duci oportet, ut, *si quid*

Socrates aut Aristippus contra morem consuetudinemque civilem fecerint locutive sint, idem sibi arbitretur licere Cic. — *Si quem* es nactus, qui in suam familiaritatem penitus intrarit : huic quantùm credendum sit, vide. Cic. — *Ne quis* tanquam parva fastidiat grammatices elementa. Quint.—Justitiæ primum munus est, ut ne *cui quis* noceat. Cic. — Quis nescit, primam esse historiæ legem, *ne quid* falsi dicere audeat? Cic. — Decrevit senatus, ut consul videret, *ne quid* respublica detrimenti caperet. Cic. — *Num quis* irascitur pueris, quorum æstas nondùm novit rerum discrimina? Sen. — Augustus, *si quo* pervenire mari posset, potiùs navigabat. Suet. — Lex Antia sanxit, ut, qui magistratus esset, *ne quo* ad cœnam, nisi ad certas personas, itaret. Gell. — Demosthenes dolere se aiebat, *si quando* opificum antelucanâ victus esset industriâ. Cic.

---

277. *Si quid, si quid est quod* pour *quod, id quod ; si quis, si quis est qui, si qui,* pour *qui, is qui, ii qui.*

Difficile est mutare animum, et *si quid* est penitùs insitum moribus, id subitò evellere. Cic.—Sic ab hominibus doctis accepimus, non solùm ex malis eligere minima oportere; sed etiam excerpere ex his ipsis, *si quid* inesset boni. Cic. — Araneolæ rete texunt, ut, si *quid* inhæserit, conficiant. Cic. — Nuda ferè Alpium cacumina sunt, et *si quid* est pabuli, obruunt nives. Liv. — In privatis rebus *si qui* rem mandatam non modò malitiosiùs gessisset, suî quæstûs aut commodi causâ, verùm etiam negligentiùs; eum majores summum admisisse dedecus existimabant. Cic. — *Si qui* voluptatibus ducuntur et se vitiorum illecebris et cupiditatum lenociniis dediderunt : missos faciant honores; ne attingant rempublicam : patiantur viros fortes labore, se otio suo perfrui. Cic. — *Si quis est, qui* neminem bonâ fide in gratiam putet redire posse, non nostram is perfidiam coarguit, sed indicat suam. Cic.

---

278. *Et is, isque, idemque,* pour *et quidem.*

Non lubet mihi deplorare vitam, quod multi, *et ii* docti sæpè fecerunt. Cic. — Privatas causas, *et eas* tenues agimus subtiliùs : capitis aut famæ ornatiùs : epistolas verò quotidianis verbis texere solemus. Cic. — Vitium est, quod quidam nimis magnum studium multamque operam in res obscuras atque difficiles conferunt, *easdemque* non necessarias. Cic.

---

279. *Idem* pour *item* ou *etiam, et ipse* pour *etiam.*

Quidquid honestum est, *idem* est utile. Cic. — Necesse est, qui fortis sit, *eumdem* esse magni animi Cic. — Quod pulcherrimum, *idem* tutissimum est, in virtute spem positam habere. Liv. — Viros fortes, magnanimos, *eosdem* bonos et simplices veritatis amicos, miniméque fallaces esse volumus. Cic. — Vespasiano Titus filius successit, qui *et ipse* Vespasianus est dictus. Eut. — Locri urbs sub defectionem Italiæ desciverat *et ipsa* ad Pœnos. Liv. — Darius cùm vinci suos videret, mori voluit *et ipse*. Just.

280. *Iste* marque souvent le mépris. Cela vient peut-être de ce que l'orateur appelait son client *hic* et sa partie adverse *iste*.

Ubi sunt *isti*, qui iracundiam utilem dicunt? Cic. — Major est virtutis jucunditas, quàm *ista* voluptas, quæ percipitur ex libidine et cupiditate. Cic. — Quanti verò *ista* civitas æstimanda est, ex quâ boni sapientesque pelluntur! Cic.

281. *Alter, prior, uter,* s'emploient quand on ne parle que de deux; *alius, primus, quis,* quand on parle de plus de deux.

Unus... alter, ou *alter... alter,* l'un... l'autre.

Uter, répété, lequel des deux... l'autre.

Alius, a, ud, répété, l'un... l'autre, une chose... une autre.

Aliter, répété, d'une manière... d'une autre. Exem. :

Unus ait, negat alter, ou *alter ait, negat alter,* l'un dit oui, l'autre dit non.

Quære uter utri insidias fecerit, examinez lequel des deux a dressé des embûches à l'autre.

Alii ludunt, cantant alii, les uns jouent, les autres chantent.

Injustitiæ genera duo sunt : *unum* eorum qui inferunt; *alterum* eorum qui ab iis quibus infertur, si possint, non propulsant injuriam. Cic. — Hoc doctoris intelligentis est, sic instituere adolescentes, ut *alteri* calcaria adhibeat, *alteri* frenos. Cic. — Milvo est quoddam bellum naturale cum corvo, ergo *alter alterius* ova frangit. Cic. — Divitias *alii* præponunt, bonam *alii* valetudinem. Cic. — *Aliis* animus, *aliis* occasio defuit. Cic. — Diei noctisque vicissitudo conservat animantes, tribuens *aliud* agendi tempus, *aliud* quiescendi. Cic. — Turpe est *aliud* loqui, *aliud* sentire. Sen. — Omnes, *aliud* agentes, *aliud* simulantes, perfidi, improbi, malitiosi sunt. Cic. — Virtutes ita copulatæ connexæque sunt, ut omnes omnium participes sint, nec *alia* ab *alia* possit separari. Cic. — *Aliter* cum tyranno, *aliter* cum amico vivitur. Cic. — Duas à te accepi epistolas. Respondebo igitur *priori* priùs. Cic. — *Prima* (officia) diis immortalibus, secunda patriæ, tertia parentibus, deinceps gradatìm reliqua reliquis debentur. Cic. — Diogenem miraris et Dædalum : *uter*

ex his sapiens tibi videtur? Sen. — *Uter* est ditior, cui deest,
an cui suppetit? Cic. — Deliberari solet, duobus propositis
honestis, *utrum* honestius sit ; itemque duobus propositis utili-
bus, *utrum* utilius. Cic. — Non facilè dijudicari potest, *uter*
utri anteponendus esse videatur. Cic. —Quæritur ex duobus *uter*
dignior, ex pluribus *quis* dignissimus. Quint. — *Quem* nostrûm
ille moriens apud Mantineam Epaminondas non cum quâdam
miseratione delectat? Cic.

282. *Alius* se répète dans la même proposition. *Alii*
aliis rebus delectantur, les uns aiment une chose, les
autres une autre ; littéralement : autres personnes aiment autres choses. On répète avec *alius* un de ses dérivés adverbes *aliò*, *aliàs*, *aliter*.

Alius alium ingenio præstat. Quint. — Procliviores *alii ad*
alios morbos. Cic. — *Alius aliis* vivendi mos est. Cic. — *Alios*
alio more videmus exta interpretari. Cic. — Sibyllæ versus
aliàs in *aliam* rem possunt accommodari Cic. — Multi homines *aliàs aliud* iisdem de rebus et sentiunt et judicant. Cic. —
Alius aliò curam suam mittit. Sen. — *Aliter alii* cum suis vivunt. Cic. — *Aliis aliundè* est periculum. Ter.

Remarquez ces locutions : *Neuter alterum amat*, ni
l'un ni l'autre aime l'autre, ils ne s'aiment ni l'un ni
l'autre : *uterque alteri nocet*, l'un et l'autre nuit à l'autre, ils se nuisent l'un à l'autre

283. *Hic*, celui-ci, se rapporte au dernier substantif
nommé ; *ille*, celui-là, au premier.

Cæsar beneficiis ac munificentiâ magnus habebatur ; integritate vitæ Cato : *ille* mansuetudine et misericordiâ clarus factus ;
huic severitas dignitatem addiderat. Cæsar dando, sublevando,
ignoscendo ; Cato nihil largiendo gloriam adeptus est. In altero
miseris perfugium erat, in altero malis pernicies : *illius* facili-
tas, *hujus* constantiâ laudabatur. Sall. — Meliùs de quibusdam
acerbi inimici merentur, quàm ii amici, qui dulces videntur :
illi verum sæpè dicunt, *hi* nunquàm. Cic.

284. *Suus, a, um*, se met élégamment devant *quisque*.

Stat *sua cuique* dies. Virg. — Quid dulcius hominum generi
à naturâ datum est, quàm *sui cuique* liberi? Cic. — Castra
sunt victori receptaculum, victo perfugium.... Patria altera est
militaris hæc sedes, vallumque pro mœnibus, et tentorium
suum cuique militi domus ac penates sunt. Liv.

285. *Quisque* se joint au nombre ordinal et le suit toujours.

Tricesimo quoque die triginta talenta Attica Pompeio solvuntur. Cɪc. — *Quinto quoque* anno Sicilia tota censetur. Cɪc. — Olea non continuis annis, sed feré *altero quoque* fructum affert. Cᴏʟᴜᴍ.

286. Les adjectifs possessifs ne s'expriment pas en latin lorsqu'ils peuvent être facilement suppléés.

In philosophiæ studio *ætatem* consumpsi. Cɪc. — *Manus* lava et cœna. Cɪc. — Manlius virtutem *filii* morte mulctavit. Qᴜɪɴᴛ. — Marius Cimbricæ victoriæ gloriam cum *collegd* Catulo communicavit. Cɪc. —Trahit Hectorem ad *currum* religatum Achilles. Cɪc.

287. En latin comme en français, le présent s'emploie au lieu du prétérit pour rendre là narration plus vive, plus animée.

Pisidas resistentes Datames *invadit*, primo impetu *pellit*, fugientes *persequitur*, multos *interficit*, castra hostium *capit*. Nᴇᴘ.

288. Le parfait de l'indicatif au lieu du plus-que-parfait du subjonctif.

Si homines rationem, bono consilio à Deo immortali datam, in fraudem malitiamque convertunt, non dari illam quàm dari, humano generi melius *fuit*. Cɪc. — Volumnia *debuit* in te officiosior esse, quàm fuit. Cɪc. — Magnus Crœsi amor.... (page 200, l. 25).

289. Le plus-que-parfait de l'indicatif au lieu du plus-que-parfait du subjonctif.

Populus Romanus, Cæsare et Pompeio trucidatis, rediisse in statum pristinæ libertatis videbatur : et *redierat*, nisi aut Pompeius liberos, aut Cæsar hæredem reliquisset. Fʟᴏ́ʀ. —*Perierat* imperium, si Fabius tantùm ausus esset, quantùm ira suadebat. Sᴇɴ.

290. Le futur absolu au lieu de l'impératif.

Valebis, meaque negotia *videbis*, meque, Deo juvante, ante brumam *exspectabis*. Cɪc. —*Facies* perpetuò, quod fecisti, ut omnes æquitatem tuam, temperantiam, integritatemque laudent. Cɪc. — Imbecillioribus ingeniis necessarium est, aliquem

præire : hoc *vitabis*, hoc *facies*. Sen. — Tu nihil invitâ *dices fa-
ciesve* Minervâ. Hor.

---

291. Le présent du subjonctif au lieu du futur.

Ubi socordiæ te atque ignaviæ tradideris, nequicquam deos
implores; irati infestique sunt. Sall. — Quem neque gloria,
neque pericula excitant, nequicquam *hortere ;* timor animi au-
ribus officit. Sall.—Unus furiosus gladiator, cum teterrimorum
manu, contra patriam gerit bellum. Huic *cedamus ?* hujus con-
ditiones *audiamus ?* Cic.

---

292. Le présent du subjonctif au lieu de l'imparfait
du même mode.

Si Deus te *interroget*, num amplius quid desideres, quid *res-
pondeas?* Cic. — Dies *deficiat*, si *velim* numerare, quibus bonis malè evenerit, quibus malis optimè. Cic.

> Cùm tot sustineas et tanta negotia solus,
> Res Italas armis tuteris, moribus ornes,
> Legibus emendes ; in publica commoda *peccem*,
> Si longo sermone *morer* tua tempora, Cæsar.   Hor.

---

293. Le parfait du subjonctif au lieu du présent du
même mode.

Quod dubites, ne *feceris*. Plin. — Nihil gratiæ causâ *feceris*.
Cic. — Platonem nec nimis valdè unquàm, nec nimis sæpè *lau-
daveris*. Cic. — Si quis *voluerit* animi sui notionem evolvere,
jam se ipse doceat, eum virum bonum esse, qui prosit, quibus
possit, noceat nemini. Cic.

---

294. L'infinitif s'emploie, dans les poëtes particulièrement : 1°. au lieu du génitif du gérondif, 2°. au lieu du
supin après les verbes de mouvement, 3°. comme complément d'un adjectif.

Et jam tempus equûm spumantia *solvere* colla. Virg. — Sed,
si tantus amor casus *cognoscere* nostros, Et breviter Trojæ supremum *audire* laborem, Incipiam. Virg. — Consilium capit
omnem à se equitatum *dimittere*. Cæs.

Non nos aut ferro Libycos *populare* penates *Venimus*, aut
raptas ad littora *vertere* prædas. Virg.

Nescia mens hominum fati, sortisque futuræ, Et *servare*
modum, rebus sublata secundis. Virg. — Luctantem Icariis
fluctibus Africum Mercâtor metuens, otium et oppidi Laudat
rura sui; mox reficit rates Quassas, *indocilis* pauperiem *pati*.
Hor. — Non ille pro caris amicis, Aut patriâ *timidus perire*.

Hor. — Nos numerus sumus et fruges *consumere nati*. Hor. — Ambo florentes ætatibus, Arcades ambo; Et *cantare pares, et respondere parati*. Virg. — (Sempronia) litteris græcis atque latinis *docta; psallere, saltare* elegantiùs quàm necesse est probæ; multa alia, quæ instrumenta luxuriæ sunt. Sall. — Occidit una domus: sed non domus una *perire Digna* fuit. Ovid. — *Insueto* Philippo vera *audire*, ferocior Æmilii oratio visa est, quàm quæ habenda apud regem esset. Liv.

295. *Cùm primùm*, *ut primùm*, aussitôt que, dès que; *quàm primùm*, au plus tôt, aussitôt que possible, avant tout.

Anatum ova gallinis sæpè supponimus : è quibus pulli orti primùm aluntur ab iis, ut à matribus : deindè eas relinquunt, *cùm primùm* aquam, quasi naturalem domum, videre potuerunt. Cic. — *Ut primùm* potestas data est augendæ dignitatis tuæ, nihil prætermisi in te ornando. Cic.— Bellum confici *quàm primùm* oportet. Liv.— Sæpè de litteris hortatus sum, ut *quàm primùm* reipublicæ subvenires. Cic.

296. *Minùs* pour *non*.

Nonnunquàm ea quæ prædicta sunt, *minùs* eveniunt. Cic. — Hæc Alcibiadi lætitia *minùs* fuit diuturna. Nam.... classe in Asiam profectus, quòd apud Cymen *minùs* ex sententiâ rem gesserat, in invidiam recidit. Nep.

297. *Dùm* pour *adhuc*, encore, s'ajoute aux négations *non*, *nec*, *neque*, *nihil*, *nullus*, *haud*.

Nondùm est virtus, pessimis esse meliorem. Sen. — Quintus frater quid agat, si scis, *nequedùm* Româ es profectus, scribas ad me velim. Cic. — (Jul. Cæsar) animadversâ apud Herculis templum Magni Alexandri imagine, ingemuit, et quasi pertæsus ignaviam suam, quòd *nihildùm* à se memorabile actum esset, in ætate quâ jam Alexander orbem terrarum subegisset. Suet. — *Nullasdùm* in Asiâ civitates socias habebat populus Romanus. Liv. — Fiebant itinera, quanta fieri sinebat hiems *hauddùm* exacta. Liv. — Arvum dicitur, quod aratum, *necdùm* satum est. Varr.

298. *Ita*, antécédent de *ut*, se prend dans le sens de

Hoc modo.

Qui per largitionem magistratus adepti sunt, solent *ita* potestatem gerere, *ut* illam lacunam rei familiaris expleant. Cic

Hâc conditione.

Alexander, Atheniensibus bellum deprecantibus, *ita* demùm remisit, *ut* oratores et duces, quorum fiduciâ toties rebellent, sibi dedantur. Just.

Hoc consilio.

Si quis *ita* sese armat eloquentiâ, *ut* non oppugnare commoda patriæ, sed pro his pugnare possit, is mihi vir utilissimus atque amicissimus civis fore videtur. Cic.

Hoc exitu.

Ita vestri cum Mithridate contenderunt imperatores, *ut* ab illo insignia victoriæ, non victoriam reportarent. Triumphavit Sulla, triumphavit Murena de Mithridate, duo fortissimi viri et summi imperatores : sed *ita* triumphârunt, *ut* ille pulsus superatusque regnaret. Cic.

---

299. *Ne... quidem*, ne... pas même. *Eum ne vidi quidem*, je ne l'ai pas même vu.

Tout mot de la phrase ne peut pas séparer ces deux particules. Il faut choisir celui sur lequel on veut appeler l'attention. Veux-je dire qu'on est si peu disposé à me prêter quelque chose d'intéressant, qu'on ne veut pas même me prêter un livre, c'est alors le mot *livre* qui doit séparer *ne... quidem*. On dira donc : *ne librum quidem mihi commodare vis*. Si le sens est que, bien loin de vouloir prêter à un étranger, on ne veut pas même me prêter, ce sera le mot *me* qu'affectera *pas même*, et on construira ainsi : *ne mihi quidem librum commodare vis*. Enfin, si j'ai l'intention de dire qu'on ne veut pas me faire présent du livre, puisqu'on ne veut pas même me le prêter, ce sera le verbe *commodare* qui appartiendra à *ne... quidem*, et on dira : *tu mihi librum ne commodare quidem vis* (1).

Nobilis equus umbrâ quoque virgæ regitur, ignavus *ne* calcari *quidem* concitari potest. Curt. — Sæpè *ne* utile *quidem* est scire, quid futurum sit. Cic. — Justitiæ tanta vis est, ut *ne* illi *quidem*, qui maleficio et scelere pascuntur, possint sine ullâ particulâ justitiæ vivere. Cic. — Neque contra rempublicam, neque contra jusjurandum ac fidem, amici causâ, vir bonus faciet, *ne* si judex *quidem* erit de ipso amico. Cic. — Bonus vir non modò facere, sed *ne* cogitare *quidem* quidquam audebit, quod non audeat prædicare. Cic. — Qui magnum scelus commi-

---

(1) Édition du *Rudiment* de L'Homond, publiée par Lemare.

serunt, non modò sine curâ quiescere, sed *ne* spirare *quidem* sine metu possunt. Cic. — Ingenioso homini atque erudito ego esse iratus, *ne* si cupiam *quidem*, possum. Cic.

300. Deux négations se neutralisent et équivalent à une affirmation.

Nulli non ad nocendum satis virium est. Sen. — *Nemo non* benignus est suî judex. Sen. — Iris *nunquàm non* adversa soli est. Sen. — Atticus rei familiari tantùm operæ dabat, quantùm *non indiligens* debebat pater-familiâs. Nep. — *Neque* tamen *non* te cautum esse volo et insidias vitantem. Cic. — *Nemo* potest *non* eum maximè laudare, qui cum spe vincendi simul abjicit certandi etiam cupiditatem. Cic. — *Nusquàm abero*. Virg.

301. *Nec*, *neque*, pour *et non; nec ullus* pour *et nullus; nec quisquam* pour *et nemo; nec quidquam*, *nec unquàm*, *nec usquàm*, pour *et nihil, et nunquàm, et nusquàm*.

Multi omnia metiuntur emolumentis et commodis, *neque* ea volunt præponderari honestate. Cic. — Illa, quæ aliis sic, aliis secùs, *nec* iisdem semper uno modo videntur, ficta esse dicimus. Cic. — Omnis ignis pastûs indiget, *nec* permanere *ullo* modo potest, nisi alatur. Cic. — Avari plùs semper appetunt, *nec* eorum *quisquam* adhuc inventus est, cui, quod haberet, esset satis. Cic. — Multi omnia se simulant scire, *nec quidquam* sciunt. Plaut. — Horæ cedunt, et dies, et menses, anni : *nec* præteritum tempus *unquàm* revertitur. Cic. — Si te amicus tuus moriens rogaverit, ut hæreditatem reddas suæ filiæ, *nec usquàm* id scripserit, *nec cuiquam* dixerit : quid facies? Cic.

302. *Partìm* est un ancien accusatif de *pars*. On l'emploie comme sujet ou comme complément direct, et plus ordinairement comme complément de la préposition *secundùm* sous-entendue.

Eorum (discipulorum Isocratis) *partìm* in pompâ (1); *partìm* in acie illustres esse voluerunt. Cic. — Bestiarum terrenæ sunt aliæ, *partìm* aquatiles, aliæ quasi ancipites, in utrâque sede viventes. Cic. — *Partìm* ejus prædæ devoravit lubido; *partìm* inaudita luxuries. Cic. — Pecudes *partìm* ad vescendum, *partìm* ad cultus agrorum, *partìm* ad vehendum, *partìm* ad corpora vestienda factæ sunt. Cic.

303. *Et* pour *etiam*.

Medecina *et* sceleratis opem ministrat. Sen. — Epicurus glo-

____

(1) *In pompâ*, dans les écoles; *in acie*, dans le barreau.

riatur in scriptis, se magistrum habuisse nullum. Quod *et* non prædicanti, tamen facilè quidem crederem : sicut mali ædificii domino glorianti, se architectum non habuisse. Cic.

304. On doit toujours employer *si non*, *si minùs*, et non *nisi*, lorsque l'un de ces mots, *at*, *tamen*, *certè*, doit suivre.

Perfectum oratorem *si* imitari atque exprimere *non* possumus, *at* qualis esse debeat, poterimus fortasse dicere. Cic. — Quos conjunctos summâ benevolentiâ plurimisque officiis amisisti, eorum desiderium, *si non* æquo animo, *at* forti feras. Cic. — Nemo est tam agrestis, quem non, *si* ipsa *minùs* honestas, contumelia *tamen* et dedecus magnoperè moveat. Cic. — *Si minùs* imitatione tantam ingenii præstantiam consequi possemus, voluntate *certè* proximè accedimus. Cic.

305. *Sin autem*, *sin minùs*, *sin secùs*, sinon, si au contraire, annoncent une seconde proposition conditionnelle opposée à une première. La proposition qui devrait suivre *sin minùs*, *sin secùs*, est souvent sous-entendue tout entière.

Scytharum legati ad Alexandrum : *Si* Deus es, inquiunt, tribuere mortalibus beneficia debes, non sua eripere ; *sin autem* homo, id quod es, semper esse te cogita. Curt. — Omnis cura mea solet in hoc versari semper, *si* possim, ut boni aliquid efficiam : *sin* id *minùs*, ut certè ne quid mali. Cic. — *Si* illud, quod volumus, eveniet, gaudebimus : *sin secùs*, patiemur animis æquis. Plaut.

306. Les Latins placent ordinairement les mots régis avant ceux qui les régissent, et renvoient le verbe à la fin de la période pour opérer une suspension.

Tandem aliquandò, Quirites, L. Catilinam furentem audaciâ, scelus anhelantem, pestem patriæ nefariè molientem, vobis atque huic urbi ferrum flammamque minitantem, ex urbe *ejecimus*. Cic — Darius, tanti modò exercitûs rex, qui triumphantis magis quàm dimicantis more, curru sublimis, inierat bellum, per loca quæ immensis propè agminibus compleverat, jam inania et ingenti solitudine vasta, *fugiebat*. Curt. (1).

---

(1) Ce verbe *fugiebat*, renvoyé à la fin, peint d'une manière admirable le contraste entre l'ancienne fortune de Darius et sa fortune présente. C'est une beauté de diction qu'il est presque impossible de rendre en français.

3o7. *Enim*, *verò*, *autem*, *quoque*, *quidem*, ne doivent jamais commencer la phrase.

Communis utilitatis derelictio contra naturam est; est *enim* injusta. Cɪc. — Multa sunt civibus inter se communia. Arctior *verò* colligatio est societatis propinquorum. Cɪc. — Magnes lapis est, qui ferrum ad se trahit; rationem *autem*, cur id fiat, afferre non possumus. Cɪc. — Quis neget, eximiam *quoque* gloriam sæpiùs fortunæ, quàm virtutis esse beneficium? Cᴜʀᴛ. — Plurima *quidem* proferre possemus; sed modus adhibendus est. Nᴇᴘ.

3o8. On doit avoir soin de rapprocher les mots semblables et ceux qui forment une opposition.

Nulla *virtus virtuti* contraria est. Sᴇɴ. — Homines hominum causâ generati sunt, ut ipsi inter se *aliis alii* prodesse possint. Cɪc. — Natura *alterum alterius* indigere voluit. Cᴏʟᴜᴍ. — *Cives civibus* parcere æquum est. Nᴇᴘ. — Creverunt *et opes et opum* furiosa cupido; Et càm possideant *plurima, plura* petunt. Ovɪᴅ. — Non id videndum, conjugum ut *bonis bona*, at ut ingenium congruat, et *mores moribus*. Tᴇʀ. — Mirabile videtur quòd non rideat *haruspex*, càm *haruspicem* viderit. Cɪc. — Quàm multa, quæ nostrâ causâ nunquam *faceremus, facimus* causâ amicorum. Cɪc. — Quædam *falsa veri* speciem ferunt. Sᴇɴ. — Fragile *corpus animus* sempiternus movet. Cɪc. — Sublato *tyranno, tyrannida* manere video. Cɪc. — Multi *famam, conscientiam* pauci verentur. Pʟɪɴ.

3o9. *Quisque* suit toujours le superlatif, *optimus quisque* (185); l'adjectif possessif, *suum cuique* (284); le nom de nombre ordinal, *tertio quoque anno* (285).

Non, *nondùm*, *nunquàm*, *nusquàm*, précèdent toujours le verbe.

Decorum ab honesto *non* potest separari. Cɪc. — *Nondùm* vir bonus ac justus haberi debet, qui, ne malum habeat, abstinet se ab injuriâ. Cɪc. — *Nunquam* secura est prava conscientia. P. S.

LIVRE III.

DES FIGURES DE SYNTAXE.

CHAPITRE PREMIER. DE L'ELLIPSE. (*Voy. p. 116.*)

Nous ne ferons mention dans cet article que des ellipses que nous n'avons point encore eu l'occasion d'expliquer.

310. CAMPUM est sous-entendu quand on dit *per apertum ire* parcourir la plaine.

CARO est sous-entendu avec *ferina, canina, vervecina*, etc.

Legati a Dario Carthaginem venerunt, afferentes edictum, quo Pœni humanas hostias immolare, et *caninâ* [1] vesci prohibebantur. JUST.

CASTRA est sous-entendu avec ces mots *æstiva* et *hiberna*, quartiers d'été, d'hiver ; et avec *stativa*, retranchemens.

DII est sous-entendu avec ces mots : *superi, inferi, manes*.

Flectere si nequeo *superos* [2], Acheronta movebo. VIRG.

FESTA est sous-entendu avec les noms qui signifient les fêtes des divinités païennes, tels que *Saturnalia, Cerealia*.

LOCUS est sous-entendu avec une infinité d'adjectifs. *Castris in apertis* [3] *positis*. LIV. — *In invium* [4], *in avium* [4]. — *Ab humili* [5], *ad summum*. [4] — *In medio* [5] *situs*. — Après *primò, secundò, tertiò*, qui sont des adjectifs à l'ablatif, et non des adverbes, on sous-entend *in loco*.

LOCA se sous-entend avec les adjectifs *averna, superna, infera*, etc.

LUDI se sous-entend avec *circenses, Megalenses*.

MANUS se sous-entend avec *dextra, læva, sinistra*.

MARE est sous-entendu avec *tranquillum, profundum, altum*.

Littus ama, *altum* alii teneant. VIRG.·

MILLIA est sous-entendu dans cette expression : *Sestertium decem*, c'est-à-dire, *decem millia sestertiorum*, dix milliers de petits sesterces, ou dix grands sesterces.

Decies sestertiûm, sous-ent. *centena millia*, dix fois cent milliers de petits sesterces, un million de petits sesterces ou mille grands sesterces.

MODO est sous-entendu dans : *Quo pacto istud fiet ?* parce que *pacto* est adjectif. *Perpetuò, citò*, et beaucoup d'autres semblables sont des adjectifs à l'ablatif à cause de *modo* ou *negotio* sous-entendu.

NAVIS est sous-entendu dans ces phrases :

Solvite [6] portu. — Appulit [6] ad portum. — Tu velim quàm primùm conscendas [6]. CIC.

---

[1] Carne. [2] Deos. [3] Locis. [4] Locum. [5] Loco. [6] Navem.

ORATIO est sous-entendu avec *prosa*, qui vient de *prorsa* pour *recta*.

PARS est sous-entendu dans *dextera, sinistra, quadragesima,*etc.

Pro litibus *quadra gesima* [1] summæ exigebatur. SUET.

PARTES, accusatif pluriel, est sous-entendu avec *primas, secundas*, etc.

Amoris erga me, cùm a fraterno amore, domesticoque discessi, tibi *primas* defero. CIC. — Quis unquam dubitavit, quin in republicâ nostrâ *primas* eloquentia tenuerit semper, urbanis pacatisque rebus : *secundas*, juris scientia ? CIC.

PECUNIA est sous-entendu dans *repetundarum* et *repetundis*, génitifs et ablatifs pluriels.

Postulare aliquem de *repetundis*. [2] — Insimulari [3] *repetundarum*.

PASSUS, PASSUUM, est sous-entendu dans *ire duo millia; longitudo septingentorum millium*.

TEMPUS est sous-entendu à l'ablatif dans ces expressions : *Brevi, ex quo, ex illo*; et à l'accusatif dans ces expressions : *in posterum, in perpetuum, in æternum, in longum, in longius*.

Ex quo [4] pecunia in honore esse cœpit, verus rerum honor cecidit. SEN. — Archimedes unus obsidionem Syracusarum *in longius* [5] traxit. QUINT.

RES est sous-entendu dans cette phrase : *satin' salvæ?* (6) c'est-à-dire *satisne res tuæ sunt salvæ ?*

Quærenti viro, *satin' salvæ ?* Minimè, inquit (Lucretia) : quid enim salvi est mulieri, amissâ pudicitiâ ? LIV.

VERBA est sous-entendu dans ces phrases si communes : *Quid multa ?* c'est-à-dire, *quid dicam multa verba ? ne plura*, c'est-à-dire, *ne dicam plura verba ; ne multis*, c'est-à-dire, *ne utar multis verbis ; paucis te volo*, c'est-à-dire, *volo te alloqui in verbis paucis*.

SPATIO est sous-entendu dans cette phrase :

Hanc epistolam dictavi sedens in rhedâ, cùm in castra proficiscerer, a quibus aberam *bidui*. CIC.

VIA ou PARTE est sous-entendu avec *eâ, quâ, quâcumque, aliâ*, etc.

Miror ambigi, *quânam* Alpes transierit Hannibal. LIV. — Hispania, nisi *quâ* Gallias tangit, pelago undique cincta est. POMP. MEL. — Hannibal, *quâcumque* iter fecit, cum omnibus incolis conflixit ; neminem, nisi victum, dimisit. NEP. — Xerxes, *quâ* sex mensibus iter fecerat, *eâdem* minùs diebus triginta in Asiam reversus est. NEP.— Equites, sine duce relicti, alii *aliâ* in civitates suas dilapsi sunt. LIV.

ALIQUIS, ALIQUID se sous-entend ordinairement lorsqu'il est l'antécédent du pronom relatif *qui, quæ, quod*.

Pars. [1] Pecuniis. [2] De crimine pecuniarum. [3] Tempore. [4] Tempus
[5] Formule que les Latins employaient en s'abordant au retour du voyage.

In hoc Homero hoc maximum est, quòd neque ante illum, *quem* ille imitaretur, neque post illum, *qui* eum imitari possit, inventus est. Vell. — Quid dulcius quàm habere *quocum* omnia audeas sic loqui, ut tecum? Cic. — Nihil est difficilius, quàm reperire quod sit omni ex parte in suo genere perfectum. Cic.

---

311. Adde se sous-entend dans l'expression *ad hoc, adde ad hoc.*

Præclara facies, magnæ divitiæ, *ad hoc* vis corporis et alia hujusce modi omnia brevi dilabuntur; at ingenii egregia facinora, sicut anima, immortalia sunt. Sall.

Cæpit se sous-entend devant le présent de l'infinitif que les Latins emploient au lieu de l'imparfait de l'indicatif pour rendre leur style plus vif et plus animé.

Cæsar *siccare* Pomptinas paludes, *emittere* Fucinum lacum, viam *munire* a mari Supero per Apennini dorsum ad Tiberim usque, *perfodere* Isthmum. Talia agentem mors prævenit. Suet. — Senatus diis *agere* gratias, quòd Camillus in magistratu esset. Liv. — Plebs, conjuratione patefactâ, quæ primò cupida rerum novarum nimis bello favebat, mutatâ mente, Catilinæ consilia *exsecrari*, Ciceronem ad cœlum *tollere*. Sall.

Dico. Ce verbe se sous-entend très-souvent en latin. *Quid multa?* c'est-à-dire *quid dicam multa verba?*

Asinus, ut vidit ferum (leonem) Impunè lædi, calcibus frontem exterit. At ille exspirans [1] : Fortes indignè tuli Mihi insultare : te, naturæ dedecus, Quòd ferre cogor, certè bis videor mori. Phæd. — Consulentibus nominatim Pythia præcepit, ut Miltiadem sibi imperatorem sumerent [2]. Id si fecissent, incepta prospera futura. Nep.

Fac, faites, j'accorde, supposons, supposé, se sous-entend devant *ut.*

Ut desint vires, tamen est laudanda voluntas. Ovid. — Nihil est profectò homini prudentiâ dulcius, quam, *ut* cætera auferat, adfert certè senectus. Cic.

Facere est sous-entendu dans cette phrase :

Quid non mortalia pectora cogis [3], Auri sacra fames? Virg.

Esse est sous-entendu dans cette phrase :

Epicurus, quasi pueri delicati, nihil [4] cessatione melius existimat. Cic.

Pertinet ou refert se sous-entend dans ces phrases :

Hoc nihil ad me. Cic. — Nihil ad rem, extrema syllaba longa sit, an brevis. Cic. — Quid ad Cæsarem, quid agat nostra Germania? Flor.

---

312. Quam est souvent sous entendu après *plus, minùs, magis, ampliùs,* etc.

Tribuni legem promulgârunt, ne quis *plus* quingenta jugera agri possideret. Liv. — Vulnerantur *ampliùs* sexcenti. Cæs.

---

[1] Dixit. [2] Et dixit. [3] Facere. [4] Esse.

Ita antécédent de *ut* est sous-entendu dans les phrases suivantes :

Homo non sibi soli natus est , sed patriæ , sed suis, *ut* perexigua pars ipsi relinquatur. Cic. — Aristoteles ait omnes ingeniosos melancholicos esse : *ut* ego me tardiorem esse non molestè feram. Cic. — Quis est, qui velit, *ut* neque diligat quemquam , nec ipse ab ullo diligatur , circumfluere omnibus copiis, atque in omnium rerum abundantiâ vivere ?-Cic.

Propter se sous-entend devant *quid*,

Quid me doces scientiam inutilem ? Sen.

De l'ellipse appelée zeugma.

3i3. Les grammairiens ont distingué de l'ellipse proprement dite, où un mot sous-entendu ne se trouve point dans le discours, l'ellipse par laquelle un mot déjà exprimé dans une proposition est sous-entendu dans une ou plusieurs autres de la même phrase ou période. Cette seconde espèce d'ellipse s'appelle *Zeugma*, du mot grec Ζεῦγμα qui signifie liaison , assemblage. Le Zeugmà consiste :

1°. A sous-entendre dans une proposition un mot qui se trouve dans une autre analogue ou corrélative. On le sous-entend ou tel qu'il est déjà exprimé, ou en le changeant de genre , de nombre ou de cas s'il est nom ; de nombre, de personne ou de mode s'il est verbe.

Obsequium [1] amicos, veritas odium parit. Ter. — Puras [2] Deus [3], non plenas aspicit manus. P. S. — Ut ager, quamvis fertilis, sine culturâ fructuosus esse non potest, sic sine doctrinâ animus [4] . Cic. — Oderunt hilarem tristes, tristemque [5] jocosi; Sedatum [5] celeres; agilem [6] gnavumque [5] remissi. Hor.

Utinam aut hic surdus [7], aut hæc muta facta sit ! Ter. — Sociis [8] et rege recepto [5] Ingenii egregia facinora , sicut anima [9], immortalia sunt. Sall. — Quid ille fecerit quem neque pudet quicquam, nec [10] metuit quemquam, nec [10] legem se putat tenere ullam ! Ter. — Contemnunt novitatem meam ; ego illorum ignaviam [11]. Mihi fortuna [12], illis probra objectantur. Sall. — Ille timore, ego risu corrui. Cic. — Nemo est, qui non equo, quo consuevit [13], libentiùs utatur, quàm intracto et novo. Cic.

2o. A sous-entendre le verbe dans l'énumération des parties , lorsque celui qui comprend tout est exprimé dans le premier membre de la phrase.

Aquilæ volârant, hæc ab oriente, illa ab occidente. Cic.

---

[1] Parit. [2] Manus. [3] Aspicit. [4] Non potest esse fructuosus. [5] Oderunt. [6] Remissi oderunt. [7] Factus sit. [8] Receptis. [9] Immortalis est. [10] Qui. [11] Contemno. [12] Objectatur. [13] Uti.

CHAPITRE II. Du Pléonasme.

314. Le *pléonasme* (1) est une figure par laquelle on ajoute des mots qui ne sont pas nécessaires au sens de la phrase, et qui quelquefois lui donnent de la force ou de la grâce, et quelquefois le déparent par des répétions inutiles. Quand on dit, *vidi oculis*, j'ai vu avec les yeux, on fait un pléonasme vicieux, parce que le verbe *vidi* seul signifie la même chose que *vidi oculis*. Si on dit : *his oculis vidi*, je l'ai vu de ces yeux, le pléonasme n'est pas vicieux, parce que l'adjectif *his* donne un sens plus déterminé à la phrase. Les expressions suivantes : *Sic ore locutus*, Virg.; *Magis majores nugas agere*, Plaut.; *Oportet præscisse me ante*, Ter. ; *Talia voce refert*, Virg., et d'autres pareilles des écrivains du bon siècle paraissent des défauts réels plutôt que des tours figurés.

Il ne faut pas regarder comme superflu dans le discours, c'est-à-dire comme pléonasme défectueux, ce qui a été mis pour donner plus de grâce, plus de force, plus de netteté. Columelle a dit : *Apis si sævit, maximè pessima ;* on voit que *maximè* n'ajoute pas à la signification du superlatif *pessima*, mais on sent que la fureur de l'abeille est exprimée avec plus d'énergie. Il en est de même de cette phrase d'Horace : *Græcorum longè doctissimus*.

---

315. Pléonasme de *hoc*, un infinitif étant sujet de la proposition. Famam extendere factis, *hoc* virtutis opus. Virg.

---

316. Pléonasme de *hoc*, *id*, *illud*, *ita*, *sic*, suivis d'une proposition infinitive.

Inter omnes *hoc* constat, nec doctos homines solùm, sed etiam indoctos, virorum esse fortium et magnanimorum, toleranter dolorem pati. Cic. — Cæsari cùm *id* nuntiatum esset, Helvetios per provinciam nostram iter facere conari, maturat ab urbe proficisci. Cæs. — *Illud* absurdum est, quod quidam dicunt, parenti se, aut fratri nihil detracturos, commodi sui causâ : aliam rationem esse civium reliquorum. Cic. — Scio plerosque *ita* scripsisse, Themistoclem, Xerxe regnante, in Asiam transiisse. Nep. — *Sic* velim existimes, te mihi nihil gratius facere posse, quàm si intellexero, per te Anneium negotium ex sententiâ confecisse. Cic.

---

317. Pléonasme de *hoc*, *illud*, suivis d'une proposition subordonnée liée par *ut* à la principale.

Non *hoc* philosophia vult, ut, si segetibus aut vinetis cujuspiam tempestas nocuerit, aut si quod e vitæ commodis casus abstulerit, eum, cui quid horum acciderit, aut invisum Deo, aut neglectum a Deo, judicemus. Cic.—*Illud* natura non patitur, ut aliorum spoliis nostras facultates augeamus. Cic.

---

(1) *Rudiments de la Traduction*, par Ferri de Saint-Constant.

3:8. Pléonasme de *ille* devant *quidem*.

Fortis es et magnus, cùm ita sis affectus animo, ut res geras
magnas *illas* quidem et maximè utiles, sed et vehementer ar-
duas, plenasque laborum et periculorum. Cic. — Morositas senum habet aliquid excusationis, non *illius* quidem justæ, sed
quæ probari posse videatur. Cic.

**3:9. Pléonasme de *ejus* dans les expressions *quoad ejus facere
potest*, *quoad ejus fieri potest*, autant que possible.**

Tu velim ne intermittas, quoad *ejus* facere poteris, scribere
ad me. Cic.

3:o. Pléonasme du verbe *sum* et du pronom relatif.

Justitia *est*, *quæ* suum cuique distribuit. Cic. — Beneficium
non in eo quod fit aut datur, constitit, sed in ipso facientis
aut dantis animo : animus *est* enim *qui* beneficiis dat pretium.
Sen. — Æsculapiorum tertius *fuit qui* primus purgationem alvi,
dentisque evulsionem, ut ferunt, invenit. Cic. — Pectus *est*
quod disertos facit. Quint. (1)

CHAPITRE III. Des Hellénismes de la langue latine.

(Cet article nous a été communiqué par M. Charma, élève
distingué de l'École Normale.)

3a1. Outre les *formes* et les *tours* généralement adop-
tés par les Latins, on trouve encore dans leurs écrivains
des *tours* et des *formes* contraires au génie de la langue
latine, et imités des Grecs : c'est ce qu'on appelle des
Hellénismes.

Pour les *formes* qui se réduisent à peu près à quelques
variétés de terminaison dans les déclinaisons, et au redoublement dans le parfait de quelques verbes, voyez
pages 38, 39, 40, 62.

Nous diviserons en trois sections ce qui nous reste à
dire sur les *tours :* dans la première nous traiterons de
l'*attraction ;* dans la seconde de l'*ellipse ;* la troisième
contiendra différens *hellénismes* dont chacun n'a pas assez
d'importance et d'étendue par lui-même pour mériter
une section à part.

---

(1) Nous disons en français : *C'est* le même Dieu *qui* nous jugera tous,

§ 1. *De l'attraction.*

322. On trouve quelquefois en latin des mots qui, au lieu d'être au cas qu'exige la fonction qu'ils remplissent dans la phrase, prennent le cas d'un autre mot dont ils ne dépendent pas, mais par lequel ils sont en quelque sorte attirés : c'est ce qu'on appelle *attraction de cas.*

> Κεῖται δ' ἄσιτος, σῶμ' ὑφεῖσ' ἀλγηδόσι,
> Τὸν πάντα συντήκουσα δακρύοις χρόνον,
> Ἐπεὶ πρὸς ἀνδρὸς ἤσθετ' ἠδικημένη...   Eurip. *Med.* 26.
> Dixit : et extemplò (neque enim responsa dabantur
> Fida satis) sensit medios *delapsus* in hostes.
>   Virg. *Æ.* II , 376.

Ἠδικημένη, pour αὐτὴν ἠδικημένην, attiré au nominatif par le nominatif sous-entendu Μήδεια.

Delapsus, pour *delapsum se,* attiré par le nominatif sous-entendu *Androgeos.*

> Φησίν γε· φάσκων δ', οὐδὲν ὧν λέγει ποιεῖ.   Soph. *Electr.* 321.
> Eupolis, atque Cratinus, Aristophanesque, poëtæ ,
> Atque alii, quorum comœdia prisca *virorum* est,
> Si quis erat dignus describi, quòd malus, aut fur,
> Quòd mœchus foret, aut sicarius, aut alioqui
> Famosus , multâ cum libertate notabant.
>   Hor. *Sat.* I , iv, 1.

> Οἷς συνείληχας ἀνθρώποις, τούτους φίλει, ἀλλ' ἀληθινῶς.
>   Marc. Anton. VI , 39.
> Primùm ego me illorum, dederim quibus esse *poëtis,*
> Excerpam numero; neque enim concluderé versum
> Dixeris esse satis; neque, si quis scribat, uti nos,
> Sermoni propiora, putes hunc esse poëtam.
>   Hor. *Sat.* I, iv, 39.

323. *L'attraction* ne s'exerce pas seulement d'un *cas* sur un autre *cas :* elle a lieu aussi pour les *genres* et les *nombres.*

Attraction de genre.

> Οἱ δὲ ὄφεις καὶ λιχνότατοι τῶν ζώων εἰσίν.
>   Aristot. *Hist. anim.* VIII, 8.
> Ὁ δὲ ἰχνεύμων ὁ ἐν Αἰγύπτῳ, ὅταν ἴδῃ τὸν ὄφιν τὴν ἀσπίδα καλου-
> μένην, οὐ πρότερον ἐπιτίθεται πρὶν συγκαλέσῃ βοηθοὺς ἄλλους.
>   In. *Ib.* IX , 8.
> Homines enim sunt hâc lege generati , qui tuerentur illum globum, quem in templo hoc medium vides, *quæ* terra dicitur; hisque animus datus est ex illis sempiternis ignibus, *quæ* sidera et stellas vocatis.   Cic. *Somn. Scip.* VI.

Omnis enim terra, quæ colitur à vobis, angusta verticibus,
lateribus latior, parva quædam insula est, circumfusa illo
mari, quod Atlanticum, quod magnum, *quem* Oceanum ap-
pellatis.   Id. *Ib*. XV.

Attraction de nombre.

Ἀπὸ τοῦ Βορυσθενεϊτέων ἐμπορίου,..... πρῶτοι Καλλιπίδαι νέμονται,
ἐόντες Ἕλληνες Σκύθαι· ὑπὲρ δὲ τούτων ἄλλο ἔθνος, οἱ Ἀλαζῶνες
καλέονται.   Hérodot. IV, 17.

Cæsari nuntiatur, Helvetiis esse in animo per agrum Sequano-
rum et Æduorum iter in Santonum fines facere, qui non longè à
Tolosatium finibus absunt; *quæ* civitas est in Provinciâ.
                               Cæs. *Bell. Gall.* I, 10.

---

324. Quelquefois, par une figure particulière que les
Grecs appellent πρὸς τὸ σημαινόμενον, *regard vers la chose
signifiée*, ce n'est pas avec le mot exprimé que les Latins,
d'après les Grecs, construisent tel ou tel mot, mais avec
l'idée qu'il exprime : c'est une nouvelle espèce *d'attraction* que nous nommerons *attraction d'idée*.

Ἤδη δὲ Μιντούρνης πόλεως Ἰταλικῆς, ὅσον εἴκοσι ςαδίων ἀπέχοντες,
ὁρῶσιν ἱππέων ἴλην πρόσωθεν ἐλαύνοντας ἐπ' αὐτούς.
                               Plut. *Mer. vit.* XXXIX.

Hîc *genus* antiquum terræ, Titania pubes,
Fulmine *dejecti*, fundo *volvuntur* in imo. Virg. *Æ.* VI, 580.

Nous disons de même en français.

La fleur de la jeunesse en tout temps l'accompagne;
Avec *eux* sans relâche il fond dans la campagne.
                               Volt. *Henriad.* IV, 35.

Εἴποτέ τοι λαθικηδέα μαζὸν ἐπέσχον,
Τῶν μνῆσαι, φίλε τέκνον.   Hom. *Il.* XXII, 83.
Ingenium, sibi *qui* vacuas desumpsit Athenas,
Ut studiis annos septem dedit, insenuitque
Libris et curis, statuâ taciturnior exit
Plerumque, et risu populum quatit...   Hor. *Epist.* II, 11, 81.
Ἆ δειλοὶ Τρῶες καὶ Δάρδανοι, οὐδὲ θανόντος
Ἔγχος ἐμὸν φεύξεσθε ἀμείλιχον. Quint. Smyrn. III, 167.
Et flêsti et nostros vidisti *flentis* ocellos. Ovid. *Heroid.* V. 45.

---

§ II. *De l'ellipse.*

325. On trouve des ellipses de toute espèce de mots,
mais plus particulièrement de *nom*, de *pronom*, de *préposition*, et de *conjonction*.

13 *

Ellipse de nom.

Οὐδεὶς ἀνθρώπων οὔτ᾽ ἔσσεται, οὔτε πέφυκεν,
   "Οςις πᾶσιν ἀδὼν δύσεται εἰς [1]'Αΐδεω.   Theogn. 801.

Valdè tibi assentior, si multùm possit Octavianus, multò firmiùs acta tyranni comprobatum iri, quàm in [2] *Telluris*, atque id contrà Brutum fore.   Cic. *ad Attic.* XVI, 13.

Μιλτιάδης μὲν γὰρ ὁ [3] Κίμωνος τούς τε ἐς Μαραθῶνα ἀποβάντας τῶν βαρβάρων κρατήσας μάχῃ, καὶ τὸν πρὸς τὸν Μῆδον ἐπισχὼν ςόλον, ἐγένετο εὐεργέτης πρῶτος κοινῇ τῆς Ἑλλάδος· Φιλοποίμην δὲ ὁ [4] Κραύγιδος ἔσχατος.   Pausan. VIII, liii, 2.

(Adest) unà Phœbi Triviæque sacerdos ,
Deiphobe [4] *Glauci*, fatur quæ talia regi... Virg. Æ. VI, 35.

Τάναϊν δὲ ποταμὸν διαβάντι, οὐκέτι Σκυθικὴ, ἀλλ᾽ ἡ [5] μὲν πρώτη τῶν λαξίων Σαυροματέων ἐςί...   Herodot. IV, 21.

Sine commeatu vagi milites in [6] *pacato*, in [6] *hostico* errent.
    Liv. VIII, 34.

Les Latins sous-entendent encore , à l'exemple de Grecs, une foule d'autres *noms* que l'usage apprendra.

Ellipse de pronom.

326. La plus habituelle en grec et en latin est celle de l'accusatif du pronom réfléchi de la troisième personne.

    Ὡς κακῶς ἔχει
"Απας ἰατρὸς, ἂν κακῶς μηδεὶς ἔχῃ !   Philem. *Fragm.* XVI.
Benè habet [8] : nil plus interrogo.   Juven. *Sat.* X, 72.

Ellipse de préposition.

327. Les prépositions que les Latins , à l'imitation des Grecs, sous-entendent le plus souvent , sont :

1°. Κατὰ, *secundùm.*
    Τῷ μὲν τὸ σῶμα διατεθειμένῳ κακῶς
    Χρεία ςὶν ἰατροῦ, τῷ δὲ τὴν ψυχὴν, φίλου.
        Menandr. *Fragm.* XVII.
Laurus erat tecti medio , in penetralibus altis,
Sacra comam , multosque metu servata per annos.
    Virg. Æ. VII, 59.

2°. Ἕνεκα , *causâ.*

Εἰ δὲ ἄκων διαφθείρω (scil. τοὺς νεοὺς) τῶν τοιούτων καὶ ἀκουσίων ἁμαρτημάτων οὐ δεῦρο νόμος εἰσάγειν ἐςὶν , ἀλλ᾽ ἰδίᾳ λαβόντα διδάσκειν καὶ νουθετεῖν.   Plat. *Apol. Socr.* XIII.

*Justitiæ*ne priùs mirer, belline *laborum ?* Virg. Æ. XI, 126.

---

[1] S. a. οἶκον. [2] Templum; [3] υἱός, [4] Filia. [5] γῆ. [6] Solo. [7] πρᾶγμα αὐτό. [8] Se res.

2°. Ex qui n'a pas de correspondant en latin , du moins pour le cas qu'elle régit.

Κέκλυτέ μευ, Τρῶες καὶ ἐϋκνήμιδες Ἀχαιοί,
Μῦθον Ἀλεξάνδροιο, τοῦ εἵνεκα. νεῖκος ὄρωρεν.　Hom. *Il.* III, 86.

Et miror *morbi* purgatum te *illius.* Hor. *Sat.* II, iii, 27.

On doit peut-être voir l'ellipse de la même préposition dans ces sortes de phrases :

Τίπτ' αὖτ', αἰγιόχοιο Διὸς τέκος, εἰλήλουθας;
Ἦ ἵνα ὕβριν ἴδῃ Ἀγαμέμνονος Ἀτρείδαο ; [1]　Hom. *Il.* I, 202.

Cervus nemorosis excitatus latibulis ,
Ut [2] *venatorum instantem mortem* fugeret
Cæco timore proximam villam petit ,
Et opportuno se bovili condidit.　Phædr. *Fab.* II, viii, 2.

---

328. Parmi les conjonctions qui se suppriment dans le langage , l'*ellipse* de ὥς ε , *ut*, est la plus remarquable.

Ἐμῶν Φρενῶν μὲν αὔραις
Φέρειν ἔδωκα λύσσας ,
Λύρην δ' ἑλὼν ἀείδω
Ἐρωτικὰς ἀοιδάς.　Anacr. CLVI, 9.

Musis amicus , tristitiam et metus -
Tradam protervis in mare Creticum
Portare ventis.　Hor. *O.* I, xxvi , 1.

Horace a même osé suppléer la conjonction *ut.*

Tu ne quæsieris (scire nefas) quem mihi , quem tibi
Finem di dederint , Leuconoe ; nec Babylonios
Tentâris numeros , *ut* meliùs , quidquid erit , *pati.*
Hor. *O.* I , xi , 3.

C'est encore ὥς ε qu'il faut sous-entendre dans ces phrases :

Ὅτι ἀπήχθετο Περδίκκα Ἀλέξανδρος , ὅτι ἦν πολεμικός· Λυσι-
μάχῳ δὲ, ἐπεὶ στρατηγεῖν ἀγαθός. Σελεύκῳ. δὲ , ὅτι ἀνδρεῖος ἦν.
Ælian. *Hist. var.* XII, 16.

Cur non , Mopse , *boni* quoniam convenimus ambo ,
Tu calamos *inflare* leves, ego *dicere* versus ,
Hîc corylis mixtas inter consedimus ulmos? Virg. *Buc.* V, 1.

---

329. Par un autre genre d'ellipse assez fréquente en grec , mais rare en latin, on ne répète dans une réponse pour affirmer que le nom ou pronom de la demande.

[1] Ὕβριν ἤκουσαν · ἐξ Ἀγαμέμνονος.
[2] Mortem instantem ex venatorum.

Σωκ. Λέγε δή μοὶ. μανθάνεις σου παρὰ θεοδώρου γεωμετρίας ἄττα;
Θεαι. Ἔγωγε. i. e. ἔγω μανθάνω.　　　PLAT. *Theætet.* III.

Quæro , si hoc emptoribus venditor non dixerit , ædesque
vendiderit pluris multò , quàm se venditurum putârit , nùm id
injustè , et improbè fecerit ? *Ille verò*, inquit Antipater. *i. e.*
ille injustè et improbè fecerit.　　　Cic. *Offic.* III, 54.

§ III. *Des différens hellénismes qui ne se rapportent ni à*
l'attraction , ni à l'ellipse.

330. Dans une foule de circonstances , les Latins , et
avant eux les Grecs , se servaient abusivement d'un cas
pour un autre , sans qu'il y ait attraction.

On trouve : 1°. *le nominatif* pour le *vocatif.*

Αἲ γὰρ δὴ οὕτως εἴη, φίλος ὦ Μενέλαε !　　　Hom. *Il.* IV, 189.

Pone metum, *Proteus :* et quos contingere portus ,
Ede, velis, dixit : terrâ sistêre petitâ.　　Ovid. *Met. III*, 515.

Tuque prior, tu parce , genus qui ducis Olympo ;
Projice tela manu , *sanguis meus.*　　　Virg. *Æ.* VI, 834.

2°. Le *génitif* du substantif après un adjectif , au lieu
du cas que la phrase demande pour l'adjectif et le substantif.

Οἱ Νομάδες τῶν Λιβύων οὐ ταῖς ἡμέραις , ἀλλὰ ταῖς νυξὶν
αὐτῶν ἀριθμοῦσι τὸν χρόνον. Nicol. Damascen. *Fragm. ap. Stob.*

Nam Gallos quoque in bellis floruisse accepimus : mox segni-
tia cum otio intravit, amissâ virtute pariter ac libertate : quod
Britannorum olim *victis* evenit.　　　Tacit. *Agricol.* XI.

Le *génitif* se trouve encore après certains verbes qui
régissent ordinairement un autre cas.

Si les Latins disent :

Desine mollium
Tandem *querelarum.*　　　Hor. O. II, IX, 16.

Mox , ubi lusit satis , *Abstineto,*
Dixit, *irarum calidæqué rixæ.*　　　Id. *Ib.* III, XXVII, 69.

Dicar, quâ violens obstrepit Aufidus ,
Et quâ pauper aquæ Daunus *agrestium*
Regnavit populorum........　　　Id. *Ib.* III, XXX, I.

C'est que les Grecs avaient dit avant eux :

Ἀλλ' ἄγε, λῆγ' ἔριδος, μηδὲ ξίφος ἕλκεο χειρί. Hom. *Il. I,* 210.
Ὁρῶ δὲ καὶ τοὺς εἰς φιλοποσίαν προαχθέντας, καὶ τοὺς εἰς ἔρωτας
ἐκκυλισθέντας, ἧττον δυναμένους τῶν τε δεόντων ἐπιμελεῖσθαι, καὶ
τῶν μὴ δεόντων ἀπέχεσθαι.　　　Xenoph. *Memorab. I,* II, 22.

Ἐν Βυαλοις Λίβυσιν ἀνὴρ μὲν ἀνδρῶν βασιλεύει, γυνὴ δὲ
γυναικῶν.   Nicol. Damascen. *Fragm. ap. Stob.*

3°. *Le datif*, après un verbe passif, au lieu de l'ablatif
simple ou de l'ablatif avec *à*, *ab.*

Ὅτι μὲν δρυμός ἐςιν ἐν τῇ γῇ ταύτῃ Λύκου καλου,μενος, Ῥιανῷ τῷ
Κρητί ἐςι πεποιημένον.   Pausan. IV, 1, 4.

Pour des exemples latins analogues, voyez pages 204, 205.

Après *idem*, au lieu de *ac*, et le même cas que devant.

Les Grecs emploient perpétuellement ὁ αὐτός avec le
datif :   -

Ἄνδρες Πέρσαι, ὑμεῖς καὶ ἔφυτε ἐν τῇ αὐτῇ ἡμῖν χώρᾳ, καὶ
ἐτράφητε· καὶ τὰ σώματά γε ἡμῶν οὐδὲν χείρονα ἔχετε, ψυχάς τε
οὐδὲν κακίονας ὑμῖν προσήκει ἡμῶν ἔχειν.
                    Xenoph. *Cyrpæd.* II, 1, 15.
Invitum qui servat, *idem* facit *occidenti*.   Hor. *A. poët.* 467.

Après quelques verbes qui, ordinairement, en latin
régissent un autre cas.

Placitone etiam *pugnabis amori ?*   Virg. *Æ.* IV, 38.
Κάρτιςοι μὲν ἔσαν, καὶ καρτίςοις ἐμάχοντο,
Φηρσὶν ὀρεσκῴοισι, καὶ ἐκπάγλως ἀπόλεσσαν.   Hom. *Il.* I, 267.
Hæc primùm ut fiant, deos quæso, ut *vobis decet.*
                    Ter. *Adelph.* III, iv, 45.

Ἦν οὖν τυραννικὰ τὰ τοῦ γάμου καὶ τοῖς Σύλλα καίροις μᾶλλον, ἢ
τῷ Πομπηΐου βίῳ πρέποντα.   Plutarch. *Pomp. vit.* IX.

4°. *L'accusatif.* Au lieu de dire toujours, d'après la
raison et la logique, *je n'ai pu faire* (par exemple) *que
Vénus me fût propice*, les Latins disent quelquefois, d'après
les Grecs, *je n'ai pu faire Vénus propice qu'elle me fût.*

Καθόλου τοίνυν περὶ τούτων πάλιν, ἐπιτηρεῖν δεῖ τὸν τοῦ Ἑρμοῦ
ἀςέρα καὶ τὴν Σελήνην πῶς διάκεινται πρός τε ἀλλήλους, καὶ
τὰ κέντρα.   Procl. *Paraphr. Ptolem.* III, 19.
Timens sciscitari (Mucius Scævola) uter Porsenna esset, ne
ignorando regem *semel* ipse aperiret quis esset, quò temerè
traxit fortuna facinus, scribam pro rege obtruncat.   Liv. II, 12.

Nam ego hodiè infelix diis meis iratissimis,
Sex agnos immolavi, nec potui tamen
Propitiam Venerem facere, uti esset mihi.
                    Plaut. *Pœnul.* II, 1, 4.
On met encore *l'accusatif* avec ἐς en grec, en latin
avec *in*, au lieu du datif avec ἐν, ou de l'ablatif avec
in.

Ἡ δ' ἑανὸν βαθύκολπον ἐς ἠέρα γυμνώσασα,
Κόλπον ἀνηώρησε, καὶ οὐκ ἠδέσσατο Κύπρις.
COLUTH. Helen. rapt. 152.

Legati respondent, esse templum Herculis extrà urbem, *in eam sedem* quam Palætyron ipsi vocant.   CURT. IV, 7.

Quelquefois, au contraire, les Latins emploient *in* avec l'ablatif quand il y a mouvement.

Introrumpam *in ædibus*...   PLAUT. *Amphytr.* IV, III, 14.

5°. *L'ablatif* après *alius* comme après un comparatif.

Neve putes alium *sapiente bonoque* beatum.
HOR. Epist. I, XVI, 20.

Quod si accusator *alius Sejano* foret,
Si testis alius, judex alius denique,
Dignum faterer esse me tantis malis.
PHÆDR. Prolog. III, 41.

En revanche, ils emploient quelquefois un comparatif avec *atque*, qui ne se met ordinairement qu'après *alius.*

Sed mortem et ejectionem, quasi majora, timemus : quæ multò sunt minora *atque* hic status. CIC. *ad Attic.* II, 18.

Les Grecs disaient de même :

Διὸ φίλαυτος μάλισ' ἂν εἴη καθ' ἕτερον εἶδος τοῦ ὀνειδιζομένου.
ARISTOT. Ethic. IX, 8.

----

331. Les Latins ont imité des Grecs plusieurs genres de *pléonasme.*

Pléonasme de nom (139).

Τοῖον 'Αλεξάνδρῳ μυθήσατο μῦθον 'Αθήνη.
COLUTH. Helen. rapt. 135.

Nemo 'st, quem mallem, omnium :
Nam hunc scio mea solidè solum *gavisurum gaudia.*
TER. Andr. V, v, 7.

Le même tour a été hasardé en français.

Qu'elle sera belle, cette vie, qu'ils ne vivront jamais !
LETOURNEUR. Young. Nuit 1.

Pléonasme de pronom.

'Α. Σύρα, Σύρα. Σ. τί ἐςι; 'Α. πῶς ἡμῖν ἔχεις;
Σ. Μηδέποτ' ἐρώτα τοῦτ', ἐπὰν γέροντ' ἴδης,
Ἡ γραῦν τιν'· ἴσθι δ' εὐθὺς, ὅτι κακῶς ἔχει. PHILEM. *Fragm.* X.

Nam qui cupiet, metuet quoque; porrò
Qui metuens vivet, liber *mihi* non erit unquàm.
Hor. *Epist.* I, xvi, 65.

Mais je vois en pitié le Crésus imbécille
Qui jusque dans les champs *me* transporte la ville. Delille.

Pléonasme de conjonction.

Ὀρθῶς γάρ ἐςι, τῶν νέων πρῶτον ἐπιμεληθῆναι, ὅπως ἔσονται ὅτι ἄριςοι, ὥσπερ γεωργὸν ἀγαθὸν τῶν νέων φυτῶν εἰκὸς πρῶτον ἐπιμεληθῆναι, μετὰ δὲ τοῦτο καὶ τῶν ἄλλων.   Plat. *Eutyph.* 1.

Condiunt Ægyptii mortuos et eos servant domi. Persæ etiam
cerâ circumlitos condunt, ut *quàm* maximè permaneant diuturna corpora.   Cic. *Tuscul.* I, 45.

Ὅτι et *quàm* ne se trouvent dans ces sortes de phrases
que par pléonasme, à moins qu'on ne veuille y voir
l'ellipse du verbe δύναμαι en grec, ou *possum* en latin.

Ὅτι Διονύσιος ὁ Σικελὸς περὶ τὴν ἰατρικὴν ἐσπούδασε καὶ αὐτὸς, καὶ
ἰᾶτο, καὶ ἔτεμνε, καὶ ἔκαε, καὶ τὰ λοιπὰ. Ælian. *Var. hist.* XI, 11.

Juliam primùm Marcello Octaviæ sororis suæ filio, tantùm
quod pueritiam egresso : deindè, ut is obiit, M. Agrippæ nuptum
dedit.   Suet. II, 63.

---

332. Pour rendre ces expressions, *avoir une bonne réputation, une mauvaise réputation,* les Grecs disent εὖ ἀκούειν, κακῶς ἀκούειν, m. à m. *bien entendre, mal entendre.*

Ἀνάγκη γὰρ, ὡς ἔοικε, μέλειν ἡμῖν καὶ τοῦ ἔπειτα χρόνου· ἐπειδὴ
καὶ τυγχάνουσι κατά τινα φύσιν οἱ μὲν ἀνδραποδωδέςατοι οὐδὲν
φροντίζοντες αὐτοῦ, οἱ δ' ἐπιεικέςατοι, πᾶν ποιοῦντες ὅπως ἂν εἰς τὸν
ἔπειτα χρόνον εὖ ἀκούωσιν.   Plat. *Epist.* II.

Βασιλικὸν μὲν εὖ πράττειν, κακῶς δὲ ἀκούειν.
Marc. Anton. VII, 36.

Les Latins, en les imitant, ont dit, dans le même sens,
malè audire, benè audire.

Nunc autem domus, meherculè, nulla tanto consilio, aut
tantâ disciplinâ gubernatur, aut tam modesta est, quàm nostra
totâ provinciâ. Hanc nonnulli amici Appii ridiculè interpretantur : qui me idcircò putant *benè audire* velle, ut ille *malè audiat;* et rectè facere non meæ laudis, sed illius contumeliæ
causâ.   Cic. *ad Att.* VI, 1.

333. Les Grecs emploient perpétuellement les verbes
ἔλπομαι, ἐλπίζω, *j'espère,* dans le sens de *craindre, attendre.*

Ἔλπεο μὴ δηρὸν κείνην πόλιν ἀτρεμέεσθαι,
Μηδ' εἰ νῦν κεῖται πολλῇ ἐν ἡσυχίῃ...   THEOGN. 47.

Les Latins ont quelquefois employé de même le mot *sperare*:

Si genus humanum et mortalia temnitis arma,
At *sperate* deos memores fandi atque nefandi.
VIRG. *Æ.* I, 546.

Hunc ego si tantum potui *sperare* dolorem,
Et perferre, soror, potero.   VIRG. *Æ.* IV, 419.

———

334. Les Grecs disent souvent *la force de Priam*, *le cœur de Jupiter*, etc., pour *Priam*, *Jupiter*, etc.

Παφλαγόνων δ' ἡγεῖτο Πυλαιμένεος λάσιον κῆρ.
HOM. *Il.* II, 851.

Ἕκτον λέγοιμ' ἂν ἄνδρα σωφρονέστατον
Ἀλκήν τ' ἄριστον, μάντιν, Ἀμφιάρεω βίαν.
ÆSCHYL. *Sept. ant. Theb.* 441.

Les Latins ont imité ce tour.

Massylique ruunt equites, et odora *canum vis.*
VIRG. *Æ.* IV, 132.

Sur ce passage de Virgile, Servius cite Salluste : *Quâ tempestate ex ponto* vis piscium *erupit.*

Cor jubet hoc *Enni*, postquàm destertuit esse
Mæonides quintus, pavone ex Pythagoræo.   PERS. VI, 10.

———

335. Nous disons en français :

Et moi, qui, soixante ans après lui (Corneille), viens faire parler une vieille Jocaste d'un vieil amour, et *tout cela* pour complaire au goût le plus fade et le plus faux qui ait jamais corrompu la littérature...   VOLTAIRE. *Orest. Préfac.*

Cette tournure est fréquente chez les Grecs.

Κρεῖττον γάρ ἐστιν εὖ τεθραμμένην λαβεῖν
Γυναῖκ' ἄπροικον, ἢ κακὴν μετὰ χρημάτων
Τὴν ἐσομένην καὶ ταῦτα μέτοχον τοῦ βίου.
DIODOR. *Comic. Fragm.*

Elle se rencontre quelquefois chez les Latins.

Crassum cognovi optimis studiis deditum, *idque* à puero. CIC. *Fam.* XIII, 6. — Motus voluntarius est in nostrâ potestate, nobisque paret : *nec id* sine causâ. CIC. *Fat.* 25.

———

236. *Je suis juste de me défendre, je me promène noc-*

turne, au lieu de *il est juste que je me défende*, *je me promène pendant la nuit*, sont des tours familiers aux Grecs,
et que les Latins ont quelquefois imités.

Ἡμεῖς γάρ που δίκαιοί ἐσμεν, σώσαντές σε, κινδυνεύειν τοῦτον
τὸν κίνδυνον, καὶ, ἐὰν δέῃ, ἔτι τούτου μείζω.   Plat. *Crit.* IV.
Οὐ χρὴ παννύχιον εὕδειν βουληφόρον ἄνδρα.   Hom. *Il.* II, 24.

Simul ipse qui suadet, *considerandus* est, adjiciatne consilio
periculum suum, Tac. *Hist. II.* 76.

Non lupus insidias explorat ovilia circùm ,
Nec gregibus *nocturnus* obambulat... Virg. *Georg*. III, 537.

---

337. Ἔςιν ὡς, ἔςιν ὅπως, *est ut*, s'emploient dans
le sens de *il arrive*, *il peut se faire*.

Ἐγὼ μὲν οὖν οὐκ ἔσθ' ὅπως σιγήσομαι...   Aristoph. *Plut.* 1.

Est ut viro vir latiùs ordinet
Arbusta sulcis ; hic generosior
    Descendat in campum petitor.   Hor. *Od.* III, 1 , 9.

---

338. Ἔςιν ὅτε signifie *quelquefois : est ubi*, se prend
dans le même sens, et se construit de même , c'est-à-
dire comme un adverbe.

Ἔςι δ' ὅτε καὶ ὑπ' αἰθρίῳ τῷ ἀέρι πίπτουσι κεραυνοί.
                    Joann. Lyd. *de Ostent.* XLV. *édit.* Hase.
Interdum vulgus rectum videt ; *est ubi* peccat.
                    Hor. *Epist.* II , 1, 63.

---

339. νῦν en grec , et *nunc* en latin , s'emploient dans
le sens de *mais*.

Εἰ τοῖς μεθυσκομένοις ἑκάςης ἡμέρας
Ἀλγεῖν συνέβαινε τὴν κεφαλὴν πρὸ τοῦ πιεῖν
Τὸν ἄκρατόν, ἡμῶν οὐδὲ εἷς ἔπινεν ἄν·
Νῦν δὲ πρότερόν γε τοῦ πόνου τὴν ἡδονὴν
Προλαμβάνοντες ὑςεροῦμεν τἀγαθοῦ.
                    Clearch. *Comic. Fragm.*
Si fato concederem , justus mihi dolor etiam adversùs deos
esset, quòd me parentibus, liberis, patriæ, intrà juventam
præmaturo exitu raperent : *nunc* scelere Pisonis et Plancinæ
interceptus, ultimas preces pectoribus vestris relinquo.
                    Tacit. *Annal.* II, 71.

---

340. La négation en grec est souvent déplacée quand
elle se trouve dans une même phrase avec le verbe φημί,

je dis. Au lieu de retomber, comme elle le devrait, sur
la proposition subordonnée, elle se lie à la proposition
principale. Les Latins ont imité ce tour.

Οὐκ ἔφη δὲ τοὺς Λακεδαιμονίους ἐρωτᾶν, πόσοι εἰσὶν οἱ πολέμιοι,
ἀλλὰ ποῦ εἰσίν. Οὐκ ἔφη pour ἔφη... οὐκ.

Plutarch. Apophthegm. Laconic.

Quid causæ est meritò quin illis Jupiter ambas
Iratus buccas inflet, *neque* se fore posthàc
Tam facilem *dicat*, votis ut præbeat aurem ?

Neque dicat pour *et dicat... non...*

Hor. Sat. I, 1, 20.

---

341. Φιλεῖν *aimer*, s'emploie souvent dans le sens de
avoir coutume. Il en est de même de *amare* en latin.

Εἰρήνης δὲ γενομένης, καὶ τῆς πόλεως τιμωμένης, ἦλθεν ἐπ᾽ αὐτὴν,
ὃ δὴ φιλεῖ ἐκ τῶν ἀνθρώπων τοῖς εὖ πράττουσι προσπίπτειν,
πρῶτον μὲν ζῆλος, ἀπὸ ζήλου δὲ φθόνος.   Plat. Menexen.

Aurum per medios ire satellites,
Et perrumpere *amat* saxa, potentius
Ictu fulmineo.   Hor. O. III, xvi, 9.

---

342. Les Grecs ont donné aux Latins l'exemple d'une
foule, d'irrégularités qu'ils ont honorées du nom de figure, et qu'ils appellent ἀνακόλουθον, *inconséquence*.
La plus remarquable a lieu quand, dans le discours,
après avoir d'abord pris une tournure, on l'oublie tout-
à-coup pour en prendre une autre.

Σωκράτης ἰδὼν κατὰ τὴν ἀρχὴν τῶν λ᾽ τοὺς ἐνδόξους ἀναιρου-
μένους... Ἀντισθένει φασὶ περιτυχόντα εἰπεῖν...

Ælian. Hist. var. II, 11.

Illa (Eurydice) in arborem myrrham est conversa : *quam
pater gladio feriens*, Adonis exindè natus est.

Hygin. Fab. CLXIV.

Ce que j'ai fait Abner, j'ai cru le devoir faire.   Racine.

Nous devons faire observer que parmi tous ces hellénismes on ne doit se permettre que ceux qui sont auto-
risés par de nombreux exemples.

LIVRE IV.

DES GALLICISMES.

On entend par *gallicisme* une locution essentiellement propre à la langue française, et qu'on ne peut rendre littéralement dans une autre langue. Nous allons passer en revue les principaux gallicismes, et faire voir par quels équivalens on les rend en latin.

On, l'on.

343. On loue la probité, tournez :

Les hommes louent la probité, *laudant probitatem* (1).
Nous louons la probité, *laudamus probitatem.*
Chacun loue la probité, *quisque laudat probitatem.*
La probité est louée, *probitas laudatur.*

Ce dernier tour ne peut s'employer lorsque le verbe latin, neutre ou déponent, n'a pas de passif.

On admire la justice : *mirantur justitiam.*
miramur justitiam.
quisque miratur justitiam.

344. *On dit*, *on croit*, etc., se tournent par le passif de deux manières. Exem. :

On dit que les cerfs vivent très-long-temps. Tournez : les cerfs sont dits vivre très-long-temps, *cervi dicuntur diutissimè vivere.* (C'est ce qu'on appelle la tournure personnelle.)

Ou bien : les cerfs vivre très-long-temps est dit : *dicitur cervos diutissimè vivere.* (C'est ce qu'on appelle la tournure impersonnelle.)

Plusieurs verbes neutres ont la troisième personne du singulier du passif. Exem. : On va, *itur;* on est venu, *ventum est.*

345. Lorsque le sens de la phrase le permet, le verbe qui suit *on* se rend élégamment par la deuxième personne du singulier, ordinairement au présent du subjonctif.

(1) *Homines* se sous-entend.

Exem. : Il convient de faire avec réflexion ce qu'on fait : *agere decet , quod agas , considcratè.*

346. *On n'aime pas* celui qu'on méprise. Tournez : personne n'aime celui qu'il méprise. *Nemo diligit quem fastidit.*

Quand on désire le bien d'autrui , on perd justement le sien. Tournez : celui qui désire.... perd... *qui bonum alienum appetit , meritò amittit proprium.*

Si on te demande. Tournez : si quelqu'un te demande, *si quis te interroget ,* (*quis* pour *aliquis* après *si*).

On enseigne la grammaire aux enfants. Tournez : les enfants sont enseignés sur la grammaire , *pueri docentur grammaticam* (143).

Plus on est vicieux, plus on est malheureux , *quò quis vitiosior, eò miserior est* (184).

Celui, celle.

347. *Celui , celle , ceux , celles ,* employés pour le substantif précédent, ne se rendent pas en latin par *ille, a, ud :* on répète ce substantif.

Les qualités de l'âme l'emportent sur *celles* du corps : *animi dotes corporis dotibus præstant.*

On dit que la vie de la corneille est plus longue que *celle* de l'homme : *vita cornicis dicitur esse longior quàm hominis vita.*

On peut quelquefois sous-entendre un des substantifs, quand ils sont tous deux au même cas; ainsi on pourra dire : *longior esse cornicis quàm hominis vita dicitur. Cornicis quàm hominis longiorem esse vitam dicunt,*

Verbe réfléchi à la place d'un verbe passif,

348. Le verbe réfléchi en français doit se rendre par le passif en latin quand le sujet est un nom de chose inanimée.

Les vices s'apprennent même sans maître, tournez, sont appris, *etiam sine magistro vitia discuntur* (1).

(1) On dit cependant : le poison se glisse dans les veines , *venenum sese in venas insinuat ;* si l'occasion se présente , *si se dederit occasio ;* si l'affaire se passe ainsi : *si res ita se habet :* ces exceptions viennent de ce que les choses sont ici personnifiées, c'est-à-dire considérées comme de véritables personnes. On en trouve d'autres exemples.

Il y a.

349. *Il y a, il y avait*, etc., se tournent et se traduisent par le verbe *sum*.

Il n'y a point de retard. Tournez : nul retard est, *nulla mora est.*

Il n'y a plus de Troyens. Tournez : les Troyens furent, *fuêre Troes.*

Il y aurait de l'injustice à croire. Tournez : celui qui croirait commettrait une injustice, *injuriam faceret, qui crederet.*

Il en est de.

350. Il en est des femmes comme des enfants. Tournez : les femmes sont comme les enfants, *itidem mulieres sunt, ut pueri.*

Aller, être sur le point de, près de.

351. Ces façons de parler se rendent par le verbe *sum* avec le participe en *rus*, si le sens est actif, et le participe en *dus*, si le sens est passif, ou par *in eo* et un temps du verbe *sum* suivi de *ut.*

Je vais partir, je suis près de partir, sur le point de partir. Tournez : je suis devant partir bientôt, *mox profecturus sum.*

Lorsque Hannibal était sur le point d'être livré aux Romains, il avala du poison, *Hannibal cùm tradendus Romanis esset, venenum bibit.* EUT.

Il allait prendre la ville. Tournez : il était sur le point qu'il prît la ville, *in eo erat ut oppido potiretur*, où il était devant s'emparer bientôt de la ville, *mox oppido potiturus erat.*

Il faut.

352. Il faut servir Dieu, *oportet Deo servire, debemus Deo servire, serviendum est Deo.*

Il faut réprimer ses passions, *comprimendæ sunt libidines.*

Tant s'en faut que.

353. Tant s'en faut qu'il vous haïsse, qu'au contraire il vous aime, *tantùm abest ut te oderit, ut contra te amet.*

On voit qu'après *tant s'en faut*, *tantùm abest*, les deux *que* se rendent chacun par *ut* suivi du subjonctif.

On peut encore employer les tours suivants :

Il ne vous hait pas tellement qu'au contraire il vous aime. *Adeò non te odit, ut contrà te amet.*

Il vous aime bien loin qu'il vous haïsse : *te amat nedùm oderit.*

Peu s'en faut.

354. Peu s'en faut, il ne tient à rien que je ne sois très-malheureux, *parùm abest* ou *nihil abest quin sim miserrimus.*

Après *peu s'en faut, il ne tient à rien que, parùm abest, nihil abest*, le *que* se rend par *quin* suivi du subjonctif.

Penser, faillir, manquer se rendent de la même manière. Il a pensé tomber, *parùm àbfuit quin caderet.* On pourrait dire encore : *penè cecidit*, il est presque tombé.

Il s'en faut beaucoup.

355. Il s'en faut beaucoup, combien s'en faut-il que vous surpassiez vos condisciples. *Multùm abest, quantùm abest ut tuos superes condiscipulos.*

Faut-il que.

356. Faut-il que je sois si malheureux ! *Oportetne me ita miserum esse !* Oportet* est ordinairement sous-entendu. *Mene ita miserum esse !*

Faire, pour contraindre, commander.

357. Sabinus se fit saluer empereur. Tournez : Sabinus ordonne lui être salué, *Sabinus cæsarem se salutari jubet* (1).

Faire faire.

358. La pauvreté m'a fait faire cela, *id ut facerem, me paupertas impulit.*

Faire faire signifiant porter à, exciter à, *impellere.*

____

(1) Pour les autres manières de rendre le verbe *faire*, consultez le *Dictionnaire.*

Ne faire que de.

359. Il ne fait que d'arriver. Tournez : il est arrivé tout à l'heure, *modò advenit*.

Ne faire que.

360. Il ne fait que dormir. Tournez : il dort toujours, *semper dormit*.

Ne faire que se tourne par toujours, *semper, perpetuò, indesinenter*; rien autre chose que, *nihil aliud quàm, nihil aliud nisi*; seulement, *tantùm, solùm*.

Venir de.

361. Il vient de partir. Tournez : il est parti tout-à-l'heure, *modò profectus est*.

Ne pas manquer de.

362. Je ne manquerai pas de lui écrire. Tournez : je lui écrirai certainement, *ad illum profectò scribam*.

Ne manquez pas de l'avertir. Tournez : souvenez-vous que vous l'avertissiez, *memento ut illum moneas*.

Laisser, ne pas laisser de.

363. Vos chants ne me laissent pas dormir. Tournez : vos chants ne permettent pas moi dormir, *cantus tui non sinunt me dormire*.

Quoique je vous attende vous-même, ne laissez pas de donner une lettre à ce valet. Tournez : donnez cependant... *quanquam jam te ipsum exspecto, tamen isti puero da epistolam*. Cic.

Avoir la force, la hardiesse, le courage de.

364. Avez-vous bien eu la hardiesse de me demander cela? Tournez : avez-vous osé... *Ausus es me hoc rogare?*

Avoir la force, la hardiesse, le courage de... se tournent par oser, *sustinere, audere*.

Avoir lieu, sujet *ou* raison.

365. Vous n'avez pas lieu de vous plaindre.
$\left\{\begin{array}{l} \textit{non est tibi querendi locus.} \\ \textit{non est quòd queraris.} \\ \textit{non est cur queraris.} \end{array}\right.$

Avoir de la peine à.

366. Il a eu de la peine à obtenir cela. Tournez : il a obtenu cela difficilement, *ægrè id impetravit.*

Celui qui s'attend toujours à la mauvaise fortune n'a pas de peine à la supporter. Tournez : la supporte facilement, *facilè adversam fortunam sustinet, qui semper eam exspectat.* SEN.

Il me tarde de.

367. Il me tarde de, je suis dans l'impatience de le voir, *nec mihi longius quidquam, est quàm illum videre* ou *quàm ut illum videam.*

Avoir le bonheur de... le malheur de...

368. J'ai eu le bonheur de voir le roi, il m'est arrivé que je visse....., *mihi contigit ut regem viderem.*

J'ai eu le malheur d'être vaincu, il m'est arrivé que je fusse vaincu, *mihi accidit ut vincerer.*

Avoir le bonheur de... *contingere ut....* avoir le malheur de, *accidere ut.*

Il ne tient qu'à.

369. Il ne tient qu'à vous que la chose se fasse, *per te unum stat quin* ou *quominùs id fiat.*

Venir à, n'aller pas, etc.

370. S'il vient à savoir cela. Tournez : s'il sait cela, *id si rescierit.*

N'allez pas vous imaginer, ne vous imaginez pas, *ne existimes, noli existimare, cave existimes.*

Il s'occupe à lire, il lit, *legit.*

Cela ne sert qu'à aigrir ma douleur, cela aigrit, *hoc dolorem meum exulcerat.*

Il sut profiter de cette occasion, il profita.... *eâ occasione usus est.*

Venir à, n'aller pas, s'occuper à, se mêler de, ne servir qu'à, savoir, devant un infinitif, ne s'expriment point en latin.

Être homme à... femme à.

371. Je ne suis pas homme à reculer. Tournez : je ne suis pas celui qui puisse reculer , *non is sum qui pedem referam* (232).

C'est.. que.

372. C'est ainsi qu'il parla. Tournez : il parla ainsi , *sic locutus est.*

C'est vous - même que je cherche. Tournez : je cherche vous-même , *te ipsum quæro.*

Ce qui, ce que... c'est.

373. Ce qui me chagrine le plus , c'est la mauvaise santé de mon père. Tournez : la mauvaise santé de mon père me chagrine le plus , *valetudo patris me potissimùm sollicitat.*

Ce qui, ce que... c'est que.

374. Ce que j'espère, c'est que je vivrai éternellement. Tournez : j'espère cela moi devoir vivre éternellement ,. *illud spero me futurum immortalem.*

Ce que je crains c'est que..., *illud vereor ne.*

Ce dont je doute , c'est que..., *illud dubito an.*

Ce qui me console , c'est que..., *illud me consolatur quòd.*

C'est, avant l'infinitif.

375. C'est se tromper que de croire. Tournez : celui qui croit se trompe, *errat qui putat.*

Ce n'est pas que, mais c'est que.

376. Ce n'est pas que j'approuve, mais c'est que, *non quòd approbem, sed quòd.*

Ce n'est pas que l'un me soit plus cher que l'autre , mais c'est que..., *non quò mihi sit alter altero carior, sed quò.*

Ce n'est pas que je ne pense, *non quin existimem.*

Ce n'est pas que , *non quòd,* mais c'est que, *sed quòd ;* devant un comparatif, *non quò, sed quò ;* s'il y a une négation, *non quin.*

Ce n'est pas à dire pour cela que.

377. Quoique je me sois trouvé avec des méchants, ce n'est pas à dire pour cela, il ne s'ensuit pas pour cela que je sois un méchant, *quamvis in gregem improborum venerim, non continuò sum improbus.* Cic.

Ce n'est pas à dire pour cela que, il ne s'ensuit pas pour cela que se traduisent par *non ideò*, *non idcircò*, *non continuò.*

Participes qui manquent en latin.

378. *Étant* n'a point d'équivalent en latin, le verbe *sum* n'ayant pas de participe présent.

Cicéron étant consul, la conjuration fut découverte, *Cicerone consule* ou *quùm Cicero esset consul, detecta fuit conjuratio.*

Le participe passé actif, comme *ayant aimé*, manque en latin, excepté dans quelques verbes déponens.

Conon, *ayant appris* que sa patrie était assiégée, ne chercha point où il pourrait vivre lui-même en sûreté, mais d'où il pourrait secourir ses concitoyens. Tournez : lorsqu'il eut appris. *Conon, cùm patriam obsideri audisset, non quæsivit ubi ipse tutò viveret, sed undè præsidio posset esse civibus suis.* Nep.

Les Grecs *ayant pris* Troie, Énée vint en Italie. Tournez : Troie ayant été prise par les Grecs..., *Trojâ à Græcis expugnatâ, Æneas in Italiam venit.* Just.

Ayant oublié de manger, il mourut de faim, *oblitus cibi, fame consumptus est.* Phæd.

Le participe passé du passif manque en latin, quand le verbe est neutre et souvent quand il est déponent, alors on tourne par l'actif, et l'on se sert des conjonctions *quùm*, *postquàm.*

Étant favorisé de Dieu, il vint à bout de son entreprise, *quùm Deus ei favisset, consilium perfecit suum.*

Ayant été poursuivi des voleurs, il s'échappa, *quùm latrones eum persecuti essent, evasit.*

Étant aussi... que, ayant autant de... que.

379. Étant aussi prudent que vous l'êtes, ayant au-

tant de prudence que vous en avez, *pro tuâ prudentiâ* ou *quæ est tua prudentia* ou *quâ es prudentiâ* (2o3).

Prépositions devant un infinitif français.

De.

38o. Le temps de lire, *tempus legendi* (48).

Le temps de lire l'histoire, *tempus legendæ historiæ* (48).

Je reviens de me promener, *redeo ab ambulando* (5 ı).

Je reviens de visiter mes terres, *redeo ab agris invisendis* (5 ı).

Il est honteux de mentir, *turpe est mentiri* (4 ı).

Il cessa de parler, *desiit loqui* (4ı).

Ayez soin de vous bien porter, *cura ut valeas* (59).

Il est digne de commander, *dignus est qui imperet* (23o).

Prenez garde de tomber, *cave ne cadas* (2 ı6).

Je ne vous empêche pas de partir, *non impedio quin proficiscaris* (222).

Je me réjouis de vous avoir été utile, *gaudeo quòd tibi profuerim, me tibi profuisse* (236).

Je me souviens d'avoir lu, *memini me legisse* ou *legere*. (Après *memini* on emploie élégamment le présent au lieu du parfait de l'infinitif.)

Vous me ferez plaisir de m'en avertir. Tournez : si vous m'en avertissez, *commodè feceris, si me de his rebus certiorem feceris.*

Que vous êtes malheureux d'avoir couru de vous-même à la mort! Tournez : vous qui avez couru..., *ô te infelicem, qui ultrò ad necem cucurreris!*

A.

38ı. Prompt à se mettre en colère, *pronus ad irascendum.*

Prompt à venger une injure, *pronus ad ulciscendam injuriam* (5o).

Il aime à jouer, *amat ludere.*

Je t'engage à lire, *te hortor ad legendum* ou *ut legas* (59,5o).

Corps accoutumé à souffrir, *corpus assuetum patiendo,* à supporter le travail, *tolerando labori* (49).

Il passe son temps à lire, *consumit tempus legendo;* à lire l'histoire, *in legendâ historiâ* (51).

Il m'a donné des livres à lire, *dedit mihi libros legendos* (258).

Chose facile à dire, *res dictu facilis* (45).

Ma leçon est difficile à étudier. Tournez : étudier ma leçon est difficile, le verbe *studere* n'ayant pas de supin, *difficile est studere lectióni meœ.*

Je n'avais rien à vous écrire. Tournez : que je vous écrivisse, *nihil habebam quod ad te scriberem.*

A l'entendre parler. Tournez : si vous l'entendiez parler, *quem si loquentem audias.*

A dire vrai. Tournez : pour que je ne mente pas : *ne mentiar.*

Pour.

382. Ils furent envoyés pour voir les jeux.
    Missi sunt spectatum ludos.
         ad spectandum ludos.
         ad spectandos ludos.
         spectandi ludos causâ ou *gratiâ.*
         spectandorum ludos causâ ou *gratiâ.*
         ludos spectaturi.
         ut ludos spectent.
         qui ludos spectent.

De toutes ces tournures la moins usitée est celle du supin.

Reposez-vous pour mieux travailler, *otiare quò meliùs labores.*

Pour m'être trouvé avec des méchans, ce n'est pas à dire pour cela que je sois un méchant. Tournez : quoique je me sois trouvé... *quamvis in gregem improborum venerim, non continuò sum improbus.*

Sans.

383. La préposition *sans* avant l'infinitif, quand la phrase qui la précède n'est ni négative, ni interrogative, se tourne ainsi :

Horatius Coclès passe le Tibre à la nage sans abandonner ses armes (et il n'abandonne pas ses armes), *Horatius Cocles transnatat Tiberim, nec arma dimittit*. Flor.

Si la phrase est négative ou interrogative, *sans* se traduit par *quin*, et le verbe se met au subjonctif.

Je n'ai point encore passé un seul jour sans vous écrire, *nullum adhuc intermisi diem, quin aliquid ad te litterarum darem*. Cic.

Quel homme s'est livré à l'étude sans en avoir retiré quelque fruit? *Quis studio litterarum se penitùs dedidit, quin ex illis aliquem fructum perceperit* (1)?

Après.

384. *Après* suivi du parfait de l'infinitif se tourne par après que, *postquàm*; lorsque, *quùm*; par un participe ou par la proposition adverbiale vulgairement dite ablatif absolu.

Après avoir lu, j'ai écrit. Tournez : après que j'eus lu, *postquàm legi, scripsi*.

Pythagore, après avoir passé vingt ans à Crotone, se retira à Métaponte, où il mourut. Tournez : lorsqu'il eut passé. *Pythagoras, quùm annos viginti Crotonæ egisset, Metapontum migravit, ibique decessit*. Just.

Après avoir pris la ville, l'ennemi la pilla. Tournez : L'ennemi pilla la ville prise, *urbem captam hostis diripuit* (252).

Après avoir fait les parts, le lion parla ainsi. Tournez : les parts étant faites.. , *partibus factis, sic locutus est leo*.

Avant de.

385. *Avant de* suivi d'un infinitif se tourne par avant que, *antequàm, priusquàm* avec le subjontif, ou par la proposition adverbiale.

Je lirai avant d'écrire, avant que j'écrive, *legam antequàm scribam*.

Il est parti avant d'avoir terminé l'affaire, l'affaire n'étant pas terminée, *infecto negotio profectus est*.

---

(1) Il y a beaucoup d'autres manières de rendre en latin l'infinitif français précédé de *sans*. Le *Dictionnaire* les indique.

A moins de, excepté de, si ce n'est de, plutôt que de, afin de.

386. *A moins de* se traduit par *nisi* suivi du subjonctif.

Je ne lirai point à moins d'être seul (à moins que je ne sois seul), *non legam nisi solus sim.*

Excepté de , si ce n'est de , nisi quòd. Je ne vois pas ce que je puis faire si ce n'est de me défendre moi-même sur les lieux , *non video quid possim facere nisi quòd præsens ipse me defendam.* Cic.

Plutôt que de , potiùs quàm. Combattez plutôt que d'être esclave , *pugna potiùs quàm servias.* Cic.

Afin de , ut. Il prend le ton menaçant afin d'effrayer, *minaciter agit , ut terreat.*

Au lieu de.

387. *Au lieu de* se tourne par *lorsque je devrois , tu devrois, il devroit ,* etc. , quand il y a obligation de faire la chose. S'il n'y a pas obligation, on tourne par *lorsque je pourrois , tu pourrois ,* etc.

Au lieu de lire, il joue (lorsqu'il devrait lire) , *quùm legere deberet , ludit.*

Au lieu de jouer, il lit, (lorsqu'il pourrait jouer). *quùm posset ludere , legit.*

Au lieu de précédé d'un impératif se traduit par *non autem* et le second verbe se met aussi à l'impératif.

Lisez au lieu de badiner (lisez et ne badinez pas), *lege , non autém nugare.*

Au lieu de, loin de, loin que.

388. *Au lieu de,* dans le sens de *loin de,* se rend par *nedùm,* qui doit toujours se trouver dans la dernière partie de la phrase.

Il combattait au lieu de fuir, *pugnabat nedùm fugeret.*

Loin de m'aimer, il me regarde à peine (il me regarde à peine loin qu'il m'aime), *vix me aspicit , nedùm amet.*

Loin que vous puissiez fournir à sa dépense, à peine un satrape le pourrait-il , *vix ejus sumptus sufferre posset satrapes , nedùm tu possis.* Ter.

A force de.

389. *A force de* devant un infinitif se rend par le nom dérivé du verbe avec *multus*, *a*, *um*.

A force de travailler, il est devenu savant (par beaucoup de travail), *multo labore doctus evasit.*

Malgré.

390. *Malgré* avant un nom de personne se rend par *invitus*, *a*, *um* que l'on fait accorder avec ce nom.

Je l'ai renvoyé malgré lui, *illum invitum dimisi.*

Malgré avant un nom de chose se tourne par *quamvis* avec un verbe.

Il le tua malgré ses cris redoublés (quoiqu'il criât beaucoup), *illum, quamvis clamitaret, interfecit.*

Que.

391. *Que* marquant l'interrogation et pouvant se tourner par *pourquoi* se traduit par *quid* ou *cur*, et s'il est suivi d'une négation par *cur non* ou *quin.*

Que tardez-vous ? *quid* ou *cur moraris ?*

Que n'accourez-vous ici ? *quin* ou *cur non huc advolas ?*

Que de désir se rend par *utinam. Ne* ne se rend pas.

Que ne puis-je vous entretenir ! *utinam tecum loqui possem !*

Que entre deux verbes et signifiant avant que, si ce n'est que, se traduit par *quin*, *nisi*, *priusquàm.*

Je ne partirai pas d'ici que je ne vous aie vu, *non hinc proficiscar quin* ou *nisi* ou *priusquàm te viderim.*

Que après les noms ou les adverbes de temps se rend par *qùum*, lorsque, ou *ex quo*, depuis que (s. *tempore.*)

Un jour viendra que…, *veniet tempus quùm….*

Il y a deux ans qu'il est mort, *duo anni effluxére ex quo mortuus est.*

Ne… que.

392. *Ne que* signifiant seulement, *tantummodò, solummodò, solus*, *a*, *um;* rien autre chose que, *nihil aliud quàm, ac*, *atque*, *nisi.*

La louange n'est due qu'à la vertu (est due seulement à la vertu) *laus virtuti solummodò* ou *tantummodò debetur;* (est due à la seule vertu,) *laus soli virtuti debetur.*

Il n'a pris que sa robe (rien autre chose si ce n'est) *nihil aliud nisi togam sumpsit.*

La philosophie n'est que l'amour de la sagesse (rien autre chose que), *philosophia nihil est aliud quàm studium sapientiæ.*

393. *Différentes manières de rendre en latin les adverbes de quantité français.*

Que *ou* combien.

Que *ou* combien d'eau! *quantùm aquæ!*
Que *ou* combien de science! *quanta doctrina!*
Que *ou* combien de livres! *quot* ou *quàm multi libri!*
Que *ou* combien il est modeste! *quàm* ou *ut modestus est!*
Qu'il *ou* combien il est aimé! *quàm, quantùm* ou *ut amatur!*
Qu'il *ou* combien il est estimé! *quanti æstimatur!*
Qu'il *ou* combien il vous importe! *quanti tua refert!*
Qu'il *ou* combien il est plus savant! *quantò doctior est!*
Que *ou* combien vous l'emportez sur les autres! *quantò aliis præstas!*
Combien après! *quantò post!* combien auparavant! *quantò antè!*
Que *ou* combien ma joie est grande! *quanta est mea lætitia!*
Que *ou* combien cette classe est petite! *quantula est hæc schola!*

Beaucoup *ou* bien.

Beaucoup d'eau, *multùm aquæ.*
Beaucoup de science, *magna doctrina.*
Beaucoup de livres, *multi libri.*
Bien modeste, *multùm modestus* ou *modestissimus.*
Il est beaucoup aimé, *multùm* ou *valdè amatur.*
Il est fort estimé, *magni æstimatur.*
Il m'importe beaucoup, *mea magni interest.*
Bien *ou* beaucoup plus savant, *multò doctior.*
Il l'emporte de beaucoup sur les autres, *multò præstat aliis.*
Beaucoup après, *multò post.* Beaucoup auparavant, *multò antè.*
Bien autrement, *longè aliter.*

Peu.

Peu d'eau, *parùm aquæ.*
Peu de science, *parva doctrina.*
Peu de livres, *pauci libri.*
Peu modeste, *parùm modestus.*
Il est peu aimé, *parùm amatur.*
Il est peu estimé, *parvi æstimatur.*
Il lui importe peu, *parvi illius refert.*
Un peu plus savant, *paulò doctior.*
Il l'emporte un peu sur les autres, *paulò præstat aliis.*
Peu après, *paulò post.* Peu auparavant, *paulò antè.*

Plus.

Plus d'eau, *plus aquæ.*
Plus de science, *major doctrina.*
Plus de livres, *plures libri.*
Plus modeste, *magis modestus* ou *modestior.*
Il est plus aimé, *plus* ou *magis amatur.*
Je le haïssais plus, *eum pejùs oderam.*
Il est plus estimé, *pluris æstimatur.*
Il vous importe plus, *tua magis interest.*

Moins

Moins d'eau, *minùs aquæ.*
Moins de science, *minor doctrina.*
Moins de livres, *pauciores libri.*
Moins modeste, *minùs modestus.*
Il est moins aimé, *minùs amatur.*
Il est moins estimé, *minoris æstimatur.*
Il importe moins, *minùs interest.*

Tant, autant, aussi.

Tant, autant d'eau, *tantùm aquæ.*
Tant, autant de science, *tanta doctrina.*
Autant de livres, *tot libri.*
Aussi, si modeste, *tàm modestus.*
Il est aussi, autant aimé, *tantùm, tàm amatur.*
Il est aussi, autant estimé, *tanti æstimatur.*
Il importe autant, *tanti refert.*
Il l'emporte autant sur les autres, *tantò præstat aliis.*

Assez.

Assez d'eau, *satis aquæ.*
Assez de science, *satis magna doctrina.*
Assez de livres, *satis multi libri.*
Assez modeste, *satis modestus.*
Il est assez aimé, *satis amatur.*
Il est assez estimé, *satis magni æstimatur.*
Il importe assez, *satis magni refert.*

Trop.

Trop d'eau, *nimis* ou *nimiùm aquæ.*
Trop de science, *nimia doctrina.*
Trop de livres, *nimis multi libri.*
Trop modeste, *nimis modestus* ou *modestior.*
Il est trop aimé, *nimis* ou *nimiò plùs amatur.*
Il est trop estimé, *nimiò pluris æstimatur.*
Il importe trop, *magis refert.*

Que, *après* plus, moins... *quàm.*

394. De quelque manière qu'on exprime *plus, moins, le que*
suivant se rend toujours par *quàm.*

14

Plus de courage que de prudence, *plus fortitudinis quàm prudentiæ*.

Moins de villes que de bourgs, *pauciores urbes quàm vici*.

Que, *après* autant, aussi.

Autant de modestie que de science, *tantùm modestiæ quantùm doctrinæ* ou *tanta modestia quanta doctrina*.

Autant de fruits que de fleurs, *tot fructus quot flores*.

Il est aussi prudent que brave, *tàm prudens est quàm fortis*.

Je vous aime autant que vous m'aimez, *tantùm te amo, quantùm me amas*.

Je vous estime autant que vous m'estimez, *tanti te facio,
quanti me facis*.

Il vous importe autant qu'à moi, *tua tanti refert, quanti mea*.

Il vous importe autant qu'il m'importe peu, *tua tam magni
interest, quàm parvi mea*.

Autant que, *au commencement d'une phrase.*

395. Autant que je puis prévoir, *quantùm prospicere possum*.

Autant que je pourrai, *quantùm potero, quoad potero*.

Autant, *à la fin d'une phrase.*

Vous avez beaucoup de loisir, je n'en ai pas autant, *habes
multùm otii, non habeo tantùmdem*.

J'ai beaucoup de livres, vous n'en n'avez pas autant, *sunt
mihi libri multi, non sunt tibi totidem*.

Tu es savant, je ne le suis pas autant, *es doctus, non sum
item*.

Vous l'aimez, je ne l'aime pas autant, *eum amas, non amo
tantùmdem*.

J'estime la vertu, vous ne l'estimez pas autant, *æstimo virtutem, non eam æstimas tantidem*.

Autant qu'homme du monde, etc.

396. *Autant qu'homme du monde, autant que qui que ce
soit, autant que quoi que ce soit, autant que jamais, autant
qu'en aucun lieu du monde* se tournent ainsi :

Il est aussi prudent qu'homme du monde (que celui
qui l'est le plus), *tam prudens est quàm qui maximè*
(s. *est*).

Cela m'est aussi agréable que quoi que ce soit (que ce
qui me l'est le plus), *id mihi tam gratum est quàm quod
maximè* (s. *est*).

La vieillesse était aussi honorée à Lacédémone qu'en
aucun lieu du monde (qu'où elle l'était le plus), *senectus*

tantùm honorabat..r Lacedæmone quantùm ubi maximè (s. *est*).

Il est aussi paresseux que jamais (que lorsqu'il l'est le plus), *tàm piger est quàm quùm maximè* (s. *est*).

Avec un verbe de prix ou d'estime, mettez *quanti* au lieu de *quàm*, et *plurimi* au lieu de *maximè*.

Il est autant estimé que qui que ce soit, *tanti fit quanti qui plurimi*.

D'autant *devant* plus, moins.

397. Il est d'autant plus modeste, qu'il est plus savant, *eò modestior est, quò doctior* (183).

Il est d'autant moins estimé, qu'il est plus orgueilleux, *eò minoris fit, quò superbior est.*

Cela a paru d'autant plus surprenant, qu'on ne s'y attendait pas, *id eò mirabilius visum est, quòd à nemine exspectabatur.*

Plus... plus.

398. Plus il est savant, plus il est modeste, *quò doctior, eò modestior est.*

Plus on est vicieux, plus on est malheureux, *quò quis vitiosior, eò miserior est* (184).

Le plus.

399. Le plus savant de tous, *omnium doctissimus,* ou *maximè doctus.*

Les plus savans, *doctissimus quisque* (185).

La plus grande partie des hommes, *major pars hominum* (189).

L'enfant que je chéris le plus, *puer quem maximè diligo.*

L'enfant que j'estime le plus, *puer quem plurimi facio.*

Soyez le plus indulgent que vous pourrez, *esto quàm facillimus* (186, 331).

Il a employé le plus de diligence qu'il a pu, *adhibuit quàm plurimùm potuit diligentiæ* ou *quàm plurimam potuit diligentiam.*

Il a lu le plus de livres qu'il a lu, *quàm plurimos potuit libros legit.*

Le moins.

400. Le moins savant de tous, *omnium minimè doctus.*

L'enfant que j'estime le moins, *puer quem minimi omnium facio.*

Soyez le moins indulgent que vous pourrez, *esto quàm minimè facilis.*

Il a employé le moins de diligence qu'il a pu, *adhibuit quàm minimùm potuit diligentiæ* ou *quàm minimam diligentiam.*

Il a lu le moins de livres qu'il a pu, *quàm paucissimos potuit libros legit.*

Assez... pour.

401. Avez-vous assez de loisir pour lire même des fables ?(tant de loisir que vous lisiez) *estne tibi tantùm otii, ut etiam fabulas legas?*

Je ne suis pas assez insolent pour me croire roi (si insolent que je me croie), *non sum tàm insolens , ut regem esse me putem.*

Il n'est pas assez estimé pour que je me fie à lui (si estimé que je me fie à lui), *non tanti fit, ut ei confidam.*

Trop... pour.

402. Il a avalé trop de poison pour recouvrer la santé, *plus venenum hausit , quàm ut sanitati restituatur*(191).

Je suis trop grand pour que la fortune puisse me nuire , *major sum , quàm ut fortuna mihi nocere possit.*

Il avait trop peu de soldats pour vaincre, *pauciores habebat milites , quàm ut vinceret.*

Il était trop peu estimé pour qu'on se fiât à lui, *minoris æstimabatur, quam ut ei quisquam fideret.*

Pour peu que.

403. *Pour peu que* se traduit par *si paulum modò , si vel minimùm.*

Pour peu que vous vouliez réfléchir, vous comprendrez la chose (si vous voulez même le moins réfléchir), *si vel minimùm cogitare volueris , rem percipies.*

Quel que, quelle que, etc.

404. *Quel que , quelle que* se rend par *quicunque, quæcunque , quodcunque* ou *quivis , quævis , quodvis.*

Si la chose peut se dire grande par *quantuscunque , quantacunque ,* etc. Si la chose peut se dire petite ou de peu de durée par *quantuluscunque , quantulacunque ,* etc.

Quel qu'il soit, je me déclare son ennemi, *quicunque is est , ei me profiteor inimicum.*

Quelle que soit sa mémoire , il oublie cependant bien des choses, *quantacumque sit ejus memoria , multa tamen obliviscitur.*

Qui que ce soit, en parlant de deux, *utercumque, utracumque , utrumcumque.*

Qui que ce soit des deux qui remporte la victoire, nous périrons. *Utracumque pars vicerit , perituri sumus.*

Quelque... que.

405. Quand il y a un substantif entre *quelque* et *que*, ces deux mots se rendent par *qualiscumque, quicumque* ou par *quantuscumque*, s'il s'agit d'une chose qui peut se dire grande.

Quelque succès que donne la fortune, *quemcumque casum fortuna dederit.*

Quelque espace que vous ayez parcouru, *quantumcumque spatium emensus fueris.*

Si le substantif est un nom de choses qui se comptent, on se sert de *quotcumque* ou de *quantumvis multi, œ, a.*

Quelques services que vous rendiez à un ingrat, vous ne lui en rendrez jamais assez, *quotcumque* ou *quamvis multa apud ingratum officia ponas, nunquàm satis multa conferes.*

Quand il y a un adjectif entre *quelque* et *que*, ces mots s'expriment par *quantumvis* ou *quantumlibet.*

Quelque savant qu'il soit, il ignore cependant bien des choses, *quantumvis sit doctus, multa tamen ignorat.*

Quelque grand que se traduit par *quantuscumque.*

Quelque grands que soient les rois, *quanticumque sint reges.*

Tout... que.

406. *Tout... que* séparé par un adjectif se tourne par *quoique* et se rend par *quantumvis, quamvis, licet.*

Tout savant qu'il est, *quamtumvis sit doctus.*

Avoir beau.

407. Vous avez beau crier. Tournez : vous criez en vain, *frustrà vociferaris*, ou quoique vous criiez, *quamvis vociferere.*

FIN.

INDEX DES ELLIPSES.

Les chiffres renvoient non aux pages, mais aux numéros des règles.

TABLE DE LA SECONDE PARTIE.

FIN DE LA TABLE.